三联·哈佛燕京学术丛书
学术委员会：

季羡林　李学勤
（主任）

李慎之　苏国勋

厉以宁　陈　来

刘世德　赵一凡
　　　　　（常务）

王　蒙

责任编辑：曾　诚
　　　　　孙晓林

三联·哈佛燕京学术丛书

荣新江 著

中古中国与外来文明

修订版

Medieval China
and
Foreign Civilizations

Revised Edition

生活·讀書·新知 三联书店

Copyright © 2014 by SDX Joint Publishing Company.
All Rights Reserved.

本作品版权由生活·读书·新知三联书店所有。
未经许可，不得翻印。

图书在版编目（CIP）数据

中古中国与外来文明：修订版/荣新江著.—北京：
生活·读书·新知三联书店，2014.10（2023.5 重印）
（三联·哈佛燕京学术丛书二十年）
ISBN 978-7-108-03553-0

Ⅰ.①中⋯　Ⅱ.①荣⋯　Ⅲ.①文化交流－文化史－研究－
中国、外国－古代　Ⅳ.① K203

中国版本图书馆 CIP 数据核字（2010）第 187798 号

责任编辑	孙晓林　曾　诚	
装帧设计	蔡立国	
责任印制	董　欢	
出版发行	生活·讀書·新知三联书店	
	（北京市东城区美术馆东街 22 号 100010）	
网　　址	www.sdxjpc.com	
经　　销	新华书店	
印　　刷	河北鹏润印刷有限公司	
版　　次	2014 年 10 月北京第 1 版	
	2023 年 5 月北京第 5 次印刷	
开　　本	880 毫米×1230 毫米　1/32　印张 14.5	
字　　数	335 千字	
印　　数	13,001-16,000 册	
定　　价	69.00 元	

（印装查询：01064002715；邮购查询：01084010542）

三联·哈佛燕京学术丛书
从1994年创始至今,
二十年来,推出了近百种中青年学者的学术论著。

◆

本丛书由哈佛大学哈佛—燕京学社
（Harvard-Yenching Institute）
和生活·读书·新知三联书店共同负担出版资金,
保障作者版权权益。

◆

本丛书邀请国内资深专家组成编审委员会,
依照严格的专业标准评审遴选,定出每辑书目。
丛书保证学术品质,力求建立有益的学术规范与评审制度。

◆

展望未来,
本丛书将一如既往,稳健地推出新著,
为中文学术的繁荣发展竭尽绵薄。

目　录

序··张广达　*001*

丝绸之路：东西方文明交往的通道（代前言）·························*001*

第 1 编　胡人迁徙与聚落

西域粟特移民聚落考···*017*

北朝隋唐粟特人之迁徙及其聚落······································*034*

北朝隋唐粟特聚落的内部形态···*106*

隋及唐初并州的萨保府与粟特聚落···································*160*

第 2 编　胡人与中古政治

高昌王国与中西交通···*173*

胡人对武周政权之态度··*193*
　　——吐鲁番出土《武周康居士写经功德记碑》校考

一个入仕唐朝的波斯景教家族···*210*

敦煌归义军曹氏统治者为粟特后裔说·······························*229*

第 3 编　"三夷教"的流行

祆教初传中国年代考···*247*

粟特祆教美术东传过程中的转化·················· 269
　　——从粟特到中国
《释迦降伏外道像》中的祆神密斯拉和祖尔万············ 293
《历代法宝记》中的末曼尼和弥师诃················ 309
　　——兼谈吐蕃文献中的摩尼教和景教因素的来历
摩尼教在高昌的初传························ 333

第4编　汉唐中西关系史论著评介

赫德逊《欧洲与中国》······················ 351
D. D. Leslie 和 K. H. J. Gardiner《汉文史料中的罗马帝国》··· 355
吴玉贵《突厥汗国与隋唐关系史研究》··············· 361
王小甫《唐吐蕃大食政治关系史》················· 368
蔡鸿生《唐代九姓胡与突厥文化》················· 374
《中国与伊朗：从亚历山大到唐朝研究论集》············ 380
富安敦《质子安世高及其后裔》·················· 388
罗丰《固原南郊隋唐墓地》···················· 400
E. Knauer《骆驼的生死驮载：汉唐陶俑的图像和观念
　　及其与丝路贸易的关系》··················· 406
龚方震、晏可佳《祆教史》···················· 411
森安孝夫《回鹘摩尼教史之研究》················· 419

后记······························· 427
再版后记···························· 430
索引······························ 432

Medieval China and Foreign Civilizations

Contents

Preface (Zhang Guangda)

Introduction: Silk Road. A route of exchange of Eastern and Western civilization

Part I: Migrations and settlements of the Sogdians

Sogdian migrations around ancient Tarim Basin

The migrations and colonies of the Sogdians in the Northern Dynasties, Sui and Tang

The social and daily life in the Sogdian colonies in the Northern Dynasties, Sui and Tang

Sabao government and the Sogdian colonies in Bingzhou (Taiyuan) in the Sui and the early Tang

Part II: Impression of China's political processes by the Iranian immigrants

Gaochang Kingdom under Qu family and the relationship between China and the West

The attitudes of the Iranian peoples to the political power of Empress Wu. With a discussion on a stele of copying Buddhist texts by a Sogdian unearthed in Turfan

A Persian Nestorian family in Tang China

A propos on the Cao family of Guiyijun government in Dunhuang as a Sogdian offspring

Part III: Spread of Zoroastrianism, Manichaeism, and Nestorianism in China

A study of when Zoroastrianism was first introduced to China

Transition of the Zoroastrian art of Sogdians from Sogdiana to China

Zoroastrian deities Mithra and Zurvan on the "Buddha Sakyamuni's victory over heresy"

Momanni and *mishihe* in the Buddhist Chan text *Lidai fabaoji*. With a discussion on the source of Manichaen and Nestorian elements in old Tibetan texts

The first introduction of Manichaeism in Turfan

Part IV: Reviews of the works on relationship between China and the West from the Han to the Tang Dynasties

C. F. Hudson, *Europe and China*

D. D. Leslie and K. H. J. Gardiner, *The Roman Empire in Chinese sources*

Wu Yugui, *History of the relationship between the Turkish Khanate and the Sui and Tang Dynasties*

Wang Xiaofu, *History of the political relationship between the Tang, Tibet, and Arabic Empires*

Cai Hongsheng, *Sogdian and Turkish culture in the Tang Dynasty*

A. Cadonna and L. Lanciotti eds., *Cina e Iran. Da Alessandro Magno alla Dinastia Tang*

A. Forte, *The hostage An Shigao and his offspring. An Iranian family in China*

Luo Feng, *Graveyard of Sui and Tang Dynasties in the south suburbs of Guyuan*

E. R. Knauer, *The camel's load in life and death. Iconography and ideology of Chinese pottery figurines from Han to Tang and their relevance to trade along the Silk Routes*

Gong Fangzhen and Yan Kejia, *History of Zoroastrianism*

T. Moriyasu, *A study on the history of Uighur Manichaeism. Research on some Manichaean materials and their historical background*

Postscript

New Edition Postscript

Index

插图目录

图 1　丝绸之路图（《中国大百科全书·中国历史》二）　002
图 2　楼兰出土前凉建兴十八年简（《楼兰简纸文书集成》1，61 页）　026
图 3　粟特移民迁徙路线图（《国学研究》卷 6，29 页）　036
图 4　吐鲁番出土《金光明经》题记（《新疆维吾尔自治区博物馆》84 页）　042
图 5　唐长安城内粟特人分布图（据《国学研究》卷 6，55 页改正）　080
图 6　唐洛阳城内粟特人分布图（据《国学研究》卷 6，58 页改正）　084
图 7　龙门石窟《北市香行社社人等造像记》
（《龙门石窟碑刻题记汇录》下，424 页）　086
图 8　安伽石棺夫妇宴饮图（《磨砚书稿》107 页）　116
图 9　天水石棺夫妇宴饮图（《简报》图二：6）　116
图 10　虞弘石棺夫妇宴饮图（《简报》图一九）　117
图 11　安伽石棺萨保迎接突厥与会客图（《磨砚书稿》106 页）　118
图 12　安伽石棺萨保宴饮与狩猎图（《磨砚书稿》107 页）　121
图 13　安伽石棺萨保访问突厥部落图（《磨砚书稿》106 页）　121
图 14　安伽石棺萨保在粟特式帐篷中接见突厥图（《磨砚书稿》107 页）　122
图 15　安伽石棺萨保在中国式亭子中会见突厥图（《磨砚书稿》106 页）　122
图 16　安阳石棺园林宴饮图（喜龙仁书 449）　130
图 17　安阳石棺园林宴饮图（喜龙仁书 450）　131
图 18　安阳石棺园林宴饮图细部　132
图 19　安阳石棺园林宴饮线描图（《磨砚书稿》109 页）　133
图 20　安伽石棺野地宴饮图（《磨砚书稿》107 页）　135
图 21　安伽石棺野地宴饮乐舞图（《磨砚书稿》106 页）　135
图 22　安伽石棺车马出行图（《磨砚书稿》107 页）　137
图 23　安伽石棺车马出行图（《磨砚书稿》106 页）　137
图 24　益都石棺商旅驼运图（《简报》图一）　139
图 25　Miho 藏石棺粟特商旅驼运图（《Miho 图录》图 D）　141
图 26　安伽石棺左屏第二幅狩猎图（《磨砚书稿》107 页）　143
图 27　安伽石棺右屏第一幅狩猎图（《磨砚书稿》106 页）　143
图 28　天水石棺左屏第三幅胡人酿酒图（《简报》图三：9）　144
图 29　Miho 藏石棺丧葬仪式图（Lerner 文 Pl. I）　146
图 30　粟特片吉肯特壁画丧葬图（《艺术史研究》2，272 页）　148
图 31　Kashka-darya 骨瓮上的祭司与火坛（*Arts Asiatique*, 49, fig. 10）　148
图 32　安伽墓门额上的圣火坛（《磨砚书稿》108 页）　152

图 33　巴米扬石窟顶部密特拉神像（Central Asia, fig.36）　154
图 34　虞弘墓石棺床座上的圣火坛（《简报》图三一）　155
图 35　莫拉—库尔干（Mulla-kurgan）骨瓮上的火坛与祭司
　　　（《艺术史研究》1，158 页）　156
图 36　Krasnorechensk 骨瓮上的火坛与祭司
　　　（Bulletin of the Asia Institute, ns, 8, fig. 15）　156
图 37　安阳石棺门柱上的火坛与祭司（《艺术史研究》1，158 页）　157
图 38　Miho 藏石板娜娜女神像（《Miho 图录》图 F）　158
图 39　洛阳出土《翟突娑墓志》（《文物》2001 年第 4 期，85 页）　163
图 40　太原出土《龙润墓志》（《文物》2001 年第 4 期，86 页）　165
图 41　吐鲁番出土《高昌内藏奏得称价钱帐》
　　　（《吐鲁番出土文书》壹，453 页）　183
图 42　吐鲁番出土《高昌曹莫门陀等名籍》
　　　（《吐鲁番出土文书》壹，359 页）　186
图 43　吐鲁番出土《武周康居士写经功德记碑》
　　　（《新西域记》下，604—605 页间）　194
图 44　西安出土《李素墓志》（《隋唐五代墓志汇编》陕西卷 4，79 页）　212
图 45　西安出土《李素夫人卑失氏墓志》
　　　（《隋唐五代墓志汇编》陕西卷 4，87 页）　213
图 46　《大秦景教流行中国碑》上的李素题名
　　　（《北京图书馆藏中国历代石刻拓本汇编》28，11 页）　227
图 47　萨珊波斯银币（《固原南郊隋唐墓地》157 页）　264
图 48　敦煌白画祆神图（《丝绸之路大美术展》No.180）　277
图 49　和田出土 D.X. 3 木板画正面图像及相关的粟特神祇
　　　（Mode, Sogdian Gods, fig.5）　280
图 50　和田出土 Skrine C 和 D.VII.6 木板画及相关粟特神祇（同上，fig.17）　281
图 51　宁夏盐池 M6 号墓石门上的胡旋舞（《唐文化研究论文集》336 页）　289
图 52　虞弘墓浮雕上的胡旋舞（张庆捷《太原隋代虞弘墓石椁浮雕》图六）　289
图 53　粟特骨瓮上的舞蹈形象（Bulletin of the Asia Institute, ns, 8, fig.4b）　290
图 54　释迦降伏外道像（《西安碑林博物馆》133 页）　294
图 55a　莫高窟第 237 窟指日月瑞像
　　　（《中国石窟·敦煌莫高窟》4，图版 106）　297
图 55b　莫高窟第 72 窟指日月瑞像（《佛教东传故事画卷》图版 53）　297
图 56　英国图书馆藏绢画上的指日月瑞像
　　　（The Art of Central Asia, 2, pl.11）　298
图 57a　《释迦降伏外道像》上部的外道细部　301

图 57b 《释迦降伏外道像》下部的外道细部 *301*

图 58 粟特南部 Yakkabagh 地区出土骨瓮上的两个祆神像
（Grenet, *Journal of the Asiatic Society of Bombay*, 69, fig.13） *302*

图 59 阿富汗 Dokhtar-I Noshirwan 遗址发现的密斯拉神像（Ibid., fig.13） *303*

图 60 粟特苏对沙那地区 Shahristan 宫殿遗址发现的壁画密斯拉神像
（Ibid., fig.12） *303*

图 61 片吉肯特 VII/11 号房屋遗址出土密斯拉神像木板画（Ibid., fig.12） *305*

图 62 片吉肯特发现的陶雕祆教"大神"（Adhvagh）像（Ibid., fig.9） *305*

图 63 敦煌写本《历代法宝记》(部分)(《俄藏敦煌文献》5，42 页） *317*

序

张广达

新江的新作《中古中国与外来文明》即将问世。多年来，新江在敦煌学、吐鲁番学、隋唐史、西域史、民族史、宗教史诸多学术领域辛勤耕耘，先后出版专著多部，论文、书评近两百篇。今天，新书的出版是他在以上诸多学术领域做出贡献之后的又一丰硕成果，可喜可贺。

新江的新作，使人们看到了他的整体研究的又一组成部分。他的这一新课题的研究符合他历来治学的路数，可以说是他整理敦煌、吐鲁番文书，研究隋唐史、西域史的自然延伸。多年来，他辛勤搜集分散在国内外的文书写卷，可谓娴习而乐道于兹，心不旁骛。在网罗散失方面，经过他的全方位求索，除了私人藏家手中秘不示人的卷子之外，逸出他的记录或注录之外的殆无孑遗。对于门类繁多、内容庞杂的敦煌卷子和吐鲁番卷子，他在整体上有清晰的概观和通识；在处理个别文书残片的分类归属和定名等具体问题上，他有深入独到的见解。因而他不仅在编目、校录、整合、考释文书写卷自身和结合文献研究文书写卷等多方面做出了突出贡献，并且通过对文书的悉心爬梳、过滤、钩沉、索隐而积累了具有历史意义的大量史料。文书残片的片言只语发出的微弱的史实信号，经过他置于历史时空系统之中考察其关联，往往显示多方面的文化内涵。近年，在一点一滴做完网罗散失文书写卷的工作之后，他又开始整理碑铭文献，研究中古中国与中亚、西亚的伊朗语世界的关系。他笔下的著述源源不绝，正是他二十年来辛勤努力的结果。

新江在治学过程中，讲究穷尽材料，重视综合利用诸多领域的研究成果。这使他的研究不局限于仅就敦煌、吐鲁番而言敦煌、吐鲁番，进而注意敦煌、吐鲁番与更广阔的外界的历史联系。我们还看到，他在撰述上，无论是通论还是专题研究，都从学术史角度注意国内外学术发展的前沿状况。从他已经发表的论著看，总是既概括或融会前人的研究成果，又反映当前研究的最新状况。功力的深厚，视野的开阔，使他在史料梳理和课题论证上独具见地。也正因为是这样，他的很多工作是在和国内、国际的前沿学者对话，很多时候是接着国际上许多学者的话头讲，做出独到的结论，显著的例子是将西方学者所说的吐木舒克语（Tumshuqese）根据唐代文献定名为"据史德语"。

新江的这部新书《中古中国与外来文明》，以较多的篇幅探讨了中古粟特人的历史及其对周边国家的文化贡献。自古以来，我国中原地区文化就和异域文化纠结在一起。仅以西域而言，在亚洲腹地的沙漠或砂碛边缘的绿洲废墟，荒芜曾经青翠，粗犷有过柔媚，寂寥洋溢过生命，落寞孕育过壮丽。正是通过这一广袤的荒漠地区，中国和中亚、西亚文明进行了长期交流。但是，长期以来，人们的注意力更多地集中于塔里木盆地的绿洲定居文明及其与我国中原和草原游牧文明的交涉。晚近乌兹别克境内粟特城邦遗址的考古发掘，近年我国中原地区粟特后裔墓葬的不断出土，促使人们越来越重视研究粟特人，即昭武九姓胡的来龙去脉及其历史作用。粟特商胡，即昭武九姓，富有经商才能，具有高度组织性，他们由于经营国际中转贸易而足迹遍及中亚东亚，并在他们所到之处建立起聚落，聚落与聚落之间再形成空间极其广袤的网络。新江的新著成功地重构了昭武九姓胡的聚落的网状分布，翔实地叙述了他们的商务活动及其与本土居民的互动，以中古中亚史和中国史中湮没已久的一章补足了 Philip Curtin 与 Jerry Bentley 等人仅就海路研究前近代旧大陆跨文化的商业关系之不足。粟特商胡不仅是经商能手，而且长时期内在欧亚内陆扮演着传播多元文化和多种宗教的角色。新江的新著详尽地考证了祆教、摩尼教、景教的东来过程，继 Geza Uray、H.-J. Klimkeit、David Scott 与 Richard Foltz 等人研究丝绸之路上各种宗教的交互影响之后接着讲，做出了见解独到的补充。

中西文化交流的研究除了自身具有科学研究旨趣之外，又具有现实意义。我国的漫长历史从来没有脱离过与另外的民族、另外的思想、另外的信仰、另外的风俗的交光互影，文献中保存着与另外的文化、另外的社会实践、另外的心灵交际的丰富记录。这使中国认识了"他者"和异域，并且借助于与"他者"的来往和与异域的交流而更好地认识了自己。对于这种与"他者"的对话，过去人们更多地体认到的是如何丰富了我国物质文化和艺术生活的内容，实际上，这样的对话也同时引发了人们对另外的思维方式的注意。中外文化异同的比较有助于破除思想上的畛域之见，改变仅凭自我存在、自我经验而形成的思维定式。在西力东渐之前，佛教的汉化和宋明理学的发展是借"他山之石"以促成新思维之绽开的最佳例证。朱熹和王阳明之重新阐释"吾儒"，正是由于有了释氏之"他异"的对照。西力东渐后，新旧思潮无一不以"他者"为衬托，所有的主张无一不以西方为参照系。以继"国粹派"而起的"学衡派"为例，他们在反对当代主流思潮时，仍以白璧德（Irving Babbit）的新人文主义的理论为参照，支持其"昌明国粹，融化新知"的主张，意在以理性的批判精神对待传统，补偏救弊，突破清末以来沿用多年的"中体西用"的思想架构。上个世纪的西方也是同样，一些西方学者正是出于与西方以外的"他者"的深化接触，才开始越来越自行质疑西欧中心论，考虑西方的重新定位。法国文化学家米谢尔·德·塞尔多（Michel de Certeau，1925—1986），学问极其渊博，足迹几乎遍及天下，他正是基于广泛的阅读和游历才提出，在欧洲，"史学编纂起源于欧洲与原来不知道的他者的接触"。在当今世界，跨文化的相遇日益频繁，异质文化的互动日益加强，我们已经看不到有什么地区还能游离于世界整体之外。今天，人们讨论的重点不再是跨文化的接触本身，而是频繁接触中的文化认同问题。在这种形势之下，西方越来越多其他领域的专家也把"西方中的东方"（the East in the West）纳入研究和著述之中，例如英国剑桥大学的 Jack Goody 即是。1984 年，美国的哥伦比亚大学启动了供全国高等院校本科使用的"哥伦比亚大学核心课程方案的亚洲教学计划"（Columbia Project on Asia in the Core Curriculum），参与考虑方案的有七十五所学校的百余位专家。该计划现已刊出教学指导书（A Guide for Teaching）三种，继《社会科学中的亚洲案例研究》（Asia: Case Studies in the Social Sciences）、《比较观下的亚洲文献菁萃》（Masterworks of Asian Literature in Comparative Perspectives）之后，1997 年出版了《西方史和世界史中的亚洲》（Asia in Western and World History）。该书收有专家撰写的基本教材四十篇，这表明，在西方，亚洲在西方与世界中的历史与现状的重要意义越来越为人所认识，相关科目已正式纳入大学本科的基础课程。从当前这一研究趋势看，我国学者无论是在实证方面，还是义理方面都大有可为。在疏证、考信史实层次上，我们有丰富的传统文献和层出不穷的考古文物和文书，可供研究中西交通、中外文化交流的具体过程；在义理层次上，我们有大量的新颖资料可供探讨什么是"他者"（the other）、"他性"（otherness/alterity）、"异己性"（foreignness）和怎样"涵化"（acculturation）、怎样"认同"（identity）的"他者学"（heterology）理论。考据与义理的相互为用，不仅有助于今后中西交通、中外文化交流史的研究，也将促进近代历史上的西方的概念让位于世界的概念，并为人们今天在实际生活中遇到的跨文化问题提供某种启示，打破西方某些论述话语的垄断地位。从这一意义上说，新江从事的新研究领域不仅仅是考证文化交流中早已存在的有趣史实而已，他的研究也将有助于启发人们思考人类存在、人类交往中的异向理解问题。

我长期游离于国内学术界之外，孤陋寡闻，每次阅读新江的论文，总能在丰富或几近完备的材料、广泛吸收的研究成果、独到的见地等许多方面受到启发，以致每当他有新作发表，我都先睹为快，略减与国内学界现实脱节的遗憾。令人非常喜悦的是，新江的业绩使人感受到目前学术群体的锐进势头，由陈垣、向达、冯承钧、张星烺、方豪、韩儒林、朱杰勤、韩振华、孙培良、章巽等先辈开创的研究中西交通、中西文化交流的传统，因新江和他的许多同一代学者的新颖研究而得到继承，而迈入新境界，而发扬光大。今天，新江借助于整理文书和古籍的深厚功力、学术上的开阔视野，在追踪既往，唤起废墟遗址中酣睡的文化的性灵，再现中古中国与西亚伊朗之间湮没已久的文化联系上做出了出色的成绩。继此而往，新江以他的优越的主客观条件而肆力于深入探索古代中世纪的欧亚腹地及其周边的多种异质文化，必将对中外交通、中西文化交流领域的研究做出更多、更新的贡献。

2001 年 7 月

丝绸之路：东西方文明
交往的通道（代前言）

今天，如果我们乘飞机西行，无论是去西亚、印度，还是欧洲，最多不过二十多个小时。然而，在遥远的古代，我们的先民们在西行时，不论是走陆路，还是走海路，都要花费不知多少倍的时间，也不知要克服多少艰难险阻。与外界交流的需要，促使我们的祖先早在距今两千多年前的西汉时期，就开通了连接东西方文明的陆上通道，这就是著名的"丝绸之路"（图1）。

一　为什么叫"丝绸之路"？

早年，人们对这条东西往来的通路没有给予一个统一的固定名称。1877年，德国地理学家李希霍芬（F. von Richthofen）在他所写的《中国》一书中，首次把汉代中国和中亚南部、西部以及印度之间的丝绸贸易为主的交通路线，称作"丝绸之路"（德文作Seidenstrassen，英文作the Silk Road）。其后，德国历史学家赫尔曼（A. Herrmann）在1910年出版的《中国和叙利亚之间的古代丝绸之路》一书中，根据新发现的文物考古资料，进一步把丝绸之路延

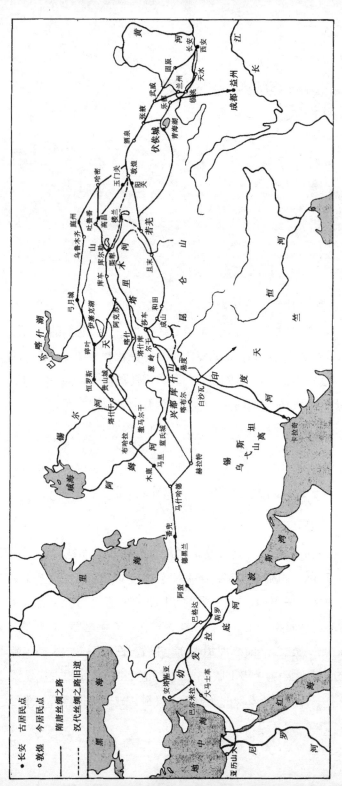

图 1 丝绸之路图

伸到地中海西岸和小亚细亚，确定了丝绸之路的基本内涵，即它是中国古代经由中亚通往南亚、西亚以及欧洲、北非的陆上贸易交往的通道，因为大量的中国丝和丝织品经由此路西传，故此称作"丝绸之路"，简称"丝路"。

丝绸之路是个形象而且贴切的名字。在古代世界，只有中国是最早开始种桑、养蚕、生产丝织品的国家。近年中国各地的考古发现表明，自商、周至战国时期，丝绸的生产技术已经发展到相当高的水平。中国的丝织品迄今仍是中国奉献给世界人民的最重要产品之一，它流传广远，涵盖了中国人民对世界文明的种种贡献。因此，多少年来，有不少研究者想给这条道路起另外一个名字，如"玉之路"、"宝石之路"、"佛教之路"、"陶瓷之路"等等，但是，都只能反映丝绸之路的某个局部，而终究不能取代"丝绸之路"这个名字。

丝绸之路的基本走向形成于公元前后的两汉时期。它东面的起点是西汉的首都长安（今西安）或东汉的首都洛阳，经陇西或固原西行至金城（今兰州），然后通过河西走廊的武威、张掖、酒泉、敦煌四郡，出玉门关或阳关，穿过白龙堆到罗布泊地区的楼兰。汉代西域分南道北道，南北两道的分岔点就在楼兰。北道西行，经渠犁（今库尔勒）、龟兹（今库车）、姑墨（今阿克苏）至疏勒（今喀什）。南道自鄯善（今若羌），经且末、精绝（今民丰尼雅遗址）、于阗（今和田）、皮山、莎车至疏勒。从疏勒西行，越葱岭（今帕米尔）至大宛（今费尔干纳）。由此西行可至大夏（在今阿富汗）、粟特（在今乌兹别克斯坦）、安息（今伊朗），最远到达大秦（罗马帝国东部）的犁靬（又作黎轩，在埃及的亚历山大城）。另外一条道路是，从皮山西南行，越悬度（今巴基斯坦达丽尔），经罽宾（今阿富汗喀布尔）、乌弋山离（今锡斯坦），西南行至条支（在今波斯湾头)。如果从罽宾向南行,至印度河口(今巴基斯坦的卡拉奇),转海路也可以到达波斯和罗马等地。这是自汉武帝时张骞两次出使西域以后形成的丝绸之路的基本干道,换句话说,狭义的丝绸之路指的就是上述这条道路。

历史上的丝绸之路也不是一成不变的,随着地理环境的变化和政治、宗教形势的演变,不断有一些新的道路被开通,也有一些道路的走向有所变化,甚至废弃。比如敦煌、罗布泊之间的白龙堆,是一片经常使行旅迷失方向的雅丹地形。当东汉初年打败蒙古高原的北匈奴,迫使其西迁,而中原王朝牢固地占领了伊吾(今哈密)以后,开通了由敦煌北上伊吾的"北新道"。从伊吾经高昌(今吐鲁番)、焉耆到龟兹,就和原来的丝路北道会合了。南北朝时期,中国南北方处于对立的状态,而北方的东部与西部也时分时合。在这样的形势下,南朝宋齐梁陈四朝与西域的交往,大都是沿长江向上到益州(今成都),再北上龙涸(今松潘),经青海湖畔的吐谷浑都城,西经柴达木盆地到敦煌,与丝路干道合;或更向西越过阿尔金山口,进入西域鄯善地区,与丝路南道合,这条道路被称作"吐谷浑道"或"河南道",今天人们也叫它作"青海道"。还有从中原北方或河西走廊向北到蒙古高原,再西行天山北麓,越伊犁河至碎叶(今托克马克附近),进入中亚地区。这条道路后来也被称作"北新道",它在蒙古汗国和元朝时期最为兴盛。

除了陆上丝绸之路外,从汉代开始,中国人就开通了从广东到印度去的航道。宋代以后,随着中国南方的进一步开发和经济重心的南移,从广州、泉州、杭州等地出发的海上航路日益发达,越走越远,从南洋到阿拉伯海,甚至远达非洲东海岸。人们把这些海上贸易往来的各条航线,通称为"海上丝绸之路"。

二　丝绸之路的地理环境和历史演变

陆上丝绸之路所经过的欧亚大陆（Eurasia），主要是中国和欧洲之间的内陆亚洲地区。这一地区的地理特征是气候异常干燥，降雨量极其稀少。在丝绸之路的中部地带，有号称为"世界屋脊"的帕米尔高原，以帕米尔高原为中心，向四周延续出喜马拉雅山、昆仑山、喀喇昆仑山、天山、阿尔泰山、阿赖山、兴都库什山等山脉，冰峰峡谷，行走艰难。这里的另一富有特色的地貌和景观是沙漠和戈壁，如新疆的塔克拉玛干大沙漠、里海东部的卡拉库姆沙漠、伊朗的卡维尔沙漠等，对于行旅来说，更是干渴难行。此外，由盐壳沉积而形成的崎岖起伏、犬牙交错的雅丹地形，也是一个重要的地理障碍。唐代诗人所描写的"映雪峰犹暗，乘冰马屡惊"（杨师道《陇头水》），"黄沙西际海，白草北连天"（岑参《过酒泉忆杜陵别业》），正是这些地理景观的生动写照。而西行取经僧人笔下所描写的"上无飞鸟，下无走兽，复无水草"（《大慈恩寺三藏法师传》），则是亲履其地的感受。

然而，从耸立在沙漠边缘的一座座雪山上流下来的河水，灌溉滋润了大漠之中一片片绿洲，填补了流沙世界的"生物真空"，也提供了中西往来路途上的中间站。我们的先民并没有因为不利的地理条件而陷于孤立，由于交换的需要，人们很早就开始了对外界的探索。

东西方出土的考古资料，揭示了先秦时期东西方交往的存在。如辽宁喀左蒙古族自治县东山嘴发现的新石器时代的陶质裸体女神像，即西方考古学所谓"维纳斯女神像"，与中欧、南俄以及西伯利亚地区出土的同形女神像十分相像。河南安阳殷墟妇好墓出土的商代和田玉，俄罗斯阿尔泰山西麓巴泽雷克（Pazyryk）大墓发现的公元前5世纪至前4世纪的中国铜镜和丝织品，表明在相当长的一段时间里，北方和西北方的游牧民族，如匈奴人、月氏人和斯基泰人等，扮演着东西方文化交往的主角。

秦、汉王朝统一中国，积聚了中原王朝的实力。到公元前2世纪的汉武帝时，为了打败称雄漠北、骚扰中原农耕居民的游牧王国匈奴，雄才大略的汉武帝派张骞出使西域，联络被匈奴人从河西赶走而定居在阿姆河一带的大月氏人。张骞经过千难万险，虽然没有搬来大月氏的兵，却全面了解了西域的政治和地理情况。随后汉武帝又派张骞第二次出使西域，这一次使团的人数总共有三百人之多，张骞及其随行者的足迹也更为广远，到了大宛（费尔干纳）、康居（以今塔什干为中心的游牧王国）、大月氏、安息（古代波斯帕提亚王国）、身毒（印度）等国。张骞的两次西行，打破了游牧民族对丝路贸易的垄断，使中国和中亚、南亚、西亚诸王国之间建立了直接的贸易往来关系，张骞等人带回的报告，也是中国人对外部世界的首次真知实见，而且由司马迁和班固分别写入《史记·大宛列传》和《汉书·西域传》，从此结束了我国古代对西方神话般的传闻认识。正因为张骞的这一创举在历史上的重要性，所以人们把张骞通西域一事形象地称之为"凿空"。

张骞西行的直接后果，是促使汉朝打败匈奴。结果，汉朝不仅在河西走廊建立了武威、张掖、酒泉、敦煌四个郡，还进而派兵远征葱岭以西的大宛，获得武帝梦寐以求的天马——汗血马。到了公元前60年，汉朝在西域设立了西域都护，控制了塔里木盆地。汉朝的使者，可以得到西域各个绿洲王国的供应，西行变得更加容易，使者相望于道，往来不绝。

西汉末年，王莽专政，中原与西域的关系一度中断。东汉初，汉明帝派班超经营西域，重新恢复了西域都护对塔里木盆地的统治。与此同时，匈奴分裂为南北两部，北匈奴在南匈奴和汉朝的联合打击下，西迁到黑海北岸，引起了西亚和欧洲许多民族的迁徙。在丝绸之路的历史上，甘英的西行是中国人的又一壮举。公元97年，西域都护班超派遣部下甘英出使大秦（罗马帝国）。甘英一直来到波斯湾头的幼发拉底河和底格里斯河入海处的条支（Antiochia），准备渡海西行，但安息人为了垄断东方与罗马的贸易，向甘英夸大了阿拉伯海航行的艰险，阻止了甘英进一步西行，自条支而还。甘英虽然没有到达原定的目的地，但他仍可以说是中国第一位走得最远的使臣，是一位让人崇敬的时代英雄。他亲自走过了丝绸之路的大半段路程，还了解到从条支南出波斯湾，绕阿拉伯半岛到罗马帝国的航线。

从公元前2世纪到公元2世纪，沿着欧亚内陆交通干线，自西向东，有四大帝国并列其间，即欧洲的罗马（公元前30年—公元284年）、西亚的安息（帕提亚，公元前3世纪中叶至公元226年）、中亚的贵霜（45—226年）、东亚的汉朝（公元前206—公元220年）。在公元前后，四大帝国都处在国势昌盛的时期，积极向外扩张，如罗马帝国在图拉真（Marcus Ulpins Trajanus，98—117年在位）时，把版图扩大到幼发拉底河上游一带；又如贵霜帝国也曾把势力伸进塔里木盆地；汉朝则成功地打败匈奴，控制河西走廊，进驻天山南路。张骞的"凿空"和甘英的远行，使东西方世界直接联系起来，这是时代英雄的创举，也是历史发展的必然，其结果是使得中国、印度、西亚和希腊罗马四大古代文明有了直接的交流和影响，此后，任何文明的发展再也不是相对孤立地进行了。

从中国历史的发展来看，汉代开辟的这条丝绸之路时而因为政治对立、民族矛盾乃至战争而一度中断。文明的发展，势力的扩张，商业民族的活跃和草原游牧民族与农耕定居民族的依存关系，使得东西方的精神与物质的文化交往两千多年来从未断绝。

东汉末年，中原战乱频仍，秩序混乱。作为中西交通的咽喉之地敦煌，甚至二十多年没有太守，当地豪强大姓雄张，兼并土地，使小民无立锥之地，前来贸易的西域商胡也备受欺诈。227—233年间，仓慈出任敦煌太守，有力地抑制了豪强的兼并和勒索，为西域商人前往内地买卖提供种种方便，也使得敦煌成为汉族与西域各族民众交往贸易的一个国际都会。1907年，英国考古学者斯坦因在敦煌西北长城烽燧下，发现了一组用中亚粟特民族的文字所写的粟特文信件，这是在凉州（武威）的粟特商人写给家乡撒马尔干（Samarkand，在今乌兹别克斯坦）贵人的书信，不知什么原因而埋藏在敦煌长城脚下。信中谈到，这些以凉州为大本营的粟特商团，活动的范围东到洛阳，西到敦煌，经营中国丝绸等商品的长途贩卖。这组书信写于西晋末年（312年前后），它们真切地反映了当时丝绸之路上的商品交易活动。

魏晋南北朝时期，中原天下大乱，不少大族和有文化的士人纷纷迁居河西以避战乱，促使中西交往的孔道河西走廊的文化得到前所未有的提高。五凉王朝的先后建立，也集聚了大批人才。文化水平的提高和大量士人的存在，为本地区接受外来文化提供了知识的基础，也为向中原输送外来文化提供了方便。而且，不论是东晋十六国，还是后来的南北朝，都不断有东往西去的使者旅行在丝绸之路上。比如，310年，天竺（印度）僧人佛图澄至洛阳；399年，东晋僧人法显等西行取经；437年，北魏遣董琬、高明等出使西域诸国；468年，北魏遣使韩羊皮出使波斯，与波斯使俱还；518年，宋云与惠生自洛阳出发，西行取经；530年，波斯国遣使南朝；此外，还有大量没有留下名字和事迹的使者往来于东西各国。

隋朝统一南北，中国封建社会开始走向全盛时期。隋炀帝时，让黄门侍郎裴矩往来于张掖、敦煌之间，通过西域商胡，联络各国首领。从今天保存的裴矩撰写的《西域图记序》中，我们可以了解到当时丝绸之路通向东罗马、波斯、印度的情况。

进入唐代，民族的进一步融合，疆域的更广阔开拓，政治制度与思想文化的整合，使得唐王朝凝聚了极大的力量，生产发展，商业繁荣，文化昌盛，并以博大的胸怀，大量接受外来文化，使之融会到中国文化的整体当中。从唐太宗到武则天，唐朝的势力不仅直接牢固控制了塔里木盆地的西域诸王国，而且成为天山以北、葱岭以西广大区域内各个王国的宗主国，中西往来更加畅通无阻，当时的文化交流也呈现出令人眼花缭乱的景象。西方的珍禽异兽、珠宝香料、玻璃器皿、金银货币纷纷传来，中亚和西亚的穿着、饮食等生活方式，音乐、舞蹈等文化娱乐活动都源源进入中原，佛教进一步盛行的同时，祆教、摩尼教、景教以及新兴的伊斯兰教都在此时正式传入中国内地，唐朝的两京长安和洛阳以及丝绸之路上的一些大城市如凉州，都纷纷呈现出国际都市的风貌。在吸收外来文化的同时，借助唐朝强大的政治力量，中原文明也传入西方，深浅不等地影响了西方各国。

公元10世纪中叶以后，宋王朝先后与北方的辽、西夏、金处于敌对的形势中，影响了陆上丝绸之路的中西交往。南宋建都于东南的杭州，加之中国经济、文化重心的南移，海上丝绸之路更加繁盛起来。相对来讲，陆上丝绸之路要比从前有所衰落，但在某些特定的时间里也被频繁地利用，如马可·波罗来华前后的蒙元时代。这些已经溢出本书的范围，就留待以后再讲述吧。

三 通过丝绸之路的东西方文化交流

古代丝绸之路的开通与维持，对中西物质文化和精神文化的交往作出了重要的贡献。在丝绸之路上，也流传着许多东西方文化交往的佳话和传说。

说到丝绸之路，人们自然首先会想到中国丝绸的西传。早在张骞通西域之前，丝绸就已经大量地转运到了西方世界。在古代罗马，丝绸制的服装成为当时贵族们的高雅时髦装束。因为来自遥远的东方，所以造价昂贵，罗马为了进口丝绸，流失了大量黄金。我们今天在雅典卫城巴台农神庙的女神像身上，在意大利那不勒斯博物馆收藏的酒神巴克科斯的女祭司像上，都可以看到希腊罗马时代的人们所穿着的丝绸服装，轻柔飘逸，露体动人。丝绸服装的追求已经到了奢侈浪费和伤风败俗的地步，使得罗马元老院多次下令，禁止穿用丝织服装，但并没有起多大作用。

罗马帝国的古典作家们把产丝之国称为"赛里斯"（Seres）。公元 1 世纪的博物学家老普林尼（Gais Pliny the Elder，23—79）在《博物志》中说："（赛里斯）林中产丝，驰名宇内。丝生于树叶上，取出，湿之以水，理之成丝。后织成锦绣文绮，贩运到罗马。富豪贵族之妇女，裁成衣服，光辉夺目。"赛里斯就是中国，这是当时丝绸远销罗马的真实写照。

老普林尼和以后相当一段时间里的西方学者，并不清楚丝绸是如何织成的。中国的养蚕和缫丝技术是很晚才传到西方的。唐朝初年西行取经的僧人玄奘，在公元 644 年回国途经于阗（今和田）时，听到一则传说，在现存的有关于阗佛教史的藏文文献中也有大同小异的记载。这个故事的主要情节是讲于阗王曾娶东国（一本作中国）女为王后，暗中要求对方将蚕种带来。新娘下嫁时，偷偷把桑蚕种子藏在帽絮中，骗过了关防，把养蚕制丝的方法传到了于阗。从此以后，于阗"桑树连荫"，可以自制丝绸了。于阗国王为此特别建立了麻射僧伽蓝，以为纪念。近代考古学者曾在和田东北沙漠深处的丹丹乌里克遗址，发现一块8世纪的木板画，上面描绘着一位中国公主戴着一顶大帽子，一个侍女正用手指着它。研究者都认为，这里所画的正是那位传播养蚕制丝方法的丝绸女神。解放后，考古工作者在吐鲁番盆地的古墓中，发掘出大批高昌国时代（502—640）的汉文文书，证明了塔里木盆地的西域各绿洲王国生产的丝织品情况。

至于更远的西方世界，是迟到6世纪东罗马查士丁尼大帝（Justinian the Great，483—565年在位）时，才由印度人（一说波斯人）从塔里木盆地的西域王国那里，用空竹杖偷运走蚕种的。

物质文化的交流总是双向的，中国奉献给西方世界以精美实用的丝绸，欧亚各国人民也同样回报了各种中国的需求品。

我们今天所常见的一些植物，并非都是中国的土产，中国古代文献中记载的一批带有"胡"字的植物，如胡桃、胡瓜、胡葱、胡荽、胡椒、胡桐泪、胡萝卜等等，十有八九是来自西方。而且，古代文献中往往把这些植物的移植中国，归功于第一位中西交通的美好使者——张骞。实际上，现在可以确指为张骞带回来的物产，只有苜蓿和葡萄，前者原产伊朗高原西北的米底亚（Media），后者是西亚和埃及最早人工栽培的一种植物。

汉初以来，西来的不仅仅有植物，还有罗马的玻璃器，西域的乐舞、杂技，到了东汉末年，史书记载："灵帝（168—189年在位）好胡服、胡帐、胡床、胡坐、胡饭、胡空侯、胡笛、胡舞，京都贵

戚皆竞为之。"(《续汉书·五行志》)

从魏晋到隋唐，随着属于伊朗文化系统的粟特人的大批迁入中国，西亚、中亚的音乐、舞蹈、饮食、服饰等等，大量传入中国。

粟特人，在中国古代史籍中叫"昭武九姓"、"九姓胡"，或就简称作"胡"，他们的故乡在中亚阿姆河和锡尔河之间的粟特地区，以撒马尔干（在今乌兹别克斯坦）为中心，有九个绿洲王国，即康、安、曹、石、史、米等国。这些粟特人大多以经商为业，他们组成商团，成群结队地东来贩易，并且有许多人就逐渐在经商之地留居下来。所以，就今所知，南北朝到唐朝时期，沿丝绸之路的于阗、楼兰、龟兹（库车）、高昌（吐鲁番）、敦煌、酒泉、张掖、武威和长安、洛阳等许多城镇，都有粟特人的足迹。他们的后裔渐渐汉化，但不少人的外表还是深目高鼻。在中国历史上，曾有不少人或好或坏地影响过历史车轮的运转，比如武威安氏，曾经帮助唐朝平定凉州李轨的割据势力，后被唐朝皇帝赐姓为李。又如发动安史之乱的河北叛将安禄山，和割让燕云十六州而做儿皇帝的石敬瑭，都是分别来自安国和石国的粟特人后裔。

粟特人在文化上很早就接受了波斯的伊朗文化影响，他们的到来，使唐朝的一些都市充满了一种开放的胡风。我们看看唐朝最盛的开元天宝年间的有关记载，就可以感受到这一时代风潮。李白《前有樽酒行》诗："胡姬貌如花，当垆笑春风。"(《全唐诗》卷一六二）是说当年长安有酒家胡女在招徕宾客。岑参《酒泉太守席上醉后作》诗："琵琶长笛齐相和，羌儿胡雏齐唱歌。浑炙犁牛烹野驼，交河美酒金叵罗。"(《岑参集校注》卷二）说的是酒泉地方官的宴席上，胡人演唱的情形。白居易《胡旋女》诗："天宝季年时欲变，臣妾人人学环转；中有太真外禄山，二人最道能胡旋。"(《全唐诗》卷四二六）太真就是杨贵妃，她是唐玄宗最宠爱的妃子，其善跳胡旋舞，说明了这种舞蹈在当时的风行。史书记载安禄山"腹缓及膝"，极力描写其臃肿肥胖的样子，大概是有些夸张。他作为粟特人后裔，跳胡旋是其家常，史书说他"作胡旋舞帝（唐玄宗）前，乃疾如风"（《新唐书·安禄山传》），可以与杨贵妃媲美。已故北京大学历史系教授向达先生曾撰有长篇论文《唐代长安与西域文明》，我们可以从这篇史学名作中，一览唐代长安的种种胡化景象。

在物质文化交流的同时，自古而来，通过丝绸之路的精神文化交流也在不断地进行。

作为世界三大宗教之一的佛教，早在西汉末年就传入中国。魏晋南北朝时期，战乱频仍，为佛教的发展提供了很好的条件。到了隋唐时期，佛教已经深入民心，并且由中国的高僧创立了中国化的宗派。今天，佛教已没有古代那么盛行，但人们头脑中的因果报应思想；语言中常常使用的一些词汇，如"刹那"、"影响"、"水乳交融"等等；随处可见的佛寺山窟；小说弹词等文学艺术形式，都是佛教直接或间接留下的影响。特别是沿着丝绸之路留存下来的佛教石窟，著名的如龟兹克孜尔、吐鲁番柏孜克里克、敦煌莫高窟、安西榆林窟、武威天梯山、永靖炳灵寺、天水麦积山、大同云冈、洛阳龙门等等，这些石窟大多融会了东西方的艺术风格，是丝绸之路上中西文化交流的见证，它们连成一串宝珠，成为丝绸之路上的重要文化遗产。

从魏晋到隋唐，西亚的祆教、摩尼教、景教、伊斯兰教也先后传入中国，都产生过一定程度的影响。其中的摩尼教本是产生于古代波斯的一种宗教，在波斯受到镇压，几乎绝迹，但却在中国，特别是中国的维吾尔先民回鹘人中间广为传播，甚至在九、十世纪建都吐鲁番的西州回鹘王国中，被立为国教。敦煌吐鲁番发现的汉文和各种伊朗语、回鹘文的摩尼教文献，与埃及发现的科普特文摩尼教文献一起，构成今天我们认识古代世界的摩尼教的基本文献资料。

相对而言，在宋元之前，中国思想的西传远远不如她所接受的那样多，但中国物产和技术的西传却是难以统计的，造纸、印刷、漆器、瓷器、火药、指南针等等的西传，为世界文明做出了重大的贡献。直到明末清初耶稣会士的到来，才将中国思想文化大规模地介绍到西方，同时也开启了西方近代文明进入中国的时代。

丝绸之路的道路漫长而久远，而且无始无终。在古代，它是传播友谊的道路，也曾经是被战争铁蹄践踏过的道路。今天，人们已经忘却昔日曾经有过的苦难，而把丝绸之路看作是连结东西方文明的纽带。近年来，联合国教科文组织发起的"丝绸之路研究计划"，把丝绸之路称作"对话之路"，以促进东西方的对话与交流。对于中国人民来讲，今天的丝绸之路，是开放之路，是奋进之路，是通向 21 世纪的光明之路。

原载《中华文明之光》第二辑，1999 年

第 1 编

胡人迁徙与聚落

西域粟特移民聚落考

粟特人，是属于伊朗人种的中亚古族，在中国史籍中又被称为昭武九姓、九姓胡、杂种胡、粟特胡等。他们原本生活在中亚阿姆河和锡尔河之间的泽拉夫珊河流域，即古典文献所说的粟特地区（Sogdiana，索格底亚那），其主要范围在今乌兹别克斯坦。粟特人长期受其周边的强大外族势力所控制，先后臣属于波斯的阿契美尼德王朝、希腊的亚历山大帝国、塞琉古王朝、康居国、月氏部、贵霜帝国、𠮷哒国等。粟特人在各族统治下，没有灭绝，而是加强了自己的应变能力，从而成为一个独具特色的商业民族。与此同时，在粟特地区的大大小小的绿洲上，在各族统治相对薄弱的时候，渐渐聚集成为一个个大小不同的城邦国家，其中以撒马尔干（Samarkand）为中心的康国最大，此外还有布哈拉（Bukhārā）的安国、苏对沙那（Sutrūshana/Ushrūsana）的东曹国、劫布呾那（Kapūtānā）的曹国、瑟底痕（Ishtītīkhan）的西曹国、弭秣贺（Māymurgh）的米国、屈霜你迦（Kushāṇika）的何国、羯霜那（Kashāna）的史国、赭时（Chach）的石国等等，不同时期，或有分合，史称"昭武九姓"。

由于经商和战争等原因，粟特人在汉唐之间沿丝绸之路大批移居中国，在塔里木盆地、蒙古高原和中国北方，都有他们的移民聚落，散布十分广泛。他们经商、善战、信奉祆教、能歌善舞等特性，对中古中国的政治进程、"三夷教"（祆教、摩尼教、景教）的传播、音乐舞蹈的繁荣昌盛等，都产生了深刻的影响。

19世纪末、20世纪初，在新疆和田、尼雅、楼兰、库车、吐鲁番的一些遗址以及敦煌藏经洞发现了大批写本，其中有相当数量的用中古伊朗语（Middle Iranian）所写的文献，包括属于西支伊朗语（Western Iranian）的帕提亚语（Parthian，一称安息语）、中古波斯语（Middle Persian）文书，和属于东支伊朗语（Eastern Iranian）的于阗语（Khotanese）、粟特语（Sogdian）材料，还有少量的巴克特里亚语（Bactrian，一称大夏语）和所谓"图木舒克语"（Tumshuqese）残卷。这些古写本主要被德、法、英、俄、日和瑞典的考察队带回柏林、巴黎、伦敦、圣彼得堡、京都和斯德哥尔摩，通过几代伊朗语专家的努力，虽然还有不少写本没有刊布，但大多数文献的内容已经研究明了，其中的写经题记、世俗文书提供了不少历史信息，留存于当地的洞窟题名，也保存了一些珍贵材料。本文拟利用这些中古伊朗语文献中有关西域史地的材料，辅以汉文传世文献材料和新疆出土汉文文书，重点阐明前人未曾留意的于阗、楼兰、疏勒、据史德、龟兹、焉耆等西域地区的粟特移民和聚落问题；并以此为例说明建立在这些伊朗语文献基础上的伊朗学研究，对伊斯兰化以前西域历史地理研究的贡献。

以往人们主要是根据汉文文献和敦煌吐鲁番出土文书来考察丝绸之路上的粟特人聚落问题，虽然对吐鲁番、敦煌、罗布泊、且末、武威、长安、洛阳、内蒙古等地的粟特人及其聚落有了比较深入的认识❶，但是由于材料的限制，人们反而对这些地区以西的疏勒、于阗、龟兹、焉耆等西域地区的情形不甚了然。照常理讲，这些粟特人东来必经之路上的重镇，必然会留下粟特人的遗迹，但已知的汉文材料对此几乎没有反映，而新疆出土的各种伊朗语文书为我们探讨这一问题提供了重要的线索。

一 于 阗

关于粟特人从何时进入于阗地区的问题，由于材料的限制，目前还难以说明。值得注意的是斯坦因（A. Stein）在安得悦（Endere）发现的一件佉卢文契约文书，即著名的 No.661 号，其中买卖的一方是 suliga vaġiti vadhaġa❷。Suliga 一词，托玛斯（F. W. Thomas）疑指"疏勒人"，并举疏勒的藏文拼法 shu-lig 为证。但 su- 音不送气，与 shu- 不能轻易等同，因此我们更倾向于科诺夫（S. Konow）的说法，suliga 即"窣利（粟特）"❸。遗憾的是这件文

---

❶ 姜伯勤《敦煌・吐鲁番とシルクロード上のソグド人》，《季刊东西交涉》第5卷第1、2、3期，1985年；池田温《8世纪中叶における敦煌のソグド聚落》，《ユーラシア文化研究》1，1965年，49–92页；参看拙稿 "Caves of the Thousand Buddhas", E. Yarshater（ed.），*Encyclopaedia Iranica*, V.1, New York, 1990, pp. 97–99; P. Pelliot, "Le Cha–tcheou tou tou fou t'ou king et la colonie sogdienne de la région du Lob Nor", *Journal Asiatique*, 11e série, VII, 1916, pp. 111–123; 张广达《唐代六胡州等地的昭武九姓》，《北京大学学报》1986年第2期，78页；陈国灿《魏晋至隋唐河西胡人的聚居与火祆教》，《西北民族研究》1988年第1期，198–209页; E. G. Pulleyblank, "A Sogdian Colony in Inner Mongolia", *T'oung Pao*, 41, 1952, pp. 317–356。

❷ A. Stein, *Serindia*, IV, Oxford 1921, pl. XXXVIII; A. M. Boyer, E. J. Rapson & E. Senart, *Kharoṣṭhī Inscriptions*, I. Oxford 1920, p. 249; T. Burrow, *A Translation of the Kharoṣṭhi Documents from Chinese Turkestan*, London 1940, p. 137.

❸ S. Konow, "Where was the Saka Language reduced to Writing", *Acta Orientalia*, X, 1932, p. 74. 这一看法得到贝利（H. W. Bailey）的肯定，见 *Khotanese Texts*, VII, Cambridge University Press, 1985, p. 78。

书出土时，没有发现足以判定其年代的材料。过去，人们根据和田地区出土的佉卢文《法句经》、汉佉二体钱以及鄯善王国使用的佉卢文书的年代，认为这件文书的年代不晚于 4 世纪，但从文书中的某些伊朗语词汇和几个婆罗谜字母以及佉卢文在塔里木盆地一直使用到 7 世纪的事实来看，这件文书也可能产生在 4 至 7 世纪之间❶。因此，保守地说粟特人早在 7 世纪以前就到了于阗地区。

在和田、敦煌等地出土的 8 至 10 世纪的于阗语文书中，有一个与其他民族并列的词 sūlī，复数形式是 sūlya，贝利（H. W. Bailey）教授曾先后提出指"疏勒人"、"书吏"、"粟特人"三种假说，现在已经摈弃前两说，而确定为"窣利（即粟特）"的对音❷。这一结论可以从历史学的角度加以补证。于阗语文书中的 sūlī/sūlya，贝利教授从斯文赫定（Sven Hedin）等人的收集品中共找出十四个例证❸，其中三例见于 Pelliot 编号的敦煌文书，系指 10 世纪河西地区的粟特遗民，与本文无涉；另外，熊本裕博士又检出一例❹，总共出现十二次，见于十一件文书中，现将贝利转写的有关词句引出，译成汉文，并举出各件编号，再做讨论❺。

Hedin 1.6: *sūlya thaunaka nāṃdi* "粟特人收丝一匹"；

Hedin 19.18: *tti cu sūlya gvaṣcāṃ*〔*di*〕"此等〔物〕由粟特人分配"；

---

❶ 张广达、荣新江《关于和田出土于阗文献的年代及其相关问题》，《东洋学报》第 69 卷第 1、2 期，1988 年，66–68 页。

❷ H. W. Bailey, *Khotanese Texts*, VII, pp. 76–78; Cf. H. W. Bailey, "Indo-Iranica", *Indologica Taurinensia*, VIII-IX, 1980–1981, pp. 15–18. 有关此词的研究史，详见熊本裕《Hagauṣṭa. sūlī》，《四天王寺国际佛教大学文学部纪要》第 17 号，1985 年，6–12、15–22 页。

❸ *Khotanese Texts*, VII, pp. 76–77。

❹ 熊本裕上引文 16 页注〔19〕。

❺ 除个别注出者外，均据 *Khotanese Texts*, VII, pp. 76–77。

Hedin 19.20: ṣa cu sūlo jsa nāti "他自粟特人处征收";

Or.11252, 2.17: sa sūlyana sudatta "粟特人苏捡此〔谷〕"❶;

Or.11252, 36.b2:（前残）di sūlī ganaṃ ni byaudi "粟特人（名残）未交小麦";

Or.11252, 38.2: āmāci sūlīna paphve thauna vā nāte "阿摩支（大臣）自粟特人处征收，其将所得丝绢归己";

Or.11252, 38.3: tti sūlya nāṃdä "这些粟特人收取";

Or.11344, 4.4: thauna dva hālai sūlya hauḍāṃdi "粟特人所纳计丝二匹半";

Or.11344, 16.2:（前残）nä sūlyau jsa paphūnva nāte "他（名残）自粟特人处收取税物";

Or.6394, 2.3-4: aysū sūlyä jsa ysaṃthaḍä jistem "余自粟特人处征收市息";

D. iv.6.1: Sūlī krrapūśiri hīya ... vāra "属于粟特人 Krrapūśiri 的部分";

M. T.0463: sūlī bisa（残片）。

这些文书只有最后两件有原始编号，分别出土于和田东北沙漠深处的丹丹乌里克（Dandan-Uiliq）与和田正北和田河中游的麻札塔格（Mazar Tagh）遗址；Hedin 编号文书和 Or.11252、Or.11344 两组文书，我们已在另文中考订均系今策勒县老达玛沟（Old Domoko）一带遗址出土物，这里以及其北面的丹丹乌里克相当于唐朝于阗国六城质逻州的范围❷；今藏英国图书馆的 Or.6394.2 号文

---

❶ 此据 H. W. Bailey, Saka Documents, text volume, London 1968, pp. 34-35，其英译文略有改变。

❷ 张广达、荣新江《关于和田出土于阗文献的年代及其相关问题》，69-74 页。

西域粟特移民聚落考　021

书，从其编号来看应属早年入藏该馆的 Hoernle Collection❶，这件文书的内容是 spāta（萨波，官名）Sṣanīrakä（人名）致 Gayseta（地名）Sīdaka（人名）的令文❷，我们已经对证出后者即 Hoernle MS 3（M.9.c）号第 II 件汉文文书中的"杰谢斯略"，杰谢即今丹丹乌里克❸，可知本件和 D. iv.6 号同出一地。从这些文书的出土地及文书的内容，不难看出粟特人在于阗六城质逻州的广泛存在❹。除此区域外，麻札塔格出土于阗语文书中也提到了粟特人，可惜文书已残，不得其详。所幸的是这里出土的另一种伊朗语文献，也即粟特人本身使用的粟特语文献提供了强有力的佐证。斯坦因在这里发现的 M. Tagh a.0048（Or.8212/113）、M. Tagh a.IV.00166（Or.8212/74）、M. Tagh a.0049（Or.8212/112）、M. Tagh c.I.0071（Or.8212/114）、M. Tagh 0449（Or.8212/7）、M. Tagh 0626（Or. 8212/1778）和 M. Tagh 038.d（Or.8212/1763）七件文书，当是粟特人的遗留物，其中 M.Tagh a.0048 号是摩尼教文献，

---

❶ 按 Or. 6394.19 号又编作 H（oernle）2 号，见 *Khotanese Texts*, II, Cambridge 1969, p. 65; *Khotanese Texts*, V, Cambridge 1980, p. 2。

❷ *Khotanese Texts*, V, p. 53.

❸ Hoernle MS 3 图版见 A. F. R. Hoernle, "A Report on the British Collection of Antiquities from Central Asia, Part II", *Journal of the Asiatic Society of Bengal*, LXX.1, 1901, Extra-No.1, pl. IV; 研究见 E. Chavannes, "Chinese Documents from the Sites of Dandan-Uiliq, Niya and Endere", *Ancient Khotan*, by A. Stein, Oxford 1907, p. 525, 然未录出"萨波斯略"四字。对证见 Zhang Guangda et Rong Xinjiang, "Un manuscrit chinois découvert à Cira pres de Khotan", *Cahiers d'Extrême-Asie*, 3（Études de Dunhuang en l'honneur de Fujieda Akira）, 1987, pp. 79–80（按文中将 Jiexie 均误排成 Lixie, 特此更正）; 又见张广达、荣新江《〈唐大历三年三月典成铣牒〉跋》，《新疆社会科学》1988 年第 1 期，62 页。

❹ 最近，M. I. Vorobyova-Desyatovskaya 报道了圣彼得堡藏有属于萨波斯略的一组于阗语文书共 242 件，原件尚未整理公布，但其中大概还会有关于粟特人的记录，见所著 "The Leningrad Collection of the Sakish Business Documents and the Problem of the Investigation of Central Asian Texts", *Turfan and Tun-huang. the Texts*. ed. A. Cadonna, Firenze 1992, pp. 85–95。

而 M.Tagh 038.d 号是商业文书，其他内容尚未确定[1]，当在同样的范围之内。这些粟特移民本身使用的粟特语文献，不仅使我们进一步认识了他们的经商能力，而且透露了一个重要的信息，即摩尼教在于阗的流传及其可能的来源。

上述文书的内容大多是粟特人交纳丝物或政府向他们征收租税的记录，其中有些税收是向商人征收的商业税是可以肯定的，是否有向农民征收的土地税尚不清楚，因此尚无法分辨这些粟特人哪些是前来于阗地区贸易的商贩，哪些是定居的编户，但现有文书往往不把他们和其他居民加以区分，似表明他们在公元 8 世纪时，已是著籍于于阗的编户了，只是由于他们善于经商，因此有不少人仍从事商业活动罢了。贝利指出，在于阗语佛教文献中，$sūliya$ 一词又意为"商人"，从一个表示粟特人种的专有名词变成一个表示"商人"的一般名词[2]。实际上，这恰好证明了在于阗的粟特人主要是从事商业的，因此于阗人才会把"粟特"和"商人"等同起来。

除了伊朗语文书的证据外，和田出土的汉文文书《乾元三年（760?）典史环仆牒》（Hedin 24）中的"史环仆"[3]、《建中七年（786）七月苏门悌举钱契》（Hoernle MS 3 = Or.6407）中的"保人安芬"[4]，也可能是分别来自史国和安国的粟特人，他们在汉文文书

---

[1] N. Sims-Williams, "The Sogdian Fragments of the British Library", *Indo-Iranian Journal*, 18, 1976, pp. 53-54, 62, 67-68, 70-71, 72, 73. 此外，D. N. MacKenzie, *The Buddhist Sogdian Texts of the British Library*（*Acta Iranica* 10）, Leiden 1976, p. ix 提到一件编号为 M. T.75.D 的粟特语木简，也应来自麻札塔格。

[2] *Khotanese Texts*, VII, p. 76.

[3] *Khotanese Texts*, IV: *Saka Texts from Khotan in the Hedin Collection*, Cambridge 1979, p. 136；张广达、荣新江《关于和田出土于阗文献的年代及其相关问题》，69-77 页。

[4] T. Yamamoto & O. Ikeda, *Tun-huang and Turfan Documents concerning Social and Economic History*, III Contracts,（A）, Tokyo, 1987, p. 77;（B）, 1986, p. 39.

里遵从汉习，以国为氏。

以上于阗文、粟特文和汉文材料，大致均产生于约790年以前唐朝统治于阗时期，此后的吐蕃统治时期，情况当不会有太大变化，麻札塔格出土的未刊藏文文书 M. Tagh b.i.0013 号中提到 Sog-dag（即粟特人），似可证明这一点❶。

二 楼 兰

由和田东行，依次是且末和若羌两大绿洲。如上所述，前人已经考证出这两地均有粟特聚落。且末，唐高宗上元三年（676）改名为播仙镇，高宗武则天乾陵蕃王像中，有"播仙城主何伏帝延"名❷。若羌，唐初此地名鄯善，上元二年改为石城镇。敦煌写本《沙州伊州地志》记："石城镇……贞观中，康国大首领康艳典东来居此城，胡人随之，因成聚落，亦曰典合城。"以下记这一地区的新城（弩支城）、蒲桃城、萨毗城，均为康艳典所筑❸。由此可知，这里的粟特聚落是贞观年间（627—649）建立的。然而，粟特人在包括鄯善在内的楼兰地区驻足，却不始于贞观年间。

斯坦因曾经在罗布泊周边的古楼兰遗址中，找到一些粟特文材料。1931年，赖歇尔特（H. Reichelt）发表了其中的 L. A.

---

❶ F. W. Thomas, *Tibetan Literary Texts and Documents concerning Chinese Turkestan*, IV: *Indices*. ed. E. Conze, London, 1963, p. 81, v. Sog-dag. 关于 Sog-dag 即粟特的对证，参看 Fang-kuei Li, "Notes on Tibetan *sog*", *Central Asiatic Journal*, III.2, 1958, pp. 139-142；杨铭《古藏文文书 Sog-po 一词再探》，《西藏研究》1988年第1期，100-103页。
❷ 陈国灿《唐乾陵石人像及其衔名的研究》，《文物集刊》二，1980年，189-203页。
❸ 录文见《羽田博士史学论文集》上，京都，1957年，587-588页。

VI.ii.0104号文书❶。近年,辛姆斯—威廉姆斯(N. Sims-Williams)又检出 L. M. II.ii.09、L. A. II.x.01-02、L. A. IV.v.028、L. L. 018号粟特语文书,并指出它们所用的粟特字母与敦煌长城烽燧出土的著名的"粟特语古信札"一样古老,年代应在4世纪初叶❷。与其中的四件粟特语文书同出于一个遗址的 L. A. I.iii.1号汉文木简上(图2),记有"建兴十八年三月十七日粟特胡楼兰(中缺)一万石钱二百"的出入帐目❸,建兴十八年当公元330年,恰好与上述粟特文文书的年代吻合。可见,早在前凉时期,楼兰地区就有粟特胡人存在,而且从帐目所记一万石的数量来看,这里的粟特人当不在少数。

唐朝初年,从贞观初到武周天授二年(691),康艳典和康拂耿延相继由唐朝任命为石城镇将或镇使❹,说明这里的粟特人与唐朝的密切关系。敦煌藏文写本《吐蕃王朝编年史》(*Royal Annals*)记694年夏"噶尔·达古为粟特人俘去",这里所说的粟特人很可能就是石城镇的粟特人❺。当唐朝在这里的势力为吐蕃取代以后,仍有粟特人在这一带活动,见斯坦因在米兰遗址发现的 M.I.iv. 17号藏文木简和新疆

---

❶ H. Reichelt, *Die soghdischen Handschriftenreste des Britischen Museums*, II, Heidelberg, 1931, p. 42.
❷ N. Sims-Williams, "The Sogdian Fragments of the British Library", p. 43, n. 10; F. Grenet and N. Sims-Williams, "The Historical Context of the Sogdian Ancient Letters", *Transition Periods in Iranian History*(*Studia Iranica*, cahier 5), Leuven 1987, p. 111, n. 42.
❸ 胡平生《楼兰出土文书释丛》,《文物》1991年第8期,41–42页。按,Éd. Chavannes, *Les documents chinois découverts par Aurel Stein dans les sables du Turkestan oriental*. Oxford 1913, No. 886未识读出"特"、"兰"二字。
❹ 敦煌文书 P.2005《沙州图经》卷第三;《新唐书》卷四三下《地理志》引贾耽《皇华四达记》。
❺ Cf. G. Uray, "The Old Tibetan Sources of the History of Central Asia up to 751 A. D.: A Survey", *Prolegomena to the Sources on the History of Pre-Islamic Central Asia*. ed. J. Harmatta, Budapest 1979, p. 282.

图2 楼兰出土前凉建兴十八年简

考古工作者在同一地点掘得的73RMF26:19号木简❶。

顺带要澄清的是，早年，羽田亨曾经把康拂耽延一名中的"拂耽延"比定为摩尼教的称号之一"拂多诞"，因而认为楼兰地区存在着一个粟特人的摩尼教团❷。但这一比定有误，"拂耽延"实为粟特文'prtmy'n（意为"最初的恩惠"，即"长兄"、"老大"）的音写，而"拂多诞"是译自粟特文'βtδ'n❸。敦煌写本P.5034《沙州图经》卷第五石城镇（鄯善城）条下，记有"一所祆舍"❹，知此地的粟特人主要是信奉祆教，而不是摩尼教。

三 疏 勒

迄今为止，喀什地区的考古成果相对缺乏，目前尚没有能够直接证明粟特聚落在疏勒存在的当地出土材料，一些学者认为"疏勒"一名似即"粟特"的汉译，或可证粟特人在这里的存在❺。但疏勒一名在两汉

---

❶ F. W. Thomas, *Tibetan Literary Texts and Documents concerning Chinese Turkestan*, II, London, 1951, pp. 344–345; 王尧、陈践《吐蕃简牍综录》，文物出版社，1986年，28页，No.10。

❷ 羽田亨《漠北の地と康国人》，《羽田博士史学论文集》上，401–403页。

❸ 吉田丰《ソグド语杂录（II）》，《オリエント》第31卷第2号，1989年，172–173页。

❹ 池田温《沙州图经略考》，《榎博士还历记念东洋史论丛》，东京，1974年，97页。

❺ 季羡林等《大唐西域记校注》，中华书局，1985年，996页。

时期就存在了，而且对音上也有音韵学方面的困难（参看第一节有关论述），上述说法没有坚实的证据。其实，汉文"疏勒"一名可能译自某种伊朗语❶，11世纪马赫穆德·喀什噶里著《突厥语辞典》，所记喀什噶尔城郊一个村中所讲的Kancak语，就是一种伊朗语。由此推知，疏勒在伊斯兰化以前，也应当讲一种伊朗语。此处地当粟特人东行的交通要道，推测应当有粟特聚落的存在。

吐鲁番出土的中古波斯语《摩尼教赞美诗集》（Maḣrnamag，编号M1）的题记中，列有漠北回鹘可汗及北庭、高昌、龟兹、疏勒、拨换、焉耆、温宿（？）等地的统治者和摩尼教信徒的名字，漠北可汗的称号 ay tängridä qut bulmiš alp bilgä uyγur qayan，一般都认为指保义可汗（808—821年在位）或昭礼可汗（824—832年在位）❷，可以据知此集完成的大致年代，其下所列各城镇应当是在回鹘汗国的直接或间接统治之下。然而，列举这些城镇统治者的含义，大概主要不是政治区划，而是暗指摩尼教教区❸，它表明了这些地区的摩尼教会的存在并且受到当地统治者的保护❹。根据这部《赞美诗集》题记，可以间接得知疏勒、温宿、拨换、龟兹、焉耆以及高昌、北庭，均有粟特人的摩尼教团存在。

---

❶ *Khotanese Texts*, VII, pp. 52–53.
❷ F. W. K. Müller, "Ein Doppelblatt aus einem manichäischen Hymnenbuch（Maḣrnamag）", *Abhandlungen der Konigl. Preuss. Akademie der Wissenschaften 1912*, Berlin 1913, pp. 1–40; W. B. Henning, "Argi and the 'Tokharians'", *Bulletin of the School of Oriental and African Studies*, IX.3, 1938, pp. 565–571；森安孝夫《增补：ウィグルと吐蕃の北庭争夺战及びその后の西域情势について》，《アジア文化史论丛》三，东京，1979年，213–215页。
❸ Henning, "Argi and the 'Tokharians'", p. 567.
❹ W. Sundermann, "Iranian Manichaean Turfan Texts Concerning the Turfan Region", *Turfan and Tun-huang. the Texts*. Firenze 1992, pp. 71–72.

四　据史德

　　从疏勒沿北道东行，下一个较大的居民点是汉代的尉头或唐代的据史德城所在地，即今巴楚盆地东部的图木舒克（Tumshuq）。就目前已经刊布的材料看，本世纪初，德、法、英考察队曾在这里发现过一种东伊朗语文献，其语言特征与于阗语最为接近，西方伊朗学界用较晚的"图木舒克"一名来指称这种语言，名之为"Tumshuqese"（图木舒克语）❶。最近，我在这种语言所写的一件文书开头部分，找到了"据史德"一名（gyāźdi-），因而怀疑这种语言本应叫作"据史德语"❷。

　　在科诺夫（Sten Konow）刊布的这种文字所写的法律文书中，有一些 Suḏani 即粟特人作为保人出现❸，其中一位证人叫 Yānāygaḏi，已由恒宁（W. B. Henning）考证为即粟特文 *y'n + ' 'γt'k* 的拼写。恒宁还指出其中一件文书可能与摩尼教有关，并据此推断这一地区曾存在着一个粟特人摩尼教团❹。这正好补充了上节所引《摩尼教赞美诗集》中尉头一地的空缺。从这些文书的内容、外观等方面考察，这些文书应是唐朝治下的龟兹都督府所属郁头（尉

---

❶ R. E. Emmerick, *The Tumshuqese Karmavacana Text*. Stuttgart 1985.

❷ 荣新江《所谓"Tumshuqese"文书中的"*gyāźdi-*"》，《内陆アジア言語の研究》VII，1991年，1—12页。

❸ S. Konow, "Ein neuer Saka–Dialekt", *Sitzungsberichte der preussischen Akademie der Wissenschaften, phil. -hist. Klasse,* XX, Berlin, 1935, pp. 805–806, 808–809, 811; idem, "The Oldest Dialect of Khotanese Saka", *Norsk Tidsskrift for Sprogvidenskap*, XIV, 1947, pp. 165–166, 168–169, 170–171.

❹ W. B. Henning, "Neue Materialien zur Geschichte des Manichäismus", *Zeitschrift der Deutschen Morgenlandischen Gesellschaft*, 1936, pp. 11–13.

头)州的官文书❶,其中所见粟特人纳税、担保、信仰摩尼教,与吐鲁番文书反映的粟特人面貌完全一致,使人不难确定这里存在着一个粟特聚落。

五 温 宿

六 拨 换

两地位于据史德和龟兹之间,据上第三节所引《摩尼教赞美诗集》,可能均有粟特人的摩尼教团存在。

七 龟 兹

龟兹是北道大国,这里通行所谓吐火罗语 B 方言(又称龟兹语),相对于流行伊朗语的地区,龟兹范围内发现的粟特文材料较少。尽管如此,吉田丰仍然细心地发现,伯希和(P. Pelliot)在库车西约 23 公里处的 Douldour-āqour(简称 D. A.,今称作玉其土尔和夏克土尔)遗址发掘的 Pelliot chinois D. A. No.220 和 Pelliot sogdien 27 I(D. A. porte d'entree)两件残片是用粟特文写的❷。据王炳华先

---

❶ 荣新江《所谓"Tumshuqese"文书中的"gyāźdi-"》。
❷ 吉田丰《ソグド语杂录(Ⅲ)》,《内陆アジア言语の研究》V, 1989 年, 93 页注〔10〕; Y. Yoshida, "Sogdian Miscellany III", *Corolla Iranica. Papers in honour of Prof. Dr. David Neil MacKenzie on the occasion of his 65th birthday on April 8th, 1991.* ed. by R. E. Emmerick and D. Weber, Frankfurt am Main 1991, p. 238, n. 9.

生考订，Douldour-āqour 遗址即唐代龟兹拓厥关址❶，这里为粟特商胡东去的必由之路，粟特文在此发现是不难理解的。可以补充的是，伯希和在同一遗址发现的唐代汉文文书中，Pelliot chinois D. A.93 号有"怀柔坊□丁安拂勤"，D. A.134 号有"和众坊正曹德德"，D. A.24 号有负钱人"安元俊"名，D. A.103 号有"作人曹美俊"名等等❷，均可视为在此落籍或行经此地的粟特人，其中有些名字已经汉化，或许是从唐朝本土西到龟兹的。另外，吉田丰还在 Qyzyl Sairam（即新编克孜尔后山北区第 220 窟）的洞窟刻画上，找到了粟特文题记❸。

另外，距 Douldour-āqour 不远的库木土拉石窟，其中第 7 窟也有粟特文题记三行，内容与同一位置的汉文题记略同，明显的是当地粟特佛教信徒所写❹。粟特佛教徒题记的发现，为我们理解有关龟兹的其他一些文书提供了线索。吐鲁番出土的 T iα（So 10100 i）号写本题记称，这件佛典（名残）是一位龟兹沙门自龟兹语译成粟特语的❺，这一译经活动当在龟兹进行，也说明此地有读粟特文经的粟特佛教徒。

还有两件值得一提的文书，是吉田丰在《一件从大谷收集品

---

❶ 王炳华《唐安西拓厥关故址并有关问题研究》，《西北史地》1987 年第 3 期，10-20 页。
❷ 这批文书尚未公布，此据笔者在巴黎国立图书馆所录。有关这批文书的一般情况，参看 O. Ikeda, "Chinese Documents from Douldour-āqour in the Pelliot Collection", *Proceedings of the XXXI International Congress of Human Sciences in Asia and North Africa*, II. ed. T. Yamamoto, Kyoto 1984, pp. 994-995。
❸ 吉田丰《ソグド语杂录（Ⅲ）》，93 页注〔10〕; Yoshida, "Sogdian Miscellany III", pp. 238-239。
❹ 吉田丰《新疆维吾尔自治区新出ソグド语资料》，《内陆アジア言语の研究》VI, 1990 年，68-73 页。
❺ W. B. Henning, *Sogdica*, London 1940, pp. 59-62. 属于同一写本上的佛典和与此相关的写本，参看吉田丰《ソグド语佛典解说》，《内陆アジア言语の研究》VII, 1991 年，98、107、110、115 页。

中遗失的中古伊朗语摩尼教残卷》一文中刊布的,其中一件早在 1911 年就由古谷清发表了图版,但目前已不知所在,内容包括一首中古波斯语摩尼教赞歌。根据古谷清的记载,此文书发现于库伦(即乌兰巴托)。吉田氏据大谷探险队的历程,正确地否定了这一记载,并推测"库伦"大概是"库车"的误写,但由于宗德曼(W. Sundermann)博士告诉他迄今尚无一件摩尼教文献在库车发现,吉田氏谨慎地怀疑这件文书与大谷收集品中的其他中古伊朗语摩尼教文献一样,是得自吐鲁番❶。如上所述,库车以西的图木舒克,发现有摩尼教团的遗物;《摩尼教赞美诗集》(Mahrnamag)题记也证明龟兹有摩尼教团的存在,宗德曼博士并不反对这种看法❷。因此,库车发现摩尼教文献不足为奇,目前所见不多大概是古代其他教派的破坏和考古发掘不够的缘故。所以,不能排除这件摩尼教文书发现于库车的可能性。吉田丰在同一文章的附录中,还转写翻译了大谷 No.7003 号粟特文所写的中古波斯语摩尼教赞美诗残片,此件原始记录称得自"库木吐喇"(库木土拉)❸,吉田氏对此抱有同样的怀疑,而我的看法是肯定的。库车的摩尼教文献无疑是粟特人留下的,文书虽少,但反映了他们在此活动的行迹。

---

❶ Y. Yoshida, "On a Manichaean Middle Iranian Fragment Lost from the Ōtani Collection", *Asian Languages and General Linguistics*, ed. by O. Sakiyama and A. Sato, Tokyo 1990, pp. 175-181.

❷ W. Sundermann, "Iranian Manichaean Turfan Texts Concerning the Turfan Region", *Turfan and Tun-huang. the Texts*. pp. 71-72.

❸ 见羽田明与山田信夫合编《大谷探检队将来ウィグル字资料目录》,《西域文化研究》第四,京都,1961 年,195 页。按《大谷探检队将来西域文化资料选》(龙谷大学 1989 年刊)68 页,No.59 刊出此件图版时,标为"吐鲁番"出土,不知据何而改。

八　焉　耆

　　同样流行吐火罗语的焉耆是否有粟特人的存在，过去似乎很少有人谈论这一问题，因为这里除了吐火罗语 A 方言（又称焉耆语）所写的佛典之外，很少有其他语言文字材料出土。幸运的是，1957年黄文弼先生率领的考古队在焉耆明屋沟北遗址发现两件所谓"古维文木牍"❶，实际是粟特文文书，内容虽然还不能满意地解读，但与商品交易有关无疑❷，其年代应当属于七八世纪。此外，在圣彼得堡（原列宁格勒）收藏的粟特语文献中，有一件《焉耆可敦（'rkc'nch x't'wnh）致一位摩尼教法师（mwck'）的信》(L 44)，其措辞用语比较古朴，甚至比 8 世纪初的穆格山文书年代还要早❸，"可敦"一名，可能指西突厥可汗下嫁焉耆国王的突厥汗族之女❹，这件文书的年代或许在隋唐之交的 7 世纪初叶。虽然这件文书出土地点不详，但这封信无疑是在焉耆起草的。可以用它来证明粟特人在焉耆的存在，而起草这封信的粟特人，很可能是随突厥可敦而来的，因为在西突厥汗庭中掌管文翰的职员一般都是粟特人。

　　除了这封《致摩尼教法师的信》和上举《摩尼教赞美诗集》所

---

❶ 黄文弼《新疆考古发掘报告（1957–1958）》，文物出版社，1983 年，37 页，图 27。
❷ 吉田丰《ソグド语研究文献目录（1979–1984）》，《西南アジア研究》No.23，1984 年，83 页。
❸ A. N. Ragoza, *Sogdijskie fragmenty Central'no-Aziatskogo sobranija Instituta Vostokovedenja*, Moskva, 1980, pp. 35–36, pl.137; N. Sims-Williams, "The Sogdian Fragments of Leningrad", *Bulletin of the School of Oriental and African Studies*, XLIV.2, 1981, pp. 235–236.
❹ 关于突厥与焉耆的婚姻关系，详参松崎光久《隋末唐初焉耆王统考》，《内陆アジア史研究》第 5 号，1989 年，31–43 页。

反映的焉耆摩尼教流行于粟特人中的情形外，最近由百济康义和宗德曼合作刊布的一些粟特文《思益梵天所问经》残片，原是德国探险队得自硕尔楚克（Sorchuq），编号 T iii Stadthöle 等，也证明了焉耆粟特佛教徒的存在❶。

以上根据本世纪初以来各国考察队在新疆各地发现的粟特语、于阗语、中古波斯语和"据史德语"以及汉语、藏语、佉卢文尼雅俗语等材料，大致勾画出粟特人在塔里木盆地周边各绿洲王国中的普遍存在，从而使我们加深了对粟特人在东西文化交流中所扮演的重要角色的认识。同时，为人们探讨这些绿洲王国中可能存在的粟特文化遗存或受粟特文化影响的文物材料提供了坚实的基础。由此可见，新疆出土的伊朗语文献资料为我们展示了汉文文献所不能解明的历史场面，它们是今后研究西域历史、地理、宗教、文化时所应当充分重视的一组史料。

原载《西域考察与研究》，1994 年

---

❶ K. Kudara and W. Sundermann, "Fragmente einer soghdischen Handschrift des Vise-şacinti-brahma-paripṛccha-sūtra", *Altorientalische Forschungen*, 18, 1991, pp. 246–263; Cf. W. Sundermann, "First Result of Cooperative Work between Ryukoku University and the Academy of Sciences of GDR on Buddhist Sogdian Turfan Texts", *The Annual of the Institute of Buddhist Cultural Studies Ryukoku University*, 12, 1989, p. 14.

北朝隋唐粟特人之迁徙及其聚落 *

多年来，学者们对汉文史籍中以国为姓的粟特人进行过仔细的爬梳，对入华粟特人的活动及其影响做过深入的探讨。近年来，有关入华粟特人的讨论又多了起来，这一方面是由于敦煌吐鲁番文书和唐代墓志资料的发现、公布和广泛利用，另一方面也是由于粟特地区考古工作成果的不断发表，进一步推进了汉文史料中有关粟特

---

* 本文所用史料出处的缩略语如下：《北大》=隋唐五代墓志汇编总编辑委员会编《隋唐五代墓志汇编》北京大学卷，天津古籍出版社，1991-1992年（下引本书除卷名外均同）。《北京》=《隋唐五代墓志汇编》北京卷。《北图》=北京图书馆金石组编《北京图书馆藏中国历代石刻拓本汇编》，100册，中州古籍出版社，1989-1991年。《补遗》=吴钢编《全唐文补遗》一一七册，三秦出版社，1994-2000年。《固原》=罗丰编著《固原南郊隋唐墓地》，文物出版社，1996年。《河北》=《隋唐五代墓志汇编》河北卷。《汇编》=周绍良《唐代墓志汇编》上下，上海古籍出版社，1992年。《汇编附考》=毛汉光编《唐代墓志铭汇编附考》1-18册，"中央研究院"历史语言研究所，1984-1994年。《辑绳》=洛阳市文物工作队编《洛阳出土历代墓志辑绳》，中国社会科学出版社，1991年。《洛阳》=《隋唐五代墓志汇编》洛阳卷。《陕西》=《隋唐五代墓志汇编》陕西卷。《释录》=唐耕耦等编《敦煌社会经济文献真迹释录》一，北京，书目文献出版社，1986年。《吐鲁番文书》一一十=《吐鲁番出土文书》10册，文物出版社，1981-1991年。《吐鲁番文书》=《吐鲁番出土文书》壹—肆，文物出版社，1992-1996年。

种族、宗教、艺术诸方面记载的重新解释❶。

然而，此前有关入华粟特人的研究主要集中在种族辨别、个别或某一地区粟特聚落的分布、民族关系、宗教传播和文化影响方面，由于受到史料的局限，大多数文章是以个案研究的方式发表出来的，看问题较为孤立，而对于粟特聚落的全面的考察，尚未见到；对粟特聚落的内部形态的研究，也还有待深入。

本文即在前人个案研究的基础上，立足于比较全面地掌握有关入华粟特人的材料，通过对单个粟特人或某个家族、某个集团的行踪的追索，全面地探讨魏晋南北朝到隋唐时期粟特人的迁徙和聚落分布情况。

以下沿粟特人东行路线，依次排比有关史料，间作考辨，以期全面揭示粟特人之迁徙及其聚落的分布（图3）。本文所述范围在不同的历史时期归属或有不同，基本上是以唐朝的直辖州郡和羁縻州为限。其中塔里木盆地周边的于阗、楼兰、疏勒、据史德、龟兹、焉耆等地粟特人或其聚落的存在，笔者已在《西域粟特移民聚落考》一文中做了详细的考索❷，此不赘述。但从本文的角度，把前人做过考证而上文从略的播仙镇和石城镇补充进来，因为有关这两

---

❶ 关于入华粟特人的研究史，参看程越《国内粟特研究综述》，《中国史研究动态》1995年第9期，13–19页；荣新江与廉湘民《隋唐五代史研究概述》（天津教育出版社，1996年）第六章《中外关系》中的《昭武九姓粟特人的东迁》一节，453–458页。此后比较重要的研究成果，有罗丰《固原南郊隋唐墓地》和卡多那（A. Cadonna）编《中国与伊朗》（Cina e Iran）论文集，其内容及相关联的问题，请参看笔者对两书的书评，分载《唐研究》第2卷（1996年），555–557页；《唐研究》第3卷（1997年），538–543页。至于粟特地区的考古材料对研究汉文史料的价值，参看姜伯勤《俄国粟特研究对汉学的意义》，提交"汉学研究国际会议"论文，北京大学，1998年5月6–8日。

❷ 荣新江《西域粟特移民考》，马大正等编《西域考察与研究》，新疆人民出版社，1994年，157–172页。

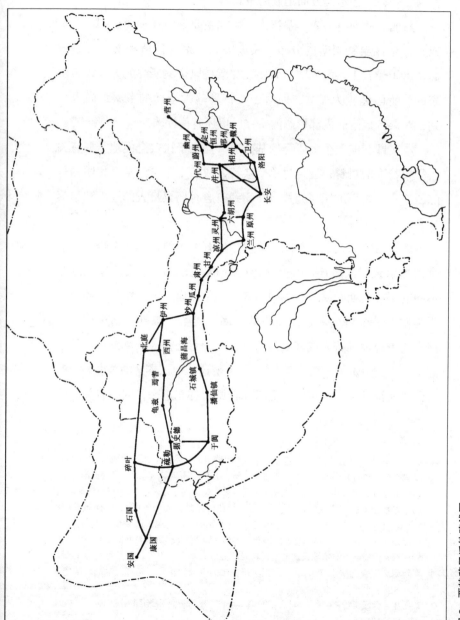

图 3 粟特移民迁徙路线图

地的材料非常能够说明粟特聚落问题。

且末／播仙镇

且末位于塔里木盆地南沿,是取丝路南道东来的粟特商胡必经之地。

唐高宗与武则天乾陵蕃王石像题名有:

> 播仙城□(主)河(何)伏帝延。❶

据敦煌写本 S.367《沙州伊州地志》及《寿昌城地镜》,且末城在唐高宗上元三年(676)改名为播仙镇。据此,这则题名反映的是上元三年至武周末年(704)的情况。此时播仙虽立为唐朝的军镇,但仍由城主为其首领。城主姓何,为粟特姓氏,其名"伏帝延"更是典型的粟特人名❷。此城既然以粟特人为城主,则城中当以粟特胡为主,与以下所述石城镇和伊吾的情形相同。

鄯善／石城镇

鄯善是从且末向东的下一个重要城镇。敦煌写本 S.367《沙州

---

❶ 陈国灿《唐乾陵石像及其衔名的研究》,《文物集刊》二,1980 年,189–203 页。

❷ D. Weber, "Zur sogdischen Personennamengebung", *Indogermanische Forschungen*, 77, 1972, p. 201; 张广达《唐代六胡州等地的昭武九姓》,《北京大学学报》1986 年第 2 期,78 页; 又张广达《西域史地丛稿初编》,上海古籍出版社,1995 年,266 页; 蔡鸿生《唐代九姓胡礼俗丛考》,《文史》第 35 辑,1992 年,122 页。

北朝隋唐粟特人之迁徙及其聚落

伊州地志》云：

> 石城镇，本汉楼兰国。隋置鄯善镇，隋乱，其城遂废。贞观中（627—649），康国大首领康艳典东来，居此城，胡人随之，因成聚落，亦曰典合城。上元二年改为石城镇，隶沙州。
>
> 屯城，西去石城镇一百八十里。胡以西有鄯善大城，遂为小鄯善，今屯城也。
>
> 新城，东去石城镇二百卌里。康艳典之居鄯善，先修此城，因名新城，汉为弩之城。
>
> 蒲桃城，南去石城镇四里。康艳典所筑，种蒲桃于此城中，因号蒲桃城。
>
> 萨毗城，西北去石城镇四百八十里。康艳典所筑。其城近萨毗泽。❶

《沙州伊州地志》虽然是晚唐光启元年（885）的写本，但所据原本应是唐前期成书的《沙州图经》，只要我们对比一下敦煌写本P.5034《沙州图经》卷五残存的相应文字❷，即可了然。有幸的是，这件上元三年以后不久编成并抄好的官修图经，在石城镇部分的最后，保存了晚唐写本《沙州伊州地志》所缺略的两行重要文字：

> 一所祆舍：□（右）□（在）□□□（故）□（城）□（内），

---

❶ 池田温《沙州图经略考》，《榎博士还历记念东洋史论丛》，东京，山川出版社，91—93页；《释录》一，39页。
❷ 池田温《沙州图经略考》，91—93页；《释录》一，33页。

□（胡）□（人）□（所）□（立）焉。❶

又 P.2005《沙州图经》卷三"廿祥瑞"下，有"蒲昌海五色"条：

> 右大周天授二年（691）腊月，得石城镇将康拂耽延弟地舍拨状，称其蒲昌海旧来浊黑混杂，自从八月已来，水清彻底，其水五色。❷

《新唐书》卷四三下《地理志》：

> 又西八十里至石城镇，汉楼兰国也，亦名鄯善，在蒲昌海南三百里，康艳典为镇使以通西域者。又西二百里至新城，亦谓之弩支城，艳典所筑。

以上材料虽然伯希和在 1916 年已经有所论列，但他对康艳典与天宝二载（743）石国王婿康染颠关系的论说有误❸。而且，这里提到的"康国大首领康艳典东来，居此城，胡人随之，因成聚落"

---

❶ 池田温《沙州图经略考》，97 页；《释录》一，37 页。缺文池田温补"故城"、"人所"四字，余系笔者据本残存的笔画及《图经》用语推补。

❷ 池田温《沙州图经略考》，81 页；《释录》一，21 页。关于拂耽延的粟特原文，见 E. G. Pulleyblank, "A Sogdian Colony in Inner Mongolia", *T'oung Pao* 41, 1952, p. 333, n. 1; D. Weber, "Zur sogdischen Personennamengebung", p.300; 吉田丰《ソグド语杂录（II）》，《オリエント》第 31 卷第 2 号，1989 年，172–173 页。关于地舍拨，见吉田丰《Sino-Iranica》，《西南アジア研究》No.48，1998 年，38 页。

❸ P. Pelliot, "Le *Cha tcheou tou tou fou tou king*' et la colonie sogdienne de la région du Lob nor", *Journal Asiatique*, 11 série 7, 1916, p. 115. 冯承钧译载《西域南海史地考证译丛》七编，商务印书馆，1957 年，27–28 页。

一句,是对粟特聚落形成的典型描述,也是我们称这类胡人殖民地为"聚落"的根据,因此不厌其烦地引出原文,再作必要的讨论。《新志》文字简略,似表明上元二年石城立镇时,唐朝即以康艳典为石城镇使以通西域。直到武周天授二年,这一职位仍由出身康姓的粟特人担任,表明这里仍然是以粟特人为中心的聚落,而且有维系胡人精神生活的祆教寺院。

石城镇一带,是一个典型的粟特聚落。粟特人在家乡以城居为主,在随康艳典移民鄯善后,或者因旧有城址而居(如石城镇、屯城),或者重新筑城(如新城、蒲桃城、萨毗城)。萨毗因近萨毗泽而得名。新城又名弩之城或弩支城,"弩之"即粟特文 nwc(意为"新")的音译,其为筑城的粟特人所起无疑。蒲桃城是善于种植葡萄的粟特人命名的。至于粟特人把石城镇称作典合城,与《沙州伊州地志》来源相同的敦煌写本《寿昌县地境》,此处写作"兴谷城"❶,写本字形非常接近。王小甫先生认为"兴谷"原意当作"兴胡",即唐人指称粟特商胡的专名❷。其说不无道理。

高昌/西州

吐鲁番地区的古代遗址出土了大批古文书,为我们今天追寻粟特人的遗迹提供了丰富的材料。姜伯勤先生《敦煌吐鲁番文书与丝绸之路上的粟特人》一文,汇辑了见于吐鲁番文书的粟特人资料,分为高昌麴朝的著籍粟特人、唐西州粟特人聚落、麴氏高昌及唐西

---

❶ 池田温《沙州图经略考》,91页;《释录》一,52页。
❷ 《唐吐蕃大食政治关系史》,北京大学出版社,1992年,167页。

州未入籍粟特商胡三个方面，加以论述，并进而探讨了与粟特人有关的钱币流通、胡锦贩运、祆教信仰等问题❶，使我们对麹氏高昌和唐西州的粟特人有了较为全面的了解。本文在姜伯勤先生上引文的基础上，选取比较能够集中说明问题的材料，展示粟特人在吐鲁番盆地的基本情况。

1965年吐鲁番安乐城废佛塔中出土的《金光明经》卷二题记云（图4）：

> 庚午岁八月十三日，于高昌城东胡天南太后祠下，为索将军佛子妻息合家，写此《金光明》一部，断手讫竟。❷

这里的庚午岁，基本上可以确定为430年❸。据此知当时高昌城东立有供奉胡天的祆祠，它的存在，表明信奉祆教的粟特人的存在，因为从石城镇、伊州、敦煌、凉州等地的情形看，祆祠往往立在粟特胡人聚落当中。因此，虽然现存的吐鲁番文书中粟特人名的大量出现是在6世纪，但上述胡天的记载已经透露出粟特人应当早在5世纪前半即已进入高昌，其聚落的位置很可能是在高昌城东部，这和敦煌粟特人聚落的位置正好相同。

然而，我们目前还没有见到关于高昌国时期粟特聚落存在的直接记载，姜伯勤先生举"康寺"、"史寺"两个粟特家寺，来推断

---

❶ 《敦煌·吐鲁番とシルクロード上のソグド人》，《季刊东西交涉》第5卷1-3号；此据姜伯勤《敦煌吐鲁番文书与丝绸之路》，文物出版社，1994年，150-272页。
❷ 《新疆维吾尔自治区博物馆》，文物出版社，1991年，图84。
❸ 饶宗颐《穆护歌考》，《大公报在港复刊卅年纪念文集》下，香港，1978年；此据《选堂集林·史林》，香港中华书局，1982年，480页；荣新江《吐鲁番的历史与文化》，胡戟等编《吐鲁番》，三秦出版社，1987年，50页；池田温《中国古代写本识语集录》，东京大学东洋文化研究所，1990年，No.74。

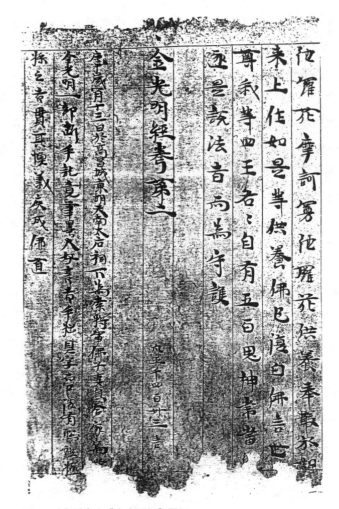

图4 吐鲁番出土《金光明经》题记

粟特人可能聚族而居。虽然有的学者认为这两个家寺指的是祆寺❶，但与其他同类家寺合在一起考虑，它们更可能是佛寺❷。事实上，最能证明高昌粟特聚落存在的史料，除了上面提到的胡天祠外，就是姜先生谈到的反映萨宝制度的史料。阿斯塔那 524 号墓出土《高昌永平二年（550）十二月卅日祀部班示为知祀人上名及谪罚事》在列举知祀官员名单时，记有"虎牙孝恕　萨薄（簿）□□　虎牙孟义（下残）"。❸又阿斯塔那 331 号墓出土《高昌义和六年（619）伯延等传付麦粟床条》有"萨薄（簿）□□传粟□斛给与车不六多。义和六年□卯岁九月十一日"。❹这里的"萨簿"，即北朝隋唐史籍中的萨保、萨甫、萨宝，是管理胡人聚落的官员。因为这一时期的胡人聚落同时又是祆教信仰中心，所以萨簿又是胡人的宗教首领❺。高昌萨簿制度的存在，以及麹氏高昌文书中常见的供祀天或胡天的记录❻，都透露出粟特胡人聚落的真实存在。

属于麹氏高昌时期的阿斯塔那 31 号墓出土《高昌曹莫门陀等名籍》和 514 号墓出土《高昌内藏奏得称价钱帐》，是两件反映高昌粟

---

❶ 郭平梁《魏晋南北朝时期车师—高昌一带的民族及其相互关系》，《新疆文物》1988 年第 3 期，104-105 页。

❷ 参看小田义久《麹氏高昌国时代の佛寺について》，《龙谷大学论集》第 433 号，1989 年，68-91 页；严耀中《麹氏高昌王国寺院研究》，《文史》第 34 辑，1992 年，129-130 页。

❸ 《吐鲁番文书》壹，136 页；《吐鲁番文书》二，45-47 页。

❹ 《吐鲁番文书》壹，355 页；《吐鲁番文书》三，111 页。

❺ 姜伯勤《敦煌吐鲁番文书与丝绸之路》，227-235 页；王素《高昌火祆教论稿》，《历史研究》1986 年第 3 期，168-177 页；荣新江《吐鲁番的历史与文化》，胡戟等编《吐鲁番》，49-51 页；荒川正晴《北朝隋·唐代における"萨宝"の性格をめぐつて》，《东洋史苑》第 50·51 合并号，1998 年，165-171 页。

❻ 《吐鲁番文书》壹，132、200、239-240、400-405 页；《吐鲁番文书》二、39、184、225-234、285 页。参看姜伯勤《敦煌吐鲁番文书与丝绸之路》，235-243 页；王素《高昌火祆教论稿》，168-177 页。

特移民的最好证据。前者记录47人，奴3人❶，因文书前后残失，原本记录的粟特人一定更多，从其所记主要是曹姓人和均为音译胡名来看，他们可能是刚刚来到高昌的粟特移民；后者是高昌官府收取进出口贸易管理附加税的记录，买卖双方大部分均为粟特人（包括入籍、未入籍）❷，他们其中有的做完买卖就走，有的则"到一处辄止"❸，停下来做买卖，这也就是丝绸之路沿线各绿洲城镇中粟特聚落的来历。

麹氏高昌时期，高昌城及其周边地区有粟特聚落当无疑义。至于其具体位置，一个可能在高昌城东胡天近旁，另一个可能在文书中提到过的"丁谷天"所在的吐峪沟沟口一带❹。

贞观十四年（640）唐灭高昌，设西州，很快就把唐朝地方行政体制推行到吐鲁番，入籍的粟特人被归入乡里。姜伯勤先生指出的高昌县崇化乡即有相当数量的粟特裔民聚居，这反映在阿斯塔那35号墓出土的《唐神龙三年（707）高昌县崇化乡点籍样》中❺。池

---

❶《吐鲁番文书》壹，359页；《吐鲁番文书》三，119–120页。参看姜伯勤《敦煌吐鲁番文书与丝绸之路》，174–175页。关于文书中部分粟特人名的还原，见 Y. Yoshida, "Sogdian Miscellany III", *Corolla Iranica*, ed. R. E. Emmerick & D. Weber, Frankfurt am Main, pp. 39, 241, 242；Y. Yoshida, "Review of N. Sims-Williams, *Sogdian and other Iranian inscriptions of the Upper Indus II*", *Bulletin of the School of Oriental and African Studies*, 57.2, 1994, p. 392；吉田丰《Sino-Iranica》，38页。

❷《吐鲁番文书》壹，450–453页；《吐鲁番文书》三，318–325页。参看朱雷《麹氏高昌王国的"称价钱"》，《魏晋南北朝隋唐史资料》第4期，1982年，17–24页；姜伯勤《敦煌吐鲁番文书与丝绸之路》，175–180页。

❸《后汉书·马援传》所述胡人之习俗。

❹ 荒川正晴《北朝隋·唐代における"萨宝"の性格をめぐつて》，169页指出存在着高昌城东胡天与丁谷天为同一祆祠的可能性。从高昌城与吐峪沟的距离来看，这是不可能的。又，如果两所祆祠一并位于吐峪沟的话，"高昌城东胡天"就不应用高昌城作为地理坐标了。

❺《吐鲁番文书》叁，533–544页；《吐鲁番文书》七，468–485页。参看姜伯勤《敦煌吐鲁番文书与丝绸之路》，167–174页。

田温先生进一步指出,该乡粟特人主要集中在安乐里,即《点籍样》(一)第22—97行,所记几乎全是粟特人,而崇化乡的其他里则多有汉姓户口❶。值得注意的一点是,安乐里的粟特人名直译者较多,年龄大多数在四十岁以上,而且非常集中,表明他们原本是生活在粟特聚落中的胡人,被唐朝强编入乡里。姜伯勤先生举出的阿斯塔那518号墓出土的《唐史到何等户名籍》❷,也同样反映了原本存在着聚居的粟特人聚落。

北庭/庭州

北庭或庭州原称可汗浮图城,位于天山北麓,向西通往粟特人聚居的碎叶,南面越天山谷道与高昌、伊吾相连,东北则有"回鹘路"至漠北的回鹘可汗牙帐,是北方草原丝绸之路上的重要城镇。贞观十四年唐灭高昌,可汗浮图城同时归唐,立为庭州。

吐鲁番阿斯塔那221号墓出土《唐贞观廿二年(648)庭州人米巡职辞为请给公验事》:

贞观廿二▭▭▭▭▭▭庭州人米巡职辞:

米巡职年叁拾,奴哥多弥施年拾伍,婢娑匐年拾贰,驼壹头黄铁勤敦捌岁,羊拾伍口。

州司:巡职今将上件奴婢驼等,望于西州市易,恐所在烽塞,

---

❶ 池田温《神龙三年高昌县崇化乡点籍样について》,《中国古代の法と社会·栗原益男先生古稀记念论集》,汲古书院,1988年,248-250、257-258页。

❷ 《吐鲁番文书》叁,466页;《吐鲁番文书》七,350-351页。参看姜伯勤《敦煌吐鲁番文书与丝绸之路》,167页。

不练来由，请乞公验，请裁，谨辞。

"巡职庭州根民，任往西州市易，所在烽塞勘放。怀信白。廿一日。"❶

这是粟特商胡米巡职要到西州贩易时向庭州申请公验的辞文。米巡职原本应是米国粟特人，贞观二十二年，即唐朝据有北庭后的第八年，他被称作"庭州根民"，可见是已经著籍于庭州的粟特商胡，但仍操旧业，不时出来做买卖。

粟特人在庭州范围内当然不只米巡职一位。日本有邻馆藏《唐开元十六年（728）庭州金满县牒》文字如下：

金满县　　　牒上孔目司
　　开十六税钱，支开十七年用。
合当县管百姓、行客、兴胡总壹阡柒伯陆拾人。应见税钱总计当贰伯伍拾玖阡陆伯伍拾文。
　　　　捌拾伍阡陆伯伍拾文百姓税。
　　（下残）❷

沙知先生指出，金满县为庭州下属三县中的郭下县，据《元和郡县图志》，庭州开元时（713—741）有户二千六百七十六，两《唐书》记天宝年间（742—756）有户二千二百二十六，《通典》所记为二千三百九十八，平均每县户数为892户，由此推算，这里的"一千七百六十人"实指金满县的户数，"人"是指作为户主的纳税

---

❶ 《吐鲁番文书》叁，306页；《吐鲁番文书》七，8-9页。参看姜伯勤《敦煌吐鲁番文书与丝绸之路》，187-188页。
❷ 池田温《中国古代籍帐研究》，东京大学出版会，1979年，354页。

人。文书下残，只保留了百姓的税钱数，约为金满县三类民众税钱总数的三分之一。由此推断，行客（汉人商客）和兴胡（粟特商胡）各占另外三分之一❶。我们由此得知，在居庭州总户数二分之一强的金满县，粟特人户约占三分之一，这里的粟特人数并不比其他西北地区唐朝州县的粟特人数少，惜史料有缺，其来历、生活居住的状况不得而知。

大谷探险队在吐鲁番所获《唐开元四年（716）李慈艺告身》记：

> 瀚海军破河西阵、白涧阵、土山阵、双胡丘阵、五里堠阵、东胡祆阵等总陆阵，准开元三年三月二十二日敕，并于凭洛城与贼斗战，前后总叙陆阵，比类府城及论（轮）台等功人，叙勋则令递减，望各酬勋拾转。❷

《新唐书·地理志》记庭州西六十里有沙钵守捉，又有冯洛守捉。《元和志》记庭州西三百七十里有凭洛镇。王国维《唐李慈艺授勋告身跋》据里程计算，以为凭洛镇、城、守捉同在一地，位于庭州西约一百五六十里，而《告身》所记六阵即在这一带❸。凭洛地当北庭至碎叶的路上，是粟特人东来的干道之一，因此这里出现"东胡祆"的地名是不奇怪的。这个东胡祆的地名应是因为立有胡祆祠而得名，使人惊奇的是，这所胡祆祠也在凭洛城的东面，与高昌、敦煌城东祆祠位置正同。

---

❶ 沙知《唐开元十六年庭州金满县牒小识》，《敦煌吐鲁番学研究论文集》，上海，汉语大词典出版社，1990年，187-195页。
❷ 录文据小田义久《德富苏峰记念馆藏〈李慈艺告身〉的写真について》发表的新文本，载《龙谷大学论集》第456号，2000年，128-129页。
❸ 《观堂集林》卷一七，中华书局影印本，第3册，877-881页。

伊吾 / 伊州

S.367《沙州伊州地志》伊州条记：

隋大业六年（610）于城东买地置伊吾郡。隋末，复没于胡。贞观四年（630），首领石万年率七城来降。我唐始置伊州。……管县三：伊吾、纳职、柔远。

伊吾县……其俗又不重衣冠，唯以多财为贵。

火祆庙中有素书（画）形像无数。有祆主翟槃陀者，高昌未破以前，槃陀因入朝至京，即下祆神，因以利刀刺腹，左右通过，出腹外，截弃其余，以发系其本，手执刀两头，高下绞转，说国家所举百事，皆顺天心，神灵〔相〕助，无不征验。神没之后，僵仆而倒，气息奄〔奄〕，七日即平复如旧。有司奏闻，制授游击将军。

纳职县，右唐初有土人鄯伏陀，属东突厥，以征税繁重，率城人入碛，奔鄯善，至，并吐浑居住。历焉耆，又投高昌，不安而归。胡人呼鄯善为纳职，既从鄯善而归，遂以为号耳。

柔远县，右相传隋大业十二年（616）伊吾胡共筑营田。贞观四年胡归国，因此为县，以镇为名。

柔远镇，隋大业十二年置伊吾郡，因置此镇。其州下立庙，神名阿揽。❶

---

❶《释录》一，40–41页。

自魏晋以来，经过伊吾的"伊吾路"是商胡往来的重要交通路线。同时，伊吾又是中原王朝和北方游牧汗国争夺的对象，相继隶属于北魏、西魏、北周和突厥、铁勒、东突厥。据《隋书·炀帝纪》，大业五年，伊吾吐屯设等献西域数千里之地。这大概就是《地志》所说大业六年置伊吾郡的缘由。从"吐屯设"这一突厥官称来看，此前伊吾首领接受突厥封号，当隶属于突厥。隋末中原战乱，伊吾复没于胡。贞观四年唐朝破灭漠北的东突厥汗国，引发了伊吾首领石万年率七城来降。从石万年的粟特姓及《地志》所记其俗"以多财为贵"、立有祆庙等来看，隋末占据伊吾等七城的胡人，主体应是粟特人。其首领石万年，出身石国（塔石干），即玄奘于贞观三年前后到达伊吾时所见到的"胡王"❶，说明他是整个隋伊吾郡范围的首领。

《地志》对伊吾粟特人聚落提供了较为丰富的材料，把它们综合起来，可以使我们较前人对这里的粟特聚落看得更为清楚些。伊州郭下的伊吾县有火祆庙，由祆主翟槃陀主持，从他的名字看（"槃陀"为粟特文"仆人"之意），当为粟特人。此庙应即《地志》后部所记州下立的庙，庙中素画的祆神像之一，应即后文的"阿揽"。上文引《高昌曹莫门陀等名籍》中有"曹阿揽"、"曹阿揽延"，"延"是粟特文 -yan 音译，意思是"礼物"，兼有"荣典"、"庇佑"之意。"阿揽延"即求阿揽神庇护之义。阿揽很可能是粟特人供奉的胡祆神之一❷。

---

❶ 李志敏《"纳职"名称考述——兼谈粟特人在伊吾活动的有关问题》，《西北史地》，1993 年，36 页。关于石万年之为粟特人，参看 Pulleyblank "A Sogdian Colony in Inner Mongolia", p. 351；芮传明《粟特人在东西交通中的作用》，《中华文史论丛》1985 年第 1 辑，56 页。

❷ 参看 D. Weber "Zur sogdischen Personennamengebung", p. 202；Y. Yoshida "Review of N. Sims-Williams, *Sogdian and other Iranian Inscriptions of the Upper Indus II*", p. 392；蔡鸿生《唐代九姓胡礼俗丛考》，121–122 页。

《地志》记纳职一名的来历故事，也值得重新考虑。唐朝初年鄯伏陀率众回到鄯善时，也正是康艳典率众到达鄯善时。这里曾是吐谷浑（即吐浑）领地，唐初当仍有吐谷浑人居住。当这批胡人再从鄯善经焉耆、高昌回到原地时，其部众中一定有不少粟特胡人，所以新起的地名"纳职"实即"弩支"，也是粟特文 *nwc*（意"新"）字的对音[1]。

柔远虽然以隋朝所置柔远镇得名，贞观四年前后也是胡人在那里营田。

兴胡泊

P. 2005《沙州图经》卷三有关沙州水、渠、湖泊类的最后记：

> 一所兴胡泊，东西十九里，南北九里，深五尺。右在州西北一百一十里。其水咸苦，唯泉堪食。商胡从玉门关道往还居止，因以为号。[2]

兴胡泊位于沙州西北经玉门关旧址（今小方盘城）往伊州的稍竿道上[3]，因有可以饮用的泉水，也成为粟特商胡憩止之地，并因兴胡而得名。

---

[1] 李志敏《"纳职"名称考述》，36页已指出"纳职"为粟特文"新"字，但以为是伊吾统治者粟特人为迁居伊吾的鄯善人所命名，可备一说。
[2] 池田温《沙州图经略考》，64页；《释录》，8页。
[3] 参看严耕望《唐代交通图考》第2卷，台北，1985年，445–452页。

敦煌／沙州

敦煌是扼守西域三条进入中原道路的门户，也是东西方贸易的中心之一，因此，自然成为粟特人东来聚居的主要地点。

三国曹魏明帝太和年间（227—232），仓慈出任敦煌太守，对当地豪族欺辱"西域杂胡"的情况加以整顿，商胡"欲诣洛者，为封过所；欲从郡还者，官为平取，辄以府见物与共交市，使吏民护送道路"❶。其中的"西域杂胡"应当包括来自粟特地区的商胡，他们以敦煌为根据地，有的前往洛阳兴贩贸易，有的由此返回家乡❷。

反映敦煌粟特移民的最佳材料，应当是斯坦因1907年在敦煌西北长城烽燧下发现的粟特文古信札。可惜的是这些信札大多残缺不全，解读十分困难。1948年，恒宁教授翻译出二号信札的部分内容，并据信中所记史实，判定文书写于311年或以后几年中❸。1979年，哈马塔教授把二号信札作了较完整的翻译，至于写作年

---

❶ 《三国志》卷一六《魏书·仓慈传》。
❷ 马雍《东汉后期中亚人来华考》，原载《经济理论与经济史论文集》，北京大学出版社，1983年；此据马雍《西域史地文物丛考》，文物出版社，1990年，53页；吴玉贵《凉州粟特胡人安氏家族研究》，荣新江主编《唐研究》第3卷，北京大学出版社，1997年，302页。
❸ W. B. Henning, "The Date of the Sogdian Ancient Letters", *Bulletin of the School of Oriental and African Studies*, XII, 1948, p. 606. 参看 N. Sims-Williams, "The Sogdian Merchants in China and India", *Cina e Iran da Alessandro Magno alla Dinastia Tang*, ed. A. Cadonna e L. Lanciotti, Firenze 1996, pp. 46, 48; 陈国灿《敦煌所出粟特文古书信的断代问题》，《魏晋南北朝隋唐史资料》第7期，1985年，10-18页；陈国灿《魏晋至隋唐河西胡人的聚居与火祆教》，《西北民族研究》1988年第1期，201-202页。

代,则坚持斯坦因提出的东汉末年说[1]。他的观点受到批评,而他的英译常常为非专攻粟特文的学者所引用,但据辛姆斯—威廉姆斯教授的说法,其中有不少可商之处[2]。

尽管目前还没有满意的译文发表,但粟特文专家提供的一些专名和大意的解说,有助于我们理解4世纪初叶敦煌粟特人的状况。据考,这些信札有两封是从敦煌寄出的,说明敦煌和另一个发信地点姑臧(武威)都是粟特商人的聚居地。二号信札说到某地有撒马尔干来的贵人(自由民)一百人,可惜地名有残,恒宁读作"敦煌",哈马塔读作 Li-yang"黎阳",都难以肯定[3]。可以肯定的是,这些粟特人是由萨宝($s'rtp'w$)统领的,即他们有自己的"队商首领"("萨宝"的本意)[4]。而且,祆教神职人员 $β\gamma npt$(祠主)的存在,表明自那时起,敦煌就有随粟特人建立的祆祠[5]。此外,$'yps'r$ 和 $β'nkr'm$ 两个职称的出现,表明这个粟特聚落具有很强

---

[1] J. Harmatta, "Sogdian Sources for the History of Pre-Islamic Central Asia", *Prolegomena to the Sources on the History of Pre-Islamic Central Asia*, Budapest 1979, pp. 153–165. 参看 J. Harmatta, "Sir Aurel Stein and the Date of the Sogdian 'Ancient Letters'", *Jubilee Volume of the Oriental Collection 1951-1976*, Budapest 1978, pp. 73–88; idem., "The Archaeological Evidence for the Date of the Sogdian 'Ancient Letters'", *Studies in the Sources on the History of Pre-Islamic Central Asia*, Budapest 1979, pp. 75–90; 林梅村《敦煌出土粟特文古书信的断代问题》,《中国史研究》1986年第1期,87–99页。

[2] F. Grenet & N. Sims-Williams, "The Historical Context of the Sogdian Ancient Letters", *Transition Periods in Iranian History*(*Studia Iranica*, cahier 5), Leuven 1987, pp. 101–122; N. Sims-Williams, "The Sogdian Merchants in China and India", pp. 47–48.

[3] N. Sims-Williams, "The Sogdian Merchants in China and India", pp. 46–48.

[4] 吉田丰《ソグド语杂录(II)》,168–171页;荣新江《祆教初传中国年代考》,《国学研究》第3卷,北京大学出版社,1995年,341页;N. Sims-Williams, "The Sogdian Merchants in China and India", p. 49.

[5] W. B. Henning, "The Date of the Sogdian Ancient Letters", p. 602, n.3; 荣新江《祆教初传中国年代考》,340–341页;参看 N. Sims-Williams, "The Sogdian Merchants in China and India", pp. 48–49.

的自治性❶。事实上，从已经确定的粟特文古信札的内容来看，早在4世纪初叶，敦煌就有了以粟特商人为主体的自治聚落，而且伴随有祆教祠舍。这些粟特商胡东到洛阳，西到家乡，正与三国时敦煌商胡的活动范围大体相同。

除了上举粟特文古信札外，池田温先生还提到《西魏大统十三年（547）瓜州计帐》（S.613）中，曹匹智拔、曹乌地拔两人可能是出自曹国的粟特人❷。但他们与汉人一并受田交租，是入籍的粟特人无疑，说明他们已经与粟特聚落脱离联系。

正是因为敦煌很早就是粟特人的聚居地，所以，唐朝一些落籍内地的粟特人才会把敦煌作为他们的郡望。邺城出土《康哲墓志》称："君讳哲，字慧哲，其敦煌郡人也。"❸西安出土《曹惠琳墓志》云："公讳惠琳，本望敦煌康氏也。未龆龀，舅氏赠绵州刺史元裕见而奇之，毓为后嗣，礼均天属，遂称曹氏焉。"❹

由于敦煌藏经洞发现了大量的汉文文书，使我们今天对于敦煌的粟特人聚落有了较其他地方更详尽的了解。池田温先生《8世纪中叶敦煌的粟特人聚落》一文，全面地展现了敦煌粟特聚落情况，不需我们费词❺。这里谨将最能说明问题的史料和池田先生的结论表

---

❶ N. Sims-Williams, "The Sogdian Merchants in China and India", p. 49.
❷ 池田温《8世纪中叶における敦煌のソグド人聚落》，《ユーラシア文化研究》第1号，1965年，81页。
❸ 《北图》10册，19页；《洛阳》8册，62页；《汇编》，1052页。
❹ 《陕西》1册，159页；《补遗》1册，209页。
❺ 池田温《8世纪中叶における敦煌のソグド人聚落》，49-92页。对敦煌粟特聚落或聚落解体后敦煌粟特人的探讨，见陈国灿《唐五代敦煌县乡里制的演变》，《敦煌研究》1989年第5期，39-50、110页；姜伯勤《敦煌·吐鲁番とシルクロード上のソグド人》，《季刊东西交涉》第5卷1-3号；收入姜伯勤《敦煌吐鲁番文书与丝绸之路》；姜伯勤《俄国粟特研究对汉学的意义》，提交"汉学研究国际会议"论文，北京大学，1998年5月6-8日；陆庆夫《唐宋间敦煌粟特人之汉化》，《历史研究》1996年第6期，25-34页；郑炳林《唐五代敦煌粟特人与归义军政权》，《敦煌研究》1996年

出,以利于下面的讨论。

P.2005《沙州图经》卷三"四所杂神"条云:

> 祆神:右在州东一里,立舍,画祆主,总有廿龛。其院周回一百步。❶

关于这所祆神,敦煌写本《敦煌廿咏》中的《安城祆咏》也有记录:

> 板筑安城日,神祠与此兴。一州祈景祚,万类仰休征。萍藻来无乏,精灵若有凭。更看雩祭处,朝夕酒如绳。❷

池田温先生根据敦煌藏经洞出土的《天宝十载(751)敦煌县差科簿》所记从化乡人名的姓氏多为粟特式胡名,判断出唐朝敦煌十三乡之一的从化乡,就是在粟特聚落的基础上建立的,其位置恰好就在敦煌城东一里的祆舍所在地,这里又称安城,为粟特民众精神信仰的中心。他还推断从化乡的居民应当是唐朝初年集团性移居此地

(接上页)第4期,80-96页;郑炳林《唐五代敦煌的粟特人与佛教》,《敦煌研究》1997年第2期,151-168页;郑炳林《〈康秀华写经施入疏〉与〈炫和尚货卖胡粉历〉研究》,《敦煌吐鲁番研究》第3卷,北京大学出版社,1998年,191-208页;F. Grenet & Zhang Guangda, "The Last Refuge of the Sogdian Religion: Dunhuang in the Ninth and Tenth Centuries", *Bulletin of the Asia Institute, new series*, 10(Studies in Honor of Vladimir A. Livshits), 1996, pp. 175-186。关于从化乡粟特人名的还原,参看 D. Weber, "Zur sogdischen Personennamengebung", pp. 193-203; Y. Yoshida, "Review of N. Sims-Williams, *Sogdian and other Iranian inscriptions of the Upper Indus II*", p. 391;龚方震、晏可佳《祆教史》,上海社会科学院出版社,1998年,242-243页。

❶ 池田温《沙州图经略考》,70-71页;《释录》一,13页。
❷ 池田温《8世纪中叶における敦煌のソグド人聚落》,50页。

的,聚落的建立最早可以追溯到隋代,最晚在 7 世纪中叶。他详细研究了从化乡居民的种族构成、家庭形态、公务负担、身份构成,以及他们与敦煌其他乡民众相比在商业上的特性。8 世纪中叶开始,由于粟特地区的动荡、唐朝的内乱、吐蕃对河西的占领,从化乡居民渐渐减少。到 8 世纪末吐蕃占领敦煌后,最终消亡。陈国灿先生以为《唐长安三年(703)三月敦煌县录事董文彻牒》中尚无从化乡,而景龙元年(707)西突厥故将阿史那阙啜忠节勒兵攻于阗坎城,大概迫使播仙镇和石城镇的粟特人东迁敦煌,这可能是从化乡的来历❶。

无论从化乡的成立是否由于某个集团性粟特人的移居结果,但如上所述,敦煌从很早的时候起就已经是粟特人的聚居地了。

常乐 / 瓜州

自敦煌向东沿丝绸之路的干道前行,第一个立脚点是常乐。常乐在北魏、北周时立为郡,属瓜州(治敦煌)。隋初改为县。唐武德五年(622)改瓜州为沙州,于常乐县立瓜州。七年,改常乐为晋昌县。

《金石萃编》卷八八收《大唐博陵郡北岳恒山封安天王之铭》,立于天宝七载(748),其序称:

> 骠骑大将军员外置同正员,兼范阳郡长史、柳城郡太守、平卢节度、支度、营田、陆运、两蕃、四府、河北海

---

❶ 陈国灿《唐五代敦煌县乡里制的演变》,39—50 页。

运,兼范阳节度、经略、支度、营田副大使、采访处置使,兼御史大夫、上柱国、柳城郡开国伯、常乐安公曰禄山,国之英也。

这里以常乐为安禄山的郡望。唐长孺先生在讨论这条材料时说,南北朝隋唐时人称某郡某人往往指这一姓族的郡望而非本贯,即其祖先之来历与郡望没有关系。但他又从安禄山不依附武威安氏而称常乐一点,怀疑安禄山的先人或许是世居瓜、沙的胡人❶。

据邵说《代郭令公请雪安思顺表》记载:"安禄山,牧羊小丑,本实姓康,远自北番,来投中夏。"❷可备一说。蒲立本(E. G. Pulleyblank)在《安禄山叛乱的背景》一书中有详细考辨❸。常乐的康氏,并不只有安禄山祖上一家,不过,这些粟特人巧妙地用了会稽这个地名,来作为他们的郡望。

《宝刻丛编》卷一三著录《康遂诚墓志》称:"公字筠,会稽山阴人。"西安出土《康氏墓志》称:"游击将军上柱国赏绯鱼袋康府君夫人康氏,会稽人也。去乾元元年(758)二月廿五日终于醴泉坊里之私第。"❹《咸宁长安两县续志》卷下著录《康氏墓志》称:"夫人,会稽人。"又,西安出土《安公夫人康氏墓志》:"夫人姓康氏,其先会稽人也。笄年有移天行于河州别驾安久光。御史大夫、深赵等州团练观察处置使、榆林郡王,则夫人之令侄也。春秋七十

---

❶ 唐长孺《跋唐天宝七载封北岳恒山安天王铭》,《山居存稿》,中华书局,1989年,273-292页。
❷ 载《文苑英华》卷六一九。
❸ E. G. Pulleyblank, The Background of the Rebellion of An Lu-shan, London: Oxford University Press, 1955, pp. 14-15.
❹ 《陕西》1册,150页;《补遗》3册,107页。

有七，以建中三年（782）二月廿二日殁于观察之别第。"❶据考，康氏侄儿即建中三年任深赵等州团练观察使的康日知❷。《康日知墓志》称其为"会稽郡王"❸。其子康志睦封"会稽郡公"❹。西安又出土康日知第四子《康志达墓志》，其中也说志达"本会稽人也"❺。又《何文哲墓志》："夫人康氏，以贞元十三年（797）六月十九日终于〔长安〕延寿里之私第。公追惟前好，犹乞嘉姻，爰以其年，复就亲迎，即前夫人之第三妹也。夫人从公之爵，封于会稽郡，为郡夫人焉。"❻

这些康姓家族，或称会稽人，或封会稽郡，有的甚至称为会稽山阴人，使人一望便以为这里的会稽是指江南道越州会稽郡，是地道的汉人。但康姓是地道的粟特康国人入华后取的汉姓，如此多的康姓出自会稽，确实使人感到疑惑。特别是《新唐书·康日知传》称："康日知，灵州人。祖植，当开元时，缚康待宾，平六胡州，玄宗召见，擢左武卫大将军，封天山县男。"康日知本贯灵州，其父封天山县，可知其家族在开元时还自称来自西域，故封天山。然而，他们在徙居灵州之前，或许来自瓜州常乐。因为瓜州地域内也有一个会稽。据《晋书·地理志》，元康五年（295）立会稽县，属晋昌郡。又据《通典》卷一七四《州郡典》瓜州条："苻坚徙江汉之人万余户于敦煌，凉武昭王遂以南人置会稽郡。"北周时废郡为

---

❶ 师小群《西安郊区出土唐韩国信、康氏墓志考述》，《陕西历史博物馆馆刊》第4辑，1997年，209页。
❷ 同上书，210页。
❸ 《宝刻丛编》卷七；又《新唐书》卷一四八《康日知传》。
❹ 《宝刻丛编》卷七《康志睦墓志》；又《新唐书》卷一四八《康志睦传》。
❺ 《陕西》4册，85页；《补遗》5册，431页。
❻ 《陕西》4册，107页；《补遗》1册，285页。

县，地点就是晋昌郡治。后县治迁到玉门废县，即今赤金堡地❶。会稽、晋昌即唐代的瓜州常乐，称会稽人者，即等于说常乐人。我想这个会稽，才是大多数自称为会稽郡望的康姓人的本来居地，他们从西而来，落籍会稽（常乐），后有的东迁灵州，有的分散各地。

值得注意的一点是，康姓之称会稽人，大多数是安史之乱以后的事。在安史之乱前，本姓康氏的安禄山自称常乐郡望，其他康氏也应当乐意称作常乐人。安史乱后，与之同姓同源的康姓人，一定要有所掩盖，就像武威安氏改姓李姓一样，他们用唐人已经不熟悉的会稽来作为自己的郡望，使人一望就以为他们出自江南高门。这种做法十分成功，颜真卿撰《康希铣神道碑铭》时，详细叙述了这个家族从周武王以来的谱系，而且这个汉化极重的康氏家族也确实从很早时起就著籍山阴会稽，成为地地道道的会稽人了❷。不过，这应当是个特例，大多数的康姓粟特人应当和安禄山的祖上一样，是从常乐的会稽迁到中原的。

酒泉／肃州

酒泉是河西走廊的另一个重要城镇，也是丝绸之路上的重要中转站。粟特人很早就在这里活动，上面提到的西晋末年写成的粟特文古信札中，就提到粟特商人在酒泉经商的情况❸。南北朝时，这

---

❶ 参看李并成《归义军会稽镇考》，《敦煌吐鲁番研究》第 3 卷，1998 年，223-228 页。
❷ 载《颜鲁公文集》卷七；《宝刻丛编》卷七；《全唐文》卷三四四。参看程越《从石刻史料看入华粟特人的汉化》，《史学月刊》1994 年第 1 期，23 页。
❸ J. Harmatta, "Sogdian Sources for the History of Pre-Islamic Central Asia", pp. 161-162; N. Sims-Williams, "The Sogdian Merchants in China and India", p. 48.

里也是粟特人的居地。

《北史》卷九二《恩幸·安吐根传》记：

> 安吐根，安息胡人，曾祖入魏，家于酒泉。吐根，魏末充使蠕蠕，因留塞北。天平初，蠕蠕主使至晋阳，吐根密启本蕃情状，神武（高欢）得为之备。蠕蠕果遣兵入掠，无获而反。神武以其忠款，厚加赏赉。其后与蠕蠕和亲，结成婚媾，皆吐根为行人也。吐根性和善，颇有计策，频使入朝，为神武亲待。其在本蕃，为人所谮，奔投神武。文襄（高澄）嗣事，以为假节、凉州刺史、率义侯，稍迁仪同三司，食永昌郡幹。

安吐根曾祖应是在北魏初年来到河西，家于酒泉。到安吐根时，并没有太深的汉化，他有计谋，而且作为使臣，应当通多种语言，正是粟特人的特性所在。

《周书》卷五〇《突厥传》记：

> 其后曰土门，部落稍盛，始至塞上市缯絮，愿通中国。大统十一年（545），太祖遣酒泉胡安诺槃陀使焉。其国皆相庆曰："今大国使至，我国将兴也。"❶

西魏派出的第一个通使突厥的使臣又是出自酒泉的粟特胡人❷，似乎不是偶然的，这一方面说明粟特人由于语言的天分，常常充当不同

---

❶《北史》卷九九《突厥传》同。

❷ J. Harmatta, "Irano-Turcica", *Acta Orientalia Hungariae*, 25, 1972, p. 273；蔡鸿生《唐代九姓胡礼俗丛考》，121 页； Y. Yoshida, "Review of N. Sims-Williams, *Sogdian and other Iranian Inscriptions of the Upper Indus II*", p. 391.

民族间交往的使者，同时也说明酒泉粟特胡人在北朝颇有影响力。

以上两人都姓安，表明安姓为酒泉胡人中的著姓。入唐以后，仍有一些粟特人不忘其为酒泉胡人后裔。如《何德墓志》云："大夫人酒泉安氏，以孟母之□，赠酒泉县太君。"❶

从整个入华粟特人来看，康姓更为大族。《康武通墓志》称："夫人唐（康）氏，即酒泉单王之胤也。"❷"单王"应是单于王的简称，则其为酒泉胡人首领无疑。这使我们得知酒泉胡人以康姓为首，既有首领，则知北朝时酒泉胡人是聚族而居的。

另外，《唐才子传》卷四《康洽传》记：

> 洽，酒泉人，黄须美丈夫也。盛时携琴剑来长安，谒当道，气度豪爽。玄宗亦知名，尝叹美之。

陈寅恪先生说："以洽之姓氏容貌生地年代及事迹观之，盖为西胡族类之深于汉化者。"❸其说至确。我们可以据上述材料，把康洽确定为酒泉出身的粟特胡人。

《史诃耽墓志》称："祖思，周京师萨宝、酒泉县令。"❹又，《史铁棒墓志》也说："曾祖多思，周京师摩诃萨宝、酒泉县令。"❺史诃耽为史铁棒之父，所以两志中的思和多思实为同一人，他也就是《史射勿墓志》所说的"父讷愁"。但《史射勿墓志》说他"蹉

---

❶ 《陕西》1册，141页；《补遗》3册，97–98页。
❷ 《北图》15册，162页；《洛阳》5册，125页；《汇编》，545页。
❸ 陈寅恪《书唐才子传康洽传后》，《金明馆丛稿初编》，上海古籍出版社，1980年，281页。参看向达《唐代长安与西域文明》，三联书店，1957年，16–17页。
❹ 《固原》，69页。
❺ 《固原》，82页。

跎年发，舛此宦途"❶，表明没有做过官。其后人墓志所说的"酒泉县令"，当属追赠性质。而从"京师萨宝"到"京师摩诃萨宝"，则可能是后人不断张大的结果。史射勿一家自称为平凉平高县人，其祖辈多被追赠为酒泉、张掖县令，或许可以证明这个家族是经过河西走廊而到平凉落户的。

张掖 / 甘州

从酒泉东行，张掖是下一个重镇。由西向东的粟特商人，当然会在此驻足。

《康敬本墓志》称：

> 君讳敬本，字延宗，康居人也。元封（前110—前105）内遣家张掖郡。酋率望重，播美□西。因地□□，派流不绝。曾祖默，周甘州大中正。祖仁，隋上柱国、左骁卫三川府鹰扬郎将。❷

这里说康敬本祖上从西汉时就来到张掖郡，难以和其他史料印证。但说他们从很早就迁居到这里，应当是没有问题的。康敬本祖上是望重的酋帅，其东来张掖，应当不止一家。其曾祖康默北周时任甘州大中正，此职例由地方世家豪族担当，其为左右甘州一方的人物，当不成问题。由此可见粟特人在张掖的势力不弱。又《安怀

---

❶《固原》，17页。
❷《洛阳》5册，125页；《汇编附考》8册，No.715；《汇编》，530页。按："甘州"，《汇编附考》录作"甘州"，此从《汇编》录文。

北朝隋唐粟特人之迁徙及其聚落 **061**

及夫人史氏墓志》称:"君讳怀,字道,河西张掖人也。曾祖朝前,周任甘州司马。"❶则是州官的副手。正是由于粟特人在甘州颇有势力,所以,大业十三年(617)凉州李轨起兵反隋后不久,甘州粟特胡人首领康老和也在同年起兵,后被隋西戎使者曹戎击败❷。

入唐以后,粟特人仍然陆续落籍甘州。如《石崇俊墓志》记:

> 府君石氏,讳崇俊,字孝德,其盛族徽烈,家谍著焉。府君以曾门奉使,至自西域,寄家于秦,今为张掖郡人也。祖讳宁芬,本国大首领、散将军。皇考讳思景,泾州〔泾〕阳府左果毅。❸

石崇俊以贞元十三年(797)卒,其祖宁芬是本国大首领,父辈入唐,时或在开元天宝前后。可知到唐朝中叶,甘州仍是粟特人所选择的居地之一,这一点可由俄国收藏的敦煌文书《唐开元二十三年(735)张掖县户籍》(Dx.3820+Dx.3851+Dx.11068)证明。该户籍记载当地居民受田四至时,提到曹致失鼻❹,是典型的粟特人名。

《史诃耽墓志》称:"曾祖尼,魏摩诃大萨宝、张掖县令。"❺但史诃耽父史射勿的《墓志》中却说"曾祖妙尼、祖波波匿,并仕本国,俱为萨宝"❻,波波匿并没有入仕北魏,说明诃耽祖尼的官职是

---

❶ 《洛阳》7册,21页;《汇编附考》12册,No.1137;《汇编》,845页。
❷ 《隋书》卷五《恭帝纪》;《资治通鉴》卷一八五武德元年七月条。参看吴玉贵《凉州粟特胡人安氏家族研究》,297页。
❸ 《北图》28册,129页;《北京》2册,23页;《汇编》,1892页;《补遗》4册,472页。
❹ 郑必俊《介绍唐开元张掖籍残卷并校释》,《敦煌吐鲁番文献研究论集》第2辑,北京大学出版社,1986年,603、607页。
❺ 《固原》,69页。
❻ 同上书,17页。

后来追赠的。史诃耽曾祖追封为张掖县令，透露出这一家族在落籍原州之前，或许曾在张掖居停。史诃耽"夫人康氏，甘州张掖人也。父阿孩，隋上开府右御卫合黎府鹰扬郎将"❶。史诃耽的曾祖虽非落籍甘州的粟特人，但他却娶了甘州出身的康氏夫人，或许是史氏在甘州停居的说明。

另一个落籍原州的史姓家族，则确实出自张掖。《史索岩墓志》称："公讳索岩，字元贞，建康飞桥人也。其先从宦，因家原州。"❷《史道德墓志》也称："公讳道德，字万安，其先建康飞桥人事（士）。远祖因宦，来徙平高，其后子孙因家焉，故今为县人也。"❸经罗丰先生的研究，已经明确了以下事实，这里的建康，非指六朝都城建康（建业，今南京），而是指河西的建康，具体位于甘州西二百里处。前凉张骏设郡于此，属凉州。唐朝设建康军，隶属河西节度使。罗丰举《周书·史宁传》记"建康（袁）〔表〕氏人也"、《高昌砖集》记"建康史祐孝"，以及《旧唐书·史宪诚传》记"其先出于奚虏，今为灵武建康人"，认为他们都是原本出自河西建康的粟特史姓后裔，其中史宁和史索岩先人之迁徙灵武、平高，大概是北魏太延五年（439）灭北凉的结果❹。这一结论，可以信从。

既有胡人聚居，应当有胡人的宗教祭祀中心，但史书没有留下明确的记载。甘州之有粟特胡人所建的祆寺，或许可以从以下史料推知。唐人张鷟撰《朝野佥载》卷三云：

---

❶《固原》，71页。

❷ 同上书，45页。

❸ 同上书，93-94页。

❹ 同上书，196-198页。参看李鸿宾《史道德族属及中国境内的昭武九姓》，《中央民族学院学报》1992年第3期，54-56页；李鸿宾《史道德族属问题再考察》，《庆祝王钟翰先生八十寿辰学术论文集》，辽宁大学出版社，1993年，358-365页；程越《从石刻史料看入华粟特人的汉化》，23页。

凉州祆神祠，至祈祷日，祆主以铁钉从额上钉之，直洞腋下，即出门，身轻若飞，须臾数百里，至西祆神前舞一曲即却，至旧祆所，乃拔钉，无所损。卧十余日，平复如故。莫知其所以然也。

武威西至张掖五百里，陈国灿先生因疑这里的西祆神即是指张掖的祆寺❶，其说不无道理。

武威／姑臧／凉州

河西走廊最东头的凉州武威，是汉唐间河西地区最大的军政机构所在地，十六国时期还曾作过前凉、后凉、北凉的首都，唐朝则把统辖整个河西地区的河西节度使驻地设在凉州。唐初经行此地的玄奘，有"凉州为河西都会，襟带西蕃、葱右诸国，商侣往来，无有停绝"的恰当描述。❷

这里必然是东往西归的粟特人经行住止的地方。早在三国时，蜀汉建兴五年（227）诸葛亮率军北伐，蜀主刘禅下诏称："凉州诸国王各遣月支、康居胡侯支富、康植等二十余人诣受节度，大军北出，便欲率将兵马，奋戈先驱。"❸凉州刺史当时兼管葱岭以东的西域诸国事务，但月支、康居都在葱岭以西，所以马雍先生认为"诏书中的月支、康居胡侯当指月支、康居胡人侨居葱岭以东诸国而受

---

❶ 陈国灿《魏晋至隋唐河西胡人的聚居与火祆教》，《西北民族研究》1988年第1期，208页。

❷ 慧立、彦悰《大慈恩寺三藏法师传》，中华书局，1983年，11页。

❸ 《三国志》卷三三《蜀书·后主传》裴注引《诸葛亮集》。

封为侯者"❶。但能够接应诸葛亮军队的"凉州诸国王",应当距凉州不远。从当时小月氏的分布来看,这里的月支胡侯支富"应是小月氏在凉州一带的部落酋长之一"❷。与之并列的康居胡侯康植,也应当是居住在凉州附近的粟特胡人集团首领❸。还值得指出的是,诸葛亮这次北伐的年份,正是上述《三国志·魏书·仓慈传》所记粟特胡人活跃在河西走廊的年代。诏书使我们得知凉州一带的粟特胡人,有自己的武装和首领,他们应当生活在一个自治的聚落中。

上面提到过的敦煌长城烽燧下面所发现的粟特文古信札,正好可以和上述诏书的记载相印证。在这批残信札中,第五封信札说到该信的发送地是 Kc'n(姑臧)❹,表明凉州是这批 4 世纪初在中国经营东西贸易的粟特人的大本营。这一点和汉文史籍的记载是相互吻合的。《北史》卷九七《西域传》粟特国条记:"其国商人先多诣凉土贩货,及魏克姑臧(439),悉见掠。文成初(452 年后不久),粟特王遣使请赎之,诏听焉。"可见,北魏灭北凉时,掠走了大批粟特商胡,把他们安置在平城及其附近地区。粟特王赎出的粟特人,是回到凉土,还是只是赎身,史文过简,不能明了,但从唐朝的材料可以清楚地知道,凉州的粟特人不仅没有掠净,而且还不断有新人到来。

《康续墓志》称:"公讳续,字善,河南人也。昔西周启祚,康王承累圣之基;东晋失国,康国跨全凉之地。控纮飞镝,屯万骑于

---

❶ 马雍《西域史地文物丛考》,56 页。
❷ 荣新江《小月氏考》,《中亚学刊》第 3 辑,中华书局,1990 年,55 页。
❸ 陈国灿《魏晋至隋唐河西胡人的聚居与火祆教》,199 页;吴玉贵《凉州粟特胡人安氏家族研究》,303 页。
❹ N. Sims-Williams, "A Sogdian Greeting", *Corolla Iranica*, ed. R. E. Emmerick & D. Weber, Frankfurt am Main, 1991, pp. 176-187;陈国灿《魏晋至隋唐河西胡人的聚居与火祆教》,12-13 页。

金城；月满尘惊，辟千营于沙塞。举葱岩而入款，宠驾侯王；受茅土而开封，业传枝胤。曾祖德，齐任凉州都督。祖遑，齐任京畿府大都督。父老，皇朝任左屯卫翊卫。"❶康续祖上当是康国之大姓，入华后号称势力"跨全凉之地"，显然是夸张之词，但也表明西晋灭亡后，北方群雄争斗之时，给粟特人的活动创造了时机。康续曾祖为凉州都督，表明他是广义凉州的粟特首领。

《安令节墓志》称："君讳令节，字令节，先武威姑臧人，出自安息国，王子入侍于汉，因而家焉。历后魏、周、隋，仕于京洛，故今为幽州宜禄人也。"❷陈国灿先生据此认为，在北魏以前，安氏就已居于姑臧❸。与安令节一家相同的还有安神俨。《安神俨墓志》称："君讳神俨，河南新安人也。原夫吹律命系，肇迹姑臧。因土分枝，建旟强魏。"❹这一家也是在北魏时从姑臧迁到河南新安的。在北朝时从凉州东迁洛阳的还有安延、何摩诃、康留买、康磨伽等，其原本都是武威人，后因祖上任武职而东迁洛阳。如《安延墓志》所记："君讳延，字贵薛，河西武威人也。灵源浚沼，浪发昆峰；茂林森蔚，华敷积石。跃银鞍而得俊，飞白羽而称雄。故得冠冕酋豪，因家洛俟（涘）。祖真健，后周大都督。父比失，隋上仪同平南将军。〔安延〕以永徽四年（653）四月七日终于弘敬里私第，春秋八十四。"❺

当然，直到唐朝，一直有一些粟特家族没有离开武威，如武威

---

❶ 《北图》16册，108页；《洛阳》6册，43页；《汇编附考》9册，No.885；《汇编》，658页；《补遗》3册，448—449页。

❷ 《北图》20册，6页；《北大》1册，109页；《汇编附考》14册，No.1383；《汇编》，1045页；《补遗》3册，36—37页。

❸ 陈国灿《魏晋至隋唐河西胡人的聚居与火祆教》，201页。

❹ 《北图》16册，23页；《洛阳》6册，51页；《辑绳》364页；《汇编附考》10册，No.901；《汇编》，669页；《补遗》3册，449页。

❺ 《北图》12册，87页；《洛阳》6册，51页；《汇编附考》3册，No.222；《汇编》，180页；《补遗》4册，328页。参看《汇编》，670、694、662页。

出土的《康阿达墓志》称:"公讳阿达,西域康国人也。祖拔达,梁使持节骠骑大将军、开府仪同三司、凉甘瓜三州诸军事、凉州萨保。当官处任,水镜元以近其怀;处逝公途,石席不之方其志。诏赠武威太守。父莫量,同葬安乐里。"❶康拔达以凉州萨保身份而接受南朝梁的官职,陈国灿先生推测在梁中大通年间(529—534),其时正当北魏末叶,东西两股势力相互征战,无力控制河西❷。

由于子孙在唐朝屡立功勋,有关武威的安兴贵、安修仁一族的史料保存较多,但真伪混杂。笔者曾针对富安敦(A. Forte)教授《质子安世高及其后裔》一书关于武威安姓为安世高后代的看法❸,撰《安世高与武威安姓》一文,认为武威安氏来自粟特地区的安国,与出身安息国的王子安世高无涉❹。吴玉贵先生也撰写了《凉州粟特胡人安氏家族研究》,对这一家族的有关史料做了通盘的解说和辨析❺。以下只就能够反映凉州聚落的史料,略加论说。

《元和姓纂》辑本"安姓"下"姑臧凉州"条记:

> 后魏安难陀至孙盘婆罗,代居凉州,为萨宝。生兴贵……修仁。

---

❶ 《汇编》,124页。

❷ 陈国灿《魏晋至隋唐河西胡人的聚居与火祆教》,205页。

❸ A. Forte, *The Hostage An Shigao and His Offspring*, Kyoto, 1995, pp. 1–63; idem., "Kuwabara's Misleading Thesis on Bukhara and the Family Name An 安", *Journal of the American Oriental Society* 116.4, 1996, pp. 645–652. 参看桑原骘藏《桑原骘藏全集》第2卷,东京,1987年,314–316页。

❹ 荣新江《安世高与武威安姓——评〈质子安世高及其后裔〉》,黄时鉴编《东西交流论谭》,上海文艺出版社,1998年,366–379页。实际上冯承钧《西域南海史地考证论著汇辑》,中华书局,1957年,151页对《新唐书·宰相世系表》造成之混乱已有明确的辨析。

❺ 吴玉贵《凉州粟特胡人安氏家族研究》,295-338页。

《新唐书》卷七五下《宰相世系表》也记载：

> 后魏有难陀。孙盘婆罗，周、隋间，居凉州武威为萨宝。生兴贵、修仁。至抱玉，赐姓李。

排除后来碑志的附会，这个"妫水（阿姆河）导源"（《安元寿墓志》颂词），也即出身粟特地区的家族，应当是从北魏时开始成为凉州胡人首领的。考虑到康阿达祖拔达也曾在西魏时任凉州萨宝，可知凉州胡人聚落不止一处，而安姓或许是其中一个聚落的萨宝。根据隋末唐初安兴贵、修仁兄弟在凉州李轨政权的兴亡中所起的作用，可以窥见这个以安姓为首领的胡人聚落的势力非同一般。隋炀帝大业十三年（617），"〔安〕修仁夜率诸胡入内苑城，建旗大呼，〔李〕轨于城下聚众应之"❶，由此建立了凉州李轨政权。而安修仁部下的"诸胡种落繁盛"，引起李轨等的疑虑。唐朝建立后，住在长安的安修仁兄安兴贵主动前往凉州招降李轨，结果遭到拒绝，安兴贵兄弟"引诸胡众起兵图轨"，很快活捉李轨，将凉州拱手献给唐朝，武威安氏也由此在唐朝获得显赫地位。安兴贵子安元寿，在唐太宗、高宗对东西突厥的战争中屡立战功，位至右威卫将军，永淳二年（683）卒于东都，特令陪葬昭陵❷。安兴贵曾孙安忠敬，开元十四年（726）卒于鄯州都督任上，次年归葬于凉州先茔❸。这个

---

❶ 《旧唐书》卷五五《李轨传》。
❷ 《安元寿墓志》，《陕西》3册，98页；《补遗》1册，67-69页。参看昭陵博物馆《唐安元寿夫妇墓发掘简报》，《文物》1988年第12期，37-49页；陈志谦《安元寿及夫人翟氏墓志考述》，《文博》1989年第2期，51-56页。按：陈文注意到妫水为阿姆河，但对安息解说有误。
❸ 张说《河西节度副大使鄯州都督安公神道碑》，载《文苑英华》卷九一七；《张说之文集》卷一六；《全唐文》卷二三〇。

家族中的许多人虽然出仕唐朝，但仍然维持着凉州的祖业。直到安禄山叛乱，安忠敬子安重璋于至德二载（757）奏改李姓，并徙籍京兆，加之安史之乱后，凉州没入吐蕃，这个安氏家族才与凉州脱离关系。❶

武威安氏是典型的粟特聚落首领，他们历代世系为萨宝，统辖诸胡种落，左右凉州政局。凉州安姓为当地大族，当然不止安难陀一系。上举安令节、安神俨、安延，也是出身武威的安姓人士。另外还有《李国珍墓志》所记："公将门令族，本姓安氏，讳昕，字昕，武威郡人也。"❷《安玄朗墓志》记："公讳玄朗，字子远，其先武威人也。"❸

由于凉州为胡人聚落集中地区，除安姓外，还有上举康续、康阿达等。又，《曹弘立及夫人石氏墓志》记："夫人武威石氏，代袭珪璋，门传余庆。"❹此外，《罗甑生墓志》称："祖日光，□任秦州都督，谥曰盘和公。"❺盘和即盘禾，为凉州属县，或许罗氏先人也曾在此居住，所以才被谥为盘和公。

入唐以后，凉州粟特胡人势力也没有减弱。天宝十四载（755），安禄山在河北发动叛乱。至德二载，武威九姓商胡安门物与河西兵马使盖庭伦聚众六万，联手叛乱。史称"武威大城之中，小城有七，胡据其五，二城坚守"❻。叛乱虽然很快就被平定，但说

---

❶ 以上详参吴玉贵《凉州粟特胡人安氏家族研究》，295-338页。
❷ 《陕西》4册，50页；《补遗》2册，30页。
❸ 《北大》2册，158页；《补遗》7册，153页。
❹ 《北大》2册，152页；《汇编》，2450页；《补遗》7册，149页。
❺ 《北图》16册，114页；《洛阳》6册，46页；《汇编附考》9册，No.891；《汇编》，662页；《补遗》2册，274页。
❻ 《资治通鉴》卷二一九。参看桑原骘藏《桑原骘藏全集》第2卷，332页；E. G. Pulleyblank, "A Sogdian Colony in Inner Mongolia", p. 322；吴玉贵《凉州粟特胡人安氏家族研究》，306页。

明直到唐朝中叶，武威的粟特人仍是当地强大的势力之一。而这次叛乱是由一个粟特商胡为首的，似乎更值得我们深思。

凉州为河西较大的粟特胡人聚落所在，当然应当有胡人信奉的祆神祠。上面"张掖"条引《朝野佥载》卷三，记凉州祆神祠的祆主故事，是其确证。

高平／平高／原州

由凉州向东，通向北朝隋唐首都长安、洛阳的最便捷的路，是经过原州的丝路干道。由于近年固原地区的考古发掘，使我们对粟特人在这里的活动有了深刻的认识。目前已有两个家族的六座墓葬被发掘出来。

《史射勿墓志》称："公讳射勿，字槃陀，平凉平高县人也。其先出自西国。曾祖妙尼、祖波波匿，并仕本国，俱为萨宝。父认愁，蹉跎年发，舛此宦途。公幼而明敏，风情爽悟，超悍盖世，勇力绝人。保定四年（564），从晋荡公东讨。……〔大业〕五年（609）三月廿四日，遘疾薨于私第，时年六十有六。即以六年太岁庚午正月癸亥朔廿二日甲申，葬于平凉郡之咸阳乡贤良里。"❶又《史诃耽墓志》称："君讳诃耽，字说，原州平高县人，史国王之苗裔也。"❷这一家出身粟特史国，《史射勿墓志》没有直接说到这一家落籍平凉的时间，从上下文来看，应当是从射勿父辈开始的。

---

❶《固原》，17—19页。关于射勿槃陀的粟特原文，见 Y. Yoshida, "Review of N. Sims-Williams, *Sogdian and other Iranian inscriptions of the Upper Indus II*", p. 391.

❷《固原》，69页。

而从史射勿初入仕北周的年代，或可推测其家东迁的时间当在北魏末年❶。

出自另一史姓人家的《史索岩墓志》称："公讳索岩，字元贞，建康飞桥人也。其先从宦，因家原州。"❷如上所述，这一家族应当是从河西张掖东迁来的，原因虽然是因做官而落籍，但也是循着粟特人东迁的正常路线。

这两个粟特家族主要成员从北魏、北周时开始步入仕途，所以不是以粟特商团东迁而形成聚落的方式来落籍平凉，所以虽然我们目前在固原比较集中地找到六座粟特墓葬，但还不能因此了解到粟特人在这里是否有像河西、西域那样典型的聚落，只是得知这两个家族倒是历代聚居于此的。

长　安

由原州东行，经泾州、邠州，即入长安。

长安是西汉王朝的首都，自汉武帝时张骞通西域后，就陆续有各种身份的西域胡人来到长安定居，其中也应当包括从粟特地区来的僧人、商侣等。西汉以后，前赵、前秦、后秦、西魏、北周都曾在此建都。隋朝在汉长安城东南建大兴城，作为新都城。唐朝改名为长安城。这里一直是胡人聚集之地，而其中粟特人的东来，则以唐朝时为最盛。

十六国、北朝时，长安及其周边已经有一些粟特人聚族而居。

---

❶ 罗丰认为"史射勿祖辈入居中国的年代当在北魏中期"，见《固原》，186页。但《墓志》明说其曾祖、祖父"并仕本国"，尚未东迁。

❷ 《固原》，45页。

《梁书》卷一八《康绚传》记:"康绚字长明,华山蓝田人也。其先出自康居。初,汉置都护,尽臣西域,康居亦遣侍子,待诏于河西,因留为黔首,其后即以康为姓。晋时陇右乱,康氏迁于蓝田。绚曾祖因为苻坚太子詹事,生穆。穆为姚苌河南尹。宋永初中,穆举乡族三千余家入襄阳之岘南,宋为置华山郡蓝田县。"康绚一族出自粟特,经河西地区而于西晋时迁到蓝田。刘宋永初年间(420—422)南迁襄阳。其族动辄三千余家,可见其家族主要成员虽然早已入仕,但其家族仍以粟特人的方式聚族而居。蓝田为当时粟特人聚集之地,《晋书》卷一一八《姚兴载记》下称"扬武、安乡侯康宜驱略白鹿原氐、胡数百家奔上洛",白鹿原即在蓝田县❶。又,《宋书》卷四八《傅弘之传》记刘裕北伐入关灭后秦时,傅弘之等"进据蓝田,招怀戎、晋,晋人庞斌之、戴养,胡人康横等,各率部落归化",也说明当地粟特胡人是生活在部落里的❷。

前秦建元三年(367)立《邓太尉祠碑》记前秦冯翊护军所统诸部落中,有"粟特",证明当时渭北地区有粟特部落活动❸。《魏书》卷四一《源子雍传》记:"贼帅康维摩拥率羌、胡,守锯谷(在同州韩城县),断甄棠桥,子雍与交战,大破之。"❹说明康绚一族迁走后,仍有粟特胡酋率众在渭北地区活动。

隋末唐初,关中的粟特势力也曾拥兵自保。如西域商胡何潘仁聚众于司竹园,京师大侠史万宝等入鄠县南山起兵,后均归李

---

❶ 见《太平寰宇记》卷二六。
❷ 参看唐长孺《魏晋杂胡考》,《魏晋南北朝史论丛》,三联书店,1978年,421-422页。
❸ 同上唐长孺文,422页;马长寿《碑铭所见前秦至隋初的关中部族》,中华书局,1985年,22页。
❹ 同上唐长孺文,422页;马长寿文,22页。

渊部下❶。

入唐以后,长安成为粟特商人集中的地方,也是粟特来华的使臣、质子以及随突厥投降的部落首领、子弟定居之地,加上前来传播祆教、佛教、景教、摩尼教的僧徒信士,长安成为粟特人在华最重要的聚集地之一。

唐太宗贞观四年(630)灭东突厥汗国,颉利可汗率众十万降唐,"其入居长安者万有余家"❷。由于东突厥汗国内有不少粟特人,因此可以推测入居长安者,也有粟特人在。李至远《唐维州刺史安侯神道碑》记:"侯讳附国,其先出自安息,以国为姓。有隋失驭,中原无何。突厥乘时,籍雄沙漠。侯祖乌唤,为颉利吐发。父胐汗,贞观初率所部五千余入朝,诏置维州,即以胐汗为刺史。贞观四年,〔附国〕与父俱诣阙下,时年一十有八。太宗见而异之,即擢为左领军府左郎将。"安附国随其父于贞观四年入朝长安,父出任维州刺史,而附国在朝中任军职。大约显庆中(656—661),其父卒,附国继任维州刺史❸。《安菩墓志》记:"其先安国大首领,破匈奴衙帐,百姓归□□国。首领同京官五品,封定远将军,首领如故。曾祖讳〔□〕钵达干,祖讳〔□〕系利〔□〕,君时逢北狄南下,奉敕遄征,二以当千,独扫蜂飞之众,领衙帐部落,献馘西京。"❹安菩曾祖和祖父的名字有些字未刻,但从现存的文字可以看出,都是突厥化的名字,表明他们很早就由安国进入突厥部落,但

---

❶ 参看桑原骘藏《桑原骘藏全集》第2卷,340页;吴玉贵《凉州粟特胡人安氏家族研究》,296–297页。

❷ 《唐会要》卷七三。

❸ 载《全唐文》卷四三五。参看向达《唐代长安与西域文明》,18页。

❹ 《辑绳》,444页;《汇编附考》15册,No.1463;《汇编》,1104–1105页;《补遗》4册,402–403页。按:文字据图版改订,安菩曾祖和祖父的名字,原志有空字未刻,因补缺字符号。

他们仍世代为部落首领。贞观四年，安菩或其父"领衙帐部落"，随同突厥降众而入长安。❶

长安作为唐朝都城，是粟特各国使臣和质子住地，特别是在显庆三年（658）唐朝灭西突厥汗国后，在粟特地区设立羁縻州府，粟特各国的宗主权转归唐朝，粟特使臣来往更为频繁。而吐蕃兴起后，与唐朝争夺西域，道路交通不畅，许多使臣逗留不归，这也是大批粟特人留居长安的原因之一。《米继芬墓志》记："其先西域米国人也。父讳突骑施，远慕皇化，来于王庭。遐□京师，永通国好。特承恩宠，累践班荣，历任辅国大将军、行左领军卫大将军。公承袭质子，身处禁军。去永贞元年（805）九月廿一日，终于醴泉里之私第，春秋九十二。"❷ 又，《何文哲墓志》记："公本何国王丕之五代孙，前祖以永徽初款塞来质，附于王庭。"❸表明也是因入质而来华的。安史乱后，这些逗留长安的胡人曾给唐朝政府增加很大的经济负担。《资治通鉴》卷二三二德宗贞元三年（787）七月条记：

> 初，河、陇既没于吐蕃，自天宝以来，安西、北庭奏事及西域使人在长安者，归路既绝，人马皆仰给于鸿胪，礼宾委府、县供之，于度支受直。度支不时付直，长安市肆不胜其弊。李泌知胡客留长安久者，或四十余年，皆有妻子，买田宅，举质取利，安居不欲归，命检括胡客有田宅者停其给。凡得四千人，将停其给。胡客皆诣政府诉之，泌曰："此皆从来宰相之

---

❶ 赵振华、朱亮《安菩墓志初探》，《中原文物》1982年第3期，37—38页；张广达《唐代六胡州等地的昭武九姓》，72—73页；又张广达《西域史地丛稿初编》，254—255页。
❷ 《陕西》2册，25页；《补遗》3册，143页。
❸ 《陕西》4册，107页；《补遗》1册，283页。

过,岂有外国朝贡使者留京师数十年不听归乎!今当假道回纥,或自海道各遣归国。有不愿归,当于鸿胪自陈,授以职位,给俸禄为唐臣。"于是胡客无一人愿归者,泌皆分隶神策两军,王子、使者为散兵马使或押牙,余皆为卒,禁旅益壮。鸿胪所给胡客才十余人,岁省度支钱五十万缗,市人皆喜。

可见,这些留在长安不回国的胡客,一面从唐朝政府领取供给,一面举质取利,买田宅,娶妻生子,有的一住就是几十年。贞元三年一次检括,就有四千人,加上早已脱籍鸿胪的使者,数量当更为可观。米继芬就是由质子而被编入神策军的。

粟特商人也是聚居长安的一批主要的粟特民众。吐鲁番出土《唐西州高昌县上安西都护府牒稿为录上讯问曹禄山诉李绍谨两造辩辞事》,记载了"同是京师人"的兴胡曹炎延与汉人李绍谨同行到西域弓月城做买卖,发生纠纷,炎延弟禄山上告高昌县,引出另外两位做过保人的兴胡曹果毅和曹毕娑(曹二),他们都是"客京师,有家口在"的粟特商胡❶。可见这些粟特商人虽然客居长安,有家口在,但仍然远赴西域弓月城甚至更西的地方兴贩贸易。吐鲁番出土的另一件文书《唐垂拱元年(685)康义罗施等请过所案卷》,记录了两批来自粟特和吐火罗地区的商团在西州申请过所的情况,这些商胡"从西来,欲向东兴易",并说到"请将家口入京"❷,说明这类粟特商胡不断东来,并且带着家口入居长安。敦煌出土 S.1344《开元户部格》所录垂拱元年八月廿八日敕云:"诸

---

❶ 《吐鲁番文书》叁,242–247 页;《吐鲁番文书》七,470–479 页。关于毕娑和禄山的粟特语原名,参看 Y. Yoshida, "Sogdian Miscellany III", p. 241;吉田丰《Sino-Iranica》,39–40 页。

❷ 《吐鲁番文书》叁,346–350 页;《吐鲁番文书》七,88–99 页。

蕃商胡若有驰逐，任于内地兴易，不得入蕃。"❶表明唐朝对这类西来的商胡是鼓励的。

敦煌文书中还保存了一则有关留居长安的粟特商人生活状况的详细记载。P.3813《文明判集》第114—126行记：

> 长安县人史婆陀，家兴贩，资财巨富，身有勋官骁骑尉，其园池屋宇、衣服器玩、家僮侍妾比侯王。有亲弟颉利，久已别居，家贫壁立，兄亦不分给。有邻人康莫鼻，借衣不得，告言违法式事。五服既陈，用别尊卑之叙；九章攸显，爰建上下之仪。婆陀阛阓商人，旗亭贾竖，族望卑贱，门地寒微。侮慢朝章，纵斯奢僭。遂使金玉磊砢，无惭梁、霍之家；绮縠缤纷，有逾田、窦之室。梅梁桂栋，架向浮空；绣桷雕楹，光霞烂目。歌姬舞女，纤罗袂以惊风；骑士游童，转金鞍而照日。❷

这里虽然不无文学性的夸饰文字，但正反映了唐人眼中粟特商人的形象，他们以兴贩发财，资产巨富，虽没有唐人夸耀的族望，但却"园池屋宇、衣服器玩、家僮侍妾比侯王"，而且重利轻义，为邻里所告。史婆陀及其弟在长安都有家，只是一富一贫。而邻居康莫鼻，和史姓兄弟一样，都是典型的粟特名字，这表明粟特人在长安互为邻里，集中居住的情况。

除了降户、使者、质子、商人外，当然有不少早已入居中国并做官的粟特人，也辗转入居长安；也有的是因为传教或供职教

---

❶ 刘俊文《敦煌吐鲁番唐代法制文书考释》，中华书局，1989年，278页。
❷ 同上书，444—445页。参看姜伯勤《俄国粟特研究对汉学的意义》，8页。

坊而生活在长安,但这类人或则居于特别的寺院,或则以单个粟特人的角色出现,不反映粟特人在长安的聚居情况,故不详述。但史料表明,他们的居地往往以类相聚,而生活在相同或相近的坊里中。现将史籍、碑志中所见粟特人所居长安坊里表列如下(见下表并图5):

从地图上可以看出,除了居于东市附近道政、亲仁坊的安禄山,胜业坊的康阿义,永乐坊的康志达,崇仁坊的石忠政,兴宁坊的史思礼,通化坊的曹惠琳等外,大多数粟特人都住在长安西市附近的坊里中,紧挨西市的醴泉坊最多,有五家,崇化坊一家,怀远一家,崇贤一家,光德一家,延寿二家,群贤一家,居德二家,义宁一家,金城一家,普宁一家,稍远一点的修德坊一家。

姓名	年岁	卒年	地点	出　处
康氏	40	640	延寿里	《固原》71页
安万通		654	普宁坊	《补遗》2册129-130页
安菩	64	664	金城坊	《辑绳》444页;《汇编》1105页
安金藏			醴泉坊	《增订唐两京城坊考》207页
翟六娘	89	698	怀远里	《陕西》1册107页;《补遗》2册470页
安令节	60	704	醴泉里	《北图》20册6页;《汇编》1045页
史公夫人契苾氏	66	720	居德里	《陕西》1册99页;《补遗》2册442页
曹明照		723	居德里	《八琼室金石补正》卷五二
史氏		724	醴泉里	《陕西》1册110页;《补遗》5册350页
史思礼	77	744	兴宁里	《陕西》1册128页;《补遗》3册75页

续表

姓名	年岁	卒年	地点	出处
米萨宝	65	742	崇化里	《唐代长安与西域文明》92页
安禄山		750前	道政坊	《增订唐两京城坊考》97页
安禄山		750	亲仁坊	《增订唐两京城坊考》97页
何德	71	754	金光里	《陕西》1册141页；《补遗》3册98页
康氏	57	758	醴泉坊	《陕西》1册150页；《补遗》3册107页
李抱玉			修德坊	《增订唐两京城坊考》176页
康阿义	75	764	胜业坊	《全唐文》卷三四二
曹惠琳	54	779	通化里	《陕西》1册159页；《补遗》1册209页
李国珍	62	784	光德里	《陕西》4册50页；《补遗》2册30页
李元谅	67	793	开化里	《陕西》4册56页；《补遗》3册129页
石崇俊	81	797	群贤里	《北图》28册129页；《汇编》1893页
康氏		797	延寿里	《陕西》4册107页；《补遗》1册285页
米继芬	92	805	醴泉里	《陕西》2册25页；《补遗》3册143页
康志达		821	永乐里	《陕西》4册85页；《补遗》5册431页
石忠政	82	822	崇仁里	《北图》30册53页；《汇编》2086页
何文哲	67	830	义宁里	《陕西》4册107页；《补遗》1册284页

续表

姓名	年岁	卒年	地点	出　处
史孝章	39	838	靖恭里	《增订唐两京城坊考》149 页
米亮			崇贤坊	《增订唐两京城坊考》196-197 页

上表所列只是能确指其居址的粟特人家，但可以推断这些坊里还生活有其他粟特人家。长安粟特人聚居的地区与市场相近，正说明了粟特人经商的本性。而这些居住地又和粟特人信仰崇拜的祆神祭祀地——祆祠重合在一起，更能说明这些坊里不会只是单个的粟特人家。据考证，长安共有五所祆祠，分别在布政、醴泉、普宁、崇化、靖恭坊❶，都有粟特胡人居住。据姚宽《西溪丛语》卷上，崇化坊之有祆祠可以上溯到贞观五年（631），"有传法穆护何禄，将祆教诣阙闻奏"。这个何禄当是粟特传教士无疑。后来居于同一坊中的粟特人有叫作米萨宝者，虽然其时"萨宝"应当已经失去粟特聚落首领本意而被用为普通人名，但也透露出这个米家或许与该坊的祆祠有关❷。

长安是唐朝首都，坊里的管制极为严格。入居长安的粟特人当然已经被编为唐朝户籍，不可能形成一个完整意义上的粟特聚落，但他们仍然相邻而居，形成一个个相对集中的居住区，环绕着他们信奉的祆神，也环绕着他们兴利的市场。

---

❶ 向达《唐代长安与西域文明》，89-92 页；林悟殊《波斯拜火教与古代中国》，新文丰出版公司，1995 年，139-149 页；李健超《增订唐两京城坊考》，三秦出版社，1996 年，182、207、219、227、149 页。

❷ 参看向达《唐代长安与西域文明》，92 页；荒川正晴《北朝隋・唐代における"萨宝"の性格をめぐつて》，176 页。

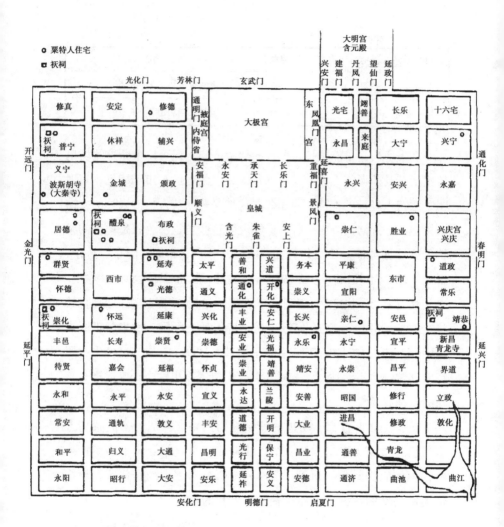

图5 唐长安城内粟特人分布图

洛　阳

从长安到洛阳，有便于行人的驿道相连。洛阳是东汉、曹魏、西晋、北魏的都城，也是汉代以来西域商人争相前往从事贸易活动的一个重要都会。上举《三国志·魏书·仓慈传》就提到"欲诣洛者，为封过所"。而西晋末年写成的粟特文古信札，也提到前往洛阳（sry）经商之事。北魏孝文帝迁都洛阳后，洛阳更成为西域胡人聚集的中心。《洛阳伽蓝记》卷三记："自葱岭已西，至于大秦，百国千城，莫不款附。商胡贩客，日奔塞下。所谓尽天地之区已。乐中国土风因而宅者，不可胜数。是以附化之民，万有余家。"❶ 这些来北魏洛阳的西域商胡中，自有不少粟特商人。

唐高宗显庆二年（657），以洛阳为东都。武后长年居住在洛阳，这里更成为唐朝的政治和文化中心。入居洛阳的粟特人之来历，也和入居长安的粟特人大体相同，经商、入仕、出使、入质、投降者均有，不必一一列举。能够反映这些粟特人在洛阳居住情况的材料，是洛阳出土的大量墓志和龙门石窟的题记铭刻。

现在先把墓志和史籍中反映粟特居地的材料表列如下（见下表并图 6）：

姓名	年岁	卒年	地点	出　处
安修仁			惠和坊	《增订唐两京城坊考》303 页
康婆	75	647		《辑绳》126 页；《汇编》96 页

---

❶ 周祖谟《洛阳伽蓝记校释》，中华书局，1987 年，132 页。

续表

姓名	年岁	卒年	地点	出　处
康武通	75	649	章善里	《北图》15册162页;《汇编》545页
安延	84	653	弘敬里（归义里）	《北图》12册87页;《汇编》180页
何盛	80	653		《辑绳》169页;《汇编》188页
安师	57	657	嘉善里	《北图》14册80页;《汇编》385页
安静	62	657		《北图》13册58页;《汇编》268页
安度	78	659	敦厚里	《北图》13册131页;《汇编》303页
史氏	36	661		《北图》13册193页;《汇编》336页
康达	62	669	思顺里	《辑绳》309页;《汇编》503页
康敬本	48	670	章善里	《洛阳》5册109页;《补遗》2册234页
唐（康）氏	73	672	利仁坊	《北图》15册162页;《汇编》545页
康元敬	66	673	陶化里	《辑绳》330页;《汇编》572页
史氏	53	674	嘉善里	《辑绳》338页;《汇编》584页
何氏	50	674	章善里	《汇编》585页
康氏	69	677	章善里	《北图》16册114页;《汇编》663页
安神俨	58	680	嘉善里	《辑绳》364页;《汇编》669页
何摩诃	52	680	嘉善里	《北图》16册122页;《汇编》670页
安元寿	77	683	河南里	《陕西》3册98页;《补遗》1册68页
安怀	53	683	思顺坊	《洛阳》7册21页;《汇编》845页
史氏	64	693	履信坊	《洛阳》7册21页;《汇编》845–846页（录作广信坊）

续表

姓名	年岁	卒年	地点	出　处
康智	71	693	思顺里	《北图》18 册 33 页；《汇编》669 页
何氏	83	704	惠和坊	《辑绳》444 页；《汇编》1105 页
安孝臣	36	734	敦厚里	《北图》23 册 128 页；《汇编》1433 页
康庭兰	65	740	温柔里	《北图》24 册 127 页；《汇编》1511 页
翟氏	78	749	福善坊	《北图》26 册 7 页；《汇编》1634 页（康公夫人）
康氏	71	757	嘉善里	《辑绳》572 页

　　从上表不难看出，粟特人在洛阳活跃的年份主要是高宗和武则天时期。武则天的上台得到佛教徒的支持，胡人对武周政权也表现出一种特殊的热情❶，这些或许都是粟特胡人比较集中地在高宗、武则天时期居于洛阳的原因。

　　如地图所示，这些留下居址的粟特人，主要集中在南市附近，个别人家在北市附近。而同一地区，也是洛阳祆祠所在。据《唐两京城坊考》，北市附近的立德坊有祆祠，南市中以及近旁的修善坊、会节坊也有祆祠，为群胡奉祀❷。这与长安城的情况相同。

　　据龙门石窟题记，这些聚居的粟特人还结成社，共同出资修建

---

❶ 荣新江《吐鲁番出土〈武周康居士写经功德记碑〉校考——兼谈胡人对武周政权之态度》，《民大史学》第 1 期，1996 年，6–18 页。

❷ 李健超《增订唐两京城坊考》，293、315、340、362 页。关于洛阳之粟特人，参看刘铭恕《洛阳出土的西域人墓志》，《洛阳——丝绸之路的起点》，中州古籍出版社，1992 年，204–213 页；卢兆荫《唐代洛阳与西域昭武诸国》，洛阳文物工作队编《洛阳考古四十年——1992 年洛阳考古学术研讨会论文集》，科学出版社，1996 年，372–377 页。

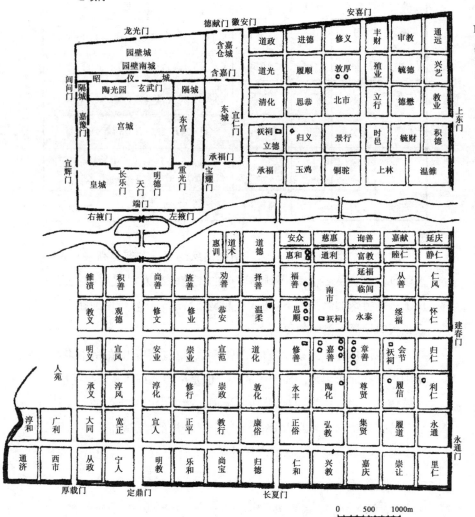

图6 唐洛阳城内粟特人分布图

佛龛。最能说明问题的是龙门石窟第1410窟的《北市香行社社人等造像记》(图7)：

> 北市香行社
> 社官安僧达　录事孙香表　史玄策
> 常行师　康惠登……
> ……何难迪
> ……康静智
> 右件社人等一心供养
> 永昌元年（689）三月八日起手❶

这个社的社官安僧达和录事史玄策很可能是粟特人，而社众中也有三位从名字看可以推断为粟特人。这一方面透露了粟特人的集中居住，更重要的是他们在北市经营香料贸易，这正是粟特人经营的主要商品之一❷。

灵武／灵州

灵州西通凉州，南接经原州向长安的大道，北通漠北突厥、回鹘等游牧汗国，东通太原，是北朝隋唐时期西北地区重要的交通枢纽和军事重镇。从灵州的地理位置来说，是粟特人东迁的必经之

---

❶ 温玉成《龙门所见中外交通史料初探》，《西北史地》1983年第1期，67页；刘景龙、李玉昆《龙门石窟碑刻题记汇录》下，中国大百科全书出版社，1998年，424页。

❷ 参看朱雷《麴氏高昌王国的"称价钱"》，17-24页；姜伯勤《敦煌吐鲁番文书与丝绸之路》，138-139页。

图7　龙门石窟《北市香行社社人等造像记》

地。但由于灵州城现已淹没在黄河之中，没有当地出土的资料反映粟特人在此居住的情形，只知道唐朝曾先后在灵州一带处置突厥降众，其中也包括原在突厥汗国内部的胡部。另外，一些供职唐朝军队的粟特裔将领，原本是灵州人，而他们大多数与后来的河北藩镇有着某种联系。

唐太宗贞观四年击败突厥后，设置北开、北宁、北抚、北安四州，将突厥降众安置在从灵州到幽州的广阔范围里。其中以粟特胡人史善应为北抚州都督，以康苏密为北安州都督[1]，其所统部众当

---

[1]《资治通鉴》卷一九三贞观四年五至六月条。

有不少粟特胡人。又,"咸亨中,突厥有降者,皆处之丰、胜、灵、夏、朔、代六州"❶。都表明灵州周边地区,有不少随同突厥而降的粟特游牧胡人。

《新唐书》卷一四八《康日知传》:"灵州人。祖康植,当开元时,缚康待宾,平六胡州,玄宗召见,擢左武卫大将军,封天山县男。"从天山县男的封爵可以推知,这个家族是从西方迁到灵州的。康植子日知,大概在安史之乱前后迁到河北,永泰二年(766)时在成德节度使李宝臣麾下任节度押衙、左厢步军都使、同节度副使❷。康日知于建中三年(782)举赵州投降唐朝,被封为会稽郡王;其子康志睦也曾被封为会稽郡王❸,其另一子康志达的《墓志》径称为"本会稽人也"❹;日知姑母康氏嫁给安公,其《墓志》近年也在西安出土,文中说"其先会稽人也"❺。如上所述,这个会稽是指河西瓜州的会稽,证明灵州康氏本从河西迁来,落籍灵武地区。

同样情形的河北藩帅,还有史宪诚一家。《旧唐书》卷一八一《史宪诚传》称:"其先出于奚虏,今为灵武建康人。"《新唐书》卷二一〇《史宪诚传》则说:"本先奚也,内徙灵武建康人。"这里称史宪诚原为奚人,今为灵武建康人,似乎很难理解,因而产生种种解说❻。事实上,新旧《唐书》的记载不够明确,据刘禹锡撰《史孝章神道碑》:"仆射名孝章,字得仁,本北方之强,世雄朔野。其

---

❶ 《资治通鉴》卷二〇六神功元年条。
❷ 《常山贞石志》卷一〇《成德节度使李宝臣碑碑阴》。
❸ 《新唐书》卷一四八《康日知传》及附《康志睦传》。参看桑原骘藏《桑原骘藏全集》第2卷,325-326页;陈寅恪《唐代政治史述论稿》,上海古籍出版社,1982年,43页。
❹ 《陕西》4册,85页;《补遗》5册,431页。
❺ 师小群《西安郊区出土唐韩国信、康氏墓志考述》,209页。
❻ 马驰《史道德的族属、籍贯及其后人》,《文物》1991年第5期;李鸿宾《史道德族属及中国境内的昭武九姓》,54-58页;程越《从石刻史料看入华粟特人的汉化》,23页。

后因仕中国,遂为灵武建康人。曾祖道德,赠右散骑常侍,封怀泽郡王。祖周洛,银青光禄大夫检校太常卿兼御史中丞北海郡王,赠太子少保。考宪诚,早以武勇绝人,积功至魏博节度使。"❶可见这一家族来自北方朔野,应当是指突厥汗国,而非东北的奚族。史宪诚早年以武功取得功名,此前这个家族或许没有地位,因此在河北奋斗的史宪诚就冒称为当地势力较强的奚族了。比较合理的推测是,这个家族原本出自河西建康,先东迁灵州,然后再到河北,他们原本也是粟特史姓的后裔。

继史宪诚为魏博节帅的何进滔,也是灵武人❷。据其子何弘敬《墓志》,何进滔是何妥八世孙❸。《隋书·何妥传》说他是"西城人也。父细胡,通商入蜀……号西州大贾"。此处的"西城",《通志》卷一七四《何妥传》作"西域",当正之❹。从何进滔娶康氏为妻,何弘敬取武威安氏为妻来看❺,也可以说明这个家族是典型的粟特胡人,《何弘敬墓志》说他是"庐江人",则显系伪托。

灵武何氏而后来称庐江人者还有何文哲。《何文哲墓志》称:"公讳文哲,字子洪,世为灵武人焉。公本何国王丕之五代孙,前祖以永徽初(约650年)款塞来质,附于王庭。〔元和〕五年(810),制封庐江县开国子。明年己酉(829)正月,策勋进封庐江郡开国公。"❻何文哲的父亲何游仙曾任"行灵州大都督府长史",肃宗行幸灵武时有保驾之功。何文哲本人先后娶康氏姊妹为妻,"夫

---

❶ 载《全唐文》卷六〇九。
❷ 《旧唐书》卷一八一《何进滔传》。参看陈寅恪《唐代政治史述论稿》,38页。
❸ 《河北》,123页;《补遗》5册,39页。
❹ 参看陈寅恪《隋唐制度渊源略论稿》,中华书局,1963年,78—79页;卢兆荫《何文哲墓志考释——兼谈隋唐时期在中国的中亚何国人》,《考古》1986年第9期,843页。
❺ 《何弘敬墓志》,《河北》,123页;《补遗》5册,39—41页。
❻ 《陕西》4册,107页;《补遗》1册,282—284页。

人从公之爵,封于会稽郡,为郡夫人焉"。从封爵看,其夫人家族也是来自河西瓜州。

虽然我们目前没有得自灵州当地的史料,但把上述史料综合起来考虑,不难看出粟特人经过河西走廊,或直接进入灵州地区,或经过突厥汗国,而入灵武,然后再东迁河北,成为河北藩镇的重要将领,这和他们在灵州地区放牧、习武不无关系,因为我们在这组史料中,很少看到粟特人经商的情况。

六胡州

如果说我们不能确定上述灵州境内突厥降众中的粟特胡人的具体位置的话,那么,位于灵州南境的六胡州,则是有明确记载的唐朝专门安置粟特胡人的六个羁縻州。《元和郡县图志》卷四关内道新宥州条记:

> 初,调露元年(679)于灵州南界置鲁、丽、含、塞、依、契等六州,以处突厥降户,时人谓之"六胡州"。长安四年(704)并为匡、长二州。神龙三年(707)复置兰池都督府,在盐州白池县北八十里,仍分六州各为一县以隶之。开元十一年(723)康待宾叛乱,克定后,迁其人于河南、江、淮诸州,二十六年(738)还其余党,遂于此置宥州,以宽宥为名也。

《新唐书》卷三七《地理志》关内道宥州条所记略同,只是"灵州南界"作"灵、夏南境",更近事实。神龙三年纪事后,有"开元十年复置鲁州、丽州、契州、塞州"的记载。开元十一年纪事后,有"十八年复置匡、长二州"的记载。

史籍对六胡州沿革的记载本有不同,小野川秀美、蒲立本两氏曾加以考辨❶。80年代以来,由于《唐故陆胡州大首领安君(菩)墓志》的发现,引起对六胡州的重新讨论❷,有关六胡州的史料大都得到解说,此不赘述。

然而,因为史料记载简略,六胡州的有关情况并没有完全弄清。目前可以补充的是:

第一,《安附国神道碑》记永隆二年(681)安附国下葬时,其次子安思恭任鲁州刺史❸,说明调露元年以后仍有以粟特胡人为刺史的例子。同时也确有如《新志》所言,用汉人为刺史,如《张仁楚墓志》记:"圣历元年(698),改授朝议大夫、依州刺史。"❹

第二,1985年宁夏盐池县西北约48公里处,发现一组墓葬,其中之一出土《何府君墓志》,称:"君□□□□□□大夏月氏人也。(中残)以久视元年(700)九月七日,终于鲁州如鲁县□□里私第,春秋八十有五。以其月廿八日,迁窆于□城东石窟原礼也。"❺这方残志证明了鲁州位于今盐池县西北48公里处,在灵州东偏南的地方。另外,这位号称为大夏月氏人的何府君,应是出身何国的粟特人。据考古报告,这组墓葬有多人聚葬于一室的情况,反

---

❶ 小野川秀美《河曲六州胡の沿革》,《东亚人文学报》第1卷第4号,1942年;E. G. Pulleyblank, "A Sogdian Colony in Inner Mongolia", pp. 282–284.

❷ 赵振华、朱亮《安菩墓志初探》,《中原文物》1982年第3期,37-40页;芮传明《粟特人在东西交通中的作用》,《中华文史论丛》1985年第1辑,57页;张广达《唐代六胡州等地的昭武九姓》,71-82、128页;王北辰《唐代河曲的"六胡州"》,《内蒙古社会科学》1992年第5期,58-64页;刘统《唐代羁縻府州研究》,西北大学出版社,1998年,63-70页。

❸ 载《全唐文》卷四三五。

❹ 《汇编》,1022页。

❺ 《文物》1988年第9期,56页。

映出这里是一个族葬的墓群❶。第三，敦煌出土《唐景云二年（711）张君义勋告》，记录了与张君义同在景云二年受勋的二百余人，其中有含州安神庆、依州曹饭陀、鲁州康□、契州康丑胡❷，证明景云时六州中至少有四州尚存，恐怕兰池都督府下不是六州降为六县，而是仍为州的建制。这条史料也是在开元九年六胡州康待宾、安慕容、何黑奴、石神奴、康铁头等名显于世之前，反映六胡州为粟特人所居之地的重要史料。

六胡州的存在，说明大量粟特胡人随着突厥之降唐而移居灵、夏南界，他们定居于此，放牧种田，也成为唐朝与突厥之间战争的缓冲地。他们生活困苦，甚至起而反抗。其居民不时流动，有的被迁到河南、江淮地区，有的重被掳到漠北，还有的在安禄山势力壮大后，加入河北藩镇的阵营。《曹闰国墓志》记："公字闰国，含州河曲人也。公行旅边蓟，幼闲戎律。于天宝载，遇禄山作孽，思明袭祸，公陷从其中，伪署公云麾将军、守左金吾卫大将军。"安史之乱平定后，曹闰国成为河北成德军节下的将领❸。六胡州的粟特人和灵州的粟特人一样，由于善于征战，所以常常东迁河北，加入河朔藩镇集团。

太原／并州

并州太原是李唐王朝起家之地，长寿元年（692）立为北都。

---

❶ 《文物》1988年第9期，55页。
❷ 朱雷《跋敦煌所出〈唐景云二年张君义勋告〉》，《中国古代史论丛》1982年第3辑，331—341页。
❸ 《汇编》，1787页。

这里西经银州、夏州，与灵州相通；南经晋州、绛州可达长安，或经潞州、怀州而至洛阳；北经代州、云州而通漠北突厥、回鹘汗国；向东一路经井陉到河北道恒州，或北上代州，向东经蔚州、易州而到河北道重镇幽州。并州是唐朝北方最重要的城镇，也是几条重要的东西通道的交会处，当然会成为东迁粟特人的中转站。

《翟突娑墓志》称："君讳突娑，字薄贺比多，并州太原人也。父娑摩诃，大萨宝、薄贺比多。〔突娑〕春秋七十，大业十一年（615）岁次乙亥正月十八日疾寝，卒于河南洛阳县崇业乡嘉善里。"❶这个翟姓著籍太原，父子的名字取音译，而且重复，绝非汉人可知。他们应当和吐鲁番出土《康波蜜提墓志》中提到的其子翟那宁昏❷、安元寿妻翟六娘❸等人一样，可能是来自中亚粟特地区的移民❹。重要的是翟娑摩诃曾任大萨宝，是当地胡人聚落的政教大首领。

又《安师墓志》称："君讳师，字文则，河南洛阳人也。十六代祖西华国君，东汉永平中，遣子仰入侍，求为属国，乃以仰为并州刺史，因家洛阳焉。"❺与此内容雷同的还有《康达墓志》❻，其追述到东汉的事迹固然可疑，但粟特人自称自己的先人曾任并州刺史，也反映了粟特人在唐以前已经在太原地区具有一定的实力。

著籍太原的粟特人还有如下记载：《康武通墓志》称："公讳

---

❶ 赵万里《魏晋南北朝墓志集释》卷九，图版484。
❷ 《汇编》，402页。
❸ 《陕西》1册，107页；《补遗》2册，470-471页。
❹ 向达《唐代长安与西域文明》，90-91页；张广达《祆教对唐代中国之影响三例》，《法国汉学》第1辑，清华大学出版社，145页；龚方震、晏可佳《祆教史》，273-276页。
❺ 《北图》14册，80页；《洛阳》4册，142页；《汇编附考》6册，No.510；《汇编》，385页。
❻ 《北图》15册，94页；《洛阳》5册，75页；《辑绳》，309页；《汇编附考》7册，No.674；《汇编》，503页；《补遗》5册，150页。

武通,字宏达,太原祁人也。祖默,周任上开府仪同大将军。父仁,隋任左卫三川府鹰扬郎将。〔康武通〕仕至大将军阳城县开国子。以贞观十二年(638)改授陪戎副尉,从班例也。春秋七十有五,以贞观廿三年五月十九日终于〔洛阳〕章善坊里第。"❶《何氏墓志》称:"夫人,太原人也。远祖因宦,今家洛阳焉。"❷《安孝臣墓志》称:"君讳孝臣,太原郡人也。"❸

太原有胡人聚落,从上举著籍太原的粟特人墓志和翟娑摩诃曾任萨宝一职可以推知,从萨宝也可以推知当地曾有祆教流行。《旧唐书·李暠传》记太原旧俗,有僧徒"及死不敛,但以尸送近郊以饲鸟兽。侧有饿狗千数,食死人肉"。据研究,这正是粟特地区祆教徒的葬俗❹,间接反映了太原地区胡人聚落的祆教信仰和习俗。

雁门/代州

代州(雁门)为太原北出通往河北道的必经之地,北朝隋唐时是一条东西往来的重要通道,因而也有粟特人的踪迹。《康达墓志》称:"祖遴,齐任雁门郡上仪同。"❺透露了北齐时粟特人在雁门的例子。

---

❶ 《北图》15册,162页;《洛阳》5册,125页;《汇编附考》8册,No.733;《汇编》,545页;《补遗》2册,243页。

❷ 《汇编附考》8册,No.783;《汇编》,585页。

❸ 《北图》23册,128页;《洛阳》10册,91页;《汇编》,1433页;《补遗》2册,503页。

❹ 林悟殊《波斯拜火教与古代中国》,126页;张广达《祆教对唐代中国之影响三例》,143-145页。

❺ 《北图》15册,94页;《洛阳》5册,75页;《辑绳》,309页;《汇编附考》7册,No.674;《汇编》,503页;《补遗》5册,150页。

后周显德元年（954）《安重遇墓志》称："公讳重遇，字继荣，雁门人也。"安重遇是五代后唐明宗朝重臣安重诲的弟弟，同光元年（923）起家为邢州刺史，后曾被封为武威县开国男❶，表明这个安氏与武威安姓粟特人的关联。由于安重诲家是五代时的大家族❷，材料虽晚，确能说明粟特人在代州生活的情况。另外，天福四年（939）《何君政墓志》题为"大晋故鸡田府部落长史何公志铭"，文称："公讳君政，家本大同人也。公主领部落，抚弱遏强……去长兴三年（932）十二月一日，于代州横水镇终于天命。夫人安氏……以天祐年（904—907）四月十九日在京宅内〔卒〕。"❸鸡田是唐朝以铁勒阿跌部所置羁縻州的名字，何君政任鸡田府长史，主领部落，或许晚唐、五代时鸡田府的主要成员已是粟特人。至少这位娶安氏为妻的何公，为粟特人无疑，他著籍大同，但卒于代州，似反映了代州有粟特部落的存在。

安边／蔚州／兴唐

蔚州位于唐河东道东北，与河北道易州接壤，有道经易州或妫州，都可到达幽州。这里也有粟特人的踪影。《石神福墓志》称："父何罗烛，试云麾将军、蔚州衙前大总管。有子四人，公则第二子也。生于雄武，长在蔚州。"石神福后任成德军节度使手下大将，兼勾当

---

❶《补遗》1册，450–451页。
❷《新五代史》卷二四《安重诲传》。参看芮传明《五代时期中原地区粟特人活动探讨》，《史林》1992年第3期，10–11页；徐庭云《沙陀与昭武九姓》，《庆祝王钟翰先生八十寿辰学术论文集》，344–345页。
❸《山西文物》1982年第1期，58页；《补遗》7册，439–440页。

右厢草马使事,元和八年(813)正月十七日卒,年五十五岁❶。

汲郡/卫州

从目前的材料看,粟特人之东迁幽州,甚至远赴东北营州地区,除了走从灵州经并州、代州、蔚州的路外,很可能也走另一条路,即从洛阳,经卫、相、魏、邢、恒、定州,而达幽州,由幽州东北行,而至营州。过去人们从营州杂种胡安禄山等人的有关记录出发,多把营州、幽州粟特人的来历和突厥汗国联系起来,而上举河北藩镇节帅中也有一些是从灵州迁来的,这两个途径当然是存在的。但是,当我们把有关粟特人活动的史料排比到各个地点上去以后,发现卫、相、魏、邢、恒、定诸州皆有粟特人,而河北道东部诸州却不见踪迹,这足以说明粟特人东迁时所采用的路线了。以下依次论证。

从洛阳向东北行,第一站是河北道的卫州,这里曾有过粟特人居止。

《康威墓志》称:"君讳威,字宾,卫人也。昔八表浑中,元台鼎遐迩。□魏道武历通五运,爪牙同凑,迁兴大豫,今为河南人焉。以其开元十年季秋末媾(遘)疾,卅日终于郑州荥阳私第,春秋六十。"❷《康令恽墓志》称:"君讳令恽,字善厚,其先汲人也。"❸虽然目前只见到这样两条材料,但说明自北朝时起,粟特康氏至少有一户落籍汲郡。

---

❶ 《汇编》,1991页。
❷ 《北图》22册,23页;《辑绳》,469页;《汇编附考》17册,No.1687;《汇编》,1270页。
❸ 王育龙《唐长安城东出土的康令恽等墓志跋》,《唐研究》第6卷,2000年,396页。

安阳／相州／邺郡

东汉末，曹操封魏公，居邺城，邺城的地位在三国时十分重要。写于西晋末年的粟特文古信札，提到的最东面的经商地点是邺（'nkp'）❶，说明粟特人很早就曾到过此地。

《康元敬墓志》称："君讳元敬，字留师，相州安阳人也。原夫吹律命氏，其先肇自康居毕万之后，因从孝文，遂居于邺。祖乐，魏骠骑大将军，又迁徐州诸军事。父件相，齐九州摩诃大萨宝，寻改授龙骧将军。"❷知康元敬祖上是随北魏孝文帝迁居于邺的。值得注意的是他的父亲件相，曾任北齐九州摩诃大萨宝。齐都于邺，九州摩诃大萨宝或许是指负责高齐全国胡人政教事务的最高首领，推测他也应当是北齐都城的胡人聚落首领。

《康哲墓志》称："昔因仕邺，今卜居焉。匡后魏而尽忠，辅齐邦而献鲠。曾祖□，北齐金紫光禄大夫。祖君政，考积善，并蕴相国之奇谋，包卫尉之宏略。"❸康哲祖上也是从北魏时入居邺城的。此外，《史氏墓志》称："夫人史氏，邺人。祖诃，隋陈州刺史。父仁，朝议郎。"❹铭词说这位夫人是"昆山玉颖"，知为西方来的粟特人后裔。这一家之为邺人，要晚于上述二康氏。

邺城作为北齐的首都，除了聚集了一些为北齐皇帝宠幸的胡人

---

❶ W. B. Henning, "The Date of the Sogdian Ancient Letters", pp.608–609.
❷ 《北图》15册，193页；《洛阳》5册，155页；《汇编附考》8册，No.766；《汇编》，571页。按，"康居"之"康"字，"九州"之"九"字，诸家录文作缺字，现据《辑绳》330页所刊图版补。
❸ 《北图》20册，19页；《汇编附考》14册，No.1393；《汇编》，1052页。
❹ 《北图》15册，213页；《辑绳》，338页；《汇编附考》8册，No.782；《汇编》，584页。

伎乐外，很可能还有一个萨宝所统治的胡人聚落。解放前在安阳出土过一套石棺，现流散分藏在美国波士顿美术馆、华盛顿弗利尔美术馆、法国集美博物馆、德国科隆东亚美术馆，雕刻的题材完全是粟特的主题，因此学者们都认为墓主人是一个粟特人❶。这个传世品尚待进一步研究，若确实不误，则是最早按汉族传统方式埋葬的粟特人了，但石棺的装饰与汉族民众完全不同。

魏州／魏郡

从相州北行，略偏东而到魏州。魏州郭下为贵乡县，有粟特人著籍于此。《康讳郎墓志》称："君讳郎，字善庆，魏州贵乡人也。或葱岭尘惊，唯欣逐鸟；蒲山雾起，情切鹰鹯。匹马长征，不渝于寒暑；孤锋永战，岂惮于晨昏。以圣历元年（698）七月六日，敕授同州隆安府左果毅都尉。以长安二年（702）四月廿九日卒于冯翊县太平乡府之官舍，春秋卌有三。"❷另外，《安元寿墓志》称："祖罗，周开府仪同三司，隋石州刺史、贵乡县开国公。"❸以贵乡为其封爵之地，或许表明安元寿一家与这里有某种关系。

巨鹿／邢州

从相州和魏州，都有路北至邢州。据《安师墓志》载："夫人

---

❶ G. Scaglia, "Central Asians on a Northern Ch'i Gate Shrine", *Artibus Asiae*, XXI, 1958, pp. 9–28.

❷ 《北大》1册，106页；《辑绳》，419页；《汇编附考》14册，No.1345；《汇编》，1016-1017页。

❸ 《陕西》3册，98页；《补遗》1册，68页。

康氏，隋三川府鹰扬、邢州都督康府君之女。"❶这是粟特人在邢州的记载。

常山／获鹿／恒州

从邢州北行，经赵州，康日知曾任深赵节度使，后以赵州归唐朝。再北行，即到恒州。

恒州为成德军节度使治所，永泰二年（766）立于恒州（今正定）的《成德节度使李宝臣碑》碑阴题名中，有孔目官安都滔、节度押衙左厢步军都使同节度副使康日知、节度押衙康如珍、左厢□□□将安忠实、右厢马军□将何□、左厢步军十将何山泉、衙前将康日琮、曹敏之、史招福等，很可能都是当地的粟特将领❷。此外，《史善法墓志》称："君讳善法，字丑仁，济北郡人。祖、父咸任昭武校尉，并雄才拔众。君皇朝版授恒州中□（山）□（县）令。春秋七拾有五，长安二年十二月三日终于私第。"❸史善法称济北郡人，又纯为汉式名字。但铭词中却说他"托姓夷远"，表明实非汉族。而且，他的夫人姓康，正是粟特人通婚习俗。中山县为恒州府治，史善法是安史乱前就曾在恒州任职的粟特人。

《宝刻丛编》卷六著录《唐鹿泉胡神祠文》："唐来复撰并书，宝〔历〕二年（826）四月立在获鹿。"火祆教的寺庙多称作祠，故

---

❶ 《北图》14册，80页；《汇编附考》6册，No.510；《汇编》，385页。
❷ 参看森部丰《略论唐代灵州和河北藩镇》，史念海《汉唐长安与黄土高原》（《中国历史地理论丛》1998年增刊），西安陕西师范大学中国历史地理研究所，262页，注〔1〕。
❸ 《北图》19册，69页；《北京》1册，164页；《汇编》，1016页。

此处之胡神祠很可能是祆祠❶。获鹿县在恒州西南五十里，原名鹿泉县，故称鹿泉胡神祠。

恒州聚集了一批粟特人，而且还有胡人祭祀的祆祠。

博陵／定州

从恒州北向偏东，到定州。

《惠郁造像记》云："故魏七帝旧寺，后周建德六年（577）破灭大像，僧尼还俗。天元承帝，改为宣政（578），前定州赞治、并州总管府户曹参军、博陵人崔子石，萨甫下司录商人何永康二人，同赎得七帝寺。"❷可知定州赞治下有萨甫，萨甫下的司录商人何永康为粟特人无疑。何永康虽然与博陵人崔子石同赎得七帝寺，但这是出于政治目的还是其他，不得而知。从萨甫管理胡人聚落政教事务的职掌来说，定州在北周宣政元年时，应有胡人聚落。

《康婆墓志》称："君讳婆，字季大，博陵人也。本康国王之裔也。高祖罗，以魏孝文世，举国内附，朝于洛阳，因而家焉，故为洛阳人也。祖陀，齐相府常侍。父和，隋定州萨宝。"❸康婆父和曾任隋朝定州萨宝，正好可以和《惠郁造像记》的记载相印证。

《石神福墓志》称："遇安史作乱，漂泊至恒阳。"❹恒阳为定州属县，表明唐朝中叶，粟特人还不断进入这一地区。

---

❶ 程越《从石刻史料看入华粟特人的汉化》，22 页。
❷ 转引自王仲荦《北周六典》卷四，中华书局，1979 年，163 页。
❸ 《辑绳》，126 页；《汇编》，96 页；《补遗》6 册，240 页。参看姜伯勤《俄国粟特研究对汉学的意义》，7 页。
❹ 《汇编》，1991 页。

另外，定州东面的瀛州寿乐县，也有祆祠的记载。宋人王瓘《北道刊误志》记载："瀛州乐寿县亦有祆神庙，唐长庆三年（823）置，本号天神。"❶证明河北地区直到晚唐，信奉祆教的粟特民众不断增加，甚至有新立祆神庙的必要，此点至堪注意。

幽　州

幽州是河北道的中心城市，也是范阳节度使所在地，安禄山任范阳节度使，其手下兵将多有粟特胡人。《康令恽墓志》的志主，即范阳节度副使，卒于天宝四载❷。在安史之乱中留下记载的幽州叛将中，史思明、何千年、何思德、史定方、安守忠、安太清、安忠顺、安武臣、康阿义屈达干、康杰、康文景、石帝廷、安思义、安神威、安雄俊、康谦之婿、康没野波、石神福、曹闰国❸，连同他们的部下，幽州之粟特人当不在少数。

北京最新的考古发现证明了上述说法。1998年12月9日北京燕京汽车制造厂内，发现唐墓两座，据报道，出土墓志记载，墓的男主人姓何，柳城人，开元九年（721）卒于范阳；女主人康氏，卒于史思明称帝时的顺天元年（759）❹，是典型的粟特家族，而且也和安史之乱的首领一样，出身柳城。

---

❶ 参看神田喜一郎《祆教琐记》，《史林》第18卷第1号，1933年，16页。
❷ 王育龙《唐长安城东出土的康令恽等墓志跋》，《唐研究》第6卷，2000年，396-397页。
❸ 参看荣新江《安禄山的种族与宗教信仰》，《第三届中国唐代文化学术研讨会论文集》，台北，1997年，237-238页。
❹《北京青年报》1998年12月13日。

柳城／营州

幽州东北的营州，是华北通向东北地区的咽喉之地。从这里向东，有"营州入安东道"，可以进入朝鲜半岛；向北可到渤海国的上京龙泉府；又有道路分别通东北民族契丹、奚、室韦三部的衙帐。因此，营州具有十分重要的战略意义和商业价值。唐朝设平卢节度使于此，以经营东北地区。而这里也成为粟特人聚集的主要地方，或许可以说是距离粟特本土最远的一个粟特聚落。

这里的粟特聚落，由于发动安史之乱的安禄山、史思明原本都是"营州杂种胡"，所以早为人知。安禄山手下将领李怀仙，两《唐书》本传称之为"柳城胡"，李姓显然是冒称。还有颜真卿《康公神道碑》所记的康阿义屈达干，也是从突厥率部落降唐后，著籍"柳城"的胡人❶。安禄山自小生活在胡人部落中，是个地道的粟特人。与他同乡里（部落）的史思明，也是地道的粟特人。前人对两人的"杂种胡"含义有所争论，80年代初从北京丰台王佐乡林家坟清理史思明的墓葬时，发现写于玉册上的《谥册》和《哀册》，均称其为"昭武皇帝"，即昭武九姓胡人的皇帝之意，表明其自认为是昭武九姓粟特人后裔❷。

近年的考古发现，也印证了史料的记载。上举北京新发现的何姓粟特人墓志，也说他是"柳城人"。说明营州柳城是当时粟特人所乐于称道的本贯地。在营州（今朝阳）附近的敖汉旗李家营

---

❶ 荣新江《安禄山的种族与宗教信仰》，237–238页。
❷ 袁进京《唐史思明玉册试释》，于炳文主编《跋涉集——北京大学历史系考古专业七五届毕业生论文集》，北京图书馆出版社，1998年，252–253、255–256页。

子,1975年曾发现一座唐代土坑墓,其中出土了一组典型的粟特银器,反映了营州一带粟特商人活动的情形❶。这和《旧唐书》卷一八五下《宋庆礼传》所记开元五年(717)"更于柳城筑营州城……并招辑商胡,为立店肆,数年间营州仓廪颇实,居人渐殷"❷,可相印证。

营州粟特胡人的来历,有的是从河东道迁来的,如安禄山兄弟等。安禄山本姓康氏,"少孤,随母在突厥中,母后嫁胡将军安波注兄延偃",因此他少年时代生活在突厥汗国内部的胡人部落中。"开元初,延偃族落破,胡将军安道买男孝节并波注男思顺、文贞俱逃出突厥中,道买次男贞节为岚州别驾,收之。禄山年十余岁,贞节与其兄孝节相携而至,遂与禄山及思顺并为兄弟,乃冒姓安氏,名禄山焉。"❸岚州在河东道并州西北,代州之西,因此,安禄山等人很可能是经代州、蔚州、妫州而到东北的营州落籍的。安禄山和史思明年轻时都懂六蕃语,为互市牙郎,具有胡商擅长的本领。

《安禄山事迹》卷上记:

> 潜于诸道商胡兴贩,每岁输异方珍货计百万数。每商至,则禄山胡服,坐重床,烧香列珍宝,令百胡侍左右,群胡罗拜于下,邀福于天。禄山盛陈牲牢,诸巫击鼓,歌舞,至暮而散。

---

❶ 敖汉旗文化馆《敖汉旗李家营子出土金银器》,《考古》1978年第2期;齐东方《李家营子出土的粟特银器与草原丝绸之路》,《北京大学学报》1992年第2期,35–41页;张松柏《敖汉旗李家营子金银器与唐代营州西域移民》,《北方文物》1993年第1期,74–78页。
❷ 《新唐书》卷一三〇略同。参看陈寅恪《唐代政治史述论稿》,32页。
❸ 《安禄山事迹》卷上。

笔者曾对照《朝野佥载》卷三所记河南府立德坊等处祆庙的祭祀情形，指出上述记载实为安禄山与胡人祭祀祆神的活动❶。这条材料虽然记录在安禄山任范阳、平卢两节度使以后，地点当在幽州。如果安禄山在幽州时仍然每年举行祭祀祆神仪式，则更可以推测其在营州时也同样每年举行同类的祭祀活动。由此看来，不论在幽州还是营州，在胡人聚居区或胡人集团内部，都一直保持着祆教信仰，这是胡人聚落首领保持其本民族凝聚力的一种有效方法。

总　结

由于史籍和出土文献关于粟特人的记载不够系统，有时所记是一个特殊的人物事迹，有时是有关一个部落或一个商团，还有时是关于一个或一批粟特艺术家的活动记录。单一的史料记载并不能说明粟特聚落的存在，但如果我们把零散的史料按地域排列出来，则可以看出大多数入华粟特人最早不是个体，而是集体生存在聚落当中的。

粟特人沿着他们经商的路线由西向东进入塔里木盆地、河西走廊、中原北方、蒙古高原等地区。他们东来贩易，往往结伙而行，少者数十人，多者数百人，并且拥有武装以自保。他们沿传统的丝绸之路东行，有的在一些居民点留居下来，形成自己的聚落，或在可以生存的地点建立殖民地；有的继续东行，去寻找新的立脚点。这些粟特聚落，由少到多，由弱变强，在农耕地区，称为聚落；在游牧地区，则为部落。

---

❶ 荣新江《安禄山的种族与宗教信仰》，239–240 页。

通过以上论述，我们不难看出一条粟特人所走出的丝绸之路。这条道路从西域北道的据史德、龟兹、焉耆、高昌、伊州，或是从南道的于阗、且末、石城镇，进入河西走廊，经敦煌、酒泉、张掖、武威，再东南经原州，入长安、洛阳，或东北向灵州、并州、云州乃至幽州、营州，或者从洛阳经卫、相、魏、邢、恒、定等州，而达幽州、营州。在这条道路上的各个主要城镇，粟特人几乎都留下了遗迹，甚至形成聚落。

粟特人的东迁，主要是商业上的原因，所以从三国西晋时，真正的粟特商团就见于记载。以后粟特本土所在的中亚政治形势多变，粟特民族受到哒、突厥、大食等势力的侵袭，甚至国家被占领，更促使大批粟特人东来中国。他们有的进入漠北突厥汗国，有的人仕北魏、北齐、北周、隋唐各级军政机构，而以从军者居多。但粟特人的商业本性使得他们一直以商业民族的形象活跃在中国中古社会当中。粟特人随处而居，形成聚落，一部分人再继续东行，形成新的聚落。这些聚落由胡人集团首领萨宝（原意为队商首领）主持，由于大多数粟特人信奉粟特传统的袄教，所以聚落中往往立有袄祠。萨宝即成为粟特聚落中的政教大首领。北朝隋唐政府为了控制这些胡人聚落，把萨宝纳入中国传统的官僚体制当中，作为视流外官，专门授予胡人首领，以控制胡人聚落。北朝隋唐的中央政府对粟特聚落的控制有一个漫长的过程，在北朝早期，大多数聚落不受政府约束，有关的记载也就较少。以后用任命萨宝为政府官员的方式来控制粟特聚落，到唐朝建立时，把正式州县中的胡人聚落改作乡里，如西州的崇化乡安乐里、敦煌的从化乡之类。而位于唐帝国周边地区的一些胡人聚落，如六胡州、柳城等地，基本上维持着胡人聚落的原状。

进入中国范围的粟特人，也受到中国的政治变动的强烈影响。

十六国到北朝，河西的控制力较弱，大量粟特胡人聚居在河西走廊。北朝末年至唐初，突厥强盛，大量粟特人进入漠北地区。唐朝建立后，不少粟特人入仕唐朝，而唐朝的统一也为粟特人的经商活动创造了条件，粟特人及其聚落的分布更为广泛，长安和洛阳成为粟特人的聚集地，而武则天居洛阳期间，也是粟特人聚集洛阳的时代。安禄山、史思明起家柳城，营州成为粟特人的新家园，由于安禄山的经营，河北地区成为胡人向往之地，安史乱后，唐朝出现排斥蕃人的情绪，大量粟特胡人迁居河北，加重了河北的胡化倾向，也增加了河北藩镇的力量，而加入到晚唐强劲的北方民族沙陀部的粟特人，又成为五代王朝的中坚，甚至像石敬瑭那样当上了皇帝。

原载《国学研究》第 6 卷，1999 年

北朝隋唐粟特聚落的内部形态*

本文的目的,是探讨粟特人"汉化"以前粟特聚落的情况,即这种胡人聚落被北朝隋唐中央或地方政府打散、整编为乡里以前,其内部形态问题。因为在这种聚落形态下,粟特人生活在自己的殖民地中,虽然与外界有联系,但汉文的直接记载很少,大量的粟特墓志和汉文文书的记录,大多是他们已经被编为乡里以后的材料,如西州的崇化乡和沙州的从化乡,以及长安、洛阳的粟特人,从严格意义上说,这些粟特人已经不是生活在粟特聚落当中,而是由粟特聚落改变的唐朝乡里组织,或者已经散居城乡当中。

笔者曾经利用中国史书、各地出土的汉语和伊朗语文书、汉文石刻文字等材料,勾画出粟特人从粟特本土到中国东北营州的迁徙路线。他们经过塔里木盆地南北道的疏勒、据史德、温宿、拨换、龟兹、焉耆、吐鲁番,或于阗、且末、楼兰,到达敦煌,然后沿河西走廊的常乐、酒泉、张掖、武威东行,经固原,到唐朝的都城长安或东都洛阳,从洛阳东行北上,经卫州(汲县)、相州(安阳)、

---

* 本文所用史料出处的缩略语同《北朝隋唐粟特人之迁徙及其聚落》一文。

魏州（大名北）、邢州（邢台）、定州（定县）、幽州（北京）可以到营州，或者从灵武东行，经六胡州、太原、雁门（代县）、蔚州（灵丘），也可以到达河北重镇幽州，在中国北境丝绸之路上的这些城镇，都有粟特人的足迹，而且大多数地点都有粟特人的聚落❶。笔者在后一篇文章中不厌其烦地把有关的文献材料汇集起来，是考虑到一个地点的材料不足以说明整个粟特聚落的内部情况，但把各个地点上的因素集合起来，或许可以窥测整个聚落的情况。

但是，由于《北朝隋唐粟特人之迁徙及其聚落》篇幅已经很长，所以并没有来得及详细探讨有关粟特聚落的内部形态，但在该文的结论里，已经把对于粟特聚落的内部情形和变迁情况的考虑做了概述："粟特人沿着他们经商的路线由西向东进入塔里木盆地、河西走廊、中原北方、蒙古高原等地区。他们东来贩易，往往结伙而行，少者数十人，多者数百人，并且拥有武装以自保。他们沿传统的丝绸之路东行，有的在一些居民点留居下来，形成自己的聚落，或在可以生存的地点建立殖民地；有的继续东行，去寻找新的立脚点。这些粟特聚落，由少到多，由弱变强，在农耕地区，称为聚落；在游牧地区，则为部落。""粟特人的东迁，主要是商业上的原因。以后粟特本土所在的中亚政治形势多变，更促使大批粟特人东来中国。粟特人随处而居，形成聚落，一部分人再继续东行，形成新的聚落。这些聚落由胡人集团首领萨宝（又作萨保、萨甫，原意为队商首领）主持，由于大多数粟特人信奉粟特传统的祆教，所以聚落中往往立有祆祠。萨宝即成为粟特聚落中的政教大首领。北朝隋唐政府为了控制这些胡人聚落，把萨宝纳入中国传统的官

---

❶ 荣新江《西域粟特移民聚落考》，马大正等编《西域考察与研究》，新疆人民出版社，1994年，157-172页；又《北朝隋唐粟特人之迁徙及其聚落》，《国学研究》第6卷，北京大学出版社，1999年，27-85页。

僚体制当中,作为视流外官,专门授予胡人首领,以控制胡人聚落。北朝隋唐的中央政府对粟特聚落的控制有一个漫长的过程,在北朝早期,大多数聚落不受政府约束,有关的记载也就较少。以后用任命萨宝为政府官员的方式来控制粟特聚落,到唐朝建立时,把正式州县中的胡人聚落改作乡里,如西州的崇化乡安乐里、敦煌的从化乡之类。而位于唐帝国周边地区的一些胡人聚落,如六胡州、柳城等地,基本上维持着胡人聚落的原状。"❶这些观点主要是从对该文引用的文献材料的分析而得出的,尚待详细论证。幸运的是,这项由于其他工作而拖延下来的研究课题,由于近年来的考古发现而得到强有力的印证,而且考古资料大大丰富了我们所要探讨的粟特聚落的内部状况。

1999年7月山西太原发现的虞弘墓和2000年5月陕西西安发现的安伽墓,是迄今为止中国发现的有关中亚人或粟特人的最重要的墓葬。

据墓志记载,虞弘是鱼国人。鱼国在史籍中没有记载,从他祖上和本人原是中亚柔然帝国的官员来看,鱼国是中亚的一个国家。虞弘出使过波斯、吐谷浑、月氏(今阿富汗)等地,后进入中原王朝,担任太原等三个州的"检校萨保府"官员,即中央政府派驻太原管理胡人聚落者,死于隋开皇十二年(592)。从安伽的名字和他来自河西粟特人聚居之地姑臧,可以肯定他是来自中亚安国(Bukhara)的粟特人。北周时任同州(陕西大荔)萨保,即中央政府任命的同州地区的胡人聚落首领,死于大象元年(579)。这两个墓不仅是目前中国发现的有确切纪年的最早的中亚胡人墓葬,而且两个石棺上的雕像具有明显的祆教美术特征,其宗教内涵引起学者

---

❶《北朝隋唐粟特人之迁徙及其聚落》,69—70页。

们的高度重视❶。

这两座墓的发现，也确证了此前发现的几个类似的石棺床❷，应当都是北朝至唐初的粟特胡人墓葬出土物，很可能就是当地胡人聚落首领萨保的墓葬。这些资料包括20世纪初河南安阳出土而现分散藏在巴黎、科隆、波士顿、华盛顿的粟特石棺，其年代在已知的同类石棺中最早❸；日本Miho美术馆藏传山西出土石棺，年代在北朝后期❹；1971年山东益都发现的北齐石棺❺；1982年甘肃天水发现的一套石棺，年代在北朝晚期或隋代❻。这些出自陕西、河南、山西、甘肃、山东等不同地域的石棺床，其上面所镌刻的图像却有许多惊人的相似之处。这些石棺的主人，有的是粟特聚落首领，有的是管理粟特聚落的官员，表明它们反映的是同样的观念，特别在表现日常生活方面，可以说是粟特聚落内部形态的真实体现。

以下结合文献和图像两方面的资料，来探讨分析粟特聚落的内

---

❶ 陕西省考古研究所《西安发现的北周安伽墓》，《文物》2001年第1期，4-26页（以下简称《安伽墓简报》）；山西省考古研究所等《太原隋代虞弘墓清理简报》，同上杂志，27-52页（以下简称《虞弘墓简报》）。

❷ 按这些胡人墓葬的葬具形制不一，有的作围屏石榻状，有的则和北魏以来的石棺床相似，学术界对此类葬具的命名尚有争议，本文不是考古学的研究，而只是利用这些葬具上的图像资料，所以姑且笼统称之为"石棺床"。

❸ G. Scaglia, "Central Asians on a Northern Ch'i Gate Shrine", *Artibus Asiae*, XXI, 1958, pp. 9-28；姜伯勤《安阳北齐石棺床画像石的图像考察与入华粟特人的祆教美术》，《艺术史研究》第1辑，中山大学出版社，1999年，151-186页。

❹ A. L. Juliano and J. A. Lerner, "Cultural Crossroads: Central Asian and Chinese Entertainers on the Miho Funerary Couch", *Orientations*, October 1997, pp. 72-78；同作者《榻床屏风》，Miho Museum《图录》，2000年，247-257页（以下简称《Miho图录》）。

❺ 夏名采《益都北齐石室墓线刻画像》，《文物》1985年第10期，49-54页（以下简称《益都墓简报》）。

❻ 天水市博物馆《天水市发现隋唐屏风石棺床墓》，《考古》1992年第1期，46-54页（以下简称《天水墓简报》）。

部形态。我们所要探讨的粟特聚落，是指具有自治性质的移居地，但从自治聚落到中央或地方官府控制以后的胡人组成的乡里之间，有时会有个过渡阶段，甚至两者在文献材料中不易区分。此外，粟特聚落消散后，粟特人在宗教文化、生活习俗方面有时还保持着他们在聚落中生活的形态，因此，这些资料也是我们讨论粟特聚落时所不应扬弃的。

一 粟特聚落的首领——萨保

文献记载粟特聚落的首领是"萨保"，此词来源于粟特文的s'rtp'w，本意是指"队商首领"，延伸为队商所形成的聚落上的政教兼理的胡人大首领的意思❶。聚落来源于商队，中古时期陆上丝绸之路的商队，因为要在克服自然环境所带来的困难的同时，还要防止土匪的打劫，所以往往动辄数百人一道行动，一同居止，佛经中有五百商人遇盗故事，虽然不是确切的实数，但反映的就是这种数百人一起行动的情况。

从敦煌发现的粟特文古信札来看，公元4世纪初叶进入河西走廊的粟特人，就是由萨保（s'rtp'w）统领的，在这些粟特队商所形成的聚落中，有他们供奉的祆祠，管理者为萨保手下的祆祠主❷。

正史记载萨保最早出现在北齐时，见《隋书》卷二七《百官

---

❶ 吉田丰《ソグド语杂录（Ⅱ）》，《オリエント》第31卷第2号，1989年，168–171页；姜伯勤《论高昌胡天与敦煌祆寺》，《世界宗教研究》1993年第1期，2–5页。有关萨保的含义，学界颇有争议，笔者将另文详论，此不赘述。

❷ 荣新江《祆教初传中国年代考》，《国学研究》第3卷，北京大学出版社，1995年，341页；N. Sims-Williams, "The Sogdian Merchants in China and India", *Cina e Iran da Alessandro Magno alla Dinastia Tang*, ed. A. Cadonna e L. Lanciotti, Firenze 1996, p. 49.

志》记后齐官职：鸿胪寺之"典客署，又有京邑萨甫二人，诸州萨甫一人"。但唐人墓志在追述先祖官位时，常常说到某人曾祖或祖父在北魏时已任萨宝，如《安万通墓志》称："大魏初王，高祖但奉使入朝，……位至摩诃萨宝。"❶又如《康阿达墓志》称："祖拔达，梁使持节骠骑大将军、开府仪同三司、凉甘瓜三州诸军事、凉州萨保。"❷康拔达以凉州萨保身份而接受南朝梁的官职，陈国灿先生推测是在北魏末叶❸。《元和姓纂》辑本"安姓"下"姑臧凉州"条记："后魏安难陀至孙盘婆罗，代居凉州，为萨宝。"武威安氏是唐朝的大姓，此处所述世系，应当比墓志的记载可靠，似表明萨保一职的出现，是从北魏时开始的。这种看法得到了新出吐鲁番文书的有力支持，阿斯塔那524号墓出土《高昌永平二年（550）十二月卅日祀部班示为知祀人上名及谪罚事》记有"萨薄（簿）□□"❹，这里的"萨簿"，即北朝隋唐史籍中的萨保、萨甫、萨宝，这一点在学者间已无异议。高昌王国的制度模仿自中原王朝，因此也有萨保之制。由此可见，萨保作为一种中原王朝中央或地方官府、地方王国的职官，应当出现在6世纪前半的北魏时期。

把胡人聚落首领任命为政府官员，并用其原语的称呼——"萨保"来作为官名，既表明北魏王朝开始对胡人聚落加以控制，同时以继续任用胡人聚落首领的方式，保持了聚落的自治性质，萨保既是胡人首领，同时开始成为中央或地方政府的官员。从北魏以后，北齐、北周、高昌、隋朝，萨保一职除史籍记载外，常常见于墓

---

❶ 《补遗》2册，129-130页。
❷ 《汇编》，124页。
❸ 陈国灿《魏晋至隋唐河西胡人的聚居与火祆教》，《西北民族研究》1988年第1期，205页。
❹ 《吐鲁番文书》壹，136页；《吐鲁番文书》二，45-47页。

志和文书❶。《康元敬墓志》称:"父仵相,齐九州摩诃大萨宝,寻改授龙骧将军。"❷齐都于邺,九州摩诃大萨宝或许是指负责高齐全国胡人政教事务的最高首领,康仵相应当同时也是北齐都城的胡人聚落首领。《惠郁造像记》记后周宣政元年(578)定州有萨甫❸。《翟突娑墓志》称:"父娑,摩诃大萨宝、薄贺比多。"❹从突娑卒年七十推之,其父为大萨宝,当在北齐、北周之际❺。《康婆墓志》称:"父和,隋定州萨宝。"❻阿斯塔那331号墓出土《高昌义和六年(619)伯延等传付麦粟床条》,记高昌国末年仍有"萨薄(簿)□□"❼。可见这种制度一直延续下来。

在中央或地方政府势力所不及的地方,胡人聚落中的萨保虽然存在,但却没有作为官称出现,史料中提到这类胡人聚落的首领时,往往就用"首领"或"大首领"的称呼。敦煌写本《沙州伊州地志》石城镇条云:"隋置鄯善镇,隋乱,其城遂废。贞观(627—649)中,康国大首领康艳典东来,居此城,胡人随之,因成聚落,亦曰典合城。"❽同卷伊州条记:"隋末,复没于胡。贞观四年,

---

❶ 有的墓志的追述是靠不住的,如《史诃耽墓志》称:"祖思,周京师萨宝、酒泉县令。"(《固原》,69页)又,《史铁棒墓志》也说:"曾祖多思,周京师摩诃萨宝、酒泉县令。"(《固原》,82页)史诃耽为史铁棒伯父,所以两志中的思和多思实为同一人,他也就是《史射勿墓志》所说的"父讳愁"。但这组墓志中最早的《史射勿志》说他"蹉跎年发,舛此宦途"(《固原》,17页),表明根本就没有做过官。
❷《北图》15册,193页;《洛阳》5册,155页;《汇编附考》8册,No.766;《汇编》,571页。按,"九州"之"九"字,诸家录文作缺字,现据《辑绳》330页所刊图版补。
❸ 转引自王仲荦《北周六典》卷四,中华书局,1979年,163页。
❹ 赵万里《魏晋南北朝墓志集释》卷九,图版484。
❺ 荣新江《隋及唐初并州的萨保府与粟特聚落》,《文物》2001年第4期,86页。
❻《辑绳》,126页;《汇编》,96页;《补遗》6册,240页。
❼《吐鲁番文书》壹,355页;《吐鲁番文书》三,111页。
❽ 池田温《沙州图经略考》,《榎博士还历记念东洋史论丛》,东京,山川出版社,91-93页;《释录》,39页。

首领石万年率七城来降。"❶《唐故陆胡州大首领安君（萻）墓志》也称安萻为"大首领"。若是占据了某个城镇，则也有称作"城主"的，如唐高宗与武则天乾陵蕃王石像题名有："播仙城□（主）河（何）伏帝延。"❷

大象元年（579）去世并埋葬的安伽，其墓志题"大周大都督同州萨保安君墓志铭"，是目前所见最早的萨保本人的材料。墓志文字不长，除了说明上述隋唐墓志追述先祖为萨保的话并非都是无稽之谈，同时也提供了安伽本人任萨保前后的生平事迹：

> 君诞之宿祉，蔚其早令，不同流俗，不杂嚣尘，绩宣朝野，见推里闬，遂除同州萨保。君政抚闲合，远迩祗恩，德盛位隆，于义斯在，俄除大都督。❸

显然，安伽早年生活在胡人聚落当中，所以没有什么官职。墓志说他父亲是"冠军将军、眉州刺史"，西魏、北周之眉州在今四川，而安伽的父亲迁自河西武威，所以这里的"将军"和"刺史"，以及其母亲的"昌松县君"，恐怕都是安伽任大都督后的追封，不是实职。但安伽应当是胡人首领之子，所以"诞之宿祉"，而且早有令闻。成人后，其事迹为朝野所知，并为当地民众推重，所以被北周朝廷任命为同州的萨保，即同州地区的胡人聚落首领。以后由于进一步的政绩，被授予大都督的称号，而其实职应当还是管理胡人聚落的萨保，所以墓志中仍称他为"同州萨保"。

---

❶《释录》，40–41 页。
❷ 陈国灿《唐乾陵石像及其衔名的研究》，《文物集刊》第 2 集，1980 年，189–203 页。
❸《安伽墓简报》，8 页图七，25 页录文。按简报录文所录"祉"，实是"祗"的俗体；"闬"是"闻"的误录；今改从正字。

虞弘早年随父在柔然任职，大概在北齐天保元年至天保五年间（550—554）出使齐国，被扣留下来，以后任职北齐。北周武帝建德五年（576）灭北齐，虞弘转任北周使持节、仪同大将军、广兴县开国伯。以后"诏充可比大使，兼领乡团"。到"大象末（580—581），左丞相府，迁领并、代、介三州乡团，检校萨保府"。隋朝建立后，"开皇（581年始）转仪同三司，敕领左帐内，镇押并部"。开皇十二年卒❶。由虞弘的事迹可以知道，他不是随胡人一道迁徙的队商首领或首领之子，而是作为使者入仕北齐、北周的，大象末年，他的正职是"领并、代、介三州乡团"，同时"检校萨保府"。这里的"检校"，应当是督察的意思，即中央政府派到地方上督察这三个州的萨保府的工作。因此，虞弘是被中央政府派去管理萨保府的官员，而不是萨保本身。之所以选择他出任此职，当然是因为他出身中亚，很可能是和粟特胡人同属于伊朗种，至少从他的石棺上的浮雕内容，可以得知他的宗教信仰是和粟特人一致的。

虞弘墓志还证明，最迟在北周末年，萨保已经开府设职，而此前我们只是从《通典》卷四十《职官》所记"大唐官品"中，知道萨宝开府，萨保府有祆正、祆祝、率府、府史等属官。现在看来，这些职官可能从北朝末就已经有了❷。

安伽和虞弘墓的发现，不仅在墓志所记文字材料方面增加了我们对萨保和萨保府的认识，而且还给我们提供了丰富多彩的萨保本人外交、商业活动的形象材料。

---

❶ 墓志图版见山西省考古研究所等《虞弘墓简报》，33页，图一三。详细解说，见张庆捷《虞弘墓志考释》，荣新江编《唐研究》第7卷，北京大学出版社，2001年，145—176页。

❷ 姜伯勤《萨宝府制度论略》(《华学》第3辑，1998年)和罗丰《萨宝：一个唐朝唯一外来官职的再考察》(《唐研究》第4卷，1998年)，都探讨了萨保府的问题，但仍需要据新发现的资料予以重新解说。

安伽墓的主人是萨保，它的图像设计和内容最能表现萨保在粟特聚落中的地位和作用。姜伯勤先生有《西安北周萨保安伽墓图像研究》一文，对安伽墓的图像程序做了研究，他按照汉画像砖的成例，认为整套石棺床从右侧经后屏向左侧展开❶。笔者的看法有所不同，以下试做探讨。

面对石棺正面的后屏，一共由六块石板组成，每块石板上分别雕刻图像❷。位于正中的两块石板的左边一幅，应当是墓主人，即萨保安伽生前与其夫人宴饮图（图8）。《安伽墓简报》对此图描述如下："第3幅为居家宴饮图。图中一座传统中国式歇山顶挑檐亭式建筑，斗拱结构，雕梁画栋，色彩鲜艳。亭内置榻一张，榻为双壶门座，内置罐状器物。榻正面贴金，上铺红色波斯毯，毯绣联珠纹图案。榻后似有屏风，所绘内容不详。毯上坐两人，一男一女，似为墓主夫妇。其中男主人居右，卷发，身着圆领浅色袍，腰束黑色缀金带，左手持高足杯，肘下支一个隐囊，屈左腿而坐，右手伸食指似正与妻子闲聊。女主人居左，慈眉善目，盘发，身着圆领束胸长裙，披红色帛，双手执高足杯，盘腿而坐，恭听男主人吩咐。亭侧有回廊，亭后有七叶树等，远眺群山相连。亭外右侧石台上立一男仆，一半隐入画框内，身着黑色长袍，领、襟、袖及下摆镶红边，腰束黑色镶金带，脚蹬黑靴，怀抱酒罐，侧身，随时准备照应主人。左侧石台下立两侍女，前者头挽双髻，身着圆领黑红相间束胸长裙，披红色帛，右手执团扇侍应；后者头挽双髻，身着白色衬裙、束胸红黑相间长裙，披红色帛，袖手侍立。亭前有一座拱桥，四个桥墩、桥栏立柱及横档涂红彩，柱头及横档两端贴金，桥栏镶

---

❶ 2001年5月作者未刊稿见示，特此致谢（已收入作者《中国祆教艺术史研究》，三联书店，95-120页）。以下引用此文同此。

❷ 《安伽墓简报》，15页，图一八。

图 8　安伽石棺夫妇宴饮图　　　图 9　天水石棺夫妇宴饮图

挡板,红白彩相间。桥下水清澈见底。亭前桥边花草丛生。"❶

天水石棺后屏是五块石板的图像(图9),正中一幅与上述安伽墓的这一幅构图完全一样,图的上部是一歇山式厅堂建筑,厅堂陈设凹形连榻,下部饰以莲瓣形壶门,榻中间置一低案,上盛放杯盘食品。床榻中央盘腿坐一肥胖男人,床边垂足坐一女子,似为夫妇,两人捧杯对饮,有一侍女右手提一酒壶站在床边。下部是一条

---

❶《安伽墓简报》,14–15页,图二四、二五。

图 10 虞弘石棺夫妇宴饮图

小河，一座拱桥跨过河床，桥头正好对着厅门[1]。

虞弘墓后壁居中部位的石板雕绘画面，也是正对着椁门，而且是所有图案中面积最大、人物最多的一幅图案（图 10）。一个大毡帐中间有一亭台式的小建筑，亭前平台上，坐着墓主人夫妇，作相互对饮状。在二人中间，有一盛满物的大盘。在二人后侧，各有两名男女侍者，两两相对。主人和侍者面前的场地上，有六名男子组

---

[1] 《天水墓简报》，50–51 页，图版捌：5；图二：6。

成的乐队,中间有一男子正在跳胡腾舞❶。可见,虞弘墓的图像与安伽、天水墓不同,增加了乐舞的形象,而这种图像,又见于 Miho 所藏石棺上❷。

从以上这些图像资料,我们可以看出,萨保居于中心位置,他所居住的建筑物,有中国式的歇山顶厅堂,也有游牧民族的毡帐,这是东来粟特人分别生活在汉地和游牧汗国当中的反映。其中中国式建筑的前面,都有流水和桥梁,如果我们想象一下当年位于敦煌城东、甘泉水(今党河)边的粟特聚落,则可见这些图像并非没有根据。这幅图像表现了萨保在聚落中生活的场景和他作

图11 安伽石棺萨保迎接突厥与会客图

为首领的核心地位。

安伽墓后屏中间两块石板的右面一块(图11),"上半部分刻画两个不同民族的首领骑马相遇,热情招呼。左侧人物披发,身着翻领白色紧身长袍,领口、襟、袖口及下摆饰红色,腰束黑色镶金饰带,骑马,马背有兽皮鞍鞯,……身后立一侍从,披发,

---

❶《虞弘墓简报》,37–38 页,图一九、二五。
❷《Miho 图录》,248–249 页,253 页图 E。

身着红色长袍,右手持枪状兵器。右侧人物头戴虚帽,卷发,身着圆领红色紧身长袍,腰系黑色镶金带,脚蹬黑色长靴,马背有红边黑色鞍鞯,……身后立侍从两人,前者着红色圆领紧身袍,右手握剑,剑鞘贴金饰;后者着黑色圆领紧身衣,斜襟,领口、襟及袖口为红色,右肘内夹刀。"[1]按,左侧这种头披长发的人,也见于撒马尔干的壁画,可以比较肯定地比定为突厥人[2]。与之相对的右侧一人,头戴虚帽,同样装束的人在安伽石棺各个图像上频繁出现,笔者认为他实际就是萨保的形象。这里表现的是萨保骑马率从人出迎突厥来客。

而"下半部分刻绘一帐,帐顶似为织物,正中央镶嵌日月形图案。……帐内置榻一副,榻前放置双耳罐、执壶等酒器,榻上铺黑色毯。毯上面几对坐两人,……左侧人物披发多须,身着白色翻领紧身长袍,……踞坐。此人物似与图上半部左侧骑马者为同一人。右侧人物戴虚帽,身着深色圆领对襟紧身长袍,领、袖、襟及下摆饰红色,盘腿而坐。此人物似与图上半部右侧骑马者为同一人。……后立一人着红色白花翻领衣,双手持豆形高足灯"。[3]《简报》所说上下部分两人的对应关系完全正确,左侧即来访的突厥首领或使臣,右侧是粟特聚落首领萨保,两人对坐一边饮酒,一边交谈,形象很端重,而且坐在有日月形祆教图案的帐篷中间,似乎是比较正式的会谈。姜伯勤先生《西安北周萨保安伽墓图像研究》一文,认为这是突兰人与伊兰人会盟图,中立者为祭司或监誓人。但

---

[1] 《安伽墓简报》,15 页,19 页图二六。

[2] G. Azarpay, *Sogdian Painting. The Pictorial Epic in Oriental Art*, with contributions by A. M. Belenitskii, B. I. Marshak and M. J. Dresden, Berkeley–Los Angeles–London 1981, pp. 151, 176, 200, fig. 52.

[3] 《安伽墓简报》,15–16 页,19 页图二六。

中立者相貌很年轻，马尔沙克（B. I. Marshak）教授认为是墓主人的儿子❶。其说不无道理，因为据上引《元和姓纂》所记武威安姓，萨保的职位是父子世袭的，因此，此处的图像正是表现萨保的儿子参与外交事务，而最终接替死去的父亲萨保职务的情形。萨保墓室中的这幅同样居中的图像，显然也赋有重要的意义，即表明萨保之子的权力是渊源有自的。

  类似的图像也见于 Miho 的石棺。编号 G 的石板上，上部是毡帐顶下一胡人交腿而坐，手执酒杯，旁边有乐舞。下部刻画与安伽墓的图像全同，两边的突厥和粟特人对坐而谈，中间立一年轻人，应当是萨保的儿子❷。

  我们从安伽墓后屏中间两幅图像的解释中，可以基本上确定头戴虚帽者，应当是萨保本人，具体到安伽墓，则是墓主人安伽本人。但同类的图像也出现在其他石棺床雕刻图像中，所以，把他看作是代表着一般意义上的萨保更为恰当。这一形象确定后，我们就可以找到萨保在粟特聚落中的各种形象了。现仍以安伽墓为主，略加说明如下（有些属于整个聚落日常生活的共同主题，则详见下文）：

  宴饮：安伽石棺后屏左数第二幅上部，是萨保宴饮图（图 12）。萨保坐在右上方的方毯上，其后立两人，其一持角杯和佩剑，当为萨保的近侍。左上方站立两人，托果品盘，侧身向着萨保，应是其仆从。左前方一方毯上跽坐三位乐人，面向萨保演奏箜篌、竖笛、曲颈琵琶。萨保下面有一对形体较小的卷发胡人，围绕着熏炉在表演舞蹈❸。这幅图是萨保自己宴饮的图像，而且紧挨着位于中心的萨保夫妇宴饮图，因此是萨保日常生活的场景之一。

---

❶ 2001 年 5 月在北京大学的演讲。
❷《Miho 图录》，249 页，251 页图 G。
❸《安伽墓简报》，13-14 页，16 页图二〇上。

图 12　安伽石棺萨保宴饮与狩猎图　　图 13　安伽石棺萨保访问突厥部落图

狩猎：后屏左数第二幅下部，是象征性的萨保狩猎图（见图 12）。上面刻绘一头戴虚帽的人骑马射狮，是典型的波斯国王狩猎的图形。下面绘一骑马猎人刺野猪场面❶。上面以波斯国王形象表现的应当是萨保，下面追杀野猪者或许是他的部从。

出访：后屏左数第五幅，应当是萨保出行访问突厥部落图（图 13）。图中有一顶虎皮圆帐篷，内铺地毯，毯上坐两人，左边头

---

❶《安伽墓简报》，14 页，16 页图二〇下。

北朝隋唐粟特聚落的内部形态　121

图 14 安伽石棺萨保在粟特式帐篷中接见突厥图   图 15 安伽石棺萨保在中国式亭子中会见突厥图

戴虚帽者为萨保,手拿角杯;右边披发者为突厥首领;两人间有果盘。帐外地毯上有四人,为帐内的从者,有戴波斯冠者,有戴突厥皮帽者。下面是三人,有的背负包袱,还有牲口随行,作商人模样❶。从帐篷后有树、石、远山相连的情形看,这里不像是进入河西或中原的粟特聚落环境,而像是萨保到草原突厥人那里访问的情形,

---

❶ 《安伽墓简报》,16–17 页,20 页图二七。

商人模样的人可能是随首领而行的粟特商人。粟特人即使是负有政治、外交使命，仍然是不会忘记做生意的。

会客：粟特聚落为了经商，经常要和周边民族打交道，特别是和北方的游牧民族突厥人，交往最为密切。安伽墓石棺后屏左数第一幅，应当是在萨保自己的领地内接待突厥人的图像（图 14）。萨保戴虚帽，在方形粟特式帐篷中接待长发突厥人，亲自奏乐，下面是粟特人在歌舞❶。而与之相对的另一侧，即左数第六幅，则是萨保在中国式歇山顶亭子中会见突厥客人的场面（图 15），下面也是粟特乐舞❷。

安伽墓石棺床后屏的六幅图像，非常形象地展现了萨保在粟特聚落中的地位，以及他宴饮、狩猎、会客、出访等社会生活场景，既有和文献材料相互印证之处，如萨保职位父子相继的情形，也有补充文献记载不足的许多地方，特别是粟特聚落与突厥的密切关系。

二　粟特聚落民众的种族构成

汉文文献中有关粟特聚落的记载，最为明确的是罗布泊南面石城镇（鄯善）的聚落，即敦煌写本《沙州伊州地志》所记康国大首领康艳典率领胡人建立的聚落。自 1916 年伯希和撰写《〈沙州都督府图经〉与蒲昌海地区的粟特聚落》一文后❸，有关探讨胡人聚落的

---

❶《安伽墓简报》，11-13 页，16 页图一九。

❷ 同上书，17-18 页，20 页图二八。

❸ P. Pelliot, "Le Cha tcheou tou tou fou t'ou king et la colonie sogdienne de la région du Lob Nor", *Journal Asiatique*, lle série 7, 1916；冯承钧译载《西域南海史地考证译丛》七编，商务印书馆，1957 年。

文章，都把这种聚落称之为"粟特聚落"，而人们在追寻由粟特聚落而成立的乡里，如敦煌的从化乡和西州的崇化乡，以及单个粟特人的来历时，常常也都是说来自粟特聚落。

事实上，已知的文献材料表明，粟特聚落中包含着其他西域和北方游牧民族的民众。《沙州伊州地志》记，唐初伊吾的胡人首领是石万年，显然是粟特石国出身；而祆主翟槃陀，名字是纯粟特式的，翟姓则可能出自高车❶。阿斯塔那31号墓出土《高昌曹莫门陀等名籍》，残存的记录仍有47人，奴3人❷，似是高昌官府登记的粟特移民。其中主要是曹姓人，也有康、安、何等粟特姓氏，还有一个名"伽那贪旱"，可能是突厥人❸。吐鲁番出土的另一件文书《唐垂拱元年（685）康义罗施等请过所案卷》，记录了两批来自粟特和吐火罗地区的商团在西州申请过所的情况，这些带着家口的胡商团队，是由粟特人和吐火罗人共同组成的，他们"从西来，欲向东兴易"❹。这些都说明，粟特商队在行进过程中，甚至在组建时，就加入了一些其他民族的人员，而由队商形成的粟特聚落，其中也应当有粟特之外的民众。

笔者在探索虞弘检校的并州（太原）萨保府时，发现太原出土的《龙润墓志》，其墓主人应当出自西域塔里木盆地北沿焉耆王国的龙姓，在唐初担任并州萨保府的长史❺。因此，并州胡人聚落里，不仅有粟特，也有西域焉耆的胡人。

在上述石棺床的图像中，除了作为萨保客人的突厥，或者可能

---

❶ 姚薇元《北朝胡姓考》外篇第四，中华书局，1962年，310页。
❷ 《吐鲁番文书》壹，359页；《吐鲁番文书》三，119–120页。
❸ 姜伯勤《敦煌吐鲁番文书与丝绸之路》，文物出版社，1994年，174–175页。
❹ 《吐鲁番文书》叁，346–350页；《吐鲁番文书》七，88–94页。
❺ 荣新江《隋及唐初并州的萨保府与粟特聚落》，87页。

是表现的狩猎的各国王者，以及一些天人形象外，普通的人都是深目高鼻，有的卷发，有的短发，都穿胡服，说明聚落中几乎全都是胡人，而没有汉人。从不同的胡人形象看，聚落中应当以粟特胡最多，但也有其他西域胡人。因此，所谓"粟特聚落"，过去我们理解为纯由粟特人组成，现在应当修正为以粟特人为主的西域胡人聚落。

三 粟特聚落的婚姻形态

关于入华粟特人的婚姻形态，不少学者都指出，在很长时间里，粟特人中间保持着内部通婚的习惯❶。陈海涛先生以康、安两姓的碑志材料，论证安史之乱以前，入华粟特人主要是内部通婚，同时与其他入华少数民族通婚也较普遍，而与汉人通婚则较少见。安史之乱后，粟特人内部通婚明显减少，与其他少数民族通婚几乎不见，与汉人通婚明显增加❷。这些看法无疑是正确的。然而，笔者希望探讨的是，粟特人在聚落中的婚姻形态。

粟特聚落的消亡，各个地方不完全一致，以唐朝初年居多，但像营州、六胡州等地的聚落，离散要晚些。笔者统计了公元700年以前去世的粟特人墓志中所记婚姻情况，因为根据夫妇去世时的年龄，可以推知其大致结婚的年代，由此可以部分看出粟特人在聚落中的婚姻状况。应当说明的是，表中的支姓应当是月支人的后裔，

---

❶ 卢兆荫《何文哲墓志考释——兼谈隋唐时期在中国的中亚人》，《考古》1986年第9期，844—845页；程越《从石刻史料看入华粟特人的汉化》，《史学月刊》1994年第1期，24—25页；蔡鸿生《唐代九姓胡与突厥文化》，中华书局，1998年，22—23页。

❷ 陈海涛《来自文明十字路口的民族——唐代入华粟特人研究》，南开大学博士论文，2001年4月，195—200页。

也是伊朗系统的胡人；翟姓已见前面的解说，其与粟特婚姻之频繁，甚至使人觉得也是个粟特胡姓，不过这是一种推测。

丈夫姓名	卒年	年龄	夫人姓名	卒年	年龄	出　处
支茂	651	76	康氏、王氏	早亡		《补遗》3册350-351页
曹谅	614		安氏	650	86	《补遗》4册318页
安延	642	84	刘氏	653	83	《汇编》180页
史道洛	655	65	康氏	646	55	《唐史道洛墓》
康氏			史氏	661	36	《补遗》2册171页
安师	657	57	康氏	663	54	《汇编》385页
史索岩	656	78	安娘	661	72	《固原》47-48页
翟那宁昏父			康波密提	664		《汇编》402页
史诃耽	669	82	康氏	630	40	《固原》71页
			张氏	667	54	同上
康武通	649	65	唐(康)氏	672	72	《汇编》545页
曹氏			何氏	675	50	《汇编》585页
康君			曹氏	677	85	《汇编》633页
罗甗生	659	64	康氏	679	69	《汇编》662-663页
安神俨	680	58	史氏	674	53	《汇编》669页
康杴	656	65	曹氏	681	75	《汇编》680页
安元寿	683	77	翟六娘	698	89	《补遗》1册68页,2册470页
安怀	683	53	史氏	693	64	《汇编》863-864页
康智	693	71	支氏	672		《汇编》855页
安君			康氏	697		《补遗》5册231-232页
安菩	664	64	何氏	704	83	《汇编》1105页

上表当中，应当解释的有三例：一是支茂先娶康氏，再娶王氏，均早亡。从我们探讨的问题角度，粟特康氏嫁给月氏，符合胡人通婚习惯，而支胡从东汉以来逐渐汉化，其再娶王氏，不足为奇。二是安延娶汉姓刘氏，如果我们考虑到安延祖父真健为"后周大都督"，父亲比失曾任"隋上仪同平南将军"，就可知安延早就随家进入中原地区甚至南方，离开了粟特聚落，其娶汉姓女子也是可以解释的。三是史诃耽先娶康氏，再娶汉族张氏。据《墓志》，史诃耽从隋开皇年间就入仕中原王朝，入唐后供职京师长安，在中书省任翻译。其妻康氏卒于贞观四年，娶张氏在此之后，时史诃耽早已在京师，所以与汉族联姻。除了上面三个特例外，所有已知的唐朝前期粟特人的婚姻资料，都表明是内部通婚。这中间有些人必然原本是生活在粟特聚落当中的，如六胡州大首领安菩；又如697年去世的康氏，是康国首领之女，夫子则是安国首领。这些资料充分说明，在粟特聚落没有离散之前，粟特人主要是采取内部通婚的制度，时而与其他胡人（特别是伊朗系统的胡人）通婚，而基本上未见与汉人通婚的例子。

安伽的母亲姓杜，是典型的汉姓，是否早在北周时汉族妇女已经嫁到胡人聚落当中？从上面的墓志材料中很难得出这样的结论。在粟特系统的石棺床图像中，有一些妇女的形象，有的还有墓主人夫妇宴饮图。男人都有明显的胡人特征，而女人的相貌特征有时不明显，如安伽墓的女主人的种族特征就不易判断，而虞弘墓和Miho石棺的女主人，都可以看作是胡人。这些女性常常穿着中国式的长裙，所以容易被人看作是汉族妇女，然而我们从粟特人的墓志和其他文献记载中得知，早期来中国的粟特人，特别是生活在这些石棺床所反映的粟特聚落时代，胡人生活在自治的聚落里，和汉人往来不多，因此实行内部通婚制。

四 粟特聚落的日常生活

过去，我们从文献中很难获得粟特聚落内部日常生活的情况，但安伽墓石棺床上的图像材料，大大丰富了我们在这方面的认识。上面在谈到萨保时，已经详细叙述了萨保夫妇宴饮图，以及萨保本人的日常生活场景。以下，则从反映聚落普遍状况着眼。

1. 宴饮与乐舞

从已发现的石棺床雕刻图像来看，粟特聚落中的宴饮情况，可以分成居家宴饮、园林宴饮、会客宴饮、野地宴饮等几种，其中有些宴饮是配有乐舞的。

居家宴饮的场景见安伽、天水、Miho、虞弘石棺床图像，而且大多数是位于石棺床后屏正中的位置上，表明粟特商人一旦在一个地方形成聚落以后，必然会经营自己的新家室，享受丝路贸易带来的丰厚利润，过起富足愉快的生活。上面已经详细引用了关于安伽墓居家宴饮图的《简报》，并提示了天水、虞弘的同类图像。这些图像主要表现一对夫妇在中国建筑或突厥式毡帐中，相对饮酒谈话，旁有仆人伺候。虞弘墓的图像最为典型（见图10），主人夫妇，一执曲碗，一举高足杯，正在对饮。二人中间，有盛满食物的大盘，上面似为果品。二人后面，各立两人，有的手中拿着食物，有的手中执有或端着器皿，作随时伺候的样子，左边二人后面，有一个大盘，盛满果品或其他食物，右边二人后，有一大酒罐。前面是六名乐师和一个舞者正在表演的场面。这些人物不少有头光，似是主人进入天国以后的情景，但这实际是粟特贵族在他们的聚落现实生活的反映，娱乐、欢庆、舒适、富足——这些无疑是居家宴饮图所体现的聚落生活。

　　园林宴饮是粟特聚落中又一常见的图像，因为粟特早期的聚落，一般不可能建立在政府控制严密的城市当中，如高昌、敦煌两地的聚落，最初都是在城的东面❶。因此，不论是在城市周围，还是在北方游牧汗国内，粟特聚落的范围内，都可以建立像粟特本土那样的园林。上面我们介绍过安伽石棺后屏左数第二幅上部的萨保宴饮图（见图12），主人和弹奏乐器者都是席地坐在方毯上，上面绘有葡萄树藤，表明宴饮和舞乐是在园林的葡萄架下进行的。

　　更为典型的园林宴饮图，是安阳出土石棺图像。现存波士顿艺术博物馆（Museum of fine Arts, Boston）的两块石板，按照姜伯勤先生对整个石棺的复原，波士顿藏品属于安阳北齐石棺床后屏左右两块，每块各有三幅图像，共六幅画面，中间一般是出行图，而两边是宴饮图，细节略有不同。我们所说的园林宴饮图，是指后屏左侧石雕的左联（图16）和右侧石雕的右联（图17）。姜伯勤先生在喜龙仁解说的基础上，对这两幅图做了更详细的说明：两联下部都有一大门，有客人进出，仆人侍立两旁。门内是葡萄园宴饮的情景，左侧石雕"左联葡萄园场景，左下角女乐人一组五人，前列自右至左：横吹、箜篌、琵琶，后列二人，俱梳月牙髻。中间一男子作胡舞，右侧梳月牙髻女子六人，前列三人俱捧厚重礼品或祭品。右第一位女子手挽酒瓶，所携或为献祭的醴酒。葡萄园下一木制坐床。右边坐男士八人，前三后五，前排硕大贵人，执希腊式来通（rhyton）饮酒（图18—19）。大床左边坐梳新月髻女子七人，前三后四，前排中女子持酒碗，前排左女子之右手似亦持酒碗"。右侧石雕的右联，"门内葡萄园前有四人一组乐人，自右至左：箜篌、

---

❶ 荣新江《北朝隋唐粟特人之迁徙及其聚落》，31–32、39–40页。

图 16 安阳石棺园林宴饮图

唢呐、直颈琵琶、曲颈琵琶。葡萄下置一张阔大坐床，前有一巨盆食物。上坐五男子，左二右三，着大翻领胡袍，戴胡帽。左第二人地位最高，持大酒碗饮，右三人地位次之，持稍小酒碗与之对饮。右第一人向后回望，似为客人中之跟随者。"他还肯定了这些图像表现的是粟特人庆祝新年的情景❶。由此可见，粟特聚落中建有葡萄

---

❶ 姜伯勤《安阳北齐石棺床画像石的图像考察与入华粟特人的祆教美术》，151-186 页，特别是 163、164 页。

图17 安阳石棺园林宴饮图

园,在新年等节庆日子里,人们带着礼物和祭品,聚集到首领或其他贵人的葡萄园,饮酒作乐,而且不分男女,都可以参加这种户外活动,与汉地的习俗不同。在这些园林宴饮的场合,一般都是有乐队来演奏的。从安阳的这两幅宴饮图中,我们似乎可以推想,这种盛大的园林配乐宴饮,可能是在节日里才有的大型节庆宴饮。

上面也曾谈到,萨保在聚落会见客人时,往往都设宴款待。如安伽墓石棺后屏左数第一幅萨保接见突厥图像(见图14),中间是萨保和突厥首领,主人居右,右腿置于左腿上,侧身抚弄箜

图18 安阳石棺园林宴饮图细部

筷。其右侧一人，为卷发胡人，右手握角杯，左手拿单柄酒罐，注视着突厥客人，作斟酒状。突厥客人居左，右手置于胸前，面向正前方，似在听乐。左侧一人披发，应当是同来的突厥乐师，屈右腿面右而坐，怀抱曲颈琵琶演奏。他们的身后站着六个人，左侧三人为披发突厥，右侧三人为短发粟特，他们一起似乎在随节奏而合唱。帐篷前置执壶、罐、盘口罐等盛酒器。再前面有一人身着紧身对襟翻领长袍，双手相握举于头顶，扭腰摆臀向后抬

图 19　安阳石棺园林宴饮线描图

右脚,跳胡旋舞。两边各有两人,或手端果盆,或怀抱酒壶,或怀抱酒罐,一边观看跳舞,一边准备伺候宴饮的主客❶。这里值得注意的是,粟特和突厥人在同一场合,各出一名乐师,各有三个合唱人,而舞蹈者则是粟特聚落的粟特胡人。这种乐舞宴饮可能也是当时靠近北方游牧民族的粟特聚落,如六胡州、营州的聚落,

---

❶　这里是结合笔者和《安伽墓简报》11–13 页的解说加以描述的。

北朝隋唐粟特聚落的内部形态　　**133**

或者突厥汗国内部的胡部中，经常进行的一种宴饮方式。

安伽石棺床后屏左数第六幅，是萨保在中国式歇山顶亭子中会见突厥客人的场面（见图15），则是另一种风格的宴饮舞蹈图。萨保和客人坐亭内金榻上，右手持一高足杯，屈左膝而坐。左侧突厥客人，长发至腰，侧身面向主人，似在聆听。突厥身后侧立一侍从，听候吩咐。主人后面有四个艺人正在演奏，有的弹奏琵琶，有的抚弄箜篌，有的吹奏排箫。亭前庭院内，中间一人身着红色翻领紧身长袍，黑色长靴，正在拍手、踢腿，表演胡腾舞。左侧两人，一怀抱酒坛，一头顶圆盘，观看舞蹈；右侧三人，似在随节奏鼓掌叫好❶。这里的主客未变，但演奏者和舞蹈者都是粟特胡人了。

安伽石棺床还有野地宴饮图。一幅在石棺床左屏第三幅（图20），"右方置一顶圆形虎皮纹帐篷，帐篷内坐三人，身前置一贴金大盘，盘内放置碗等器皿。右前立一人，手持贴金壶。左侧立三人：内侧者怀抱贴金单柄壶；居中者右手持贴金长颈瓶；右首者侧身向内。帐篷后有七叶树等，远处群山相连。下半部为动物奔逃场景，虎、鹿、羚羊、兔等争先恐后逃窜，似被人追赶。画面点缀花木山石。"❷ 从周围场景和宴饮者在帐篷中饮食来看，这是在野外宴饮的情形。

另一幅在圆顶虎皮纹帐篷中宴饮的图像，见安伽石棺床右屏第二幅（图21）。"帐前置壶门坐榻一张，榻上铺红色毯，上对坐两人，持叵罗对饮。左侧者戴虚帽，身着白色袍；右侧者披发，络腮胡，身着黑色紧身袍。两人间摆金盘两个，内盛红、黑色果品。左侧立四人，随意闲聊。左上侧立马两匹。下半部为乐舞图。舞者居

---

❶ 这里是结合笔者和《简报》17—18页的解说加以描述的。
❷ 摘引自《安伽墓简报》，9—10页，图一七。

图 20　安伽石棺野地宴饮图　　图 21　安伽石棺野地宴饮乐舞图

中,正扭头,伸右手,屈左臂,甩袖,踢腿,表演胡腾舞。左侧圆角长毯上跽坐三乐人,均卷发,中间一人持横笛吹奏;左右两人分别弹奏琵琶和拍打腰鼓。右侧立三人静心观赏。右下角以连弧形步障隔开一区,作为食品操作间,内有一人络腮胡,正搬折叠架上的两大盘食品,食品似为果蔬之类。舞者周围摆满酒坛、酒壶及巨罗、果蔬盘等器物。"❶这显然也是在野外宴饮,有帐篷,还有马匹。

---

❶《安伽墓简报》,19–20 页,图三一。

北朝隋唐粟特聚落的内部形态　　**135**

但主客不坐帐篷里面,而是在帐前榻上,而且有乐舞相配。值得注意的是,因为是在野外炊饮,所以在右下角特别表现了庖人准备食品的情况,而且在舞蹈和乐人的缝隙间,都随地摆放着酒具。

唐朝初年,玄奘西行取经路过粟特地区,他在《大唐西域记》卷一中说粟特人"虽富巨万,服食粗弊"❶。但是,我们从东来的粟特商人首领的墓葬中,看到的却是另一番景象,即穿戴华丽,饮酒作乐,十分铺张。这使我们想起敦煌写本 P.3813《文明判集》所记长安县人史婆陀:"家兴贩,资财巨富,身有勋官骁骑尉,其园池屋宇、衣服器玩、家僮侍妾比侯王。遂使金玉磊砢,无惭梁、霍之家;绮縠缤纷,有逾田、窦之室。梅梁桂栋,架向浮空;绣桷雕楹,光霞烂目。歌姬舞女,纤罗袂以惊风;骑士游童,转金鞍而照日。"❷这里描述的虽然已经不是聚落时代的情况,但粟特商人的生活状况,由此可见一斑。难怪这么多粟特人不避风险,外出经商。

2. 出行与经商

安伽墓石棺床左屏第一幅图(图22)和右屏第三幅图(图23),即整个石棺床最靠外面的两个石板上,都是车马出行图。

左屏第一幅图上部刻绘一辆牛驾大轮木车自右向左行驶,其上有拱形帐篷,帘内隐约有人或物品。牛右一人手持缰牵牛,牛左一人双手举红色荷叶形华盖。牛前一人着圆领对襟红袍,腰带系刀鞘,回顾牛车。下部有四位女性,两人骑马,两人步随❸。这里所描述的应当是粟特商人从聚落起程前往另一商贸地的情形,牛车前面的人应当是这个新商队的首领,从他的装束看,不是萨保,但他如果成功,则将是下一个粟特聚落的萨保了。下面的女性,或许是他

---

❶ 季羡林等《大唐西域记校注》,中华书局,1985年,72页。
❷ 刘俊文《敦煌吐鲁番唐代法制文书考释》,中华书局,1989年,444-445页。
❸ 《安伽墓简报》,7-8页,图一五。

图 22 安伽石棺车马出行图　　图 23 安伽石棺车马出行图

们的家眷，正在为商队送行，要等到商队立足以后，再随后跟去。

　　右屏第三幅图的上半部分，中间也是一辆行驶的牛车，车装栏杆，满载物品。牛侧一驭者，回首望车。车右一马背驮束紧的口袋，里面装的也是商品，后一人头戴虚帽，身着白色圆领袍，骑马而行，并回首对两步行者作吩咐状。下半部分有七人，走向小拱桥，其中左侧三人为女眷，右侧三人为主仆，中间为一小孩。《简报》推测上面骑马者似为主人，后两人为侍从；下面右侧三人似

北朝隋唐粟特聚落的内部形态　　*137*

为图上半部的主仆❶。这一推测很有道理，因为主人的装束和萨保略同，或许就是一个聚落的首领萨保出行的场面，下面是其家眷在桥边送别，上面是带领商队起程的样子。

与此相似的出行图，还见于益都、天水出土和 Miho 所藏石棺床雕刻图像中。相互之间有些差异，如益都的石棺床已经残断，但可以看出的画面有主人骑着骏马而行，马后紧跟一仆人手执团扇；又有行进中的牛车，有仆人牵牛而行，主人则骑马在车右侧❷。天水的画面是四匹马将过桥，前面一匹马上乘坐者当是主人，后面一骑持华盖（？）随后，其他两骑上的人物没有显现❸。Miho 的石板 B，中间是一匹马，主人尚未骑乘，上面也是一个华盖，后面有两骑随从；石板 K 是牛车出行，有驭手和乘马的主人，与安伽的内涵比较一致❹。

这些牛车都是满载着东西，很可能是商品，有的马匹上也有驮载物。如果说这些形象还不能明确说出行的目的是经商的话，益都石棺床上的"商旅驼运图"，则是明显的一幅丝路商旅图（图24）。据《简报》："画面上部有两只朱雀向左侧展翅飞翔，中央为一仆人牵引一匹骆驼和供主人骑坐的骏马，正在向右方行进。仆人深目高鼻，短发，上穿翻领衫，腰系革带，右佩香囊，左挂短剑，下着紧腿裤，脚穿软底尖头皮鞋。骆驼为单峰，背上有兽面纹的鞍具，驼峰两侧为成卷的织物，织物外悬挂着考究的水囊。骆驼因负载较重，张嘴喘息。主人乘坐的骏马鞍具俱全，马尾打

---

❶《安伽墓简报》，20 页，图三二。
❷《益都墓简报》，51–52 页，图四－五、三。
❸《天水墓简报》，71 页，图版捌：2，图二：7。
❹《Miho 图录》图 B、K。

图24　益都石棺商旅驼运图

结。"❶应当补充的是，水瓶和束丝是中原地区出土的陶制或三彩骆驼的主要负载物，而所谓"兽面纹的鞍具"，刻画不够清晰，是否就是唐代时期常见于陶制和三彩骆驼上的所谓"魔鬼面具"，E. R. Knauer 认为是代表西方的虎的形象❷，姜伯勤先生最近撰文，认为

---

❶ 《益都墓简报》，49–50 页，图一。
❷ Elfriede Regina Knauer, *The Camel's Load in Life and Death. Iconography and Ideology of Chinese Pottery Figurines from Han to Tang and their Relevance to Trade along the Silk Routes*, Zurich: AKANTHVS. Verlag fur Archaeologie, 1998, pp. 44–69.

是"刻毡为形,盛于皮袋"的祆神图像❶。相比而言,姜先生的解释比较合理。粟特商人所牵骆驼的驮载物,往往是东西方商品的缩影,益都北齐石棺床是这些驮载物的早期描写,从北朝到隋唐,主要驮载物有驼囊、丝捆、兔皮、长颈瓶、钱袋、织物、毛毯,有时还有死鸟和活的杂种狗、猴子。唐朝时以一束丝作为最典型的特征。除旅行水瓶外,有的驼囊的另一边还有琵琶,甚至到后来有驼背上的胡人乐队出现❷。我们可以从这些随葬骆驼俑中,看到粟特商人外出经商时的情形。

此外,Miho美术馆石板D上(图25),也有一头占据将近一半幅面的骆驼,背负着高高的货物包裹,没有什么装饰,表现的是丰富的商品。前面有一胡人牵驼,下面有三个长发突厥人骑马跟随❸,似表明在粟特的商队中,也有突厥人的存在。

中古时期,粟特商队是中国和中亚、中国和印度、中国和北方草原民族间贸易的主要承担者。过去,我们从吐鲁番出土《唐垂拱元年(685)康义罗施等请过所案卷》中,得知这个由粟特、吐火罗人组成的商队,有正式商人五名,还有儿子二、作人五、奴三、婢四,以及马一匹、骆驼二峰、驴二十六头,可以了解粟特商队的规模和结构❹。现在,我们从这些石棺床的浮雕上,看到了当年粟特商队出行的景象,主人骑马,仆人相随,有牛车载物驮人,有骆驼背负商品,有突厥或粟特的马队护卫而行。从遥远

---

❶ 姜伯勤《唐安菩墓所出三彩骆驼所见"盛于皮袋"的祆神——兼论六胡州突厥人与粟特人之祆神崇拜》,《唐研究》第7卷,北京大学出版社,2001年,55–70页。

❷ 见上引Elfriede Regina Knauer书及荣新江书评,《唐研究》第5卷,1999年,533–536页。

❸ 《Miho图录》,248页,251页图D。

❹ 《吐鲁番出土文书》第7册,88–94页。参看程喜霖《唐代过所研究》,中华书局,2000年,246–258页。

图25 Miho 藏石棺粟特商旅驼运图

的粟特故乡，到中国中原腹地的邺城、营州，由于精心的准备和严密的组织，粟特商人得以在丝绸之路上，维持了数百年的贸易往来。

3. 狩猎与种植

粟特人主要生活在中亚的绿洲中，是以城居为主的民族，种植业发达。同时，作为伊朗民族之一，狩猎也是其传统文化的组成部分，而且由于突厥等北方游牧民族的统治，也影响到粟特人对狩猎的爱好。在粟特的石棺床上，我们也可以看到狩猎与种植的石雕图像。

除了安伽石棺床后屏左数第二幅下部的萨保狩猎图外，左屏第二幅也是一幅狩猎图（图26）。图分为上下两部分，上半部分刻绘两个卷发胡人骑马射猎羚羊群。下半部刻绘两骑，一人左手持缰，右手挥鞭，马四蹄腾空飞奔，马背有兽皮鞍鞯。另一人缓行回望追猎者。马旁有狗追逐野猪。画面点缀着花草山石❶。另外，右屏第一幅也是狩猎图（图27）。"共刻绘五位骑马猎人，其中四人面左，一人面右。右上部两人长发后飘，弯腰伏向马颈，一手紧握马缰，给人一种风驰电掣的感觉。下面三人卷发，身着红、黑色袍，其中一人弯弓射兔，一人持绳索套鹿，一人回首观察扑来的雄狮。马前刻绘奔跑的兔、虎、鹿、雄狮等动物，画面中衬以七叶树等花木及山石。"❷其中，长发者为突厥人，卷发者为胡人。

另外，Miho石棺床石板A和天水石棺床左侧第一块，也都是狩猎图❸，表明这种生活在粟特聚落中的普遍性。虞弘墓的狩猎图，

---

❶《安伽墓简报》，8页，图一六。
❷《安伽墓简报》，18–19页，图三〇。
❸《Miho图录》，247–248页，250页图A；《天水墓简报》，52页，图版捌：4，图三：11。

图26 安伽石棺左屏第二幅狩猎图　图27 安伽石棺右屏第一幅狩猎图

似乎与上述图像不同,暂置不论。

在种植方面,我们过去从敦煌写本《沙州伊州地志》中,得知唐朝初年随康国大首领康艳典东来罗布泊地区的胡人,就修筑蒲桃城,种蒲桃(葡萄)于城中❶。我们在这些石棺床浮雕中,特

---

❶ 池田温《沙州图经略考》,《榎博士还历纪念东洋史论丛》,东京,山川出版社,91—93页;《释录》,39页。

图 28 天水石棺左屏第三幅胡人酿酒图

别是波士顿所藏安阳出土的一组图像中，看到粟特聚落中有生长旺盛的葡萄，形成葡萄园，这必然是粟特移民种植的结果。安伽墓后屏第二幅园林宴饮图的中间，也种植的是典型的粟特类型葡萄树。

有意思的是，天水左屏第三幅，是胡人酿酒图（图28）。画面台上三人，注视着台侧的两个兽头，兽口中流淌酒液，下面有两个大酒瓮正在承接，大瓮中间有一人，左手执一小瓶，正从瓮中往瓶中装酒。另有一人双手抱瓶，边走边闻酒香。下面一人跪坐地上，左手捧碗酗饮，身边有一罐酒❶。这是十分难得的反映粟特胡人在聚落中从酿造到饮酒的过程的形象资料。

安伽、虞弘等墓葬的时代，粟特聚落还没有被中国中央或地方政府改编成乡里，因此，这些石棺上的一些共同的主题，表现了聚落内部的日常生活状况。这些日常生活有宴饮和舞蹈，有新年节庆的场面；也有狩猎，这是尚武的粟特人或聚落中其他中亚人经常从事的活动；还有种植葡萄，酿造葡萄酒。这些图像和文献透露的一些粟特人的聚落生活情况是一致的。还有一点值得提到，图像资料中几乎没有农业劳动的场景，这似乎说明粟特聚落中，农业所占的比重很小。

---

❶《天水墓简报》，51–52 页，图版捌：1，图三：9。

五　粟特聚落的丧葬仪式

　　粟特人按照祆教的丧葬仪式，死后尸体由狗吃掉，然后把剩下的骨头放在骨瓮（Ossuary）中埋起来。虽然新疆吐鲁番发现过这种骨瓮，但中原内地还没有发现。中国人的丧葬习俗是把尸体装入棺椁后土葬的，粟特人进入中原后，也逐渐改用土葬。此前发现的以土葬方式埋葬的粟特人墓葬，都是隋唐以来的，和汉人基本没有区别，有的只不过是在随葬品中多了一些舶来品❶。然而，魏晋南北朝以来有大量粟特人入居中国，他们都到哪里去了，相信有相当多的人是采用了粟特式的葬俗，因此留下的遗迹较少。

　　现在，由于北朝末年安伽墓的发现和其他粟特石棺的确认，我们可以了解到一些从骨瓮到石棺的过渡形态。这些墓没有见到棺椁，只有石棺床，大多数由床座、床板和屏风组成（有人称之为"围屏石榻"），和同时期中原汉式墓葬不同。特别是安伽的尸骨是放在墓门外面，而且经过火烧，而墓室内只有一座石棺床。这种葬式既不是中国传统的做法，也不是粟特本土的形式，应当是入华粟特人糅合中原土洞墓结构、汉式石棺以及粟特浮雕骨瓮的结果。

　　除了科学的考古发掘给我们提供的粟特人的墓室情况外，Miho美术馆所藏石棺床后壁第三块石板F上，保存了一幅珍贵的粟特丧葬图（图29）。Jadith Lerner特就此图撰写了《6世纪中国的中亚人——琐罗亚斯德教丧葬仪式》一文，详细阐明了图像的内容：

---

❶ 固原粟特人墓地出土了带有中古波斯文的宝石印章、金制的覆面、波斯银币、拜占庭金币等西方传来的物品，见罗丰《固原南郊隋唐墓地》，文物出版社，1996年。

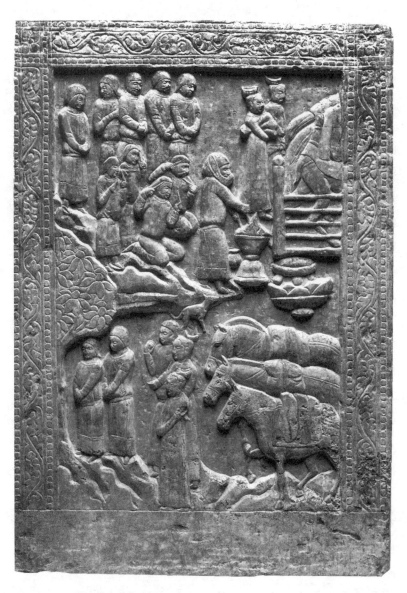

图 29　Miho 藏石棺丧葬仪式图

画面分上下两部分。上部的中央站立着一位身穿长袍的祭司，脸的下面，戴着一种白色的口罩（祆教专名为 padām），前面有一火坛，站在火前的祭司正在护持圣火，应当是进行"户外奉献仪式"（āfrīnagān）。在火坛旁边，有一个托盘，上面有面包或水果，火坛的另一边有一瓶子，盛着供仪式用的液体。祭司后面有四人，二跪二立，均手持小刀劐面。祭司等人的左边有七人，前面是两个女子，一人手持几个小包袱，后面五个男子叉手站立，悲伤地注视着前方。火坛和女子前面是一围栏，里面有三头骆驼，只有后腿显露出来。下部有二女三男。二男在前，一男二女在后，身后有三匹马，人和马向着树的方向前进。上下两部分的中间，有一条小狗，站在祭司旁边，面朝火坛。在祆教葬仪中，狗凝视尸体，称"犬视"（Sagdīd）❶。

这显然是一幅祆教丧葬仪式的图像，表明一个祆教徒去世后，要由祭司在圣火面前主持户外奉献仪式，他的周围有死者的女眷和其他送葬的人，后面则有以突厥式的劐面来悼亡者。姜伯勤先生《图像证史：入华粟特人祆教艺术与中华礼制艺术的互动》一文认为，这正好证明了《隋书》卷八三《康国传》所说的"婚姻丧制，与突厥同"的记载❷。下面的图像可能是接着上面的，在经过"犬视"后，死者由马车驮向树林当中，有男女送行。

粟特遗址片吉肯特（Panjikent）发现的丧葬仪式壁画中，也有劐面的图像（图30），说明这是表现粟特丧葬的组成部分。另外，在粟特地区 Kashka-darya 发现的骨瓮上，也有戴口罩的祭司站在火

---

❶ J. Lerner, "Central Asians in Sixth-Century China: A Zoroastrian Funerary Rite", *Iranica Antiqua*, XXX, 1995, pp. 179–190.

❷ 2001年5月作者以未刊稿见赠，特此致谢（收入作者《中国祆教艺术史研究》，77–94页）。以下引该文同此。

图30 粟特片吉肯特壁画丧葬图

图31 Kashka-darya 骨瓮上的祭司与火坛

坛前的形象（图31）。这些资料放在一起，不仅使我们了解了粟特聚落中粟特人丧葬仪式的来历，也为这种仪式的进行提供了珍贵的图像资料，它所表现的庄重场面与其他宴饮、乐舞、狩猎不同，特别是祆教祭祀活动在丧葬中的核心地位，和我们下面所说粟特聚落的祆教信仰是完全吻合的。

六 粟特聚落的祆教信仰

我们已经从有关敦煌、吐鲁番等地胡人的记载中了解到，在粟特聚落中往往有胡人信奉的祆教祭祀中心——祆祠，说明粟特胡人信奉的宗教主要是波斯、粟特传统的宗教信仰——琐罗亚斯德教。因此，粟特聚落的首领萨保，不仅仅是队商首领和聚落的头人，同时也是该聚落的宗教首领，而且，由于宗教在维系粟特聚落凝固力上具有十分重要的作用，所以祆教神职人员在聚落中具有重要的地位。史籍记载萨保府中的职官不多，有专门负责祆教事务或祆祠的祆正和祆祝。但是，这些认识尚未得到所有学者的认同，因为粟特人也是摩尼教、景教的传播者，而且随着粟特人的汉化，入华粟特人越来越多地皈依了佛教，有时候我们很难确定粟特人的宗教信仰。因此，粟特聚落时代的宗教信仰问题仍有深入阐明的必要。

我们从文献记载和出土文书中，已经得知以下地区祆祠的存在：

敦煌：斯坦因在敦煌长城烽燧下获得的公元4世纪初所写粟特文古信札的内容表明，这些来到河西走廊敦煌等地的粟特商人中，有祆教神职人员βγnpt（祠主、祆主），因此可以比较肯定地说，自

4世纪初叶起,粟特人就在敦煌他们自己的聚落中建立了祆祠[1]。直到唐朝,沙州城东一里处,仍立祆神庙,并记录于唐朝官府所修《沙州图经》(P.2005):"立舍,画祆主,总有廿龛。其院周回一百步。"[2]颇有一定规模。

高昌:吐鲁番安乐城出土的《金光明经》卷二题记,证明早在庚午岁(430),高昌城东就有胡天祠[3]。从高昌的地理位置和后来吐鲁番文书中大量的粟特人的记录,这里早期一定有粟特聚落的存在,而合理的地点就在高昌城东胡天祠的周围。

伊州:《沙州伊州地志》伊州条记贞观十四年(640)高昌未破以前,伊州"火祆庙中有素书(画)形像无数,有祆主翟槃陀者,因入朝至京","其州下立庙,神名阿揽"[4]。这当然是隋末唐初占据其地的以石万年为首的粟特人的信仰中心。

石城镇:《沙州图经》卷五(P.5034)记载,康艳典为首领的石城镇粟特聚落中,也有"一所祆舍"[5]。

武威(附张掖):唐人张鷟撰《朝野佥载》卷三记:"凉州祆神祠,至祈祷日,祆主以铁钉从额上钉之,直洞腋下,即出门,身轻若飞,须臾数百里,至西祆神前舞一曲即却,至旧祆所,乃拔钉,无所损。卧十余日,平复如故。莫知其所以然也。"这里不仅证明粟特胡人势力极其强盛的武威有祆祠和管理祆祠的祆主,而且从西至张掖五百里来推算,西祆神所在地应当是指张掖,说

---

[1] 参看 W. B. Henning, "The Date of the Sogdian Ancient Letters", *BSOAS*, XII, 1948, p. 602, n. 3; 荣新江《祆教初传中国年代考》,340—341页; N. Sims-Williams, "The Sogdian Merchants in China and India", pp. 48—49。
[2] 池田温《沙州图经略考》,70—71页;《释录》,13页。
[3] 《新疆维吾尔自治区博物馆》,文物出版社,1991年,图84。
[4] 《释录》,40—41页。
[5] 池田温《沙州图经略考》,97页;《释录》,37页。

明那里同样有祆祠❶。

长安：唐朝都城长安共有五所祆祠，分别在布政、醴泉、普宁、崇化、靖恭坊❷，都是位于粟特胡人居住比较集中的地方。其中崇化坊之祆祠，据姚宽《西溪丛语》卷上的记载，可以上溯到贞观五年（631）。

洛阳：东都洛阳城内立德坊、修善坊、会节坊及南市中，都有祆祠，为群胡奉祀❸。

幽州：《安禄山事迹》卷上记："潜于诸道商胡兴贩，每岁输异方珍货计百万数。每商至，则禄山胡服，坐重床，烧香列珍宝，令百胡侍左右，群胡罗拜于下，邀福于天。禄山盛陈牲牢，诸巫击鼓，歌舞，至暮而散。"笔者曾对照《朝野佥载》卷三所记河南府立德坊等处祆庙的祭祀情形，指出上述记载实为安禄山与胡人祭祀祆神的活动❹。这条材料记录在安禄山任范阳、平卢两节度使以后，地点当在幽州。

获鹿：《宝刻丛编》卷六著录《唐鹿泉胡神祠文》："唐来复撰并书，宝〔历〕二年（826）四月立在获鹿。"火祆教的寺庙多称作祠，故此处之胡神祠很可能是所祆祠❺。

乐寿：宋人王瓘《北道刊误志》记载："瀛州乐寿县亦有祆神庙，唐长庆三年（823）置，本号天神。"❻

---

❶ 陈国灿《魏晋至隋唐河西胡人的聚居与火祆教》，《西北民族研究》1988年第1期，208页。

❷ 向达《唐代长安与西域文明》，89—92页；林悟殊《波斯拜火教与古代中国》，台北，新文丰出版公司，1995年，139—149页；李健超《增订唐两京城坊考》，三秦出版社，1996年，182、207、219、227、149页。

❸ 李健超《增订唐两京城坊考》，293、315、340、362页。

❹ 荣新江《安禄山的种族与宗教信仰》，239—240页。

❺ 程越《从石刻史料看入华粟特人的汉化》，22页。

❻ 参看神田喜一郎《祆教琐记》，《史林》第18卷第1号，1933年，16页。

图32 安伽墓门额上的圣火坛

以上列举了明确属于唐朝和唐朝以前的祆祠,其中敦煌、高昌、伊州、石城镇、武威等地的祆祠,应当就是立在原本的粟特聚落当中的,他们是粟特聚落的宗教信仰中心。长安、洛阳以及河北地区的祆祠,是和胡人在唐朝前期多集中在两京,而安史之乱后又多集中到河北道相关的,它们是相对集中的胡人从事宗教祭祀的场所,但很难说仍然是在粟特聚落当中。

由于文献材料的缺乏,我们不可能在每一个有粟特人的地方都找到祆祠的记载,但上述材料给我们一个深刻的印象,即可能每个粟特聚落当中,都有祆祠的建筑。

从文献总结出的印象现在得到了新发现的考古资料的强有力支持。安伽、虞弘墓更进一步肯定了粟特聚落中胡人的祆教信仰。

在安伽墓墓门的门额上,刻画着三只骆驼支撑的火坛,两旁是半鸟半人形的祭司,下面是典型的粟特供养人,上有飞天,各持筚篥和琵琶(图32)。对此,《简报》有详细描述:"门额半圆形,高66厘米、宽128厘米,正面减地刻绘祆教祭祀图案。中部为承载于莲花三驼座上的火坛,骆驼站立于覆莲座上,背驮仰覆莲上承圆盘,盘内置薪火,火焰升腾。火坛左右上方分别刻对称的伎乐飞天,头戴花冠,跣足,飘带飞扬,右侧者弹奏曲颈琵琶,左侧者抚弄箜篌。飞天下方各有一人身鹰足神,卷发,深目,高鼻,络腮胡须,似戴口罩,胁下生双翼,长尾上扬,双手持神杖伸向供案。案为三足,上置瓶、叵罗、盘等器皿,瓶内插莲花等吉祥花叶,叵罗可能用来盛酒。高瓶贴金,其他器皿涂白,花叶贴金或涂绿彩,案涂黑色。左右侧下角各跪一供养人,左侧者披发,身着圆领紧身衣,腰束带,左手置于贴金熏炉上;右侧者卷发,头戴虚帽,身着翻领紧身衣,右手置于熏炉上,左手持一方形物。画面阴刻部分涂红彩。"❶姜伯勤先生《西安北周萨保安伽墓图像研究》一文,肯定了这个画面的祆教性质。韩伟先生在《北周安伽墓围屏石榻之相关问题浅见》一文中,对比粟特等地发现的拜火坛形象,仔细分析了安伽墓的这个拜火圣坛图像,并正确地指出:"这幅图像雕刻在门额这样最显要的位置上,证实了墓主安伽的萨保身份,也是北周时期祆教在中土流行的物证。"❷马尔沙克教授也指出:粟特发现的壁画,有神坐在骆驼上面,或是神手托着骆驼,骆驼代表"胜利之神",《阿维斯塔》(Avesta)说胜利之神以骆驼的形象出现。伊朗高等级火坛就是用骆驼装饰的火坛,安伽墓门楣所绘即这种高等级火坛,是非常重要的材料。半人半鸟的形象又见于巴米扬石窟的天花板上(图33),密特拉(Mithra)神站在战车上,有翼的马驾着战车,车轮旁边有半人半鸟像,也有口罩,手执火炬,飞向天空❸。这左右

---

❶《安伽墓简报》,5—7页,图八—一〇。
❷《文物》2001年第1期,91—93页;又见《磨砚书稿——韩伟考古文集》,科学出版社,2001年,108—112页。
❸ 见 B. Rowland, *The Art of Central Asia*, New York, 1974, p. 84, fig. 36。

图 33　巴米扬石窟顶部密特拉神像

两个半人半鸟形象,和安伽火坛是最接近的❶。

　　虞弘墓的石棺下面的床座上,也浮雕有火坛,两边也是半鸟半人形的祭司(图 34)。《简报》的描写如下:"该画面雕绘于椁座前壁下排正中。画面中部,是一个灯台形火坛,中心柱较细,底座和火盆较粗,火坛上部呈三层仰莲形,上有熊熊火焰。在其左右两边,有两个人首鹰身的人相对而立,上半身为人身,均戴一冠,黑

---

❶　2001 年 5 月在北京大学的演讲。

图34 虞弘墓石棺床座上的圣火坛

色长发呈波形披在头后,深目高鼻,浓眉大眼,须髯浓密,头后有两条红白二色的飘带,向后翻飞。身着红色圆领半臂衫,半臂袖口处有花边,肩披一轻柔的火焰形长帔,经过肩臂,飘卷于身后。腰系一软带,软带在腹前打结,然后垂地,带端也为火焰形状。下半身为鹰身,有鹰翅、鹰尾、鹰腿爪。两人均是上身倾向火坛,手戴手套,一手捂嘴,一手伸出,抬着火坛一侧。这种形式在世界各地拜火教图像和波斯银币图案中常见,夏鼐先生在研究中国发现的波斯银币图像时即指出'银币上的祭坛底座有二级,中心柱较细,有打三角结的条带在柱的两侧,带的末端向下飘扬。坛的上部三层,逐层外伸扩大,最上层有横置联珠一列或二列。再上为上升的火焰'。认为这是典型的祆教礼仪的象征。"[1] 姜伯勤先生已经指出这个图像的祆教性质[2]。我们还注意到,安伽和虞弘墓的这种两边

---

[1] 《虞弘墓简报》,43-44页,图三一、三六。
[2] 姜伯勤《隋检校萨宝虞弘墓石椁画像石图像程序试探》,《"汉唐之间:文化的互动与交融国际学术研讨会"论文汇编》,北京大学考古系,2000年7月,28页。

图 35　莫拉—库尔干（Mulla-kurgan）骨瓮上的火坛与祭司

图 36　Krasnorechensk 骨瓮上的火坛与祭司

图 37　安阳石棺门柱上的火坛与祭司

是祭司，中间是火坛的构图，实际也是有粟特的根源，我们从莫拉—库尔干（Mulla-kurgan）、Krasnorechensk 所出土的骨瓮上，都看到过这种图像（图 35—36）。安阳石棺床的门柱上，也同样是一对祭司（图 37），只不过因为分在门两边，因此各有一个火坛。

这种半人半鸟的祭司护持火坛的形象，是最具特征的祆教图

图38 Miho 藏石板娜娜女神像

案，在安伽墓中，被绘于石门的上面；在虞弘墓中，则雕刻在托着石棺床的榫座前壁正中的位置；两个地方都是视觉的中心，也是表现宗教信仰的聚焦点，因此，这两个墓的主人一定是祆教徒。而从墓志我们知道，安伽是同州萨保，虞弘是检校并州等地萨保府的官员，说明萨保府和萨保与祆教的密切关系，换句话说，萨保或萨保府应当是笼罩在祆教的氛围里，萨保或萨保府受到祆神的保护。

此外，Miho 所藏石棺床图像上，有娜娜（Nana）女神像（图 38）❶。姜伯勤先生《图像证史：入华粟特人祆教艺术与中华礼制艺术的互动》一文，对此做了详细的论证。虞弘石棺床图像上的许多人物都有背光，表明他们的神性。虞弘墓的图像和其他几套石棺床图像有所不同，我们目前还不能清楚地知道其中所指，但从整个图像主题、风格和一些装饰物，都和伊朗、粟特的祆教图像有共同之处，所以我们相信其整体上的宗教思想，应当是祆教的内涵。

新发现的粟特聚落首领和负责萨保府事务的官员的墓葬，都带有如此明显的祆教色彩，不难使我们得出结论，粟特聚落当中，应当是以祆教为主要宗教信仰的。

最近新发现的考古资料，深化了我们对粟特聚落的认识，使我们了解了粟特聚落内部形态的各个方面，这有助于我们理解粟特人带给中国的物质文化和精神文化。我相信，随着研究的深入，我们将能够更加深入地理解以粟特人为媒介所进行的东西方文化交流的历史。

---

❶《Miho 图录》，249–250 页，图 J。

隋及唐初并州的萨保府与粟特聚落

1999年7月,山西考古工作者在太原市晋源区王郭村,用科学的考古手段,发掘出完整的虞弘墓石椁,并且与记有确切的入葬年代(隋开皇十二年,592)和墓主人身份(检校萨保府)的墓志一起出土,石椁上的雕像具有明显的粟特美术特征,而且其宗教内涵更引起专家学者的高度重视❶。

无独有偶,2000年5—7月份,陕西省考古所在西安市北郊发掘了北周大象元年(579)的安伽墓,墓志确切说明墓主人是来自中亚粟特地区的安国人,而围屏石榻上的图像明显展示了粟特祆教美术的宏大画面❷。

位于中原地区的这两座墓所出土的粟特祆教图像材料,虽然还有许多画面没有得到圆满的解释,图像之间的程序也还未弄清,但对比文献材料和粟特地区残存的壁画、雕塑,这些新资料不仅使我

---

❶ 张庆捷《太原隋代虞弘墓石椁浮雕》,"汉唐之间:文化的互动与交融学术研讨会"论文,北京大学考古系,2000年7月5-9日;山西省考古研究所等《太原隋代虞弘墓清理简报》,《文物》2001年第1期,27-52页。

❷ 尹申平《安伽墓展现的历史画卷》,《中国文物报》2000年8月30日第一版;陕西省考古研究所《西安北郊北周安伽墓发掘简报》,《考古与文物》2000年第6期,28-35页;同作者《西安发现的北周安伽墓》,《文物》2001年第1期,4-26页。

们深入思考中古时期入华粟特移民聚落的形态,更重要的是填补了粟特本土乃至整个中亚地区所没有的完整、系统的祆教图像空白。笔者有幸看到这两座墓的一些图片和幻灯片,现仅就隋唐之际并州(太原)地区萨保府和粟特聚落的问题,提出一些粗浅的看法。

从魏晋时期开始,由于商业上的原因和粟特本土民族受到哒、突厥、大食等势力的侵袭,促使大批粟特人向东迁徙,他们有的进入漠北突厥汗国,有的入仕北魏、北齐、北周、隋、唐各级军政机构,有的则一直以商业民族的形象活跃在中国中古社会当中。粟特人沿丝绸之路东来,在沿途重要城镇留居,形成聚落,一部分人留下来,一部分人再继续东行,形成新的聚落。这些聚落由胡人集团首领"萨保"(或作"萨甫"、"萨簿"、"萨宝",原意为队商首领)主持。由于大多数粟特人信奉粟特传统所信奉的祆教,所以聚落中往往立有祆祠,萨保即成为粟特聚落中的政教大首领。北朝隋唐政府为了控制这些胡人聚落,设萨保府管理,把萨保纳入中国的官僚体制当中。萨保作为视流外官,专门由胡人首领担任。北朝隋唐的中央政府对粟特聚落的控制有一个漫长的过程,在北朝早期,大多数聚落不受政府约束,有关的记载也就较少,以后用任命萨保为政府官员的方式来控制粟特聚落。到唐朝建立时,把正式州县中的胡人聚落改作乡里,如西州的崇化乡安乐里、敦煌的从化乡之类。而位于唐帝国周边地区的一些胡人聚落,如六胡州、柳城等地,基本上维持着胡人聚落的原状❶。

虞弘墓志和新近发表的其他有关隋唐时期并州胡人的墓志,为我们提供了粟特聚落的演变和粟特人的祆教信仰的绝好例证。

---

❶ 荣新江《北朝隋唐粟特人之迁徙及其聚落》,《国学研究》第 6 卷,北京大学出版社,1999 年,70 页。

据《虞弘墓志》，他是鱼国人，〔祖父〕是鱼国领民酋长。父君陀，先任茹茹（柔然）国莫贺去汾达官，后入魏，任朔州刺史。虞弘早年亦仕茹茹，十三岁时（546年）任莫贺弗，代表茹茹出使波斯、吐谷浑，因功转任莫缘。后出使齐国，"弗令返国"，出仕北齐。后主武平（570—575）末，北齐势衰。北周武帝建德间（572—577），攻击北齐，虞弘遂由齐入周。大象末（580年前后），领并、代、介乡团，检校萨保府。隋初，奉敕领左帐内镇压并部。年五十九，薨于并州，开皇十二年十一月葬于唐叔虞祠东三里。

鱼国不可考，但从虞弘祖父仕任于柔然，推知为西北地区的小国。虞弘应当属于西北民族，他由柔然而入北齐、北周。在北周大象末年，任检校萨保府职，也就是北周政府任命的负责管理并、代、介三州胡人聚落的主要官员。当时丝绸之路沿线的胡人聚落，主要居住者是属于伊朗人种的波斯、粟特和塔里木盆地周边王国的移民，因为粟特人是商业民族，东迁贩易者最多，因此这些胡人聚落也以粟特胡人数最多，有的甚至都是粟特胡。虞弘虽然属于西北胡人系统，但已入仕北朝，成为北周的官员。他显然与粟特胡人关系密切，所以才被北周政府任命为检校萨保府的官员。虞弘墓的石椁图像，有着明显的粟特地区流行的祆教色彩，其上有些主题我们还难以确切指明其含义，但可以在已经发现的粟特祆教图像中找到蛛丝马迹，表明虞弘去世时，其葬仪可能是由粟特人操办的，所以在他的石椁上，浮雕了粟特系祆教的图像。

虞弘墓是1999年7月发现于太原的，在此之前，我们对于隋唐时期的并州粟特聚落并非一无所知。早年，洛阳出土的《翟突娑墓志》（图39）称：

君讳突娑，字薄贺比多，并州太原人也。父娑摩诃，大

图39 洛阳出土《翟突娑墓志》

萨宝,薄贺比多。……〔突娑〕春秋七十,大业十一年（615）岁次乙亥正月十八日疾寝,卒于河南洛阳县崇业乡嘉善里。❶

向达先生《唐代长安与西域文明》中已经指出:"翟突娑之父娑

---

❶ 此为鸳鸯七志斋藏石,见赵万里《魏晋南北朝墓志集释》卷九,科学出版社,1956年,图版484,323页。又见《鸳鸯七志斋藏石》,三秦出版社,1995年,218页。

摩诃为大萨宝,必系火祆教徒无疑。又从突娑卒年七十推之,其父为大萨宝当在北齐、北周之时矣。突娑疑即波斯文 tarsā 一字之异译。tarsā 在景教碑中译作'达娑',本用以称景士,同时又可用称他教教徒。故翟突娑当亦为一火祆教徒。此志可为《隋志》实证,而在隋代,雍州而外,洛阳之尚有萨宝,似亦由此志可以悬揣也。"❶对于翟突娑之为祆教徒,张广达、龚方震、晏可佳诸氏和笔者都有申论❷。从翟姓和父子两人的名字来推断,他们很可能是来自中亚粟特地区而著籍太原的移民。翟姓虽然不见于我们通常所知的康、安、曹、石、米、何等中亚粟特王国的名表,但越来越多的具有粟特名字和文化特征的翟姓人墓志表明,翟姓人很可能也是来自粟特某一地区的人,如伊州火祆庙中的祆主翟槃陀❸、武威粟特人安元寿夫人翟六娘❹,康国大首领康公夫人翟氏❺。应当指出的是,翟突娑著籍洛阳,应当是他入仕于隋以后的事,他原为并州太原人,其父翟娑摩诃所担任的大萨宝,是并州胡人聚落的政教大首领。重要的是,翟突娑卒于 615 年,时年七十,其生年当在 556 年。如果翟突娑是翟娑摩诃 20 岁时出生的,则其父以 40 岁时任大萨宝为最合理的年份,也就是 576 年前后,此时距离虞弘任北周检校并州等地萨保府的年代(580 年前后)相去不远,或许虞弘检校的萨保府,正是以翟娑摩诃为萨

---

❶ 向达《唐代长安与西域文明》,三联书店,1957 年,90–91 页。
❷ 张广达《祆教对唐代中国之影响三例》,《法国汉学》第 1 辑,1996 年,145 页;龚方震、晏可佳《祆教史》,上海社会科学院出版社,1998 年,273–276 页;荣新江《北朝隋唐粟特人之迁徙及其聚落》,见本书 96 页。
❸ 唐耕耦等《敦煌社会经济文献真迹释录》一,书目文献出版社,1986 年,40–41 页。
❹ 昭陵博物馆《唐安元寿夫妇墓发掘简报》,《文物》1988 年第 12 期,37–49 页。墓志录文见《全唐文补遗》第 2 册,三秦出版社,1995 年,470 页。
❺ 周绍良编《唐代墓志汇编》,上海古籍出版社,1992 年,1634 页。

图 40　太原出土《龙润墓志》

保的胡人聚落。

北朝隋唐时期著籍太原的粟特人还有安师、康达、康武通、何氏、安孝臣和他们的先人❶，他们应当是属于并州胡人聚落的部分成员。

近年发表的另一组墓志，进一步丰富了我们对太原粟特聚落和萨保府的认识。这组墓志中最早的一方，是《龙润墓志》（图40），

---

❶ 荣新江《北朝隋唐粟特人之迁徙及其聚落》，见本书92—93页。

有关文字如下:

> 君讳润,字恒伽,并州晋阳人也。白银发地,□崖穴蛇龙之山。祖先感其诵诡,表灵异而称族。凿空鼻始,爰自少昊之君;实录采奇,继以西楚之将。及汉元帝,显姓名于史游。马援之称伯高,慕其为人,敬之重之。《晋中兴书》,特记隐士子伟,以高迈绝伦,并异代英贤,郁郁如松、硌硌如玉者也。曾祖康基,高齐青、莱二州刺史,量(疆)场邻比,风化如一。祖盆生,元魏冀州刺史,得绥抚之望,朝廷嘉美,进号仪同。父求真,周光有天下,举先岩穴,就拜仪同三司。君属隋德道消,嘉遁贞利,资业温厚,用免驱驰。唐基缔构,草昧区夏。义旗西指,首授朝散大夫,又署萨宝府长史。贞观廿年(646),春秋寥廓,已八十有余。驾幸晋阳,亲问耆老,诏板授辽州刺史。……永徽四年(653)九月十日,薨于安仁坊之第,春秋九十有三。……永徽六年二月廿日,附身附椁,必诚必信,送终礼备,与夫人何氏,合葬于并城北廿里井谷村东义井村北。❶

据《隋唐五代墓志汇编·山西卷》的题解,此志是1984年10月出土于太原市北郊区小井峪村东。检同卷《汇编》,同时同地出土的同一龙姓家族的墓志,还有龙润子龙义(显庆二年/657年卒)、龙澄(战死,龙朔元年/661年葬)、龙敏(开耀元年/681年卒)、孙龙寿(延载元年/694年卒)、曾孙龙睿(开元二十九年/741年卒)

---

❶《隋唐五代墓志汇编·山西卷》,天津古籍出版社,1991-1992年,8页;《全唐文补遗》五,三秦出版社,1998年,111页。

等人的墓志❶,表明这是一处家族墓地。

虽然《龙润墓志》中有龙姓来自少昊的说法,但这种后人的编造是不足凭信的。在汉文史料和文书中,龙姓一般是指西域焉耆王国居民东迁中原以后所用的姓氏❷,这一出任胡人聚落萨保府长史的龙润,应当是焉耆胡的后裔。其夫人何氏,应当出身于昭武九姓中的何国。其他子孙有夫人记载者,龙义夫人游氏,龙寿夫人粟氏,龙睿夫人张氏,表明他们逐渐与汉姓人家通婚,这是入居内地的大多数胡人必走的道路。

龙润任并州萨保府长史是在唐朝初年,最晚不迟于贞观二十年,说明虞弘检校过的并州萨保府和粟特聚落在唐初仍然存在,原因大概是这里胡人较多,胡人聚落并没有马上被唐朝政府编为乡里。

太原的胡人聚落存在到什么时候,还没有找到确切的史料记载。上面提到的曾经著籍太原的粟特胡人翟突娑、安师、康达、康武通、何氏、安孝臣等,都是已经迁出太原的粟特人,他们的墓葬都是在洛阳发现的,是受到洛阳强烈的汉文化影响而土葬的。太原发现的检校萨保府的虞弘墓和萨保府长史龙润墓,两者虽然与粟特聚落有关,但一出西北民族,一为西域焉耆胡人,其墓葬的文化内涵受到粟特居民的影响,但不代表当地的粟特胡人墓葬的普遍情况。

粟特的葬俗有着明显的祆教色彩,与汉族的土葬完全不同。据祆教经典和粟特地区的考古发现,信仰祆教的粟特人死后,尸体被专知丧事的人运送到专门暴尸的高台(dakhma)上,让狗和飞禽来把

---

❶ 《隋唐五代墓志汇编·山西卷》,16、14、37、56、113页;《全唐文补遗》六,三秦出版社,1999年,293、281页,《全唐文补遗》五,190、216页,《全唐文补遗》六,430页。

❷ 参看荣新江《龙家考》,《中亚学刊》第4辑,北京大学出版社,1995年,144-160页。

肉吃掉。然后再把骨头放在"骨瓮"（Ossuary）中，埋入地下❶。《旧唐书》卷一一二《李暠传》记开元年间（713—741）事有："太原旧俗，有僧徒以习禅为业，及死不殓，但以尸送近郊以饲鸟兽。如是积年，土人号其地为'黄坑'。侧有饿狗千数，食死人肉，前后官吏不能禁止。暠到官，申明礼宪，期不再患。发兵捕杀群狗，其风遂革。"❷一些学者认为，这正是粟特祆教葬俗的间接反映❸，说明太原地区不仅存在着粟特式的丧葬习俗，而且这种习俗延续了相当长的时间。

到目前为止，利用骨瓮掩埋狗或飞禽吃剩的骨头的纯正粟特式葬俗，在中原地区还没有发现，或者说发现了而没有被识别出来。但这种骨瓮在新疆北疆地区和吐鲁番盆地已经有过零星发现❹，说明这种葬俗必然会随着粟特人的东来而传到东方。从另一方面来看，粟特人早在3世纪就大批进入中国内地，但中原地区却很少发现魏晋以来的粟特土葬墓，确定为粟特人的土葬墓，以前发现的最早一例大概是固原南郊发掘的隋大业六年（610）史射勿墓❺，现在

---

❶ 关于祆教的葬俗，参看 F. Grenet, *Les pratiques funéraires dans l'Asie centrale sédentaire de la conquete grecque à l'islamisation*, Paris: Editions du CNRS, 1984. 有关粟特地区发现的骨瓮的较新研究成果，见 L. V. Pavchinskaia, "Sogdian Ossuaries" 和 G. A. Pugachenkova, "The Form and Style of Sogdian Ossuaries" 两文，均载 *Bulletin of the Asia Institute, new series*, 8（The Archaeology and Art of Central Asia. Studies from the Former Soviet Union），1996, pp. 209-243。

❷ 北京，中华书局，1975年，3335页。

❸ 岑仲勉《隋唐史》上，中华书局，1982年，319页；林悟殊《论高昌"俗事天神"》，原载《历史研究》1987年第4期，此据林悟殊《波斯拜火教与古代中国》，新文丰出版公司，1995年，126页；张广达《祆教对唐代中国之影响三例》，143-144页。也有学者认为这是天竺古法，见蔡鸿生《唐代九姓胡与突厥文化》，中华书局，1998年，27页。

❹ 见林梅村《从考古发现看火祆教在中国的初传》，《西域研究》1996年第4期，56-57页；影山悦子《東トルキスタン出土のオッスアリ（ゾロアスター教徒の納骨器）について》，《オリエント》40-1，1997年，73-89页。

❺ 罗丰编著《固原南郊隋唐墓地》，文物出版社，1996年。参看荣新江书评，载《唐研究》第2卷，北京大学出版社，1996年，555-559页。

又发现了大象元年（579）的安伽墓，但是，这些土葬墓没有木椁，随葬品也与纯正的汉族墓葬不同，安伽墓的火焚情况，应当是粟特葬俗的反映。更重要的是，6世纪末7世纪初以前，粟特人早已进入中国，那么他们都是怎样埋葬的呢？他们又都埋在什么地方呢？粟特的骨瓮是今后非常值得考古工作者留心注意的材料。

太原出土的这几方墓志，对于理解近年来学界争论的"萨保"性质问题，也很有帮助。关于萨保，一种观点认为，萨保（萨甫、萨宝）的原语当来自粟特文的 *s'rtp'w*，意为"队商首领"，由此发展为以伊朗系胡人为主形成的聚落当中的首领，因为这些伊朗系胡人大多信仰祆教，所以萨保就是兼管政教的胡人首领。北朝隋唐在胡人聚集区设置萨保府，任命萨保来管理胡人聚落❶。另一种观点认为，萨保的原语是梵文的 *sārthavāha*，即佛典中所译的"萨薄"，是"商人"的意思。北朝隋唐的萨保（萨甫、萨宝），作为胡人聚落首领，不仅管理胡人的商贸事务，也管理胡人宗教事务，这些宗教包括佛教在内❷。同州萨保安伽墓和检校并州等地萨保府虞弘墓的图

---

❶ 吉田丰《ソグド语杂录（II）》，《オリエント》第31卷第2号，1989年，165-176页；吉田丰《ソグド语资料から见たソグド人の活动》，《岩波讲座世界历史》第11卷《中央欧亚大陆的统合》，东京，1997年，230页；姜伯勤《论高昌胡天与敦煌祆寺》，原载《世界宗教研究》1993年第1期，1-18页，此据《敦煌艺术宗教与礼乐文明》，中国社会科学出版社，1996年，489–499页；姜伯勤《萨宝府制度论略》，《华学》第3辑，1998年，290–308页；荣新江《祆教初传中国年代考》，《国学研究》第3卷，1995年，335-353页；荒川正晴《北朝隋・唐代における"萨宝"の性格をめぐつて》，《东洋史苑》第50・51号，1998年，164-186页。

❷ A. Forte, "The Sabao 萨宝 Question", *The Silk Roads Nara International Symposium '97*, Record No.4, 1999, pp. 80–106; A. Forte, "Iranians in China–Buddhism, Zoroastrianism, and Bureaus of Commerce", *Cahiers d'Extrême-Asie*, 11, 1999–2000, pp. 277–290；罗丰《萨宝：一个唐朝唯一外来官职的再考察》，荣新江编《唐研究》第4卷，1998年，215–249页；芮传明《"萨宝"的再认识》，《史林》2000年第3期，23-39页。

像，表现的都是祆教的题材，证明北朝末期到隋朝，胡人聚落中主要应当流行祆教，而不是佛教。这两座墓葬的图像材料，对于萨保是粟特胡人聚落政教大首领的说法，给予了强有力的支持。相信随着这些图像的解读和墓志等材料的公布，将能更深入地理解萨保的性质。

原载《文物》2001年第4期

第 2 编

胡人与中古政治

高昌王国与中西交通*

自本世纪初叶吐鲁番盆地发现大量文书和文物以来，我们对高昌地区的历史有了相当深入的了解。特别是1959年以来，吐鲁番阿斯塔那与哈喇和卓古墓群出土了大量属于高昌郡（327—442年）和高昌国时期（460—640年）的官私文书，使我们对这一时期高昌的政治、经济、军事、宗教等许多方面的情况有了较为清楚的认识。其中有关北凉流亡政权（443—460年）及高昌王国与北朝、南朝和隋、唐王朝的关系问题，学者们在传世文献记载的基础上，利用文书，已经做了一系列深入而细致的研究。这些研究成果，使我们对高昌王国与东方诸国的关系有了深入的认识。然而，高昌王国与西方诸国的关系，虽然有些专题讨论❶，但还有待深入、

---

* 本文所用缩略语：
《吐鲁番文书》壹、贰＝《吐鲁番出土文书》壹、贰册，北京，文物出版社，1992-1994年。
《吐鲁番文书》二、三、四＝《吐鲁番出土文书》录文本，二、三、四册，文物出版社，1981-1983年。
《编年》＝王素《吐鲁番出土高昌文献编年》，新文丰出版公司，1997年。

❶ 姜伯勤《敦煌吐鲁番文书与丝绸之路》（文物出版社，1994年）是迄今最全面探讨吐鲁番文书中有关中西交通史料的力作，书中钩辑了有关拜占庭、波斯、突厥、铁勒、天竺、粟特的材料，分类叙述，创获极多。这部著作以西北方各国为着眼点，而不是像本文

系统地探讨。

高昌位于丝绸之路北道的要冲，东南有路直通敦煌而入河西走廊；东面经过哈密向南，也可以进入河西走廊，向东北则可到蒙古高原的漠北游牧汗国中心；正北或西北行，越过天山，可以通向不同时期北方的各大游牧势力；向西南，越过天山，可以联结塔里木盆地北沿的丝路北道的干线，由焉耆、龟兹、姑墨，而到疏勒。高昌的地理位置，决定了高昌王国在丝绸之路上扮演着重要的角色，而沿丝路的东西交通——物质文化和精神文化的交流，也与高昌王国的促进分不开。

一 高昌王国对外来客使的供应制度

真正的高昌王国应当是以北凉流亡高昌的沮渠无讳和安周兄弟建立的"大凉"政权为起始的。在442—460年无讳、安周兄弟相继执政期间，大凉政权对高昌的贡献是带来了河西乃至中原较高的文化（特别是佛教文化），以及灭掉车师前王国，统一了吐鲁番盆地❶。但大凉政权立国没有多久，就被柔然灭掉。在以后的四十一年间，先后有阚、张、马氏轮流执政，直到501年麹嘉被国人立为高昌王，开创了麹氏高昌王国的新纪元，经九世十王，有国一百三十四年，最终在640年为唐朝所灭❷。

（接上页）那样以高昌国为着眼点。有关高昌王国与中西交通的其他专题研究论文，则往往是一些个别文书或论题的讨论，不能看出这个问题的全貌。

❶ 荣新江《〈且渠安周碑〉与高昌大凉政权》，《燕京学报》新五期，北京大学出版社，1998年，65–92页。

❷ 参看王素《高昌史稿·统治编》，文物出版社，1998年，265页以下。有关问题也请参考拙撰书评，《历史研究》1999年第3期，186–188页。

174

位于丝绸之路上的高昌王国，官方接待的各种来往客使应不在少数，为此，高昌王国建立了一整套供奉客使的制度，从迎接、安排客馆住宿、招待供食，到最后送行，都有章可循。

早在阚氏高昌时期（460—488年），这种供奉客使的制度已经存在。哈喇和卓90号墓出土的《高昌主簿张绾等传供帐》，是高昌主簿张绾等人传令，支给客使物品的记录。残留的客使名字有道人昙训、若愍提勤、乌胡慎、吴儿折胡真、作都施摩何勃、秃地提勤无根、阿祝至火下、处论无根、摩何□□、翰头□（发），所供物品多为丝织品❶。从客使的名字看，决非高昌本地人。从同墓出土的永康十七年（482）文书推测，本文书也应在此前后写成，则是阚氏高昌国臣属于柔然时期，来使可能为柔然汗国的使者❷。在这些使臣中，有拥有"提勤"（即特勤）称号的两人，当是柔然可汗子弟类的人物。而道人昙训的受供数目尤多，道人在吐鲁番文书中一般指佛教徒，昙训其名为僧人法号无疑，或许是柔然国师，所以受到高昌的特别关照。

这个墓葬的出土资料还有两点值得注意。

一是《高昌□归等买翰石等物残帐》，其中有买翰石、毯、钵斯锦、金的记录❸。翰石出波斯，加之波斯锦的记载，可知大多数商品是从西方而来的进口品❹。这件账目应是高昌官府文书，是谁把这

---

❶《吐鲁番文书》壹，122-123页；《吐鲁番文书》二，17-18页；《编年》No.262。
❷ 钱伯泉《从〈高昌主簿张绾等传供状〉看柔然汗国在高昌地区的统治》，《吐鲁番学研究专辑》，乌鲁木齐，1990年，96-111页。按姜伯勤认为是高车使者，见所撰《高昌麹朝与东西突厥》，《敦煌吐鲁番文献研究论集》第5辑，北京大学出版社，1990年，33页；又《敦煌吐鲁番文书与丝绸之路》，85页。
❸《吐鲁番文书》壹，125页；《吐鲁番文书》二，24-25页。
❹ 姜伯勤《敦煌吐鲁番文书与丝绸之路》，24-25、72页。参看饶宗颐《说翰石》，《敦煌吐鲁番文献研究论集》第2辑，北京大学出版社，1983年，627页。

批西方的贵重商品带到高昌而卖给高昌官府？我们不能排除同墓文书所记当时来到高昌的柔然高级客使，因为游牧民族一直是东西方商品交易的主要中间人。

二是同墓还出土有一些木牌，往往一面用汉字写"代人"，一面用粟特字母拼写汉字的"人"或"代人"，或用粟特字母书写突厥语 Kisi，也意为"人"或"仆人"，表明这些木牌与后来的木俑作用一样❶。这座墓里没有出土墓志，但有《高昌阿苟母随葬衣物疏》❷。粟特文字出现在这个墓中，表明墓主人或她的儿子阿苟与粟特人有关。"苟"即"狗"的同音字，狗在祆教教义里是神圣的，因此，"阿苟"一名也带有同一时期粟特人名中强烈的祆教色彩❸。阿苟或许是这批有关客使、账目的文书的主人，他作为高昌的入籍粟特人，由于有语言和经商的粟特本能，在高昌客馆中接待远来的客使，最后把废弃的有关客使的文书制作成丧葬的材料，埋入其母亲的墓中。

史料虽然十分有限，但我们把零散的资料放在一起，不难看出早在阚氏高昌时期，高昌王国已经有了一套接待客使的制度，并通过与客使的买卖，进行中转贸易，而承担这一工作的主要人物，很可能是入籍高昌的粟特人。

麹氏高昌国时期，特别是其后半期，有关高昌供奉客使的文书

---

❶ 库尔班·外力《吐鲁番出土公元五世纪的古突厥语木牌》，《文物》1981 年第 1 期，63—64 页。又参考《编年》No.280。
❷ 《吐鲁番文书》壹，116 页；《吐鲁番文书》二，2 页。
❸ 关于作为粟特人名的"苟"字，参看洪艺芳《敦煌写本中人名的文化内涵》，《敦煌学》第 21 辑，1998 年，83—84 页。关于祆教对狗的崇拜，参看张广达《吐鲁番出土汉语文书中所见伊朗语地区宗教的踪迹》，《敦煌吐鲁番研究》第 4 卷，1999 年，4—6 页。关于粟特人名中的祆教要素，参看吉田丰《ソグド语の人名を再构する》，《三省堂ぶっくれっと》第 78 号，1989 年，66—71 页；吉田丰《Sino-Iranica》，《西南アジア研究》No.48，1998 年，38—41 页。

留存较多，可以了解更多的情形。姜伯勤和吴玉贵两位先生曾从不同的角度，各自独立地考证过这些文书中的部族名称❶，现择善而从，不做具体考证，而主要是把这些资料中有关客使的几组重要材料提示出来，以便分析高昌供奉客使的制度。

（1）《高昌众保等传供粮食帐》（69TKM33），约成于高昌延昌二十七年至三十四年（587—594）前后❷，其中残存客使名有何国王儿使奚（下残）、亞吴吐屯使由旦、延壁珂顿（下残）、浑珂顿使、浑上平地十人、提勤婆演使卫畔陀和乌练那，供奉官有中郎、校郎、通事、虎牙、将等，都是高昌王国中央政府的官员，表明是高昌官府招待的客使❸。

何国为粟特地区的绿洲王国之一，在康国西北部的屈霜你迦（Kusāṇika/Kusāṇik/Kusāṇiyya）。何国王儿使即何国王子的使者，这是见于高昌国官文书中仅有的明确来自粟特王国的使者，说明高昌与粟特绿洲王国间保持着官方往来。

姜伯勤先生已指出"亞吴"即"伊吾"的不同音写，并认为可能是607年铁勒统治伊吾、高昌等地时的文书❹。在西域诸国设吐

---

❶ 姜伯勤《高昌麹朝与东西突厥》，《敦煌吐鲁番文献研究论集》第5辑，33-51页；又《敦煌吐鲁番文书与丝绸之路》，84-113页；吴玉贵《试论两件高昌供食文书》，《中国史研究》1990年第1期，70-80页；吴玉贵《高昌供食文书中的突厥》，《西北民族研究》1991年第1期，46-66页。参看王欣《麹氏高昌王国与北方游牧民族的关系》，《西北民族研究》1991年第2期，189-197页；王新民《麹氏高昌与铁勒、突厥的商业贸易》，《新疆大学学报》1993年第3期，58-61页；钱伯泉《从传供帐和客馆文书看高昌王国与突厥的关系》，《西域研究》1995年第1期，87-96页。

❷ 《吐鲁番出土文书》整理者据同墓出土文书中"奇乃"和"严佛图"二名见于TAM48《延昌二十七年兵部条奏》而将本墓列在587年后。这里讨论的《粮食帐》中常见的"将天奴"，又见于TAM520《高昌延昌三十四年调薪文书》（《吐鲁番文书》三，33、37页），故此姑置于587-594年前后。

❸ 《吐鲁番文书》壹，238-240页；《吐鲁番文书》二，283-287页。《编年》No.478。

❹ 姜伯勤《敦煌吐鲁番文书与丝绸之路》，95页。

屯一人来监统，是突厥控制西域各国的方法，有时是派遣突厥人担任吐屯，有时是任用西域王国的高级官员，如高昌王国是以高昌令尹出任吐屯的。如果本文书的年代在587—594年前后，则把这里的伊吾吐屯看作是突厥给伊吾王的称号更为合适。

姜先生又指"浑"为铁勒之浑部，据《隋书·铁勒传》，位于独洛河（土拉河）以北地区。"珂顿"即"可敦"，亦即突厥语之Qutun，是可汗之妻❶。然而，若文书写成于594年前后，其时铁勒各部还没有首领自称可汗，当然也就不可能有浑部可敦。浑也可以指称位于青海的吐谷浑，是高昌通往南朝的必经之路，与高昌早有往来，且吐谷浑首领自称可汗❷。文书称浑在"上平地"处，因此不排除这里的浑珂顿使是来自青藏高原东北部的吐谷浑的使者。

至于延壓珂顿使、提勤婆演使卫畔陀和乌练那两组使臣，依高昌此时与北方游牧族关系的密切程度，还是看作突厥使者更合适些。

由这件文书可以得知，在6世纪末，高昌官府要接待从北部突厥、东部伊吾、南部吐谷浑和西方粟特何国的使者，这非常集中地表现了高昌四通八达的地理位置和与东西南北诸国交往的情况。

（2）《高昌重光三年（622）条列虎牙氾某等传供食帐一、二》（66TAM50），所供客使有襄邑夫人前尼道师贰人、客胡十五人，供奉官有虎牙、殿中、宣威❸。在中古时期的文献里，"胡"有时专指

---

❶ 《敦煌吐鲁番文书与丝绸之路》，107-108页。

❷ 《魏书》卷一〇三《高车传》记"蠕蠕、嚈哒、吐谷浑所以交通者，皆路由高昌，犄角相接"，知吐谷浑是通过高昌与北方游牧部族交往的，所以必有使者先到高昌。又《隋书》卷三《炀帝纪》记大业三年（607）六月己亥，"吐谷浑、高昌并遣使贡方物"，亦可视为两者交往的证据。《隋书》卷八三《西域传》吐谷浑条："当魏、周之际，始称可汗。"

❸ 《吐鲁番文书》壹，376-377页；《吐鲁番文书》三，167-172页；《编年》Nos.773，775。

伊朗胡人，则这里的客胡，应来自波斯、粟特或于阗。

（3）《高昌竺佛图等传供食帐》、《高昌虎牙都子等传供食帐》、《高昌□善等传供食帐》、《高昌令狐等传供食帐》，四件字体相同，均被剪成鞋样，原本应属同一文书，出自60TAM307墓，约作成于583—587年间。所记客使有婆瓠（仆骨）吐屯牛儿浑、鸡弊零（契苾）苏利结个妇、乌浑（回纥）摩河先使河干、南相（厢）珂寒使咖举贪汗、提勤乌罗浑、栈头（薛延陀）□□大官、栈头案豆遮摩诃先、贪汗提勤使、栈头大官使炎畔陀、阿博珂寒（阿波可汗）使□振珂离振、婆瓠孤时（下残）、阿都纥希瑾使畔陀子弟、外生儿提勤珂都虔、阿博珂寒铁师居织、袮桑扯使浮（下残）、浑零（？）居之弊（下残）、贪汗珂寒（贪汗可汗）使、贪汗珂寒金师莫畔陀，供使官员有明威、虎牙❶。这里主要是铁勒、突厥各部落的使者，但有些使者如贪汗珂寒金师莫畔陀，从名字来看似是粟特人。

（4）《高昌崇保等传寺院使人供奉客使文书》（69TAM122）为587—600年间文书。所供客使有尼利珂蜜（尼利可汗）使、卑失蛇婆护使、□□珂寒使，供使官员有虎牙等❷。

（5）《高昌虎牙元治等传供食帐》（60TAM329），年代在604—611年。所供客使有吐屯扯（中缺）大官、（上缺）婆演大官别回、恕逻珂寒（处罗可汗）乌都伦大官、北相（厢）珂寒使吐别贪旱、卑失移浮孤使乌庚延伊利、射尼（中缺）珂寒使吐屯、贪汗（下缺）、吐别贪旱，供使官有虎牙、常侍❸。

（6）《高昌延寿十四年（637）兵部差人看客馆客使文书》

---

❶《吐鲁番文书》壹，412–419页；《吐鲁番文书》三，250–262页；《编年》Nos.875-877，王素先生定为延寿九年（632）前后，今不取。
❷《吐鲁番文书》壹，455页；《吐鲁番文书》三，328–329页；《编年》No.1007。
❸《吐鲁番文书》壹，461页；《吐鲁番文书》三，342–345页；《编年》No.1013。

（72TAM171），所供客使有珂寒萄公主袟跋提勤、苏弩胡鹿大官、公主时健大官、毗伽公主寒提勤妇儿、摩奋提勤妇儿、阿赖阗桙妇儿、汉客张小熹、真朱人贪旱大官、好延枯腃振摩珂赖使金穆乌纥大官、坞耆（焉耆）来射卑妇儿、尸不逻袟旱大官、珂寒萄（下缺）、屈阗桙袟浮锒使❶。

  由以上供使文书可以看出，高昌王国官方接待的主要客使是来自北方的突厥各部落，在铁勒强盛时则有大批铁勒各部的使者。这是和当时的历史背景相一致的，因为自552年土门灭柔然汗国，自称伊利可汗，建立突厥汗国后，突厥就是从漠北到中亚北部的最强大的势力。从554年开始，突厥渐渐控制高昌，高昌王接受突厥封号，成为突厥汗国的附庸。高昌王麹宝茂娶突厥公主，宝茂死，突厥公主依突厥风俗，由后王麹乾固续娶，乾固死，突厥又逼后王麹伯雅续娶❷。而吐火罗地区活国统治者咀度设，是突厥叶护可汗长子，高昌王麹文泰妹夫❸。突厥控制高昌以西中亚大片土地，高昌可以通过突厥与西方各国联络。此外，高昌也独自开展外交，文书中有何国、焉耆、伊吾及突厥、铁勒各小部来高昌的记载，说明了这种联系的存在。玄奘从高昌西行时，麹文泰"遣殿中侍御史欢信送至叶护可汗衙，又作二十四封书，通屈支（龟兹）等二十四国，每一封书附大绫一匹为信"。❹即是明证。

  《大慈恩寺三藏法师传》、《续高僧传·玄奘传》有关玄奘西行高昌的记载，也可以作为考察高昌国供奉客使制度的参照。玄奘虽然是行脚僧，没有官方性质，但高昌王麹文泰却以国礼待之，

---

❶ 《吐鲁番文书》贰，76–78页；《吐鲁番文书》四，132–135页；《编年》No.934。
❷ 《隋书》卷八三《西域传》高昌条。
❸ 《大慈恩寺三藏法师传》卷二，中华书局，1983年，31页。
❹ 同上书卷一，21页。

供奉较一般客使更为丰富。因此有关玄奘的记载，透露出高昌供奉客使的某些制度侧面。《续高僧传·玄奘传》称："奘初时在凉州讲扬经论，商客通传，预闻蕃城（域）。高昌王恒置邮驿，境次相迎。"说明高昌国置有邮驿，以迎接客使。《慈恩传》详细记述了迎接玄奘的过程：当玄奘到伊吾后，先有高昌使人在伊吾，归告其王。高昌王麹文泰即日发使，遣贵臣驰驱设顿迎候。高昌使者陪同玄奘进入高昌，被特别安置于王宫后院住下。玄奘走时，高昌王"为法师度四沙弥以充给侍，制法服三十具，以西土多寒，又造面衣、手衣、靴、袜等各数事。黄金一百两、银钱三万、绫及绢等五百匹，充法师往返二十年所用之资。给马三十匹、手力二十五人。遣殿中侍御史欢信送至叶护可汗衙"。❶这里虽然有些是对玄奘的特别优待❷，但遣使迎顿，给马及手力送行等，对其他高贵的使臣可能也是如此。至于在高昌逗留的情形，从供使文书可知，客使住在高昌官府提供的客馆中，由中央和地方政府的官员负责传王令，由百姓或寺院使人充当役人，准备和运送食物或其他东西给客使，这种差役往往派给著籍高昌的粟特人，因为他们可以讲来使所熟悉的北方或西方的语言。有的账目表明，客使被分成上、中、下三等，供应的食品也不一样，表明高昌对待不同级别的客人按不同的等级对待。高昌官府供应客使立有专门账目，每半个月一核算。

由于高昌王国建立了一套供应客使的制度，为东西方使者的往来提供了便利条件。虽然目前所见文书资料的记载多为北方突厥、铁勒的客使，实际上应当同时有不少西方诸国的客使也都在

---

❶ 《大慈恩寺三藏法师传》卷一，18、21页。
❷ 关于高昌对玄奘的援助问题，参看孟宪实《唐玄奘与麹文泰》,《敦煌吐鲁番研究》第4卷，1999年，89-101页。

高昌驻足。贞观四年（630）冬，麹文泰入唐朝进贡，"西域诸国咸欲因文泰遣使入贡"❶。唐朝宰相魏徵觉得"若十国入贡，其使不下千人"❷，回绝了这批使者，但他们显然已经到达高昌，等待入贡，这说明高昌接待客使的能力之强。

二 高昌王国对外来商胡的管理

高昌作为丝绸之路上的一座重要绿洲王国，往来的商胡很多。高昌王国存在的时期，也正是中亚粟特商人大量东来进行长途贩运的年代，我们在吐鲁番出土文书中看到了过去未曾见过的许多珍贵史料，反映了粟特商胡在高昌市场交易的具体情况。

在这些文书中，最能说明问题的要数《高昌内藏奏得称价钱帐》（73TAM514，图41）。这件文书记录了麹氏高昌某年从正月一日到十二月末高昌市场中的货物交易及交易双方向官府所交的"称价钱"数❸。称价钱是作为高昌王室收入（内藏）的进出口贸易管理附加税，在整个三十多笔交易中，买卖双方主要是康、何、曹、安、石五姓的粟特人，卖者当来自西方，买者在高昌本地，但双方都是粟特人。买卖的商品有金、银、丝、香料、郁金根、硇沙、铜、鍮石、药材、石蜜，除了丝之外，大多数是西方的舶来品。其中金、银、鍮石等为波斯、粟特产品，鍮石是自然铜，可做首饰，与玉石一样珍贵；硇沙是龟兹等地所产，系火山喷出之氯化铵气体凝固而成，可以医用。香料主要来自印度，石蜜以波斯出产的最佳。丝则为中原产品。

---

❶《资治通鉴》卷一九三贞观四年十二月甲寅条。
❷《旧唐书》卷七一《魏徵传》，中华书局，2548页。
❸《吐鲁番文书》壹，450–453页；《吐鲁番文书》三，318–325页；《编年》No.972。

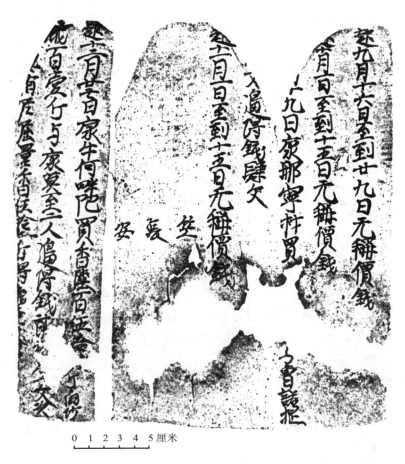

图 41　吐鲁番出土《高昌内藏奏得称价钱帐》

双方交易的量很大，如康炎颠一次买香362斤，硇沙241斤。康莫至一次买香650余斤，硇沙201斤，说明他们是一种批发商。而生丝一斤等于银一两六钱，金四钱，大大低于罗马的丝价，说明这种贸易是极其有利可图的❶。

吐鲁番出土的一件粟特文买卖女奴的契约，即《高昌延寿十六年（639）五月廿七日买婢契》（69TAM135），也反映了粟特商人在高昌地区的交易活动。这件文书记一个石国人用银钱从一个康国人手中，买到一个突厥地区出生的曹国女奴。契约最后有高昌国书记长认可的记录，也表明高昌王国对市场中胡人间的交易活动加以管理的情况❷。

粟特或外来商人带到高昌的商品，有些也出售给高昌官府。如阿斯塔那48号墓出土的八件高昌延昌二十七年（587）六月兵部条列买马用钱头数奏行文书，其中卖者如翟呼典畔陀、康秋儿等应是粟特人，买者则为高昌官府❸。马匹是重要的军备和交通运输工具，

---

❶ 朱雷《麴氏高昌王国的"称价钱"》，《魏晋南北朝隋唐史资料》第4辑，1982年，17—24页。卢开万《试论麴氏高昌时期的赋役制度》，唐长孺编《敦煌吐鲁番文书初探》，武汉大学出版社，1983年，66—99页。宋杰《吐鲁番文书所反映的高昌物价与货币问题》，《北京师范学院学报》1990年第2期，67—76页。姜伯勤《敦煌吐鲁番文书与丝绸之路》，138—139、175页。钱伯泉《从〈高昌内藏奏得称价钱帐〉看麴氏王朝时期丝绸之路的商人和商品》，《西北史地》1992年第3期，48—56页。

❷ 吉田丰、森安孝夫、新疆博物馆《麴氏高昌国时代ソグド文女奴隶卖买文书》，《内陆アジア言语の研究》IV，1988年，1—50页，图版一；荒川正晴《トゥルフアン出土〈麴氏高昌国时代ソグド文奴隶卖买文书〉の理解をめぐって》，《内陆アジア言语の研究》V，1989年，137—153页；林梅村《粟特文买婢契与丝绸之路上的女奴贸易》，《文物》1992年第9期，49—54页；又见《西域文明》，东方出版社，1995年，68—79页；Yoshida, "Review of Sims-Williams, *Sogdian and other Iranian inscriptions of the Upper Indus I*", *Indo-Iranian Journal*, 36, 1993, p.254；荒川正晴《评介：林梅村〈粟特文买婢契与丝绸之路上的女奴贸易〉》，《吐鲁番出土文物研究会会报》第100号，1994年，6—8页。

❸ 《吐鲁番文书》壹，339—345页；《吐鲁番文书》三，75—88页；《编年》Nos.462—463，465—468，473—474。

对于高昌这样的国力不强的小国和依赖丝路贸易的国家尤为关键。

高昌王国为往来交易的商胡提供了自由买卖的场所，也从中获得了丰厚的利益，并补充自己所缺的马匹一类的东西。从粟特商人交易的商品看，有西亚波斯、中亚粟特的金银、鍮石，有西域龟兹的银、硇沙，有印度的香料，有北方草原游牧族的马匹和奴婢，这些物品和粟特文古信札所见的4世纪初叶在敦煌、武威、洛阳一线做买卖的粟特商胡所贩运的物品很有相似之处：金、麝香、胡椒、樟脑、大麻❶。《旧唐书》卷一九八《高昌传》记武德七年（624）高昌王麹文泰献拂菻狗，为中国有拂菻狗之始。这个出身东罗马的小狗，是否也是崇拜狗的粟特人贡献给高昌的呢？尚不得而知。武周万岁通天二年（697）和玄宗开元十二年（724），粟特安、康两国曾向唐朝进贡犬或狗，杨贵妃亦有宠物狗曰"康国猧子"，据考都是拂菻狗❷。高昌给粟特商人提供了活动的舞台，也为高昌带来了中转贸易的利益。

三　高昌王国对西方移民的安置和管理

高昌的外国侨民有两种，一种是早就来到高昌并著籍的胡人，与编户无异；一种如上面所说的商胡，他们临时在高昌逗留，可能做完生意就走，也可能在他们特别的聚落中逗留较长的一段时间，然后才到其他地方继续交易。

《高昌曹莫门陀等名籍》（64TAM31，图42）提供了较早来高

---

❶ N. Sim-Williams, "The Sogdian Merchants in China and India", *Cina e Iran da Alessandro Magno alla Dinastia Tang*, ed. A. Cadonna e L. Lanciotti, Firenze, 1996, pp.46-48.

❷ 参看蔡鸿生《唐代九姓胡与突厥文化》，中华书局，1998年，50、60、211-220页。

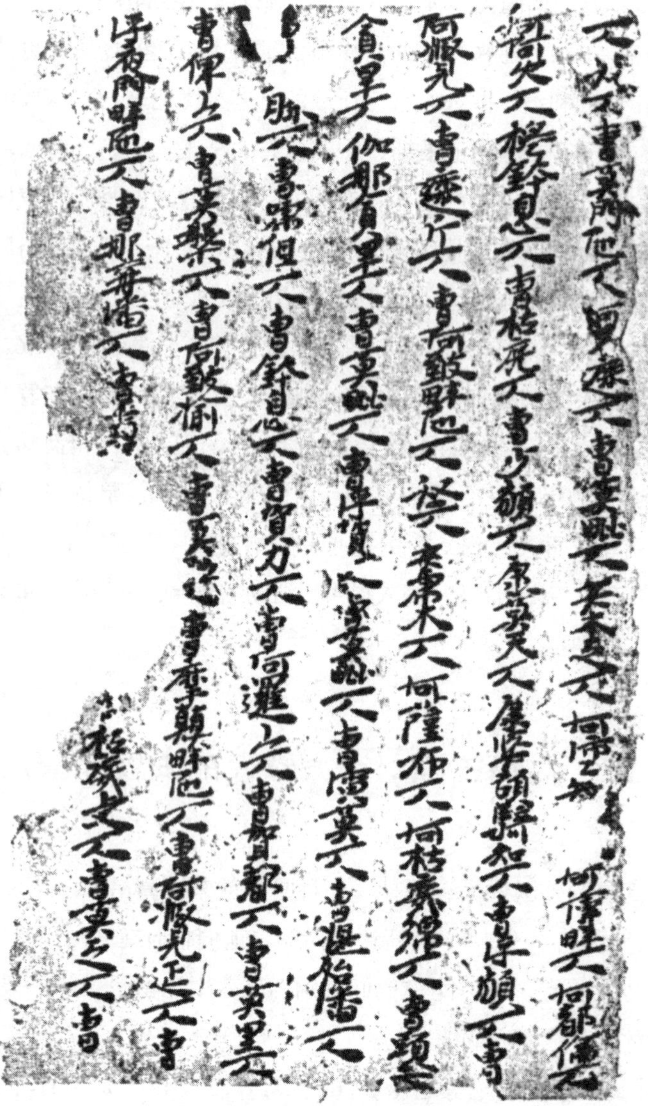

图 42 吐鲁番出土《高昌曹莫门陀等名籍》

昌的一批粟特胡人的例证：

> （前残）一人，奴一人，曹莫门陀一人，何□遮一人，曹莫毗一人，安木之一人，何沛沛知□一人，何簿畔一人，何都伦一人，何阿火一人，穆钵息一人，曹枯虎一人，曹少类一人，康莫天一人，康婆颉骑知一人，曹浮类一人，曹阿揽一人，曹遮斤一人，曹阿玻畔陀一人，奴二人，安虎木一人，何荫布一人，何枯廀绵一人，曹头六贪旱一人，伽那贪旱一人，曹莫毗一人，曹浮贺一人，曹莫毗一人，曹演莫一人，曹提始潘一人，曹□□一人，曹虎但一人，曹钵息一人，曹贺力一人，曹阿逻山一人，曹贺都一人，曹莫里一人，曹俾山一人，曹莫槃一人，曹阿玻一人，曹莫□一人，曹摩颠畔陀一人，曹阿揽延一人，曹浮夜门畔陀一人，曹那宁潘一人，曹乌□□□，曹枯廀虔一人，曹莫之一人，曹（下残）❶

这里总共记录 47 人，奴 3 人，因文书前后残失，原本记录的粟特人一定更多。目前我们还很难从粟特人的音译胡名中辨别男女，但这件文书登录的粟特人确如姜伯勤先生所说很可能是壮年男子❷。这样一批粟特人用汉文登录下来，似是高昌官府出于某种目的所为。他们是否是"客胡"，难以确定，从官府把他们登录下来一点推测，他们也可能是刚刚来到高昌的粟特移民，家眷也可能随之而来。此外，这件文书书法隶意甚浓，与同墓出土的《高昌重光元年（620）信女某甲随葬衣物疏》❸ 书法完全不同，年代应在 5 世纪，或许是

---

❶ 《吐鲁番文书》壹，359 页；《吐鲁番文书》三，119–120 页；《编年》No.715。

❷ 姜伯勤《敦煌吐鲁番文书与丝绸之路》，174–175 页。

❸ 《吐鲁番文书》壹，358 页；《吐鲁番文书》三，117–118 页；《编年》No.717。

麹氏高昌前期的文书残片，反映的是粟特人较早成批进入高昌的情形。当然，从5世纪到7世纪，粟特人不断东来，这批粟特人也可以看作是6世纪前期来到高昌的。

最初移民高昌的粟特人应当居住在自治的聚落里。大概因为早期的粟特移民与高昌城内的汉人接触不多，所以粟特人名渐渐出现在汉文文书记载已是6世纪时的事了，此时高昌在麹氏王朝统治之下。姜伯勤先生上引文已经检出麹氏高昌文书中入籍粟特人的名字，并按他们的身份、地位做了归纳。但这些单个的粟特人名似难证明粟特聚落的存在，因为这些人名中除个别作人和看客馆者为胡名外，多为汉名，似表明他们是已经融入汉人社会中的粟特个体。姜伯勤先生举出"康寺"、"史寺"两个粟特家寺材料，来推断粟特人可能聚族而居；又从高昌粟特人信奉祆教并有"萨宝"体制的情况，来说明"虽然不能骤然作出高昌麹朝时已有粟特人聚落的结论，但我们确实也不能排除这种可能性"。吐鲁番文书中见到许多类似康寺、史寺的家寺，一般认为其规模不大，似乎只能表明其为康、史富姓所立，而难由此推说有聚族而居的情况。阿斯塔那524号墓出土《高昌永平二年（550）十二月卅日祀部班示为知祀人上名及謫罚事》所列知祀官员有"萨薄（簿）"❶，又阿斯塔那331号墓出土《高昌义和六年（619）伯延等传付麦粟床条》也有"萨薄（簿）"名❷，这里的萨簿，即北朝隋唐史籍中的萨保、萨甫、萨宝，为京师和地方州郡中管理胡人聚落的官员，它的存在，证实了高昌粟特聚落的真实存在。

高昌王国的地理环境和生活状态都与粟特城邦相似，因此有

---

❶《吐鲁番文书》壹，136页；《吐鲁番文书》二，45—47页。
❷《吐鲁番文书》壹，355页；《吐鲁番文书》三，111页。

大批粟特人东迁吐鲁番盆地，定居下来，并渐渐入籍为高昌人。事实上，属于高昌国时期的文书中所见的单个粟特人，大多数是已经入籍的粟特人，他们与高昌百姓一样种田、服役。《高昌入作人、画师、主胶人等名籍》（72TAM153，c.596、597）反映了他们任匠师的情形❶，《高昌延昌三十四年（594）调薪文书一》（73TAM520）反映了他们服役纳税的情况❷，表明入籍以后的粟特人，与其他编户无异。

四　高昌王国对外来宗教的包容

高昌是汉人为统治者而居民包括汉人、胡人的复杂社会，主要流行佛教和中国传统信仰，这可以从传世的佛教史料和出土文书中得到广泛的证明❸。

随着粟特人的大量东迁，他们所信奉的祆教也进入吐鲁番盆地，得到高昌地方官府的允许。1965年吐鲁番安乐城废佛塔中出土的《金光明经》卷二题记：

---

❶ 《吐鲁番文书》壹，282页；《吐鲁番文书》二，333—335页；《编年》No.545。冻国栋《麹氏高昌役制研究》，《敦煌学辑刊》1990年第1期，24—42页。关尾史郎《〈高昌入作人、画师、主胶人等名籍〉试释》，《龙谷史坛》第103、104合刊号，1994年，1—16页。

❷ 《吐鲁番文书》壹，317—318页；《吐鲁番文书》三，32—35页；《编年》No.541。

❸ 参看谢重光《麹氏高昌寺院经济试探》，《中国经济史研究》1987年第1期，45—62页；又《汉唐佛教社会史论》，台北国际文化公司，1990年，161—203页；严耀中《麹氏高昌王国寺院研究》，《文史》第34辑，1992年，129—142页；韩森《中国人是如何皈依佛教的——吐鲁番墓葬揭示的信仰改变》，《敦煌吐鲁番研究》第4卷，1999年，17—37页；姚崇新《试论高昌国的佛教与佛教教团》，同上出处，39—80页。

庚午岁八月十三日，于高昌城东胡天南太后祠下，为索将军佛子妻息合家，写此《金光明》一部，断手讫竟。❶

从写本书法、题记中的专名等综合来看，庚午为 430 年❷，表明早在高昌郡时期，祆教已经进入高昌，并在高昌城东建立了供奉胡天的祆祠。这所祆祠一定是那一带有名的建筑物，因此人们把它当作太后祠的地理坐标。

高昌国时期，祆教在高昌地区一直存在。如《高昌章和五年（535）取牛羊供祀帐》（73TAM524），记有"丁谷天"❸，表明祆教已渗透到吐鲁番盆地东部吐峪沟山谷一带。《高昌高乾秀等按亩入供帐》（67TAM88，约 562 年）❹、《高昌众保等传供粮食帐》《高昌乙酉（625）、丙戌岁（626）某寺条列月用斛斗帐历》（67TAM377）❺，也有各个时期高昌中央、地方官府或寺院中供祀胡天的记载❻，说明祆教在高昌虽然势力不如佛教之盛，但佞佛的高昌王室并没有取

---

❶ 最佳图版见《新疆维吾尔族自治区博物馆》，文物出版社，1991 年，图版 84。《编年》No.282。
❷ 饶宗颐《穆护歌考》，《选堂集林·史林》，香港中华书局，1982 年，480 页；荣新江《吐鲁番的历史与文化》，胡戟等编《吐鲁番》，三秦出版社，1987 年，50 页；池田温《中国古代写本识语集录》，东京大学东洋文化研究所，1990 年，No.74。按，李遇春《吐鲁番出土〈三国志·魏书〉和佛经时代的初步研究》，《敦煌学辑刊》1989 年第 1 期，12–13 页；王素《吐鲁番出土张氏高昌时期文物三题》，《文物》1993 年第 5 期，60–68 页认为庚午指 490 年，似难成立。
❸ 《吐鲁番文书》壹，132 页；《吐鲁番文书》二，39 页；《编年》No.299。
❹ 《吐鲁番文书》壹，199–200 页；《吐鲁番文书》二，183–186 页。
❺ 《吐鲁番文书》壹，400–405 页；《吐鲁番文书》三，225–234 页。《编年》No.814。
❻ 王素《高昌火祆教论稿》，《历史研究》1986 年第 3 期，168–177 页；王素《也论高昌"俗事天神"》，《历史研究》1988 年第 3 期，110–118 页；钱伯泉《从祀部文书看高昌麴氏王朝时期的祆教及粟特九姓胡人》，《新疆文物》1990 年第 3 期，93–101 页；姜伯勤《敦煌吐鲁番文书与丝绸之路》，226–243 页；张广达《吐鲁番出土汉语文书中所见伊朗语地区宗教的踪迹》，1–16 页。

缔祆教，而是让两者并存。祆教是当时来高昌的大多数胡人所信奉的宗教，高昌官府对祆教的包容，也促成大量信奉祆教的胡人，如粟特胡的大量进入高昌，使他们有自己的祭祀中心，使他们安居乐业。

小　结

高昌王国的上述政策和制度，大大地促进了高昌与东西方各国间的交往，高昌由此获得了巨大的利益。大批胡人的到来，补充了高昌人力的缺陷。东西方商品的转运，促进了本地区的商品经济，也使得国家从中获得大量的商税收入；在铁勒控制高昌时期，"恒遣重臣在高昌国，有商胡往来者，则税之送于铁勒"❶，可以想见高昌商税收入之可观。高昌常常以突厥汗国为后盾，与之世代结亲，一方面借助突厥的势力与西方诸国交往，另一方面则成为突厥势力与中原王朝交往的门户。玄奘西行时，麴文泰作二十四封书信，通龟兹等二十四个国家，表明高昌与西方诸国的密切关系。同时，史籍记贞观四年"西域诸国咸欲因文泰遣使朝贡"，则可见高昌处在西域官方或私人贸易使团与东方贸易的首领地位。当唐朝与突厥的关系直接对立以后，高昌成为两大势力间的争夺焦点，高昌站在突厥一边，遏绝了西域使者前往唐朝的道路，而焉耆为争夺过往商贸的利益，请求唐朝绕过高昌，开大碛路以通商侣。高昌为了保持自身在丝路上的商业利益，与突厥连兵进攻焉耆。遏绝使者和攻击焉耆，成为唐太宗于贞观十四年（640）出兵攻打高昌的主要理由，

---

❶《隋书》卷八三《高昌传》。

麴文泰得不到突厥的援助，高昌由此灭亡。

高昌的立国与丝路密切相关，可以说，丝路通，则高昌盛；丝路绝，则高昌亡。

原载《欧亚学刊》第 2 辑，2000 年

胡人对武周政权之态度
——吐鲁番出土《武周康居士写经功德记碑》校考

1912年6月,大谷探险队第三次中亚考察队员吉川小一郎,在吐鲁番三堡高昌故城(喀喇和卓)中,购得一方石碑,运回日本。吉川小一郎在所著《支那纪行》卷二中对于获得石碑的经过记载极为简略,也没有对石碑本身作任何描述,只推测是方唐碑❶。辛亥革命后亡命日本的罗振玉,于1914年夏看到此碑。罗氏《西陲石刻后录序》记:

> 〔宣统甲寅〕夏六月,日本大谷伯光瑞以西陲访古所得陈于武库郡之别邸,以资学者之流览。予亟冒暑往观,见武周康居士写经功德记残石,不能得打本,爰携毡墨往,手拓之。❷

罗氏且在《后录》中录其文,前有简要说明:

---

❶ 见《新西域记》下卷,有光社,1937年,617页。
❷ 罗振玉《海外吉金录》也著录此碑:"康居士缮经记残石:正书,出吐鲁番,中有武后制字,年月泐,大谷氏藏。"收入《罗雪堂先生全集初编》第三册,955页。

图 43 吐鲁番出土《武周康居士写经功德记碑》

伪周康居士缮经记残碑

碑裂为十，计存大石一，小石九。大石高四尺二寸，广三尺二分，存字二十四行，行自一字至三十字不等，前九行乃经目，后十五行乃记文。九小石存字，自二行行二字至五行行十二字不等，正书。九小石中，五石为经目，当属大石前九行；四石为记文，当属大石后十五行，然文义不能连贯。兹录大石于前，小石于后。小石中又列经目于前，记文于后。石出吐鲁番。

据此，碑运回日本时已经断为十块，不知是出土时既已如此，还是在长途运输中断裂。管见所及，罗氏的录文是迄今为止唯一的

（碑文殘存，自右至左分列，編號1—24）

1. 集传□仆□伽罗
2. 经法句集卷四
3. 菩萨□□□□□罗尼咒经卷一离垢慧菩萨所问礼佛法经卷一
4. □□□□□□□□□□经入法界品卷一造塔功德经卷一大炬陀罗尼经
5. 藏经□□□□□地□□□□论维识廿论一辩中边论卷一宝雨经卷十
6. □□□□□□□□经卷大般涅槃经后分卷二
7. □□□□□□□□□□□法师撰
8. □□□□□□□□滋洽于生品拯爱河而拟船栰汲□第而等轮辕祖其术而熏修可以阶
9. □□□□□□□空非有□于真空调御资而立功谓诸佛之师也法雄仁而成德谅诸佛
10. □□□□□□敷十方应言之不可已者其在于兹粤有康居士者讳德□印
11. □□□□□而月满或劲勇过捷拂龙剑而霜挥总蕃捍而隆荣归汉朝而□宠
12. □□□□□国即以高昌立名右接葱山却邻蒲海八城开镇青楼紫□烟霞
13. □□□□□之□资义依仁谦执是任居士系诚想外机烦惑稠林心心
14. □□□□申诚之德进功于断机方期偕老百年共卒移天有
15. □□□倚□存御□之危至莫贺延碛塞野□飏帝主黎元四生三七
16. □□□□凛若斯前对□途亦宜旋彎娘曰□拂浮云之誓荒郊苦雾
17. □海而退食自公钟五情□□□苦如蓼忽于□之间□分之常道如□奄
18. 写经论寔由福履所佑诸□□□□□□□□□日
19. □□□□□□□□
20. □□□□□□
21. □□□□
22. □□
23. □
24. 侣

录文。1937年4月有光社出版的上原芳太郎编《新西域记》，随吉川小一郎《支那纪行》的发表，刊出了一帧该碑的图版（图43），文字只有罗氏所说的大石部分❶。此后，没有关于此碑的明确记录，上述《新西域记》卷下附录二《朝鲜总督府博物馆中央亚细亚发掘品目录》No.65号，记有"经堂碑，石、其他，一，高昌国，破片缀合成一函"❷，颇疑所谓经堂碑者，即指前为经目的这方唐碑。又大正五年（1916）10月1日《朝鲜汇报》有西域收集品在朝鲜总督府博物馆陈列的消息，其中提到"古碑（喀喇和卓地方搜集）"❸，当即此碑。我们希望将来能在今天韩国汉城国立中央博物馆中找到原物。

仅就大石而言，罗氏录文要较今天我们从图版上所见到的字要多，而文字大体可以信赖。罗录缺字处只注"缺"，今转录如下，并依图版订正若干文字，其残缺形状，也按整理规范依原碑图版录出原来情形（见上页录文）。

其中第14行"月"字，第17行"年"字、"天"字，原为武周新字。另据图版，可订正第14行罗录"扞"当为"捍"字，同行前罗录缺字当是"过"字，第15行罗录前二缺字似为"立名"二字，第20行罗录"前"后三字似为"对□途"。又据下引《续古今译经图纪》，第6行罗录"数闻"当是"所问"之误。至于未见图版之九小石，则只能照录罗氏原文，并编拉丁字母顺序号于前：

　　A.（上缺）魄经（缺）陀罗（缺。小石一，存二行，行

---

❶ 图载《新西域记》下卷604-605页间图版第三幅。
❷ 同《新西域记》附录第4页。
❸ 见片山章雄《大谷探险队关系记录拾遗》Ⅰ,《季刊东西交涉》15号，1985年，No.13。

二字）

B.（上缺）相思（缺）□世解（缺。小石二，存二行，行二字）

C.（上缺）□卷仁王（缺）雀王陀罗（缺）经卷人所（缺。小石三，存三行，行三四字不等）

D.（上缺）甚深希有经卷□（缺）□行檀波罗密经（缺）经卷舍利弗悔（缺）□卷大悲分（缺。小石四，存四行，行四五六字不等）

E.（上缺）大乘三（缺）菩萨十住经（缺）深大回向（缺）□卷须摩提经卷□（缺）罗尼经卷显无（缺）佛临（缺。小石五，存六行，行二字至六字不等）

F.（上缺）刚（缺）五蕴（缺。小石六，存二行，行一字至二字）

G.（上缺）迷津（缺）会（缺）侯（缺。小石七，存三行，行一字至二字）

H.（上缺）匡时哲人奕（缺）丹桂含芬青松（缺）言旋梓第（缺）凝（缺。小石八，存四行，行一字至六字）

I.（上缺）都侵麦垄海（缺）墟五翎侯甸十姓（缺）山列障爱兹卜宅式表豪（缺）勤求十善远乘皇（缺）虽是病而是身终无厌而无足（缺。小石九，存五行，行五字至十二字）

虽然可以看出一些大小石文字内容间的关联，但由于无原物图版可资对照，所以无法作缀合工作。

本碑前列佛经目录，后记一位康居士出身、写经缘起及功德，罗氏在《后录序》中定名为《武周康居士写经功德记》，是可取的。从现存的唐人碑版看，刻经者有之，功德记更是不乏其例，唯独这

胡人对武周政权之态度　　**197**

种前抄经目后写功德的碑却很少见，而这篇佛经目录颇值得琢磨。经目已残，现只把保存完好和可以据其他文献复原者列出，后附译者及其年代，并注该经典在《大正新修大藏经》（简称 T）中的编号。（〔 〕中为补字，（ ）中系据已知缺字空格所补，卷数原为双行小字，故有一缺字格补二字者。）

经名卷数	译者	年代	大正藏
阿含口解十二因缘经一卷	安玄共严佛调	后汉	T.1508
四十二章经一卷	迦叶摩腾共法兰	后汉	T.784
十二游〔经一卷〕	迦留陀伽	东晋	T.195
大般若波罗密多经六百卷	玄奘	唐	T.220
分别缘〔起初胜法门经二卷〕	玄奘	唐	T.717
离垢慧菩萨所问礼佛法经一卷	那提	唐	T.487
〔大菩萨〕藏经〔廿卷〕	玄奘	唐	
口（大）口（方）口（广）口（佛）口（华）口（严）经入法界品一卷	地婆诃罗	唐	T.295
造塔功德经一卷	地婆诃罗	唐	T.699
大〔法〕炬陀罗尼经〔廿卷〕	阇那崛多	隋	T.1340
〔瑜伽师〕地口（论）口（一）口（百卷）	玄奘	唐	T.1579
唯识廿论一卷	玄奘	唐	T.1590
辩中边论一卷	玄奘	唐	T.1600
品类足论十八卷	玄奘	唐	T.1542
集异门〔足论廿卷〕	玄奘	唐	T.1536
大般涅槃经后分二卷	若那跋陀罗	唐	T.377
宝雨经十口（卷）	达摩流支	唐	T.660

续表

经名卷数	译者	年代	大正藏
A.〔太子慕〕魄经一卷	安世高/竺法护	汉/晋	T.167/168
解〔深密经五卷〕	玄奘	唐	T.676
C.仁王〔般若波罗密经二卷〕	鸠摩罗什	姚秦	T.245
〔孔〕雀王陀罗〔尼咒经二卷〕	僧伽婆罗	梁	T.984
人所〔从来经一卷〕			
D.甚深希有经□（一）卷	玄奘	唐	T.689
〔一切施〕□（主）行檀波罗密经			
舍利弗悔〔过经一卷〕	安世高	后汉	T.1492
大悲分〔陀利经八卷〕	失译		T.158
E.大乘三〔聚三忏悔经〕	阇那崛多	隋	T.1493
菩萨十住经〔一卷〕	竺法护	西晋	T.283
〔甚〕深大回向〔经一卷〕	失译		T.825
须摩提经一卷	菩提流支	唐	T.336
显无〔边佛土功德经一卷〕	玄奘	唐	T.289
佛临〔涅槃记法住经一卷〕	玄奘	唐	T.390

以上所列，除几种早期译经外，大多数是隋唐译著，尤其以玄奘（600—664）的译本为多，但更值得注意的是玄奘以后的译经，今略考如下：

智升撰于开元庚午（730）的《续古今译经图纪》所记比较集中，且时间较早，今引相关部分如下：

沙门那提，唐曰福生，本中印度人……龙朔三年（663）

胡人对武周政权之态度

还返旧寺（慈恩寺），所赍诸经并为奘将北出，意欲翻度，莫有依凭，惟译《师子庄严王菩萨请问经》一卷、《离垢慧菩萨所问礼佛法经》一卷、《阿吒那智咒经》一卷，凡三部三卷。

沙门若那跋陀罗，唐云智贤，南海波凌国人也，善三藏学。往者麟德年中（664—665），益府成都沙门会宁欲游天竺，观礼圣迹。泛舶西逝，路经波凌国，遂共智贤译《大般涅槃经荼毗分》一部二卷，寄经达于交州。会宁方之天竺。后至仪凤年初（676），交州都督梁难敌遣使附经入京。三年戊寅（678），大慈恩寺沙门灵会于东宫启请施行。

沙门地婆诃罗，唐言日照，中印度人。……以天皇仪凤初至天后垂拱末（676—688），于两京——东京太原寺及西京弘福寺，译……《大方广佛花严经续入法界品》一卷……《造塔功德经》一卷……天后亲敷睿藻，制序标首。

沙门菩提流志，本名达摩流支，唐言法希，天后改为菩提流志，唐云觉爱，南印度人……暨天后御极，方赴帝京，以长寿二年癸巳（693）创达都邑。即以其年于佛授记寺译《宝雨经》一部十卷，中印度王使沙门梵摩同宣梵本。❶

据此，上列经目中的《离垢慧菩萨所问礼佛法经》、《大般涅槃经后分》、《大方广佛花严经续入法界品》、《造塔功德经》和《宝雨经》，都是高宗武后时才译出的，最晚者为693年所出《宝雨经》。

一般来讲，写有武周新字的碑铭都是新字颁行的天授元年

---

❶ 《大正藏》第五十五卷，368、371页。

（690）至神龙元年（705）间刻成的❶。《康居士写经功德记》用武周新字，则也当写于这期间。从其著录《宝雨经》，又可限定在693年以后。康居士在武周时期发心要写这样一批佛典，其中最新译出的《宝雨经》至堪瞩目。

《宝雨经》的译出并非偶然，它是武后革唐为周的政治运动中的一环。过去人们比较注意武后利用《大云经》上台一事，因为《旧唐书》卷六《则天皇后本纪》记："有沙门十人伪撰《大云经》，表上之，盛言神皇受命之事。制颁于天下，令诸州各置大云寺，总度僧千人。"所以常以为武后利用《大云经》为其以女身治天下制造政治宣传❷。其实，《宝雨经》的翻译，也起着同样的作用。意大利学者富安敦（Antonino Forte）在《七世纪末中国的政治宣传与意识形态》一书中，揭出武后撰《大周新译大方广佛华严经序》所云："朕曩劫植因，叨承佛记。金山降旨，《大云》之偈先彰；玉

---

❶ 见叶昌炽、柯昌泗《语石·语石异同评》，中华书局，1994年，24-25、35页；饶宗颐《从石刻论武后之宗教信仰》，《选堂集林·史林》，香港中华书局，1982年，606-609页。按，个别较此年限为晚的敦煌文书仍用武周新字，但大都不是通常使用的"年"、"月"、"日"、"天"等字，见 J.-P. Drège, "Les caractères de l'impératrice Wu Zetian dans les manuscrits de Dunhuang et de Turfan", *Bulletin de l'Ecole Française d'Extrême-Orient*, 73, 1984, pp.339-354；王三庆《敦煌写卷中武后新字之调查研究》，《汉学研究》第4卷第2期，1986年，437-464。有关武周新字的讨论，还请参看常盘大定《武周新字の一研究》，《东方学报》（东京）第6册，1936年，5-42页；董作宾与王恒余《唐武后改字考》，《中央研究院历史语言研究所集刊》第34本，1963年，447-476页；施安昌《从院藏拓本探讨武则天造字》，《故宫博物院院刊》1983年第4期，30-38页；同作者《关于武则天造字的误识与结构》，同上刊物1984年第4期，84-90页；张勋燎《武周新字研究》，《古文献论丛》，巴蜀书社，1988年，53-119页。
❷ 王国维《大云经疏跋》，载罗福苌编《沙州文录补》，1924年，叶5b-6b，收入《观堂集林》卷二一及王重民编《敦煌古籍叙录》，北京，1958年，269-270页；又陈寅恪《武曌与佛教》，《中央研究院历史语言研究所集刊》第5本，1935年，137-147页，收入《金明馆丛稿二编》，上海古籍出版社，1980年，137-155页。

宸披祥,《宝雨》之文后及。"指出两者同等的重要性。他还在俞正燮《癸巳存稿》以来研究论著的基础上,指出《宝雨经》译文中的窜入和附加成分❶。陈寅恪先生在《武曌与佛教》一文中指出:"今取敦煌残本(指《大云经疏》),即当时颁行天下以为受命符谶之原本。"事实上,新译《宝雨经》也同样颁行到地方。现知《宝雨经》写本共六件,可分三组:

(一)英国图书馆藏斯坦因敦煌所获S.2278号,为《佛说宝雨经》卷第九,有长寿二年(693)译场列位及证圣元年(695)四月八日检校勘授记❷。又,北京图书馆藏李26、李31为卷一残卷,S.7418为卷三残卷。这些应是颁行到沙州的写本残卷。

(二)德国印度艺术博物馆藏吐鲁番与乌鲁木齐间一遗址出土的MIK III-113号,为《佛说宝雨经》卷第二,有长寿二年译场列位❸。这应是颁行到西州的写本残卷。

(三)日本东大寺圣语藏所藏日本传世写经,也有《佛说宝雨经》卷第二,亦有长寿二年译场列位❹。这应当抄自原颁行到唐朝某地的写经。三件写本均用武周新字,写经格式基本一致,译场列位大体相同,今引正仓院本相关部分如下:

尚方监匠臣李富恭装(英藏本富作审,德藏本缺此行)
麟台楷书令史臣杜大宾写(英、德藏本缺此行)
专当典并写麟台楷书令史臣徐无处

---

❶ A. Forte, *Political Propaganda and Ideology in China at the End of the Seventh Century*, Napoli 1976, pp.125–136.
❷ Forte, *op. cit.*, pp.171–176, pls.XXXI–XXXII;池田温《中国古代写本识语集录》,东京,1990年,240–241页,No.666,图95。
❸《吐鲁番古写本展》No.5所刊图版及解说(池田温执笔),东京朝日新闻社,1990年。
❹ 池田温《中国古代写本识语集录》,237–238页,No.659。

专当使文林郎守左翊卫二府兵曹参军臣傅守真

敕检校翻经使典司宾寺府史赵思泰

敕检校翻经使司宾寺录事摄丞孙承辟

由此可知，这是唐朝的宫廷写经，它们很快就被送到唐朝地方各州。康居士在所拟抄写的佛典目录最后，列上了《宝雨经》名，表明这是他最后得到而准备转抄的。

据碑文中所说"或劲勇过捷，拂龙剑而霜挥。总蕃捍而隆荣，归汉朝而□宠。""爰兹卜宅，式表豪□"，"即以高昌立名"，知这位康居士原是西域昭武九姓之康国贵族，后来中国，而为高昌人也。他写经的缘起，似乎直接的原因是"方期偕老百年，共卒移天之义"的夫人不幸过世。但他要缮写包括六百卷的《大般若波罗蜜多经》和新译的十卷《宝雨经》等这样一大批经论，似乎表明此次写经并非他个人的事业，而有更为深刻的原因在内。

武后借助佛教来为她的上台造舆论，佛教僧众当然最为高兴，这实际上关涉到佛道间的斗争。载初二年（691）夏四月，"令释教在道法之上，僧尼处道士女冠之前"❶，佛教取得了自唐初以来的首次胜利。在唐朝前期，佛道论衡与华夷分别之论一直是相互关联的，武后升释教在道法之上，并不等于说戎夷在华夏之上，但对于同是外来户的四夷蕃人来说，一定受到比此前更多的鼓舞。我们可以从武周建立时中央和地方上的胡人动向上看出这一点。

过去人们常举武周造天枢事，来说明波斯人阿罗憾和高丽人

---

❶《旧唐书》卷六《则天皇后本纪》。

泉献诚在其中所起的作用❶。此事的确是最能说明武周政权与在华胡人关系的事例,文献中多有记载,以下先引用叙述比较明晰的《资治通鉴》,并用其他书做补充,然后把相关的石刻史料摘录于下:

《资治通鉴》卷二〇五则天后延载元年(694)八月条记:

> 武三思帅四夷酋长请铸铜铁为天枢,立于端门之外,铭纪功德,黜唐颂周;以姚璹为督作使。诸胡聚钱百万亿,买铜铁不能足,赋民间农器以足之。

同书同卷天册万岁元年(695)续记:

> 夏四月,天枢成,高一百五尺,径十二尺,八面,各径五尺,下为铁山,周百七十尺,以铜为蟠龙麒麟萦绕之;上为腾云承露盘,径三丈,四龙人立捧火珠,高一丈。工人毛婆罗造模,武三思为文,刻百官及四夷酋长名,太后自书其榜曰"大周万国颂德天枢"。❷

端门是洛阳皇城正南门,是全城官民最容易看到的一处显要之地。

---

❶ 罗香林《景教徒阿罗憾为武则天皇后营造颂德天枢考》,《唐元二代之景教》,香港,1966年;饶宗颐《从石刻论武后之宗教信仰》,600–601页; A. Forte, *Mingtang and Buddhist Utopias in the History of the Astronomical Clock. The Tower, Statue and Armillary Sphere Constructed by Empress Wu*, Roma and Paris 1988, pp.233–239; idem., "On the So-called Abraham from Persia. A case of mistaken identity", P. Pelliot, *L'inscription nestorienne de Si-Ngan-Fou*, edited with supplements by A. Forte, Kyoto and Paris 1996, pp.394–398.

❷ 《旧唐书》卷六《则天皇后本纪》;《新唐书》卷四《则天皇后本纪》、卷七六《武则天皇后传》所记略同。

刘肃《大唐新语》作"造天枢于定鼎门"，误。但《大唐新语》却告诉我们，天枢的建立，"并番客胡商聚钱百万亿所成"❶，表明钱物都是来自番客商胡。而且，据此我们知道"诸胡"当中，也有商胡，则聚齐百万亿钱是不无可能的。

制造天枢模型的毛婆罗，从其名字来看，显然是胡人，或以为是印度蕃客❷。张彦远《历代名画记》卷三记东都洛阳敬爱寺讲堂内，有"天后（即武后）大香炉，又大金铜香炉（原注：毛婆罗样）"。同书卷九"吴道玄"条注提到善于雕塑的人时说："天后时，尚方丞窦弘果、毛婆罗……皆巧绝过人。"知毛婆罗是武周时供职尚方监（唐少府监）的胡人，善于模塑，敬爱寺的大金铜香炉也是他做的模型。

洛阳出土《大唐故波斯国大酋长右屯卫将军上柱国金城郡开国公波斯君（阿罗憾）丘之铭》记："又为则天大圣皇后召诸蕃王，建造天枢，及诸军功，非其一也。"❸表明这位在华的波斯大首领阿罗憾，曾经充当召集蕃王的工作。

洛阳出土的另一方墓志《大周故左卫将军右羽林卫上下上柱国卞国公泉君（献诚）墓志铭》称："天授二年二月，奉敕充检校天枢子来使，兼于玄武北门押运大仪铜等事。未毕，会逆贼来俊臣秉弄刑狱，恃摇威势，乃密于公处求金帛宝物。公恶以贿交，杜而不许。因诬陷他罪，卒以非命。"❹说明入唐的高丽武将泉献诚，也是建造天枢的负责人之一。大概正是他手中握有大量商胡贡献的金钱，所以来俊臣才向他索要金帛宝物，不得逞而陷

---

❶ 又见《太平广记》卷二三六"则天后"条。
❷ 罗香林《景教徒阿罗憾为武则天皇后营造颂德天枢考》，59页。
❸ 周绍良编《唐代墓志汇编》，上海古籍出版社，1992年，1116页。
❹ 同上书，985页。

害之。

由此可知，武周天枢的建造，不仅表明了"万国颂德"的盛世景象，而且说明了当时的四夷蕃人对武周政权的大力支持。

建造天枢，应当只是胡人支持武周政权的表象之一。高宗武则天乾陵前面竖立的六十一蕃王像，应当是高宗武则天时曾经供奉朝廷的胡族文臣武将或臣服的外蕃国王首领，他们拱手而立，也是武周政权与胡人密切关系的反映。

在地方上，胡人也同样对武周政权表现出积极的态度。敦煌出P.2005《沙州图经》卷三"廿祥瑞"条记：

  日扬光 庆云

  右大周天授二年（690）冬至日，得支庆、崔扔等状称："今日冬至卯时，有五色云扶日，阔一丈已上。其时大明，大授（校）一倍以上。比至辰时，复有五色云，在日四边抱日，光彩其（甚）鲜。见在官人百姓等同见，咸以为圣神皇帝陛下受命之符。"刺史李无亏表奏："谨检《瑞应图》曰：圣人在上，日有大光，天下和平。又曰：天子孝则景云出游。有人从已西、已北、已东来者咸云：诸处赦日，亦总见五色云抱日。"

  蒲昌海五色

  右大周天授二年腊月，得石城镇将康拂耽延弟地舍拨状称："其蒲昌海水，旧来浊黑混杂。自从八月已来，水清明彻（澈）底，其水五色。得老人及天竺婆罗门云：中国有圣天子，海水即清无波，奴身等欢乐，望请奏圣人知者。"刺史李无亏表云："淮（准）海水五色，大瑞。谨检《瑞应图》、《礼斗威仪》曰：人君乘土而王，其政太平，则河傔（溓）海夷也。天应魏国

当涂之兆，明土德之昌。"❶

这里的支庆，当是小月氏后裔而定居敦煌者❷；而康拂躭延弟地舍拨，则无疑是贞观年间移居罗布泊地区的康国大首领康艳典的后人❸。敦煌、鄯善两地的胡人不约而同地以祥瑞来为武后登极唱颂歌，似乎不是偶然的巧合，而是表现了当时胡人对武周政权的态度。《图经》卷三最后的《歌谣》唱道：

  谁其下武，圣母神皇。穆斯九族，绥彼四方。
   黄山海水，蒲海沙场，地邻蕃服，家接浑乡。昔年寇盗，禾麦调（凋）伤。四人优优（扰扰），百姓遑遑。圣人哀念，赐以惟良。既抚既育，或引或将。昔縻单裤，今日重裳。春兰秋菊，无绝斯芳。
   右唐载初元年四月风俗使于百姓间采得前件歌谣，具状上讫。❹

这是胡汉杂居的敦煌百姓的心声，他们希望新政权能带来幸福。

  高昌"右接葱山，却邻蒲海"，与敦煌一样，也是胡汉杂居之地。四人百姓，同样希望帝主能够给以福佑。《康居士写经功德记》

---

❶ 录文见池田温《沙州图经略考》，《榎博士还历记念东洋史论丛》，东京，山川出版社，1975年，80-81页。文字校正见李正宇《古本敦煌乡土志八种笺证》，台北新文丰出版公司，1998年，34-35页。

❷ 关于敦煌的支姓人，参看荣新江《小月氏考》，《中亚学刊》第3辑，1990年，57-58页。

❸ 伯希和《沙州都督府图经及蒲昌海之康居聚落》，冯承钧译载《西域南海史地考证译丛》七编，中华书局，1957年，27-28页。

❹ 池田温《沙州图经略考》，82-84页；李正宇《古本敦煌乡土志八种笺证》，36、37页。参看周绍良先生《读〈沙州图〉卷》，《敦煌研究》1987年第2期，27-33页；收入作者《敦煌文学刍议及其它》，台北新文丰出版公司，1992年，183-197页。

中的思想是和敦煌歌谣一致的，而这位康居士发心缮写武周政权的政治宣传品《宝雨经》，正是西州当地胡人支持武周政权的反映。我们之所以这样说，原因之一是认为这位康居士应是当地胡人的代表人物。吐鲁番地区自6世纪以来就有粟特胡人著籍定居，其中以康、史二姓最多。

唐西州高昌县之崇化乡，据考即主要由九姓胡人组成❶。粟特人善于经商，所以有些人渐渐地在当地有了一定的经济实力和社会地位，吐鲁番文书中有名为"康寺"的家寺，是粟特大姓所立的家寺，表明康姓中早就有富有实力的家族放弃粟特传统的祆教，而皈依了佛教。康居士出身贵胄，碑中说他"□义依仁，谦挚是任"；"系诚中道，涤想外机"，是儒释兼通的士人，他当然通晓本民族的语言文字，而且也有相当的汉文化水准，因此可以说是西州胡人的代表人物。试想当时在西州城中立这样一个大碑，公开宣称要抄写《宝雨经》等等许多佛典，没有势力是办不到的，没有官府的许可也是不可能的，康居士的行动是胡人为现政权增光的表现，当然会得到西州官府的赞赏。

因为碑文前残，我们不知道康居士为什么选择这些佛经来抄写。已知的佛典多为早期经典和唐朝新译经论，前者经本易失，后者可能一时尚难流传到边疆，因此我们猜想康居士之所以抄写这样一些经典，目的是为西州某寺补充大藏所缺，而这个寺院很可能是西州官寺——大云寺❷。

然而，要抄写包括六百卷《大般若波罗蜜多经》在内的这样一大批佛经，并非易事。康居士尽管有钱有势，恐怕一时也难克成。

---

❶ 关于吐鲁番的粟特人，详见姜伯勤《敦煌吐鲁番文书与丝绸之路》，154-188页。
❷ 已经出土的吐鲁番文书中没有见到"大云寺"名，参看小田义久《西州佛寺考》，《龙谷史坛》第93·94号，1989年，1-13页。但作为朝廷敕令建立的官寺，西州也应当和敦煌、于阗、碎叶等地一样，建有大云寺。

可以设想，如果这样一大批佛典抄写完成，应当是西州大藏的重要组成部分。自19世纪末以来各国的考古队在吐鲁番发掘到不少佛典断片，其中或许有其遗物。为此，笔者检索了已刊的原东柏林德国科学院藏卷、英国图书馆藏卷、大谷收集品、黄文弼收集品、日本出口常顺藏卷以及未刊的德国国家图书馆、日本静嘉堂文库藏卷等吐鲁番写卷，除有一些《大般若波罗蜜多经》的唐朝写本外，几乎不见上列目录中的佛经抄本❶。由此看来，康居士似没能完成他的宏愿，也可能是碑立于武周末年，武周一去，时过境迁，写经而为武氏颂的事也就搁置一边。在大谷探险队的收集品中，有得自吐峪沟的一件写经题笺，上题"康家一切经"❷，或许是这次写经活动留下的一点残迹。但这件残片与石碑非出一处，且吐鲁番地区康姓人不在少数，目前还很难说这个经笺就是属于康居士的。

《武周康居士写经功德记》虽然残缺较甚，但仍为我们考察武周政权建立过程中胡人的作用，中央与地方的关系，吐鲁番当地佛教的状况，以及粟特人的佛教信仰等问题，提供了珍贵的素材。限于篇幅，本文在整理碑文的基础上，着重探讨了武周政权与胡人的关系问题，以补前人讨论武周史事之未备。至于其他几点，别详他文。

原载《民大史学》第1期，1996年

---

❶ 参看 G. Schmitt & T. Thilo, *Katalog chinesischer buddhistischer Textfragmente*, I, Berlin 1975; II, Berlin 1985; H. Maspero, *Les documents chinois de la troisième expédition de Sir Aurel Stein en Asie Centrale*, London 1953；郭锋《斯坦因第三次中亚探险所获甘肃新疆出土汉文文书——未经马斯伯乐刊布的部分》，甘肃人民出版社，1993年；井之口泰淳《西域出土佛典之研究》，京都法藏馆，1980年；小田义久《大谷文书集成》第I、II卷，法藏馆，1984、1990年；黄文弼《吐鲁番考古记》，北京，1957年；藤枝晃编《高昌残影》，京都，1980年。

❷ 《西域出土佛典之研究》，图版LXXXIX；研究册，134页。

一个入仕唐朝的波斯景教家族

唐朝是古代中国与西方交往的盛期,与波斯的往来也十分频繁。然而,张星烺《中西交通史料汇编》所收集的详尽资料表明,波斯人入仕唐朝者,除《唐书·波斯传》所记之王族卑路斯及其子泥涅师外,只有阿罗憾和李元谅二人而已❶,即使加上50年代西安发现的苏谅妻马氏墓志所记的苏谅❷,比起印度、粟特以及海东诸国,也还是要少得多。这一方面是由于波斯萨珊王朝在651年灭于新兴的阿拉伯王国,波斯与唐朝的交往虽然仍不断见诸汉文史籍,但这些波斯使者多是萨珊后裔或冒称使臣的商人,地位不够重要。另一方面的原因,是现存的史籍未能反映历史的本来面貌。

---

❶ 张星烺《中西交通史料汇编》第3册,中华书局,1978年,126页。
❷ 关于马氏墓志的讨论,见夏鼐《唐苏谅妻马氏墓志跋》,《考古》1964年第9期;伊藤义教《西安出土汉婆合璧婆文语言学的试释》,《考古学报》1964年第2期;W. Sundermann und T. Thilo, "Zur mittelpersisch chinesischen Grabinschrift aus Xi'an", *Mitteilungen des Institut für Orient forschung*, XI.3, 1966; J. Harmatta, "The Middle Persian–Chinese Bilingual Inscription from Hsi'an and the Chinese–Sasanian Relation", *La Persia nel medioevo*, Roma, 1971; H. Humbach und Wang Shiping(王世平),"Die Pahlavi-chinesische bilingue von Xi'an", *Acta Iranica*, 28, 1988;刘迎胜《唐苏谅妻马氏汉、巴列维文墓志再研究》,《考古学报》1990年第3期。

一　新发现的波斯人李素及夫人卑失氏墓志

地不爱宝，随着考古事业的发展，新史料不断出现。1980年1月，西安西北国棉四厂职工子弟学校操场出土了波斯人李素及其妻卑失氏的墓志，随即发表的发掘简报只就墓葬形制和出土遗物做了简单的介绍，并刊出两方墓志的图版，但十分模糊❶。事实上，这两方墓志为我们了解入仕唐朝的波斯人提供了宝贵的资料（图44、45）。现将两志文转录于下❷，再做讨论。

大唐故李府君墓志铭

大唐故陇西郡李公墓志铭并序　　乡贡进士王正拱撰并书

公讳素，字文贞，西国波斯人也。累缵贵裔，代袭弓裘，是谓深根固蒂，枝叶繁茂。公则本国王之甥也，荣贵相承，宠光照灼。祖益，初，天宝中，衔自君命，来通国好，承我帝泽，纳充质子，止卫中国，列在戎行。拜银青光禄大夫检校左散骑常侍兼右武卫将军赐紫金鱼袋，特赐姓李，封陇西郡，因以得姓也。父志，皇任朝散大夫守广州别驾上柱国。公即别驾之长子也。公天假秀气，洞生奇质，得神竈之天文，究巫咸之艺业。握算枢密，审量权衡，四时不忿，二仪无忒。大历中，

---

❶ 陈国英《西安东郊三座唐墓清理记》，《考古与文物》1981年第2期，25-31页。
❷ 图版见《隋唐五代墓志汇编》陕西卷第4册，天津古籍出版社，1991年，79、87页。录文见周绍良编《唐代墓志汇编》下，上海古籍出版社，1992年，2039-2040、2072-2073页。周编所据拓本欠佳，录文有些缺误，本文据图版重录。录文又见《全唐文补遗》第3册，三秦出版社，1996年，179、186页。

图44 西安出土《李素墓志》

特奉诏旨,追赴阙庭,考试既多,人莫能测。三年在内,累授恩荣,蒙敕赐妻王氏,封太原郡夫人,兼赐庄宅、店铺,遂放还私第,与夫人同归于宅,仍令高品四人监临奏对,除翰林待诏。四朝供奉,五十余年,退食自公,恪勤无替。夫人有子三人,女一人。长子及女早岁沦亡。至贞元六年,不幸夫人倾逝。仲子景伾,朝请大夫试太常卿上柱国守河中府散兵马使;季子景伏,朝散大夫试光禄卿晋州防御押衙。时遭祸雁,咸悉

图 45　西安出土《李素夫人卑失氏墓志》

幼稚,涟涟泣血,不绝哀声,同顾悌之绝浆,得王褒之孝道。公愍念偏露,爱育无人,丧礼既终,再议婚娶。以贞元八年,礼聘卑失氏,帝封为陇西郡夫人。有子四人,女二人。长子景亮,袭先君之艺业,能博学而攻文,身没之后,此乃继体。次子景弘,朝议郎试韩王府司马;少子景文,前太庙斋郎;幼子景度,前丰陵挽郎;长女礼适罗氏,更岁而丧;在室之女,因疾而亡。呜呼!公往日历司天监,转汾、晋二州长史,出入丹墀，栖翔凤馆，曾无疾疹，暴起祸飞，天灾流行，掩钟斯衅，国丧其宝，人之云亡。时元和十二年岁次丁酉十二月十七日终于静恭里也，享年七十有四。虽身没之后，盛德犹归，上命宣传，赈赍缯帛。帝泽不易，恩渥弥深，遂召子景亮，诘问玄微，对扬无玷，擢升禄秩，以续阙如，起服拜翰林待诏襄州南漳县尉。再立门庭之贵，复登禁掖之荣，冠盖联绵，形影相吊。陇西郡夫人与长子景佽等每议安厝，无不流涕呜咽。告子卜择，龟筮叶从，罄家有无，以营迁殡。今于万年县浐川乡尚傅村观台里，用置茔垄。时元和十四年己亥岁五月戊寅朔十七日甲午迁葬于此，礼也。故刻石为纪，显彰厥德。铭曰：

　　卓哉李公，天降其聪。涧生秀才，人莫之同。家本西域，身荣汉宗。恪勤荐职，惟公奉忠。其一。鉴烛非您，辩明不忒。二仪道远，三光莫测。人岂知之，公为自得。四朝供奉，一门授职。荣贵及时，用光家国。其二。魂归圹宅，魄散青天。丘坟映日，松槚生烟。设陈尸位，号诉于筵。玄堂既掩，刊石留年。其三。

大唐故陇西郡君夫人墓志铭

大唐故陇西郡君卑失氏夫人神道墓志铭

　　前常州义兴县丞李元古撰

　　曰夫珠光者，可以外明于物；玉闰者，然滋于川原。太夫人族望〔平〕卢，家以邠上，鼎盖轩冕，皆累朝勋，俸受恩荣，远近皆仰。〔曾祖〕皇朝任右骁卫将军昂之后矣，匡时定难，文武简生，桂林一枝，德扬京国。祖皇朝任特进守左羽林大将军讳卓。父皇朝任开府仪同三司守朔方节度衙前兵马使御史中丞嗣先。皆承邦家重委，以安中外。夫人德风播扬，累世门阀，剑履相次，恭侍母仪，威容自鲜，丽质殊异。既礼君子，俄深岁年。夫皇朝授开府仪同三司行司天监兼晋州长史翰林待诏上柱国开国公食邑一千户李素，上明万象之总源，中为五百之简生，名烈朝纲，声振寰宇。长男右神策军散兵马使兼正将检校太子詹事景位，次男前晋州防御押衙景复，次男宣德郎起复守右威卫长史翰林待诏赐绯鱼袋景亮，次男前威远军押衙景直，次男前乡贡明经景文，次男太庙斋郎景度，是以家族庆贵，京国连芳。夫人月桂香吐，凤林早春，夙彰节义之德，方期荣侍之崇，何穹苍而不祐，奄从凶咎之殃。夫薨于元和之末十有二祀季冬之月，首尾六载，不期忽降舜华之美，夜月亏轮，鸾鹤移迹，长庆二年十二月廿八日奄钟斯祸。男等哀哭攀恋，擗踊无告。至长庆三年四月十三日，安厝于万年县浐川乡上傅村观台里，祔旧茔矣。用显风仪，以申往惠，刻石陈记，扬于后世。铭曰：

贤哉令母，容质芳著。内以恩布，外以义取。敬爱有则，礼数合度。显德既彰，祸兮何伤。鸾鹤斯逝，冥魂夜长。至哀志想，有深仪像。刻石陈记，陪增惨怆。千秋不移，恋兮何望。

长庆三年岁在癸卯四月乙酉朔十三日丁酉记。

二　李素先人的来历

志文说李素是波斯王的外甥，天宝年间（742—756），其祖父李益奉波斯王命，来唐朝出使，因充质子，授右武卫将军，在长安宿卫。检《册府元龟》卷九七一所记天宝四载至十载的六次波斯遣使记载，没有李益之名，也没有纳质子的记录❶。事实上，天宝时波斯已是阿拉伯帝国的一个省份，虽有时拥有一定的独立性，但不可能有自立的国王遣使入唐。所谓李益奉命来朝，差充质子的说法是值得怀疑的。从另一个角度讲，按唐朝的制度，都是番王之子在唐朝充为质子❷，那么，李素不应是国王之甥，而应是国王之胤。可见，李素后人在请人撰写墓志时，力图把本姓与波斯王家联系在一起，但不小心露了马脚。

李素卒于元和十二年（817），享年七十四岁，则生于天宝三载（744）。从其祖、父两代人的汉化姓名来看，这个波斯家族应当从更早的时期就来到中国了。我们知道萨珊波斯王朝破灭时，国王卑路斯及其子都逃到中国，随行的当有不少波斯王室、后族及其他贵族，甚至有的学者认为仪凤二年（677）波斯王卑路斯奏请于礼泉坊所建的波斯胡寺，即因其王后信景教而为景教寺院，不是一般人所以为的祆寺❸。卑路斯客死唐朝长安，其王后亦应死于中国。若说李素出自这个波斯王后一族，倒是有可能的。从唐初以来，唐朝就把大量外国质子和滞留不归的使臣隶属于中央的十六卫大将军，宿卫京师，李益大概就是属于这类的波斯人。

志文记李益子李志任唐朝的朝散大夫守广州别驾上柱国，时间据其父天宝中任职和其子李素的年龄推测，当在肃宗或代宗时期

---

❶ 李健超和笔者最初发表本文时都把其名读作"李益初"，本文修订时据朱玉麒君的意见，读作"李益"。然李健超先生检索时，当然是用李益初的名字，见《汉唐时期长安、洛阳的西域人》，《西北历史研究》1988年号，三秦出版社，1990年，58页。参看李健超《增订唐两京城坊考》，三秦出版社，1996年，151页，靖恭坊条。不过，笔者重检《册府元龟》，也不见"李益"的名字。

❷ 参看 Liean-sheng Yang, "Hostages in Chinese History", *Studies in Chinese Institutional History*, Harvard University Press, 1961, pp.43-57；张荣芳译《国史上的人质》，载杨联陞《国史探微》，台湾联经出版公司，1983年，109-126页。

❸ D. D. Leslie, "Persian Temples in T'ang China", *Monumenta Serica*, 35, 1981-1983, p.286.

(756—779)。广州为中都督府，开元时有户六万四千二百五十，从至德二载（757）始，又是岭南五府经略节度使的治所❶。别驾是仅次于都督的地方长官，可见李志所任职掌的重要性。据考古发现的金银器、钱币、铭文资料和文献记载，学者们已经指出，以广州为中心的岭南地区，从南朝到隋唐五代，与波斯地区保持着海上的交往，同时也有不少入华的波斯人后来从北方南下岭南地区，其中尤以景教徒在岭南的活动备受瞩目❷。李素墓志的发现，为前人的论说提供了强有力的佐证。

广州是波斯等国商胡从海上进入中国的门户，又是由海陆两道进入中国的商胡、使者、传教士离华的口岸，因之聚居了大量的外国侨民。唐中央朝廷任命李志这样一位波斯人来做广州别驾，显然是为了便于对当地业已存在的大批胡人进行统治。而且我们也可以据此事推测，波斯人在这些胡人中应当占据相当的比重。

三　李素任职司天台与希腊波斯系天文著作的翻译

李素是李志的长子，他在大历中（766—779）被召到京师长安

---

❶ 《元和郡县图志》卷三四；《唐会要》卷七八。
❷ 罗香林《唐元二代之景教》，香港中国学社，1966年，71-96页；Lo Hsiang-lin, "Spread of Nestorianism in Kwangtung Province in the Tang Era"，《珠海学报》第8期，1975年，218-231页；姜伯勤《广州与海上丝绸之路上的伊兰人：论遂溪的考古新发现》，《广州与海上丝绸之路》，广州，广东省社会科学院，1991年，21-33页；王承文《唐代岭南的波斯人与波斯文化》，《中山大学史学集刊》第1辑，广东人民出版社，1992年，68-82页；Yoshida Yutaka, "Additional Notes on Sims-Williams' Article on the Sogdian Merchants in China and India", *Cina e Iran. Da Alessandro Magno Alla Dinastia Tang*, ed. A. Cadonna e L. Lanciotti, Firenze, 1996, pp.73-75；刘健明《从对外贸易看唐代岭南发展的特点》，《岭南文化新探究论文集》，香港，现代教育研究社，1996年，237-250页。

之前，应一直随父在广州生活。墓志说到他年轻时的学习情况和特长："公天假秀气，洞生奇质，得裨竈之天文，究巫咸之艺业。握算枢密，审量权衡，四时不忒，二仪无忒。"表明他在天文历算等方面有着特别的才能，因此才被召到京师，任司天台的官员。唐朝两京人才济济，为何要不远万里地从广州征集一个番人呢？显然，李素所学的天文历算之学，不是中国传统的一套，而是另有新意，否则唐中央朝廷似不会如此远求贤才。另外一个原因，恐怕是执掌司天台的印度籍司天监瞿昙谋于大历十一年（776）去世❶，需要新的人才补充其间。

李素的波斯人背景，使我们联想到以下人们所熟知的史实。《册府元龟》卷五四六谏诤部直谏一三记载❷：

> 柳泽开元二年（714）为殿中侍御史、岭南监选使，会市舶使、右威卫中郎将周庆立、波斯僧及烈等，广造奇器异巧以进。泽上书谏曰："臣闻不见可欲使心不乱，是知见欲而心乱矣。窃见庆立等雕镌诡物，制造奇器，用浮巧为珍玩，以谲怪为异宝，乃理国之所巨蠹，圣王之所严罚，紊乱圣谋，泪致彝典。……"

佐伯好郎已经详细论证了这里的及烈，即西安发现《大秦景教流行中国碑》中提到的"及烈"（Gabriel）❸。碑云："圣历年，释子用

---

❶ 参看晁华山《唐代天文学家瞿昙谋墓的发现》，《文物》1978年第10期，49-51页；周绍良编《唐代墓志汇编》下，1791页。

❷ 《宋本册府元龟》，中华书局影印本，1989年，1490页；参看中华书局影印明本，6547-6548页。参看《旧唐书》卷八《玄宗纪》，中华书局标点本，174页；《唐会要》卷六二谏诤；《新唐书》卷一一二《柳泽传》。

❸ P. Y. Saeki, *The Nestorian Documents and Relics in China*, Tokyo 1937, pp.93-94.

壮,腾口于东周;先天末,下士大笑,讪谤于西镐。有若僧首罗含、大德及烈,并金方贵绪,物外高僧,共振玄纲,俱维绝纽。"这是说在武则天上台后,佛教徒在东西两京势力强盛,景教僧侣备受欺辱,于是景教教团派罗含、及烈从西方前往中原,挽救景教的颓势。其名还见载于《册府元龟》卷九七五外臣部褒异二:"开元二十年(732)八月庚戌,波斯王遣首领潘那蜜与大德僧及烈来朝,授首领为果毅,赐僧紫袈裟一副及帛五十疋,放还。"❶这里的波斯王似是冒称,因为大德及烈原本就在唐朝的岭南,为了其他什么缘故,在开元二十年,他又与大首领潘那蜜等来到京城长安,这必然壮大了景教声势❷。

学者们也已经指出,波斯景教僧继承了经阿拉伯和叙利亚地区而传来的希腊文化,如天文学、医学等,并擅长于机械制造。开元二年景教僧及烈与唐朝驻广州的市舶使周庆立一起制造"奇器异巧",即被看作是与明末利玛窦(Matteo Ricci)携带着天文仪器而传教相类的作法❸。及烈等人的行动,受到了唐朝派到岭南的殿中侍御史的弹劾,但及烈此后还充使到了长安,可见这些仪器是唐朝所需要的。此事发生在李素出生以前,但说明了广州一带是波斯人传播西方科学技术的一个基地,开元以后,恐怕这个传统还存在,同是波斯人的李素自当受其影响。

---

❶ 《宋本册府元龟》第4册,3878页;明本第12册,11454页。
❷ 朱谦之《中国景教》,北京,东方出版社,1993年,71页。同书156页及罗香林均认为《景教碑》中的罗含,即卒于景云元年(710)的波斯国大酋长右屯卫将军上柱国金城郡开国公阿罗憾,见《唐元二代之景教》,62页。此说尚难定论,有关阿罗憾的最新讨论,见 A. Forte, "On the So-called Abraham from Persia. A Case of Mistaken Identity", *L'inscription Nestorienne de Si-ngan-fou*, by P. Pelliot, Kyoto & Paris, 1996, pp.375-428。
❸ 桑原骘藏《蒲寿庚考》汉译本,中华书局,1954年,9页。

大历中，李素因对天文星历之学的专长而被征召入京，任职于司天台❶，前后共五十余年，经历了代、德、顺、宪四朝皇帝，最终以"行司天监兼晋州长史翰林待诏"的身份，于元和十二年（817）去世。李素以波斯人后裔的出身，最终成为唐朝掌管天文历算的最高机构司天台的首脑，有如开元时期从印度来华的瞿昙悉达、瞿昙譔父子一样，其于天文历算之学或波斯系统的天文历算之学的传入中国一定有所贡献，惜墓志文字重在历官，而略于行事，故不得其详，但发生在他执掌司天监时的一件事，值得重新讨论。

《新唐书》卷五九《艺文志》丙部历算类著录❷：

> 《都利聿斯经》二卷　贞元中（785—805），都利术士李弥乾传自西天竺，有璩公者译其文。
>
> 陈辅《聿斯四门经》一卷。

而《通志》卷六八则云❸：

> 《都利聿斯经》二卷　本梵书五卷，唐贞元初有都利术士李弥乾将至京师，推十一星行历，知人命贵贱。
>
> 《新修聿斯四门经》，唐待诏陈辅重修。

晚唐到宋代以"都利"、"聿斯"为名的书还有一些，但都是由上述

---

❶ 司天台原名太史局，隶秘书省，景龙二年（708）独立，乾元元年（758）改名司天台。详参《新唐书》卷四七《百官志》司天台条。
❷ 中华书局标点本，1548页。
❸ 中华书局影印《十通》本第1册，1987年，志801页。

两种发展而来的，此不赘述❶。

关于《都利聿斯经》和《聿斯四门经》的来源，迄今尚无一致的看法。早年，沙畹和伯希和撰《摩尼教流行中国考》时涉及到这些经典，他们认为《都利经》和《聿斯经》来自中亚，而《四门经》来自北印度，因为印度之二十八宿分为四门❷。石田干之助在《〈都利聿斯经〉及其佚文》中，收集了中、日文献中的大量零散记载，认为是混有伊朗文化因素的佛教天文学著作❸。薮内清认为《四门经》可能与托勒密的 *Tetrabiblos* 一书有关，因为两个书名的意思都是"由四部书组成的著作"❹。但他的说法没有引起史学界的注意。饶宗颐《论七曜与十一曜》，发现敦煌写本 P.4071 宋开宝七年（974）康遵批命课中有《聿斯经》的佚文，由此展开讨论，他检出明初宋濂所著《禄命辨》的说法，认为"都利"即《汉书·陈汤传》的都赖水，今塔拉斯河（Talas），其地在古代的康居，而康遵正是出自撒马尔干的康国粟特人，因此以为《聿斯经》出自西域，换言之即粟特❺。姜伯勤《敦煌与波斯》一文，引述中古波斯巴列维语（Pahlavi）所写《班达希申》（*Bundahishn*）中关于世界星占的说法，对比敦煌写本《康遵批命课》所引佚文，发现两者有许多相近之处，认为《都利聿斯经》是波斯占星术，经西印度、中亚粟特地区，而传到敦煌、灵

---

❶ 中华书局影印《十通》本第 1 册，志 801 页。

❷ E. Chavannes & P. Pelliot, "Un traité manichéen retrouvé en Chine", *Journal Asiatique*, XI ser., I, 1913, pp.168–170. 冯承钧译载《西域南海史地考证译丛》八编，中华书局，1958 年，56 页。

❸ 参看石田干之助《〈都利聿斯经〉及其佚文》，《羽田博士颂寿记念东洋史论丛》，京都，1950 年；收入作者《东亚文化史丛考》，东京，东洋文库，1973 年，689–706 页。

❹ 薮内清《中国の天文历法》，东京，1969 年，186–191 页。

❺ 《选堂集林·史林》中，香港中华书局，1982 年，771–793 页。

州等地❶。同时，矢野道雄《关于唐代的托勒密著作》一文，在薮内清上述研究的基础上，进而认为"都利聿斯"实即"托勒密"（巴列维文 PTLMYWŠ 或 PTLMYWS，叙利亚文 P-Ṭ-L-M-W-S，阿拉伯文 B-Ṭ-L-M-Y-W-S）的音译，而《四门经》可能是托勒密的天文著作 Tetrabiblos❷。

学术上的疑难越辨越明，《都利聿斯经》和《四门经》的考释就是一个生动的例证。姜伯勤先生找到的内证和矢野道雄氏绝妙的对音和释义，使我们可以把他们各自独立地得出的结论综合起来。《都利聿斯经》和《四门经》源出希腊托勒密的天文学著作，经过波斯人的转译和改编，向东传播，其中有传到西印度的文本，经过某些改造，最后在贞元初年由李弥乾带到中国。

李弥乾其人，宋濂《禄命辨》说他是婆罗门伎士，自不待辩。石田干之助注意到唐朝入华波斯人多姓李氏，他举出随日本天平八年（736）遣唐副使中臣名代赴日的波斯人李密翳、唐末入楚的波斯人李珣及弟李弦，因而臆测李弥乾或许也是波斯人❸。其说至当，对此还可以补充敬宗时献沉香亭子材的"波斯贾人李苏沙"❹。李素墓志的发现，更加强了入唐波斯人多以李为姓的认识，也就更

---

❶ 姜伯勤《敦煌与波斯》，《敦煌研究》1990 年第 3 期，3–15 页；同作者《敦煌吐鲁番文书与丝绸之路》，文物出版社，1994 年，59–63 页。按江晓原仍指《聿斯经》为印度星占学，但未提出新的证据，见所撰《六朝隋唐传入中土之印度天学》，《汉学研究》第 10 卷第 2 期，1992 年，270–272 页；又载所著《天学真原》，辽宁教育出版社，1991 年，353–355 页。

❷ Michio Yano, "A Note on Ptolemy in China", *Documents et Archives provenant de l'Asie Centrale. Actes du Colloque Franco-Japonais Kyoto* 4–8 *October* 1988, ed. Akira Haneda, Kyoto, 1990, pp.217–220.

❸ 石田干之助《〈都利聿斯经〉及其佚文》，《东亚文化史丛考》，699 页。

❹ 《旧唐书》卷一七一《李汉传》，4453 页；《资治通鉴》卷二四三，长庆四年九月丁未条，中华书局标点本，7839 页。

加重了李弥乾为波斯人的可能性。无论如何，李弥乾在李素任职司天台时，把波斯天文学著作《都利聿斯经》带来，并由璩公译出，似乎不是偶然的，这很可能像瞿昙悉达任太史监时译出印度《九执历》一样，李素任职司天台时，也理所当然地会协助自己的同乡把源出家乡的天文学著作转译出来。另一位重修《聿斯四门经》的陈辅，则很可能在同一时间内与李素同任翰林待诏，因此得预其事。

李素事迹的揭示，使我们条理出唐朝与波斯天文历算之学交往的脉络，并澄清了一些史实。托勒密天文学著作由希腊经波斯、印度而进入中国的事情，是值得我们在中西交通史上大书特书的事情。

四　李素诸子的入仕唐朝

李素先娶王氏，生子二人，名景佺（又名位）、景伏（又名复）。王氏去世后，于贞元八年（792）续娶卑失氏，生子四人，名景亮、景弘（又名直）、景文、景度。王氏曾受封为太原郡夫人，但她未必是太原郡出身。卑失氏墓志称"族望平卢，家以（于）邠上"，平卢原在营州，后徙青州，邠上应即关内道的邠州地区，但从她的姓来看，应系东北突厥部族入居关内者。1983年西安西郊枣园村发现"唐特进右卫大将军雁门郡开国公"俾失十囊墓，志文说墓主人"亲连右地，禀天山之灵；予族左贤，含沮泽之气"❶，"左贤"、"右地"都是匈奴的代称，在唐朝借指突厥或

---

❶ 李域铮《西安西郊唐俾失十囊墓清理简报》，《文博》1985年第4期。

回鹘。俾失十囊应是从漠北入唐的突厥系蕃族,后家于长安礼泉里,开元二十五年(737)卒❶。卑失即俾失,可见李素的续娶,是蕃人间的内部通婚。据此推测,李素的第一位夫人王氏,或许也是蕃族。

不论李素夫妇在婚姻上如何保持原来蕃人的习俗,他们的儿子们却都已完全进入中国社会,在唐朝各级衙门中供职。《李素志》和《卑失氏志》对他们都有所记载,但因为两志产生的年份相差数年,故此个别人的地位有所变动。

李景佽或李景位,《李素志》说他任河中府散兵马使,《卑失氏志》做神策军散兵马使兼正将。河中府为河东道首府,原为蒲州,开元九年改为河中府。或许李景佽在河中府任职,后改隶神策军。据《资治通鉴》卷二三二记载,唐朝在贞元三年(787)有一次检括西域胡客的举措,目的是把原由鸿胪寺供给而已在长安有田宅者停其给,使之分隶于神策两军,"王子、使者为散兵马使或押牙,余皆为卒"❷。依李素的生年和其续娶卑失氏的年份,李景佽任神策军散兵马使的时间可大体上推测在贞元三年以后,而他家正好曾被敕赐庄宅店铺,则他也可能是被作为波斯王子或使者的后人而受封此职的。

李景伏或李景复,任晋州防御押衙。晋州在河东道,隶属于河中府,李景伏任此职显然和他父兄都在这两地任过职有关。

李景亮"袭先君之艺业,能博学而攻文,身没之后,此乃继体","起服拜翰林待诏襄州南漳县尉"(《李素志》),是诸子中唯一继承父业的人。襄州在山南道,《卑失氏志》说他任"宣德郎起复

---

❶ 参看李健超《汉唐时期长安、洛阳的西域人》,65页。
❷ 中华书局标点本,7492–7493页。

守右威卫长史翰林待诏赐绯鱼袋"，表明他后来回到京城，在右威卫任长史，但不知他以后的情形如何。

李景弘或李景直，《李素志》说他任"朝议郎试韩王府司马"，《卑失氏志》则说他是"前威远军押衙"。《旧唐书》卷一一六《肃宗代宗诸子传》记："韩王迵，代宗第七子。以母宠，既生而受封，虽冲幼，恩在郑王之亚。宝应元年（762），封韩王。贞元十二年（796）薨，时年四十七。"❶ 知李景弘在韩王府任职，时在宝应元年到贞元十二年间，此后大概转为威远军押衙。

李景文先为"太庙斋郎"（《李素志》），后为乡贡明经（《卑失氏志》）。作为唐朝皇家太庙里的斋郎，李景文已经进入唐朝皇家礼仪的核心部分，而其后来成为乡贡明经，表明这个家庭的波斯人后裔已经完全汉化。

李景度，《李素志》说他是丰陵挽郎，《卑失氏志》已成为太庙斋郎。丰陵是唐顺宗李诵的陵墓，805 年入葬，则李景度在此后一段时间里在丰陵任挽郎，也是唐朝礼制中的角色。在长庆三年（823）其母去世时，已转为太庙斋郎了。

因为李素一家在长安生活了数十年，诸子也都在长安或附近的关内道和河东道任职，一步步地走向汉化，其子从武职军将渐渐转为唐朝礼仪中的角色，甚至成为乡贡明经，正是这种逐渐汉化的表征。

五 李素与长安景教

在李素诸子的名字中，都有一个至堪注意的"景"字，这固然

---

❶ 中华书局标点本，3392-3393 页。

是按照汉人的排行方式来起名，但选用"景"字而不用其他，似非偶然。"景"字是景教最常用的字，以《景教碑》为例，"教称景教；教会称景门；教堂称景寺；教主曰景尊，又曰景日；教规曰景法；其传播曰景风；其作用曰景力，曰景福，曰景命；教徒曰景众；教士曰景士；僧之命名者有景净、景福、景通等。"❶ 上文我们谈到，李素的天文星历方面的知识，很可能是从广州的景教僧侣那里学来的。而在他主持下翻译的《四门经》，又见于敦煌发现的景教写卷《尊经》所列的景教经典目录当中。这批景教经典是大秦寺景教高僧景净在建中、贞元年间所译，正好也就是李素组织翻译《聿斯四门经》的同时。因此，虽然由于经本已佚，目前我们不敢说两者就是一本书，但可以肯定两者之间一定有关❷。如果把这些因素结合在一起来看，李素诸子以"景"字命名，或许暗示着这个家族固有的景教信仰。

更值得注意的是，《大秦景教流行中国碑》建立于"大唐建中二年（781）岁在作噩太簇月七日大耀森文日"，地点当在长安义宁坊大秦寺❸，其时李素一家正在长安居住，李素在司天台任职。虽然说天宝四载唐朝得知景教来自大秦，但从《景教碑》所列叙利亚文景教徒众的名称来看，其时长安的景教徒主要是波斯人❹，这是阿

---

❶ 朱谦之《中国景教》，130 页。
❷ 石田干之助《〈都利聿斯经〉及其佚文》，《东亚文化史丛考》，697 页；朱谦之《中国景教》，114 页。
❸ 关于景教碑的出土地，有长安说和盩厔说，参看朱谦之《中国景教》78-81 页的概述。此处用洪业说，见所撰《驳景教碑出土于盩厔说》，《史学年报》第 1 卷第 4 期，1932 年，1-12 页。较新的讨论还有李弘祺《景教碑出土时地的几个问题》，《傅乐成教授纪念论文集中国史新论》，学生书局，1985 年，547-574 页；林悟殊《盩厔大秦寺为唐代景寺质疑》，《世界宗教研究》2000 年第 4 期。
❹ Cf. P. Pelliot, *Recherches sur les Chretiens d'Asie centrale et d'Extrême-Orient*, II.1: La Stele de Si-Ngan-Fou（Paris 1984）中有关叙利亚人名的波斯语还原。

226

图 46 《大秦景教流行中国碑》
　　　上的李素题名

罗本、潘那蜜、及烈以来直到景净的长安景教教团的传统❶。如果我们说李素信奉景教的话，他不应当不参与像建立《景教碑》这样一件入唐景教徒有史以来最大的事，即为本教树立丰碑。碑文"大耀森文"源出波斯语❷，已透露了参与其事者有懂波斯历法的人在。细审碑文，我们惊喜地发现，李素字文贞的"字"，就镌刻在《景教碑》侧叙利亚文和汉文对照书写的僧侣名单左侧第三栏（图46），作"Luka（路加）/僧文贞"❸。从李素的年代和事迹来看，把两处的"文贞"勘同为一人是没有任何障碍的，而且景教僧侣可以

---

❶ 阿罗本之为波斯人见《唐会要》卷四九，潘那蜜和及烈见上引《册府元龟》卷九七五，景净见《贞元新定释教目录》卷十七《般若三藏续翻译记》。

❷ P. Y. Saeki, *The Nestorian Document sand Relics in China*, pp.45-46.

❸ 较清晰的图版见佐伯好郎《景教之研究》，东京，1935年，577页，第22图，参看603页及朱谦之《中国景教》162、228页。

娶妻生子也是人所共知的常识❶。自明天启三年（1623）《大秦景教流行中国碑》发现以来，迄今已三百多年，有关的研究论著数量惊人，但限于史料，多年来进步不大。《李素墓志》的发现和其名文贞在《景教碑》中的再发现，必将有助于我们对《景教碑》的进一步研究❷。

《李素墓志》和《卑失氏墓志》的发现，使我们比较完整地看到一个波斯家族在唐朝的生活仕宦情形，特别是天宝以后波斯人的入仕唐朝，此前未见记载，所以更加显得珍贵。而李文贞其名在《景教碑》上的发现，使我们加深了波斯人之信奉景教，以及景教与波斯天文历法的联系等方面的认识，也为重新论证《景教碑》的真实性及其历史内涵提供了新的出发点。

以上仅就两方墓志涉及的问题略做考释，相信随着研究的深入，材料的续出，一定能进一步澄清墓志所记的史实。所论容有不当，请方家指正。

原载《伊朗学在中国论文集》第二集，1998年

---

❶ 朱谦之《中国景教》，134–135、140页。
❷ 我的学生陈怀宇认为，《景教碑》右侧第二栏所列之"Jesudad / 景福"，或即李素次子景伏，又作景复，字本不定，"福"、"伏"音同。景伏为李素前妻王氏所生，王氏卒于贞元六年，故此年代也没有问题，只是两志均记景伏任晋州防御押衙，不知其时是否在长安。录此聊备一说，以待通人。

敦煌归义军曹氏统治者为粟特后裔说[*]

一　敦煌归义军史概说

归义军的历史大体上可以分成两个阶段。前期的归义军政权主要由张氏家族掌权，自848年至914年（包括金山国），后期政权由曹氏家族掌权，自914年至1036年。

自安禄山叛乱后，吐蕃陆续占领了包括敦煌在内的河西地区。848年，沙州土豪张议潮率众起义，赶走吐蕃守将，归附唐朝。851年，唐朝设立归义军，以张议潮为节度使。861年，张议潮率蕃汉兵攻占凉州，势力达到最盛期。以后，随着840年自漠北（蒙古高原）西迁的回鹘势力进入天山东部地区和河西走廊，大概在866年，仆固俊创建了西州回鹘（西回鹘）政权。867年，侄张淮深代张议潮掌归义军政权，但没有得到唐朝的支持。876年，归义军西部重镇伊州被西回鹘攻占。东面的甘州、肃州也渐渐被进入河西的

---

[*] 笔者2000年5月24日曾以本文在日本大阪大学做过讲演，并就一些问题与森安孝夫、吉田丰、武内绍人、荒川正晴诸氏进行过讨论。

回鹘占领，这支回鹘势力建立了甘州回鹘政权。890年，张淮深被杀，沙州内乱，议潮子张淮鼎、婿索勋、婿李明振诸子（张议潮外孙辈）、孙张承奉相继掌权。内乱进一步削弱了归义军的力量，辖境缩小，基本上只能保有瓜、沙二州六镇的范围。907年，朱全忠废唐朝皇帝而建立大梁政权。消息传到敦煌，910年，张承奉自称白衣帝，建立金山国，但很快被以唐朝外甥自命的甘州回鹘可汗击败，订立了"可汗是父，天子是子"的城下之盟。

914年，曹议金（名仁贵）取代张承奉，废金山国，恢复归义军节度使的建置，开创了曹氏归义军时代。他与东面的甘州回鹘和西面的于阗王国联姻，在918年遣使中原王朝，受到后梁的封赠，中原使者远到沙州赠官，曹议金为此在莫高窟建大型洞窟（98窟）来庆贺。925年，曹议金借甘州回鹘内乱，发兵征讨并打败甘州回鹘，确立了曹氏为父，甘州可汗为子的新格局。935年，曹议金卒，其子曹元德即位，与甘州关系破裂。939年，曹元德卒，弟曹元深即位。942—943年，借后晋册封于阗王李圣天的使者回京，曹元深与甘州和好，并遣使与中原王朝沟通。944年，曹元深卒，弟曹元忠即位。在曹元忠统治期间，归义军文化昌盛，政局平稳。而且与东西回鹘、西方于阗和东面的中原王朝友好交往。970年，于阗与黑韩王朝攻战，曾向归义军求援。974年，曹元忠卒，侄曹延恭即位，归义军势力渐衰。976年，曹延恭卒，弟曹延禄即位。1002年，曹延禄被杀，族子曹宗寿即位。敦煌文书最晚的一件纪年就到1002年，以后的归义军史只有史籍的片段记载。1014年，曹宗寿卒，子曹贤顺即位。1036年，西夏占领沙州[1]。

---

[1] 参看荣新江《归义军史研究——唐宋时代敦煌历史考索》第一章《大事纪年》及以下各章的详细论证，上海古籍出版社，1996年。

从中原王朝的历史来说，沙州归义军经历了晚唐、五代、宋初三个历史时段。在晚唐时期，归义军本是唐朝在大中五年设立的一个军镇，但由于位于中原王朝"王命所不及"的西北一隅——敦煌，因此与唐朝其他的方镇不同，具有很强的独立性。到了五代时期，曹氏统治者虽然还称作沙州归义军，但实际上已经是一个独立的地方王国，新旧《五代史》附于《吐蕃传》，《宋史》则放在《外国传》，《宋会要》也放在《蕃夷部》。由于敦煌处在中西交往的孔道上，东往西来的各国使者、僧侣都要经过这里，归义军的周边地区为回鹘、吐蕃、党项、于阗等民族占据，所以，归义军虽然是一个以汉人为主体的政权，但其民族的多样性和政权的国际性，使它与五代时期其他以汉族为主体的地方政权有许多不同，加之敦煌文献和洞窟保存了丰富的资料，使得归义军的研究具有特殊的旨趣和意义。

然而，由于中国传世的典籍对归义军没有系统的记载，出土的敦煌文书又大多数支离破碎，迄今为止，归义军史研究虽然有许多进步，但还有不少问题遗留下来。本文拟选取有关归义军曹氏统治者是否粟特人后裔的问题进行讨论。关于曹氏出自中亚的粟特人，前人有过这样的猜测，但没有论证。我在研究归义军史时，一直为这个问题所困扰。这里只就这一说法提出一些可能的旁证，更主要的目的，是通过这样的思路来理解粟特后裔在归义军政权中的地位和影响。

二 曹议金的来历之谜

敦煌文书和莫高窟题记中，都说曹议金家族的郡望是谯郡，如写于919年的P.3718(8)《张和尚(喜首)写真赞》中说"遂遇尚书谯公,秉政光耀"❶。又莫高窟第100窟甬道题记有"谯郡开国公曹元德"❷。自罗振玉以来,归义军史的研究者一般都信从"谯郡曹氏"的说法。谯郡在今天的安徽亳县,三国中魏国的创立者曹操就出自这一门。曹操一族并非高门,但曹魏立国,使谯郡曹氏自魏晋以来成为士族。到了唐朝,更为望族。北图位79号(8418)《贞观姓氏录》亳州谯郡七姓中有曹氏;S.2052开元时的《新集天下姓望氏族谱》亳州谯郡十姓中,曹氏名列第一❸。如果曹议金家族真的出自亳州谯郡的曹氏,则确实是敦煌地区的名门望族了。然而,敦煌的谯郡曹氏一族在曹议金出现以前没有见到任何记载,所以曹议金的来历是个谜。

根据我们今天对敦煌社会和敦煌氏族的研究成果,自北朝隋唐一直到五代宋初,敦煌的大族保持了他们在敦煌社会的政治、经济、文化上的优越地位,改朝换代也没有从根本上改变其威望。因此,一些强有力的家族在敦煌的存在往往持续几个世纪。现存的敦煌《名族志》、《家传》、地方志、邈真赞、墓志铭和莫高窟的碑记、供养人题记等资料,都集中展现了从唐朝经吐蕃到归义军时代敦煌几个大族重要而且稳固的地位,如P.2625《敦煌名族志》所记的张氏、阴氏、索氏,等等❹。如果曹议金出自谯郡曹氏,这一高门大姓至少应当是吐蕃统治敦煌以前迁到敦煌的,那么,到五代时应当已有几代人,他们的消息应当留存在敦煌的文书和莫高窟的题记当

---

❶ 姜伯勤、项楚、荣新江《敦煌邈真赞校录并研究》,新文丰出版公司,1994年,233页。
❷ 敦煌研究院编《敦煌莫高窟供养人题记》,文物出版社,1986年,49页。
❸ 唐耕耦等《敦煌社会经济文献真迹释录》一,书目文献出版社,1986年,86、95页。
❹ 参看郭锋《5—10世纪敦煌的家庭与家族关系》第五章《唐五代敦煌的家族与家族关系》,岳麓书社,1997年,130-196页的相关表格和分析。

中。但是，在已知的材料当中，除了有关曹议金家族的资料外，很难看到有关谯郡曹氏的记载，这就使我们不得不怀疑，曹议金其人到底是从哪里来的？

敦煌之有汉族出身的曹姓人家，可以远溯到东汉时期，其中最有名的是曹全，因为西安碑林中保存着书法史上著名的《曹全碑》。《曹全碑》称他是"敦煌效谷人"，曹氏先人自秦汉之际就"分止右扶风，或在安定，或处武都，或居陇西，或家敦煌"❶，显然与谯郡不是一支，以后这一支在敦煌的历史上也几近绝迹。

在张氏归义军时期，比较有名的曹姓人物，是 P.4660《邈真赞集》中收录的"敦煌管内僧政兼勾当三窟曹公"和"入京进论大德兼管内都僧政赐紫沙门曹僧政"，前者是出身"武威贵族"的"陈王（曹参）派息"，即远祖与曹全相同。后者未标出身何处❷，从其他文献可以知道他的法名叫法镜，是吐蕃到归义军初期敦煌的佛教大法师法成的弟子，继法成讲经到中和四年（884）❸，估计他不是出身中原大姓，否则赞文中一定会提到。因为同一写卷中显然为粟特后裔的康通信、康使君两人的邈真赞❹，也不提他们的郡望，所以我推测曹法镜也可能是出身曹国的粟特后裔。

事实上，中亚粟特地区的曹国人，从很早时期就已经进入敦煌，而且入籍成为当地人。池田温先生在《8世纪中叶敦煌的粟特人聚落》一文中指出，西魏大统十三年（547）瓜州（敦煌）计帐样文书中，就有曹匹智拔、曹乌地拔，推测是出自曹国的粟特人。

---

❶《金石萃编》卷十八《郃阳令曹全碑》。
❷《敦煌邈真赞校录并研究》，194、196 页。
❸ 荣新江《归义军史研究》，271–272 页。
❹《敦煌邈真赞校录并研究》，179、192 页。

敦煌归义军曹氏统治者为粟特后裔说　**233**

他根据唐天宝十载（751）敦煌县差科簿，详细分析了敦煌从化乡的粟特聚落情况，其中包括不少曹姓粟特人。吐蕃统治敦煌以后，这个聚落消亡❶。

近年来，兰州大学郑炳林教授和他的同事，陆续发表了一组文章，在姜伯勤先生《敦煌吐鲁番文书与丝绸之路》（文物出版社，1994年）一书关于敦煌吐蕃和归义军时期粟特人动向简要提示的基础上，对吐蕃和归义军时期敦煌的粟特人，确切地说应当是粟特人后裔，做了详细的研究❷。根据人名来判断是否粟特人固然有些武断，但去除一些主观的看法，他们揭示的一些有关粟特后裔的史料，有助于我们了解包括曹姓粟特人在内的粟特后裔的普遍状况。

在吐蕃统治时期，大批粟特人皈依佛教，有的仍然从事商业贸易活动，一些上层人士，如康再荣，担任了吐蕃的部落使；还有的人成为敦煌佛教教团的僧官，如康智诠任都统之职。从大量的敦煌文书记载来看，粟特的势力并没有过多地削弱，所以，在848年张议潮起义时，与之一同起兵的安景旻，应当就是当地粟特后裔的领袖。在张氏统治归义军时期，康通信、康使君和曹法镜可以作为敦煌后裔在僧俗两界的代表，特别是归义军的兵将当中，有不少人具有粟特的姓和汉式的名字，如P.3547《上都进奏院状》

---

❶ 池田温《8世纪中叶における敦煌のソグド人聚落》,《ユーラシア文化研究》第1号，1965年，49–92页。

❷ 郑炳林《唐五代敦煌粟特人与归义军政权》,《敦煌研究》1996年第4期，80–96页；陆庆夫《唐宋间敦煌粟特人之汉化》,《历史研究》1996年第6期，25–34页；郑炳林《唐五代敦煌的粟特人与佛教》,《敦煌研究》1997年第2期，151–168页；郑炳林、王尚达《吐蕃统治下的敦煌粟特人》,《中国藏学》1996年第4期，43–53页；陆庆夫、郑炳林《唐五代敦煌的社与粟特人聚落》，以上五篇文章均收入《敦煌归义军史专题研究》，兰州大学出版社，1997年；郑炳林《〈康秀华写经施入疏〉与〈炫和尚货卖胡粉历〉研究》,《敦煌吐鲁番研究》第3卷，1998年，191–208页。

记张淮深派往唐朝出使的使团成员有：十将康文胜和康叔达、衙前兵马使曹光进、长行安再晟等。P.4640《己未至辛酉年（899—901）归义军衙内破用布纸历》记当时归义军的将领有：衙官米和儿、康义通、康沙子、康山海、米进晟，押衙康伯达、曹光进，都押衙曹光嗣，常乐县令安再宁，悬泉镇使曹子盈。曹子盈又见于 S.619 号，其官职是"悬泉镇遏使行玉门军使"，同号另一件文书是《归义军都虞候安怀恩状》❶。米、康、安三姓比较容易理解为粟特后裔，曹姓因为也是汉族大姓，所以不能直接指作粟特人，但从粟特人在吐蕃和归义军时期的大量存在，和敦煌曹姓粟特人的资料多于中原汉族曹姓的情形来分析，上述归义军将领中的几位曹姓人物，很可能是粟特后裔，这也可以从他们的名字中往往有粟特人信奉的祆教色彩的"光"之类的字眼，和他们往往出任的是武职军将这些方面得到印证。

无论如何，从现存的敦煌资料来看，与其说曹议金是出自亳州鼎族或谯郡大姓，不如说他可能是出自粟特后裔的曹姓家族，这一家族的成员在张氏归义军的后期，即张承奉统治时期，或担当总管归义军兵马的要职都押衙，或出任归义军东部重镇悬泉和玉门两镇的军事指挥官，加上其他粟特人担任的归义军要职，如都虞候、衙官等，无疑为粟特后裔的上台提供了有利的条件。

关于曹议金是如何取代张承奉的，目前还没有确切的史料来说明。张氏归义军时期一些大家族，特别是张议潮家族成员在曹氏归义军继续入仕，表明两者的交替没有出现大的流血斗争。然而，从张、索、李三氏的政争最终权力仍回归到张承奉手中来看，要把政权从张氏转移到曹氏也不会是一番风顺的。作为粟特

---

❶《敦煌归义军史专题研究》，409–421 页。

后裔的曹氏,除了要得到大批粟特后裔的支持外,还要得到汉族大姓的拥护,一个拉拢汉族大姓的手法,就是把自己也变成汉族大姓,并与大族联姻,而冒用汉族郡望的做法,在粟特人中间早就是司空见惯的事了❶。曹氏只有得到汉族大姓的支持,政权的交替才能够比较容易地进行。

总之,曹议金自称的"谯郡"郡望是值得怀疑的,从敦煌文书和史籍文献所见整个敦煌曹姓的材料和张氏归义军时期粟特后裔的势力渐渐膨胀的情况来看,曹议金其人很可能是粟特人的后裔。

三 曹氏的婚姻关系

914年曹议金取代张承奉出任归义军节度使以后,第一件事就是遣使甘州回鹘,并利用甘州回鹘可汗的帮助,遣使入贡中原,希望得到中原后梁王朝的支持。916年的遣使在凉州一带遭劫,两年以后,归义军使者才在甘州可汗和凉州仆射的协助下,到达后梁,得到中原皇帝的恩诏。

至迟在918年以前,曹议金已经娶甘州回鹘可汗之女为妻,因为记载918年开始兴建的98窟的两篇功德记中(P.3262和P.3718),已经提到这位回鹘天公主。从98窟的供养人像的排列顺序中,我们知道这位回鹘公主是曹议金的第一夫人,巨鹿索氏是第二夫人,广平宋氏是第三夫人。如果把曹议金看作是谯郡曹氏出身

---

❶ 如康姓粟特人冒称会稽人,何氏冒称庐江人,都十分巧妙。参看荣新江《北朝隋唐粟特人之迁徙及其聚落》,《国学研究》第6卷,北京大学出版社,1999年,40—42、60页。

的士族成员,那么他首先娶回鹘公主就是一件很不寻常的事。过去,我把这种违背中原士族家法的做法,看作是曹议金的一种策略,即通过娶甘州公主,来重新确立与甘州可汗的父子关系,并借后者的帮助来取得与中原王朝的联络❶。这一点大致不错。但是,当曹议金得到中原王朝的支持后,当曹议金的另外两位出身汉族高门的夫人出现后,甚至当925年曹议金出兵打击甘州回鹘以后,曹议金的回鹘夫人的地位没有任何动摇,甚至在曹议金935年去世后,他的三个儿子相继执政,却都把曹议金的这位回鹘夫人奉为"国母天公主"(S.4245、P.3269、P.3457、P.2187),这恐怕不能只用政治婚姻的思路来解释。我们不禁要问:曹议金与回鹘联姻,有无种族上的关系?

粟特人入华以后,在很长一段时间里,仍然习惯于自己内部联姻。如晚唐魏博节度使何进滔娶康氏,其子弘敬娶安氏❷。五代后晋皇帝石敬瑭的曾祖母为安氏,祖母为米氏,母亲为何氏,他本人则娶安氏(少帝生母)❸。天福四年(939)《大晋故鸡田府长史何君政墓志》记,何君政本人娶安氏,长子亦娶安氏,次子娶康氏,三子娶康氏❹。即使在中原内地,粟特后裔的内部联姻仍然顽强地保持着。

曹氏的婚姻关系很难用汉族大姓的婚姻观念来看待。曹议金娶

---

❶ 荣新江《归义军史研究》,309-311页。
❷ 《旧唐书》卷一八一《何进滔传》;《隋唐五代墓志汇编·河北卷》,天津古籍出版社,1991-1992年,123页;《全唐文补遗》第5册,西安,三秦出版社,1998年,39页。参看森部丰《〈唐魏博节度使何弘敬墓志铭〉试释》,《吉田寅先生古稀记念アジア史论集》,东京,1997年,125-147页。
❸ 芮传明《五代时期中原地区粟特人活动探讨》,《史林》1992年第3期,9页。徐庭云《沙陀与昭武九姓》,《庆祝王钟翰先生八十寿辰学术论文集》,辽宁大学出版社,1993年,335-346页。
❹ 《山西文物》1982年第1期,58页。

回鹘可汗之女和索氏、宋氏，后来嫁女给甘州回鹘可汗和于阗国王李圣天。曹元德、元深的情况不明，曹元忠夫人称"浔阳翟氏"，其郡望是否可信也值得怀疑。翟氏是常常与粟特人通婚的一个胡姓，如武威粟特人安元寿的夫人为翟六娘❶，康国大首领康公夫人为翟氏❷，这使人觉得曹元忠的夫人也可能有胡人背景，她的封号"凉国夫人"，是值得琢磨的。曹元忠的儿子曹延恭夫人是慕容氏，为吐谷浑后裔。曹延禄夫人是于阗国王第三女天公主。据于阗文献记载，直到982年，于阗王室还曾遣使敦煌，想娶曹氏公主为皇后❸。敦煌曹氏与甘州、于阗的联姻，决不仅仅是政治上的"和亲"，特别是曹氏与伊朗种族的于阗王族的婚姻关系，迄今还很难理清一个头绪，两者的密切程度，可能比我们现在知道的要多得多。P.4065曹元忠致于阗皇帝书中说："某忝为甥舅，欢忭极深，兼及诸亲，皆增喜悦。"是这种亲密关系的很好描述。而且，由于敦煌和于阗的婚姻关系，不少于阗人就长年住在敦煌，包括于阗国的太子、公主等要人❹。

曹氏与甘州回鹘汗族和于阗王族的联姻，很难仅仅用政治婚姻来解释，很可能是他们的种族同为胡族，甚至同为伊朗人种，在胡族内部联姻制的影响下而结合。也就是说，从婚姻的角度也可以为归义军曹氏出自粟特后裔的说法提供一个可能性。

---

❶ 昭陵博物馆《唐安元寿夫妇墓发掘简报》，《文物》1988年第12期，37-49页。墓志录文见《全唐文补遗》第2册，三秦出版社，1995年，470页。
❷ 周绍良编《唐代墓志汇编》，上海古籍出版社，1992年，1634页。
❸ 参看荣新江《于阗王国与瓜沙曹氏》，《敦煌研究》1994年第2期，111-119页。
❹ 参看张广达、荣新江《关于敦煌出土于阗文献的年代及其相关问题》，《纪念陈寅恪先生诞辰百年学术论文集》，北京大学出版社，1989年，284-306页；同作者《十世纪于阗国的天寿年号及其相关问题》，余太山编《欧亚学刊》第一辑，中华书局，1999年，181-192页。

四 曹氏统治时期粟特后裔的地位及其影响

曹氏归义军与张氏归义军政权有着一些明显的不同，曹氏与回鹘、于阗的联姻，使得归义军的对外关系由以战争为主转变为以和平交往为主。在归义军的内部，粟特后裔比张氏时期更加活跃，不论在内政和外交上，他们都居于重要的位置并起着明显的作用。由于曹氏的开放政策，促进了以敦煌为中心的多民族交往，10世纪的敦煌文化呈现出远比张氏时期更加丰富多彩的画面。

在曹氏归义军的官府中，粟特后裔占有很大的比重。在归义军使府内部，有都头知内宅务安延达（P.2703，972年），掌管归义军节度使衙内事务，是曹氏的心腹。P.3440《丙申年（996）三月见纳贺〔于阗？〕天子物色人绫绢历》中，提到安都知（都知兵马使）、罗县令、曹都知、都头安珂敦、翟衙推、翟县令、曹安定都头、曹库官等。P.2814有《天成三年（928）三月都头知悬泉镇遏使安进通状》，表明归义军东部重镇悬泉，此时仍由粟特后裔掌管。P.2040《沙州净土寺入破历算会稿》，提到五代时的康指挥〔使〕、安指挥〔使〕、石指挥〔使〕❶。这些归义军内外重要官职为粟特后裔担任，表明曹氏统治者对他们的信任。如果曹氏也是粟特后裔的话，这一点是很容易理解的。

粟特后裔在归义军外交上也起着重要的作用。虽然10世纪的粟特后裔，或许已经忘记了他们本民族纯正的粟特语，但粟特

---

❶ 关于这些材料，参看《敦煌归义军史专题研究》，421–423 页。

人驾驭语言的天分，多少遗留在粟特后裔的身上，他们中间应当有不少人不仅能够讲汉语、藏语，而且可以讲回鹘语（Uighur）、于阗语（Khotanese）和突厥化的粟特语（Turco-Sogdian）❶。由于粟特人的语言天才，自北朝以来，入华粟特人的一个重要角色就是充当不同国家、民族间的使者和翻译，如西魏时出使突厥的安诺槃陀，唐太宗与突厥谈判的中间人安元寿等等。代表归义军曹氏出使东西各国的使者，也有不少是粟特后裔。如914年曹议金一上台就派遣康奴子出使甘州回鹘（北大图书馆藏102号）❷，951年归义军押衙康幸全出使伊州，958年沙州康员奴出使伊州，同年兵马使康员进出使西州，等等❸。周边国家派遣到沙州的使者，有时也是粟特后裔，如西州回鹘使臣在敦煌写的发愿文中（P.2988+P.2909），就有吐鲁番出身的安姓粟特后裔（turpan-ligh an enaï）❹。982年出使沙州的于阗使者张金山（Cā Kīmä-śanï），用粟特字母把自己的名字写在于阗语《佛本生故事》（Ch.00274）的题记和《医理精华》（Ch.ii.002）的叶边❺，如果敦煌的统治者或者接待于阗使者的人员不懂粟特文的话，他的这一举动是没有任何意义的。

在敦煌的下层社会中，粟特后裔也无所不在。最典型的例证，是S.2894背（2）《壬申年（973）十二月廿二日社司转帖》：

---

❶ 这些语言都是10世纪敦煌的流通语言，参看Takata Tokio, "Multilingualism in Tun-huang", *Acta Asiatica* 78 (Tun-huang and Turfan Studies), ed. Ikeda On, Tokyo 2000, pp.49−70。

❷ 荣新江《归义军史研究》，309页。

❸ 同上书，368−370页。

❹ J. Hamilton, *Manuscrits ouïgours du IXe-Xe siècle de Touen-houang*, I, Paris 1986, pp.83−92.

❺ H. W. Bailey, *Khotanese Texts*, I, Cambridge 1969, pp.198−219, 104. Cf. H. W. Bailey, "The Colophon of the *Jātaka-stava*", *Journal of the Greater India Society*, XI.1, 1944, pp.10−12.

1　社司转帖

2　　右缘常年建福一日，人各炉饼壹双，粟壹斗。幸请诸公等，

3　　帖至，限今月廿三日卯时，于曹家酒店取齐，捉二人后到，罚

4　　酒壹角，全不来，罚酒半瓮。其帖速递相分付，不得停滞。如

5　　滞帖者，准条科罚。帖周，却赴本司，用凭告罚。

6　　　　　　　　壬申年十二月廿二日，录事张帖。

7　社官曹、社长安、氾再昌、宋友长、梁延会、安丑子、曹兴定、张全子、阳

8　长残、曹愿盈、令狐愿松、张幸全、安延子、董丑成、梁永千、令狐愿兴、张

9　富千。❶

这个民间结合的社，社官和社长都是粟特姓氏，社众当中也有些明显是粟特后裔，其聚齐的地点是曹家酒店，正是粟特人善于经营的商店，所以推测这是一个以粟特后裔为首的社应当是可以成立的❷。这表明粟特后裔虽然早就不再生活在粟特聚落当中，甚至被吐蕃和归义军政权有意识地分散到部落或乡里当中，但是到了10世纪后半，他们其中的某些人仍然比较集中地住在一个区域内。

曹氏统治者与回鹘、于阗的联姻，以及曹氏归义军与周边各族

---

❶ 见宁可、郝春文编《敦煌社邑文书辑校》，江苏古籍出版社，1997年，262–263页。
❷ 参看《敦煌归义军史专题研究》，393–394页。

交往的增多，使得10世纪的敦煌聚集了更为繁多的各种族民众。同时，敦煌作为一个典型的丝路城市，东往西来的各国使者、商人、僧侣也不断经行此地，更增加了这里民族和文化的多元色彩。特别是在10世纪后半和11世纪初，由于东面西夏对甘州回鹘的侵逼和西回鹘王国势力的强大，敦煌内部聚集的回鹘民众日益增多，甚至在西回鹘王国的支持下，左右着曹氏归义军末期的政权❶。而从970年到1006年于阗王国与信仰伊斯兰教的喀拉汗（黑汗）王朝发生长期战争及最后灭亡，促使大批于阗人东来沙州❷。回鹘和于阗人的大量存在，可以从敦煌文书和莫高窟题记中得到充分的证明。

在这样的历史环境下，10世纪的敦煌文化呈现出多彩的画面，其中也包括某些粟特文化要素以不同于纯正粟特文化的方式表现出来。

唐朝时期，敦煌的粟特人在自己的聚落当中有自己的信仰中心祆祠，到了吐蕃时期，祆教祭祀活动不复存在。到张氏归义军时，祆教又以"赛祆"的民间祭祀形式重新出现，而且一直延续到曹氏归义军的后期❸。敦煌保存的一幅祆教女神像（P.4518.24），从其绘画风格和特征来看，应当是10世纪的作品，表明敦煌民众

---

❶ 参看 Moriyasu Takao, "The Sha-chou Uighurs and the West Uighur Kingdom", *Acta Asiatica* 78 (Tun-huang and Turfan Studies), ed. Ikeda On, Tokyo 2000, pp.28-48.

❷ 荣新江《敦煌藏经洞的性质及其封闭原因》，《敦煌吐鲁番研究》第2卷，北京大学出版社，1996年，38页。

❸ Arthur Waley, "Some References to Iranian Temples in the Tun-huang Region",《中央研究院历史语言研究所集刊》第28本，1956年，123-128页；F. Grenet and Zhang Guangda, "The Last Refuge of the Sogdian Religion: Dunhuang in the Ninth and Tenth Centuries", *Bulletin of the Asia Institute, new series*, 10 (Studies in Honor of Vladimir A. Livshits), 1996, pp.175-186.

的祆教信仰❶。

据一件突厥化的粟特语信札（Or.8212.86），高昌的景教教士（Sergius）在给沙州突厥官人（El Bars Qutlur Alp Tarxan）的信中，问候敦煌的景教僧大卫（David）❷，似表明敦煌景教僧人的存在。

敦煌发现的 P.4071《开宝七年（974）十二月灵州大都督府白衣术士康遵课》的占卜书中，有这位名为康遵的粟特后裔转述的波斯星占术❸。

敦煌藏经洞中保存了 10 世纪沙州地区汇聚各种文化因素的典籍，也可以说是敦煌保持了一个国际都会面貌的完整展现。

这些材料不胜枚举，它们都说明了曹氏归义军与张氏归义军在文化上的不同风貌，张氏时期刚刚推翻吐蕃的统治，以恢复唐朝各项制度为目的。而曹氏时期，则采取了以汉文化为主体，极力吸纳其他多种文化因子的做法。曹氏统治下的敦煌外来文化面貌的丰富多彩，是否有曹氏统治者本人源出胡人的背景，我不想就此作出肯定的结论，而是想提出这样一种可能性，以便更圆满地解释曹氏归义军时期的一些历史谜团。

曹氏即使是粟特后裔，他们早已经被汉文化所同化，从文化而不是种族上来说，他们与汉人无异。但是，如果曹氏真的出身粟

---

❶ 姜伯勤《敦煌白画中的粟特神祇》，《敦煌吐鲁番学研究论文集》，上海，汉语大词典出版社，1990 年，296–309 页；同作者《敦煌・吐鲁番とシルクロード上のソグド人》，《季刊东西交涉》第 5 卷第 1–3 号，1986 年；同作者《敦煌吐鲁番文书与丝绸之路》，文物出版社，1994 年，254–260 页；张广达，"Trois exemples d'influences mazdéennes dans la Chine des Tang", *Etudes chinoises*, XIII.1-2, 1994, pp. 203–219；同作者《祆教对唐代中国之影响三例》，《法国汉学》第 1 辑，清华大学出版社，1996 年，143–154 页；同作者《唐代祆教图像再考》，《唐研究》第 3 卷，1997 年，1–17 页。

❷ N. Sims-Williams and J. Hamilton, *Documents turco-sogdiens du IXe-Xe siècle de Touen-houang*, London 1990, pp. 51–52.

❸ 姜伯勤《敦煌吐鲁番文书与丝绸之路》，59–63 页。

特，则他们还多少带有某些粟特文化的特征，并反映在婚姻和政策等许多方面，这些正好可以帮助我们解释曹氏归义军的某些特征。

魏晋南北朝以来入华粟特人问题，是近年来学术界关注的焦点之一，我们目前对于粟特人的东迁有了比较全面的认识[1]，随着研究的进步和新资料的不断发现，相信这方面会有更进一步的发展，我们对敦煌粟特人的认识也将更加深入。

敦煌不论从地理范围还是从州县等级来说，都不能算是很大的地方，但她位于丝绸之路的咽喉地段，自汉代以来就是"华戎所交，一都会也"。这里既是东西方贸易的中心和商品中转站，又是中国文化西传的基地和西方文化东来的最初浸染地。自汉至唐，敦煌这个国际都会经历了多次的兴盛与衰败。在经过吐蕃统治和归义军张氏与周边势力的争斗以后，曹氏归义军政权维持了敦煌地区一百多年的社会稳定和基本不受战争摧残，使得当地的多种文化得以保存，并呈现出多姿多彩的画面，可以说贡献巨大。相反，原本较敦煌更具规模的国际大都会凉州，却在这一百多年里衰落下去，战乱频仍，不复昔日之盛。

原载《历史研究》2001 年第 1 期

---

[1] 参看吉田丰《ソグド语资料から见たソグド人の活动》，《岩波讲座·世界历史》11，东京岩波书店，1997 年，227-248 页；荒川正晴《ソグド人の移住聚落と东方交易活动》，《岩波讲座·世界历史》15，东京岩波书店，1999 年，81-103 页；荣新江《北朝隋唐粟特人之迁徙及其聚落》，27-86 页。

第 3 编

「三夷教」的流行

祆教初传中国年代考

火祆教又称祆教、拜火教，即中国古代对波斯古代宗教琐罗亚斯德教（Zoroastrianism）的习惯称呼。这种在波斯被立为国教，而且在中亚广阔地域内有着极大影响的宗教，也早就传入中国，并且在许多方面影响了中国的传统文化发展。但这种宗教入华之始，主要在胡人中流行，而且一直没有留下汉文的经典，所以我们对它早期传播情形的了解，远不如对佛教的了解，甚至也不如较之更晚进入中国的摩尼教。以下简要回顾前人有关祆教入华的研究成果，同时借以指出尚未解决的问题之所在。

一　前人的研究成果及遗留的问题

固然清朝末叶已有一些学者留意到祆教的传播，但在这个问题上第一篇系统的研究论文是陈垣先生的《火祆教入中国考》。他根据《魏书》中"高昌国俗事天神"，"焉耆国俗事天神"，《梁书》中滑国"事天神火神"等记载，认为"火祆之名闻中国，自北魏南梁始，其始谓之天神，晋宋以前无闻也"。他还据《魏书》卷一三

《宣武灵皇后胡氏传》所记"灵太后幸嵩高山，从者数百人，升于顶中，废诸淫祀，而胡天神不在其列"，得出结论："中国之祀胡天神，自北魏始。"❶这一结论长期以来为许多中外学者所遵循。❷

陈垣的结论建立在把"天神"或"胡天神"视作祆神的基础上，学者们大都认同此点。唐长孺先生在研究十六国之一后赵石勒的种族时，据《晋书》卷一〇七《石季龙载记》下附《石鉴传》所记"龙骧孙伏都、刘铢等结羯士三千，伏于胡天"，认为石赵所奉之"胡天"，就是西域的祆神❸。这一结论实际上把祆教入华的年代从公元5世纪初提前到4世纪前半叶。但是，也可能是因为《晋书》晚出❹，唐长孺的结论没有引起应有的重视。

1976年，柳存仁教授发表《唐代以前拜火教摩尼教在中国之遗痕》一文，除了指《魏书·宣武灵皇后胡氏传》中所记"有蜜多道人，能胡语"者为"奉蜜多（Mithra）之拜火教士"，以坚实陈垣的结论外，还特别申论南齐（479—502）严东所注《元始无量度人上品妙经》（简称《度人经》）中的"九万九千九百九十九万"的数字，与火祆教经典中的基本数字"九"正相同，因而推论这部道经是受了祆教的影响❺。

---

❶ 载北京大学《国学季刊》第1卷第1期，1923年；此据作者1934年的校订本，载《陈垣学术论文集》第1集，中华书局，1980年，305–307页。

❷ 如 W. Watson, "Iran and China", *The Cambridge History of Iran*, 3 (1), Cambridge University Press 1983, p.554；黄心川《琐罗亚斯德教》，《中国大百科全书·宗教卷》，中国大百科全书出版社，1988年，382页。

❸ 唐长孺《魏晋杂胡考》，《魏晋南北朝史论丛》，三联书店，1955年，416–417页。

❹ 实际上，崔鸿《十六国春秋·后赵录》即有同样记载，见《太平御览》卷一二〇《偏霸部》四"石虎"条，中华书局影印本，581页。

❺ Liu Ts'un-yan, "Traces of Zoroastrian and Manichaean Activities in Pre-T'ang China", *Selected Papers from the Hall of Harmonious Wind*, Leiden: E. J. Brill 1976, pp.3–25；石井昌子与上田伸吾日译文《柳存仁教授的研究·ゾロアスター教及びマニ教の活动の形迹》（上、下），载《东洋学术研究》第17卷第4、6号，1978年；林悟殊汉译文《唐前火祆教和摩尼教在中国之遗痕》，载《世界宗教研究》1981年第3期。

这一观点受到福井文雅氏的强烈批评，福井认为"蜜多"是梵文 Mitra 的对译，常见于来华的佛教僧人名中，与伊朗的 Mithra 神没有关系；至于《度人经》，严东自注称"内名隐讳，皆多相类梵语，难解别有诀解"，因而应当从梵文找其名称的来源，而不是祆教经典❶。对此，柳存仁教授在用中文重写其同一论文时，并未加以反驳❷。显然，说《度人经》中有祆教因素，似乎有些牵强。

1978 年，饶宗颐教授发表《穆护歌考——兼论火祆教、摩尼教入华之早期史料及其对文学、音乐、绘画之影响》一文，指出"穆护"即火祆教僧人，波斯文作 Mogu 或 Magi，《晋书》卷一〇八载记所记慕容廆曾祖莫护跋一名中的"莫护"，即穆护，因而推测慕容氏之先，可能来自波斯。同文又举《晋书》卷八六《张寔传》所记"京兆人刘弘者，挟左道，客居天梯第五山，然灯悬镜于山穴中为光明，以惑百姓，受道者千人，寔左右皆事之"一段，以为"然灯悬镜于山穴中为光明"一事，表明晋时民间信仰已颇有火祆教、摩尼教成分之掺入❸。然而，他所举证的两条史料也是出自成书较晚的《晋书》。此外，饶教授在文中揭示了吐鲁番安伽勒克古城（即安乐城）发现的《金光明经》题记："庚午岁八月十三日，

---

❶ 福井文雅《柳存仁〈唐以前のゾロアスター教とマニ教の活动の形迹〉についての方法论》，《池田末利博士古稀记念东洋学论集》，东京，1980 年，771–785 页。参看刘仲宇《〈度人经〉与婆罗门思想》，《上海社科院学术季刊》1993 年第 3 期。

❷ 柳存仁《"徐直事为"考——并论唐代以前摩尼、拜火教在中国之遗痕》，香港中国语文学会编《王力先生纪念论文集》，香港三联书店，1986 年，89–103 页；改订稿题《唐代以前拜火教摩尼教在中国之遗痕》，收入所著《和风堂文集》上卷，上海古籍出版社，1991 年，495–514 页。

❸ 原载《大公报在港复刊卅年纪念文集》下卷，香港，1978 年；收入作者《选堂集林·史林》中册，香港中华书局，1982 年，472–509 页；又载《文辙》下，台湾，学生书局，1991 年，467–470 页；又载《饶宗颐史学论文集》，上海古籍出版社，1993 年，404–441 页。

于高昌城东胡天南太后祠下,为索将军佛子妻息合家写此金光明一部。"❶并指出庚午为430年,"胡天"指胡天神,即祆教祠。

此后,王素先生发表《魏晋南朝火祆教钩沉》一文,所举最早的史料,除饶宗颐教授已经提到的《晋书》卷八六《张寔传》外,还有《高僧传》卷一《维祇难传》。维祇难本天竺人,世奉异道,"以火祠为正",后有沙门用咒术,"令难家所事之火欻然变灭",以使维祇难皈依佛门。孙吴黄武三年(224),维祇难游化到武昌。王素认为维祇难所奉事的即是火祆教❷。针对这一点,林悟殊先生发表《火祆教始通中国的再认识》,以为维祇难在印度所信奉的"以火祠为正"的异道,与其解释为火祆教,不如解释为也有拜火仪式的婆罗门教❸。关于维祇难来华的路径虽无记载,但他首先到达的是武昌,所以把他视为从海路而来的印度僧人更为合适。在公元3世纪的印度本土,似还不能说有琐罗亚斯德教流行,因此我们倾向于林悟殊的说法。林悟殊否认《高僧传》这条史料并不是要把祆教入华的时间倒回到陈垣所说的北魏神龟年间,相反,他根据东汉末以来西域的商队和使臣不断来华的记载,认为火祆教徒之到达中国,应当早于神龟年间,而火祆教在中国内地产生影响,则要到公元5世纪以后。

稍后,陈国灿先生在《魏晋至隋唐河西〔胡〕人的聚居与火祆教》一文中,举出《高僧传》卷一〇《安慧传》的记载:"晋永嘉中,天下疫病,则昼夜祈诚愿天神降药以愈万民。"他认为这里的

---

❶ 饶文所据为《新中国之出土文物》图122,1972年外文出版社出版。据我所知,这是此《金光明经》题记首次刊布。
❷ 《中华文史论丛》1985年第2辑,226–227页。
❸ 《世界宗教研究》1987年第4期,13–23页。

天神也是祆神❶。佛教中也有天神（Deva）的信仰，故此处佛教僧人安慧所祈求的天神尚难遽定为祆神。陈先生此文重申了唐长孺先生关于石赵时火祆教已入中国的观点，并据唐代墓志记凉州第五山有胡村，作为《晋书》所记刘弘燃灯为祆教活动之补证。他还提到西晋永嘉六年（312）粟特文古信札汉译文中的"救命于大灾大难中的天神"，即粟特人所信奉之祆神。这一点极为重要，可惜作者没做进一步的论证。

近年来，祆教传入中国问题重新引起热烈的讨论，主要原因还在于吐鲁番新史料的发现。1977年，吐鲁番文书整理小组和新疆维吾尔自治区博物馆合撰的《吐鲁番晋—唐墓葬出土文书概述》一文，提示了吐鲁番高昌国时代文书中的"丁谷天"、"胡天"以及安伽勒克古城发现的佛经题记中的"城南太后祠下胡天"，指的都是祆教祠❷。此后，唐长孺先生在《新出吐鲁番文书发掘整理经过及文书简介》一文中，也重述了这一看法❸。1986年，王素发表《高昌火祆教论稿》，对这些吐鲁番新出土的材料做了通盘的解说。他考证安伽勒克古城出土《金光明经》题记写于高昌郡时期（327—460），其所记之"胡天"为火祆教祭祀场所。他把属于麴氏高昌国时代（460—640）的《高昌章和五年（535）取羊供祀帐》中的"丁谷天"，《高昌符养等葡萄园得酒帐》第二件、《高昌高乾秀等按亩入供帐》中的"胡天"，《高昌众保等传供粮食帐》的"诸天"，《高昌乙酉、丙戌岁某寺条列月用斛斗帐历》的"天"，都解释为祆神或其祭祀场所。他还指出《高昌永平二年（550）十二月三十日

---

❶《西北民族研究》1988年第1期，206–209页。
❷《文物》1977年第3期，26页。按，其所录佛经题记文字有误，参看上引饶宗颐的录文。
❸《东方学报》（京都）第54册，1982年，94页。又见唐长孺《山居丛稿》，中华书局，1989年，326页。

祀部班示为知祀人名及谪罚事》中的"萨薄",即高昌国专门管理和监督火祆教的官员❶。

对此,林悟殊先生在《论高昌"俗事天神"》一文中,把高昌账历中所祀之天,解释为高昌地区对天体自然崇拜的传统信仰,他认为目前考古材料中没有发现火祆教经典、寺庙遗迹、文书记录等,因此正史所记高昌国所俗事的"天神",也并非祆教。林悟殊所要强调的是,高昌国不是没有人信奉火祆教,而是没有普遍信奉这种宗教❷。针对此文,王素又发表《也论高昌"俗事天神"》,重申自己的天神指祆教的观点❸。

对于高昌的"天神",陈国灿先生《从葬仪看道教"天神"观在高昌国的流行》一文,又把高昌的"俗事天神",指为当地普遍存在的崇信道教天帝神的习俗❹。同时,他发表《对高昌国某寺全年月用帐的计量分析》,并不否认《高昌乙酉、丙戌岁某寺条列月用斛斗帐历》中的"祀天",是指祆教祈拜❺。

林悟殊、陈国灿两氏的论文,对传统所认为的"天神"即祆神或祆祠的看法提出质疑,如果他们的观点成立,则动摇了自陈垣以来所有关于祆教入华的论说。然而,他们在建立自己的学说时,没有对涉及"天神"的史料做全盘的解说。因此,大多数学者仍然把史籍和吐鲁番文书中的"天神"、"天"、"胡天"等,解释为祆神或祆祠。

---

❶ 《历史研究》1986年第3期,168-177页。作者没有看到《新中国之出土文物》所刊《金光明经》题记的图版,其所据《文物》的录文亦误。
❷ 《历史研究》1987年第4期,89-97页;英文本"A Discussion about the Difference between the Heaven-God in the Qoco Kingdom and the High Deity of Zoroastrianism", *Zentralasiatische Studien*, 23, 1992, pp.7-12.
❸ 《历史研究》1988年第3期,110-118页。
❹ 《魏晋南北朝隋唐史资料》第9、10期,1988年,13-18、12页;又见《吐鲁番学研究专辑》,乌鲁木齐,1990年,126-139页。
❺ 《魏晋南北朝隋唐史资料》第9、10期,4-12页。

特别是把高昌的祆教官职萨薄与天神结合起来考虑时，就更容易理解了❶。对此做出最为透彻解说的是姜伯勤先生的《论高昌胡天与敦煌祆寺》，他几乎涉猎了所有重要的与祆教有关的史料，论证高昌之萨薄即伊兰胡户聚居点上的一种政教兼理的蕃客大首领；高昌之天神，即主要由粟特等胡人供奉的祆神，吐鲁番供祀文书中的"阿摩"，即粟特文 Adbag "大神"的对音，系指祆教大神阿胡拉·马兹达（Ahura Mazdā）。作者所得的结论是："十六国至北朝，'胡天'一词有两重含义。一指祆教，如'以事胡天'例，一指祆祠，如'伏于胡天'例。"但又说"高昌所事天神究竟包括哪些神祇，仍然是一个有待探究之谜"，这显然是针对林、陈二氏提出的质疑所说的❷。

归纳前人的研究成果，我们可以得出以下认识：第一，除了《高僧传》中的"火祠"和"天神"指印度系信仰外，较早的史料中所记之"天神"，由于没有明确的佐证，因而难以论定是指祆神，还是天体自然崇拜或道教天帝神。第二，"胡天"一名带有"胡"字，指为祆神或祆祠比较容易接受，但此称最早见载于唐初才编成的《晋书》，因此容易让人以为"胡"字是后加上去的。目前所见"胡天"一称的最早例证是吐鲁番发现的《金光明经》题记，写

---

❶ 参看荣新江《吐鲁番的历史与文化》，胡戟等编《吐鲁番》，三秦出版社，1987年，49—51页；关尾史郎《章和五年（535）取羊供祀帐的正体（Ⅰ）——〈吐鲁番出土文书〉札记（七）》，新潟大学《史信》第2号，1988年，1—3页；荒川正晴《トゥルファン出土〈麹氏高昌国时代ソグド文女奴隶卖买文书〉の理解おめぐって》，《内陆アジア言语の研究》V，1989年，147—148页；钱伯泉《从祀部文书看高昌麹氏王朝时期的祆教及粟特九姓胡人》，《新疆文物》1990年第3期，93—101页；孟宪实《麹氏高昌祀部班祭诸神及其祭祀制度初探》，《新疆文物》1991年第3期，74、78—79页。按，最近马里千《祆祠与波斯寺》一文把天神、祆祠说成是婆罗门教的湿婆，但他对于祆教史料与琐罗亚斯德教的关联未予充分考虑，而直接说它们全是婆罗门教的东西，似乎难以让人信服，文载《中国历史地理论丛》1993年第1辑，155—169页。
❷ 《世界宗教研究》1993年第1期，1—18页；又参看姜伯勤《敦煌吐鲁番文书与丝绸之路》，文物出版社，1994年，226—243页。

于庚午年,饶宗颐先生指为430年,池田温先生亦表赞同❶。第三,高昌国官制中的"萨薄"有助于"天神"指祆神的论证,但此称始见于6世纪中叶的文书,所以无补于说明祆教早期的情形。

实际上,不论是祆教最早传入中国的年代,还是史籍或文书中的"天神",都是含混不清的。即使是对"天神"质疑者略而不谈的"胡天",也可以被认为是高昌胡人的传统天神信仰。究其原因,是汉文史料在记录胡人的情况时表述不清所致,我们有必要检索本世纪初以来在敦煌吐鲁番等地发现的胡语文献资料,并且结合胡语文献来重新理解有关的汉文史料。

二 从粟特文古信札看祆教传入中国的年代

从北朝末到唐朝,史料所记的祆教信徒主要不是波斯人,而是粟特人或其后裔。如出自粟特安国的凉州安氏,从"后魏安难陀,至孙盘娑罗,代居凉州为萨宝"❷。唐天宝元年(742)以前,长安崇化坊有米国大首领米萨宝❸。敦煌城东围绕祆祠建立的从化乡,也是以粟特人为主的聚落❹。这不是个偶然的现象,反映

---

❶ 池田温《中国古代写本识语集录》,东京大学东洋文化研究所,1990年,84页。按,李遇春《吐鲁番出土〈三国志·魏书〉和佛经时代的初步研究》,推测题记中的"太后祠"是460年以后沮渠安周兄弟为其母孟氏所建之祠,因而认为庚午年为490年,文载《敦煌学辑刊》1989年第1期,44-45页。然而,自公元421年沮渠蒙逊攻灭西凉,高昌郡就易主北凉。似不必把太后祠的建立局限在460年以后。据王素《高昌佛祠向佛寺的演变》的统计,高昌地区由"祠"转称"寺"的时间界限是460年(《学林漫录》第11集),故此题记仍以看作是430年为宜。

❷《元和姓纂》卷四安氏条。

❸ 向达《唐代长安与西域文明》,三联书店,1957年,12—24、89—92页。

❹ 池田温《8世纪中叶における敦煌のソグド人聚落》,《ユーラシア文化研究》第1号,1965年,49—92页。

了此时中国的祆教主要是来自于粟特地区。

琐罗亚斯德教由教主查拉图斯特拉（Zarathustra）创立后，很快就在波斯全境流传开来，阿契美尼德王朝（公元前539—前331年）时立为国教。亚历山大东征曾使该教一度沉寂，到帕提亚王朝（Parthia，前247—224年，即安息）晚期，重又复兴。萨珊王朝（224—651年）重立琐罗亚斯德教为国教，只有沙卜尔一世（Shapur I，242—272年）更喜欢正统琐罗亚斯德教的异端——祖尔万教（Zurwanism），因而一度皈依了与祖尔万教相类似的摩尼教。

位于阿姆河和锡尔河中间粟特地区的粟特人，早在阿契美尼德王朝时期就接受了琐罗亚斯德教，并逐渐在该地区广泛流传。在萨珊王朝时期，已经占据统治地位。粟特人以经商著称于世，利之所在，无远弗至，自汉迄唐，不断有粟特商人成群结队前来东方贩易货财，并且把他们的宗教信仰传播到所经之地。

粟特人的语言属于中古伊朗语东支，与大夏语（Bactrian）、于阗语（Khotanese）相同，一般称之为粟特语或粟特文（Sogdian）。迄今为止，在中国发现的最早的粟特文献，是斯坦因1907年在敦煌西北一座长城烽燧（编号T. XII.a）下，找到的一组用粟特文写的古信札，有大小不等的十余件残片，它们是在河西走廊和中国内地做生意的粟特人写给家乡撒马尔干（Samarkand）的书信。这组重要的粟特语世俗文书，最早由赖歇尔特（H. Reichelt）刊布在《英国博物馆藏粟特文写本残卷》中[1]，但并没有做出圆满的解释。关于古信札的年代，发现者斯坦因根据考古调查时所见同出汉简资料的年代，认为这些纸本信札也是公元2世纪的产物[2]。1948

---

[1] H. Reichelt, *Die soghdischen Handschriftenreste des Britischen Museums*, II, Heidelberg 1931, pp.1-42.

[2] A. Stein, *Serindia*, II, Oxford 1921, pp.671-677.

年，伊朗学家恒宁（W. B. Henning）发表《粟特语古信札年代考》一文，在解读其中最重要的一封信函内容的基础上，参照汉文史籍的有关记载，认为写成于公元311年前后❶。这一结论为学术界广泛接受。但到了70年代末，哈马塔（J. Harmatta）连续发表《斯坦因爵士与粟特语古信札的年代》、《粟特语古信札年代的考古学证据》、《伊斯兰化以前的中亚史的粟特语史料》三篇文章，力图从考古和文献学两方面，证明古信札是公元196年的遗物❷。我国学者陈国灿发表《敦煌所出粟特文信札的书写地点和时间问题》❸，林梅村发表《敦煌出土粟特文古书信的断代问题》❹，分别倾向于恒宁和哈马塔的观点。此后，格瑞内（F. Grenet）与辛姆斯—威廉姆斯（N. Sims-Williams）合撰《粟特语古信札的历史内容》一文，全面考察了与断代相关的考古、纸张、内容、字体等各方面的情况，结论是写于311年后不久，进一步肯定了恒宁的观点❺。对涉及古信札年代的种种内证和外证的进一步考索，可以肯定恒宁、陈国灿、格瑞内与辛姆

---

❶ W. B. Henning, "The Date of the Sogdian Ancient Letters", *Bulletin of the School of Oriental and African Studies*, XII, 1948, pp.601–615.

❷ J. Harmatta, "Sir Aurel Stein and the Date of the Sogdian 'Ancient Letter'", *Jubilee Volume of the Oriental Collection* 1951–1976, Budapest 1978, pp.73–88; idem., "The Archaeological Evidence for the Date of the Sogdian 'Ancient Letter'", *Studies in the Sources on the History of Pre-Islamic Central Asia*, Budapest 1979, pp.75–90; idem., "Sogdian Sources for the History of Pre-Islamic Central Asia", *Prolegomena to the Sources on the History of Pre-Islamic Central Asia*, Budapest 1979, pp.153–165.

❸ 《魏晋南北朝隋唐史资料》第7期，1985年，10–18页。

❹ 《中国史研究》1986年第1期，87–99页。此前，黄振华《粟特文及其文献》一文也有同样的观点，载《中国史研究动态》1981年第9期，32–33页。

❺ F. Grenet and N. Sims-Williams, "The Historical Context of the Sogdian Ancient Letters", *Transition Periods in Iranian History*（Studia Iranica, cahier 5），Leuven 1987, pp.101–122. 此文已由王平先译成中文，题《粟特语古信的历史背景》，载《敦煌研究》1999年第1期，110–119页。并请参看刘波《敦煌所出粟特语古信札与两晋之际敦煌姑臧的粟特人》，《敦煌研究》1995年第3期，147–154页。

斯—威廉姆斯等人的结论，即这组书信写于西晋永嘉五年（311）及其后几年间❶。

我们之所以要详细介绍粟特文古信札的年代，是因为我们认为在这些信札中包含了传入中国的最早的祆教要素。这些信札大多数已残缺不全，只有第二号信札保存了比较完整的内容，它是一位名叫 Nanai-Vandak 的人写给家乡的书信，报告他从河西地区派往各地的商人的活动情况和他们各自遇到的战事。信札的内容主要是以 Nanai-Vandak 为首的粟特商团经商活动的报告，但其中仍可以发现他们宗教信仰方面的蛛丝马迹。

早在 1948 年，恒宁在确定古信札的年代时就曾指出，这些信札中没有提到后来粟特文文献中经常提及的佛教和摩尼教，但在一些人名中包含了古代伊朗神祇的名称，如第二号信札的发信人 Nanai-Vandak，意为"娜娜女神之仆"；又如 Artixw-Vandak，意为"（祆教《阿维斯塔经》中）Ašiš-vaŋuhi 之仆"；还有第一号信札中的 βγnpt-，他认为就是当年敦煌娜娜女神祠中的一位神职人员❷。1965 年，恒宁在《粟特神祇考》一文中，列举了现存粟特文献中出现的伊朗万神殿中的一系列神祇，其中见于粟特文古信札人名

---

❶ Harmatta 仍然坚持自己的观点，见其所撰简短的札记 "The Date of the Sogdian Ancient Letters"，载 *Turfan and Tun-huang the Texts*, ed. A. Cadonna, Firenze 1992, pp.18–20。大多数学者均采用恒宁的说法（有的年代稍有不同），如陈连庆《汉唐之际的西域贾胡》，《1983 年全国敦煌学术讨论会文集·文史遗书编》上，甘肃人民出版社，1987 年，91–93 页；张广达《唐代六胡州等地的昭武九姓》，《北京大学学报》1986 年第 2 期，77 页。按，李志敏《有关地名研究与斯坦因所获粟特信札断代问题》据哈玛塔译本的汉译文，来考订古信札中的一些地名，结论是写于五代后晋天福二年（937）。作者没有考虑学们对哈玛塔所译地名的质疑，更不考虑粟特文字体、语言、内容所示古信札在整个粟特文献中的古老地位，其论说不烦详辨，其文载《中国历史地理研究》1992 年第 4 辑，137–152 页。

❷ Henning, "The Date of the Sogdian Ancient Letters", pp.602–605。

中者，除上述两神外，还有 Druvāspa（Druvāspā？）和 Taxsīč，他还比定后者即《新唐书》卷二二一下《西域传》昭武九姓中西曹国条下提到的"得悉神"❶。

由此看来，写于西晋末年的粟特文古信札虽然没有直接讲到琐罗亚斯德教，但其中的人名包含了一些祆神要素，透露出信札所提到的粟特人很可能是些祆教信徒。

随着伊朗学界对琐罗亚斯德教研究的进步，特别是前苏联学者在粟特人的本土撒马尔干附近的穆格山（Mug）发现的 8 世纪粟特文书的解读，以及近年德国和巴基斯坦学者在印度河上游发现的数百件粟特文题铭的刊布，我们今天对于粟特人所信仰的祆教神祇和他们的祆教教团组织都有了更为深刻的认识。具体说来，8 世纪的穆格山地区，正处在粟特地区最大的康国首府的附近，正如 8 世纪中叶经行中亚的新罗僧人慧超所记："从大寔国已东，并是胡国，即是安国、曹国、史国、石（骡）国、米国、康国……又此六国，总事火祆，不识佛法。"❷在穆格山文书中，记有两个负责祆教事务的官称，即 mwγpt-（chief magus，穆护长）和 βγnpt-（lord of the temple，祠主），姜伯勤先生非常有说服力地证明了，这两个称呼分别相当于《通典》所记管理祆教的萨宝府视流内官"祆正"和视流外官"祆祝"❸。近年的研究成果表明，粟特文 βγ（神）是琐罗亚斯德教众神中具有支配地位的最重要神祇，因此在文献中经常就用单独的 βγ 一词，来指称琐罗亚斯德教的最高神阿胡拉·马兹达

---

❶ W. B. Henning, "A Sogdian God", *Bulletin of the School of Oriental and African Studies*, XXVIII.2, 1965, pp.252-253.

❷ 参看桑山正进编《慧超往五天竺国传研究》，京都大学人文科学研究所，1992 年，24、43 页。

❸ 姜伯勤《论高昌胡天与敦煌祆寺》，4-5 页。参看杜佑《通典》，中华书局标点本，1988 年，1105 页作"祓祝"，失校。

（Ahura Mazdā）❶。这种认识可以进一步确定 βγnpt- 就是指专门负责祆教教团内部事务的祆祝。由此，我们可以重新认识恒宁早就从第一号古信札中检出的 βγnpt- 一名，他的确是西晋末年敦煌地区一所祆祠中的祆祝。

尽管人们还没有从粟特文古信札的残文中找到 mwγpt-（穆护长）一词，但粟特语专家吉田丰氏，最近成功地重新转写了赖歇尔特误读的第五号古信札开头的人名部分，并对证出其中的 S'rtp'w 即汉文史料中的"萨宝"，意指"队商首领"❷。对比前人推断的各种"萨宝"的原语，我们不难看出这一比定在对音和历史背景上都更为圆满。吉田氏的这一重要发现，解决了长年以来有关"萨宝"语源的争论。值得进一步强调的是，此词在粟特文中的本义是"队商首领"之义无疑，但其深层含义应当是"伊兰系胡户聚居点上的一种政教兼理的蕃客大首领"❸。结合以上祆祝和人名中祆神的记录，我们不难把这里的 s'rtp'w（萨宝）认作兼管这个粟特商团商务和祆教事务的大首领。

根据第五号古信札的发信地点❹，这个粟特商团的主要根据地是河西走廊中最大的城镇凉州姑臧（kc'ny），而他们活动的范围很广，东到金城（kmzyn）、长安（'xwmt'n）、洛阳（srγ）、邺城（'nkp'）等中原内地，西到酒泉（cwcny）、敦煌（δrw' 'n）乃至粟

---

❶ N. Sims-Williams, "Mithra the Baga", *Histoire et cultes de l'Asie centrale préislamique*, ed. P. Bernard and F. Grenet, Paris 1991, p.179.

❷ 吉田丰《ソグド语杂录（II）》,《オリエント》第 31 卷第 2 号, 1989 年, 168-171 页。

❸ 姜伯勤《论高昌胡天与敦煌祆寺》, 4 页。

❹ N. Sims-Williams, "A Sogdian Greeting", *Corolla Iranica: papers in honour of Prof. Dr. David Neil MacKenzie*, ed. R. E. Emmerick and D. Weber, Frankfurt 1991, p.185. 陈国灿上引文 12-13 页推测第二号信札的寄发地点是姑臧, 极有见地。

特本土，尽管有些地名尚无法确定其所指❶，但可以肯定这批粟特商人足迹所至，远较上面所说的范围要广阔得多。他们已经深入到中原地区，而且从他们书信中的口气以及他们所做买卖的数额之多，我们不难想象他们的到来已经有了一段时间。从本论题上来说，至晚在西晋时期，也即公元3世纪末到4世纪初，粟特商人已将他们所信仰的琐罗亚斯德教传入中国。而且从古信札所见的萨宝和祆祝两个祆教神职人员称号来看，粟特商人聚落内，可能已有了教团组织以及从事宗教事务的场所——祆祠。

第二号古信札的书写者Nanai-Vandak显然是这个粟特商团中的重要人物，他信中提到前往各地的商人都是他派出的。他的信是写给撒马尔干家乡的主人Nanai-δvār的。两者的名字中都含有娜娜女神（Nana）的名字，反映了当时粟特人对此女神的特殊喜爱。这一点在印度河上游粟特铭文中也得到印证，这些镌刻在今天中巴高速公路巴基斯坦一侧的粟特铭文，年代稍晚于古信札，其中也是以带有"Nanai"神名者居多❷。从同一地点所见到的琐罗亚斯德教祭火神坛岩刻以及其他古伊朗宗教主题来看❸，这些粟特人也主要是祆教信徒。粟特人早期这种娜娜女神信仰也可以从汉文史料中得到佐证，《周书》卷五〇《突厥传》记："大统十一年（545），太祖遣酒泉胡安诺槃陀使焉。"这

---

❶ 粟特文古信札中的地名尚未全部比定出来，这里提到的地名，是上引Henning、Harmatta、Grenet和Sims-Williams论文中比较统一认识的部分。

❷ Sims-Williams, "Mithra the Baga", p.177; idem., "The Sogdian Inscriptions of the Upper Indus: a preliminary report", *Antiquities of Northern Pakistan. Reports and Studies*, 1: Rock inscriptions in the Indus Valley, ed. K. Jettmar, Mainz 1989, p.135.

❸ K. Jettmar, "Iranian Motives and Symbols as Petroglyphs in the Indus Valley", *Rivista degli studi orientali*, 60.1-4, 1986, pp.149-163.

位出使突厥的安国粟特人的名字,即粟特文 'n' xtβntk 的对译❶,与二号古信札书写者的名字类似,也意为"娜娜女神之仆"。此外,吐鲁番出土文书《高昌曹莫门陀等名籍》(7世纪初)中的"(曹)那宁潘"❷,《高昌内藏奏得称价钱帐》中的"(安)那宁畔"、"(康)那宁材"❸,《唐康某等杂器物帐》中的"(康)那你延"❹,《唐垂拱元年(685)康义罗施等请过所案卷》中的"(翟)那你潘"❺,以及敦煌发现的《唐天宝十载(751)敦煌郡敦煌县差科簿》中的"(罗)宁宁芬"❻,这些人名中的"那宁"、"那你"、"宁宁",都是"Nanai"女神名字的不同音译,是这种娜娜女神信仰的反映。

以上我们根据对粟特文古信札中专有名词的分析,特别是其中的"萨宝"和"祆祝"的对应词的确认,基本上可以确定,在写成古信札的公元4世纪初叶,源于波斯的琐罗亚斯德教就由粟特人带到中国,从这个粟特商团成员的活动范围,可以推知此时祆教应当已经传入中国的中心地区——长安和洛阳一带。

粟特文古信札的祆教内涵和年代的确定,也有助于我们理解已知的汉文材料。

唐长孺先生检出的《晋书·石季龙载记》所记三千羯士伏于胡

---

❶ J. Harmatta, "Irano-Turcica", *Acta Orientalia Hungaricae*, XXV, 1972, p.273; Y. Yoshida, "Review of *Sogdian and other Iranian inscriptions of the Upper Indus II*", *Bulletin of the School of Oriental and African Studies*, 57.2, 1994, p.391.

❷ 《吐鲁番出土文书》第三册,文物出版社,1981年,120页。比定见吉田丰《ソグド语の人名再构》,《ぶっくれっと》No.78,三省堂,71页。

❸ 《吐鲁番出土文书》第三册,319、323页。

❹ 《吐鲁番出土文书》第六册,文物出版社,1985年,48页。

❺ 《吐鲁番出土文书》第七册,文物出版社,1986年,88页。

❻ 池田温上引文,64页。比定见 D. Weber, "Zur sogdischen Personennamengebung", *Indogermanische Forschungen*, 77, 1972, pp.198-199;蔡鸿生《唐代九姓胡礼俗丛考》,《文史》第35辑,1992年,122页。

天的时间，正好就在比粟特文古信札稍晚的年份中。结合唐先生所论证的石氏之胡姓及石赵国中火葬之俗与粟特人的关联❶，使我们可以进一步肯定这条史料的可靠性。

粟特文古信札所揭示的这批信奉祆教的粟特人，是以凉州武威为其大本营的。汉文史料也表明凉州是最早有祆教的地点之一，其中来自布哈拉的安氏，自北魏以来任凉州九姓胡的政教首领萨宝。由古信札更可以将凉州祆教集团的历史上溯到西晋末年。另外，《朝野佥载》记唐代凉州有祆祠，供奉祆神❷，这也应当是和古信札时代的祆祠一脉相承的。

我们基本可以确定祆教的入华年代最晚是在西晋末叶，但是，应当指出的是，祆教最初大概只是在粟特人的聚落内部流行，所以汉人对他们的宗教活动了解不多。随着入华粟特人的逐渐汉化，汉人也渐渐对祆教有了更多的认识，这大概是有关祆教的汉文史料大都较晚的原因所在。

三　西域早期的天神崇拜

在确定了祆教在公元4世纪初传入中国这一事实后，还应当对西域诸国"俗事天神"问题加以解说。现存史料对西域诸国信仰天神的记载大致如下：

"波斯国俗事火神天神"，见《北史》九七、《魏书》一〇二。

"高昌国俗事天神，兼信佛法"，见《北史》九七、《隋书》

---

❶ 唐长孺《魏晋杂胡考》，416–418页。
❷ 《朝野佥载》，赵守俨点校本，中华书局，1979年，65页。

八三、《魏书》一○一。

"焉耆国俗事天神",见《北史》九七、《周书》五○、《魏书》一○二。

"滑国……事天神火神",见《梁书》五四、《南史》七九。

"康国俗事天神",见《通典》一九三引韦节《西蕃记》。

"疏勒国俗事祆神",见《旧唐书》一九八。

"于阗国好事祆神,崇佛教",见《旧唐书》一九八;"喜事祆神、浮屠法",见《新唐书》二二一。

"安国、曹国、史国、石(骡)国、米国、康国……总事火祆,不识佛法",见慧超《往五天竺国传》。

这里所记波斯国和康、安、曹、史、石、米等昭武九姓诸国以及滑国所信之天神即祆神❶,如果单从文字上对证,也可以认为高昌、焉耆所事之天神,即疏勒、于阗所事之祆神。从吐鲁番的考古发现和现存的宗教遗址来看,几乎都是佛教、摩尼教、景教的文物或文献遗存,而没有明确的祆教材料,因此有的学者对上述高昌国俗事天神的记载产生怀疑。对此,我们仍可以从当地出土的中古伊朗语文书中找到答案。

虽然上个世纪末和本世纪初在吐鲁番所获伊朗语文献材料主要是摩尼教、佛教和景教的内容,但通过对这些宗教文献所用词汇的细心考察,伊朗语专家阿斯木森(J. P. Asmussen)认为,现存粟特语文献表现的是一种文化和宗教发展到最后阶段时的形态,它们的一些词汇表明,在这个历史发展的初期阶段,有一个琐罗亚斯德教流行的时期。他举出一系列摩尼教和佛教文献中的粟特文,说明

---

❶ 关于昭武九姓,参看桑山正进编《慧超往五天竺国传研究》,162-166、168-169 页(吉田丰执笔);关于滑国,参看余太山《哒史研究》,齐鲁书社,1986 年,143-144 页。

图47 萨珊波斯银币

它们来源于哪些《阿维斯塔经》或特定的琐罗亚斯德教词语，如 rwxšn' γrδmn 源于《阿维斯塔》的 raoxšan- + garō dəmāna-，意为"光明王国、天国"，等等❶。吐鲁番发现的粟特语佛教文献大多是译自汉文佛典，而汉文佛典最早为大谷探险队在吐峪沟所获的元康六年（296）所写《诸佛要集经》❷。摩尼教和景教一般也是7世纪初以后流行的，因此，可以把语言学家们指出的祆教词汇流行于吐鲁番的年代，放到7世纪以前或更早一些的时间里。

吐鲁番地区从什么时候开始传入祆教？ 这是个很难回答的问题，从河西走廊的情况看，至少不应晚于粟特文古信札的年代。考古学者曾经从吐鲁番西面的阿拉沟中，发掘到属于战国到两汉时期的铜器，其中有一件高方座承兽铜盘，被认为是与祆教拜火

---

❶ J. P. Asmussen, "Die Iranier in Zentralasien. Kultur-& religions-historische Bemerkungen", *Acta Orientalia*, XXVII.3/4, 1963, pp.119-127; idem., "Peoples and Religions in Central Asia", *Xāstvānīft, Studies in Manichaeism*, Copenhagen 1965, pp.131-134.

❷ 池田温《中国古代写本识语集录》，74页。

有关的文物❶。但这件孤证，尚不能肯定它与祆教的直接联系。

有关吐鲁番地区最早的祆教信息，是1950—1957年在高昌故城中发现的三批共32枚萨珊波斯银币，都是沙卜尔二世（ShapurⅡ，309—379年在位）、阿尔达希二世（ArdashirⅡ，379—383年在位）和沙卜尔三世（ShapurⅢ，383—388年在位）时期铸造的。这些钱币的固定模式是（图47），正面为发行该货币的国王头像，头冠上有三个雉形饰物，象征祆教最高神阿胡拉·马兹达；背面中间为拜火祭坛，两边各立一个祭司或其他神职人员，火坛上方的火焰之上，有阿胡拉·马兹达的侧面像。值得注意的是1955年发现的一组10枚，是装在一个用煤精制成的黑色方盒内，夏鼐先生因而推测它们是10个一组供奉在宗教场所的，但所供为何种宗教并未说明❷。它们很可能是供奉给祆祠的，因为信奉祆教的粟特人是当时波斯银币的主要持有者。无论如何，萨珊银币上清楚的拜火教图像，必然引起当地人的兴趣，并由此了解祆教的基本说教。这三批萨珊银币的年代，稍迟于粟特文古信札的年代。此后，又有了我们在吐鲁番文书中见到的"胡天"（430年）、"丁谷天"（535年）、"萨薄"（550年）、"阿摩"（622年）等记载，从而可以把高昌地区信奉祆教的史实贯通起来。

高昌的天神或胡天，即粟特文的 Baga（βγ 神）和 Adbag（"δβγ 大神），后者音译为"阿摩"，Baga 是阿胡拉·马兹达的通称，天神

---

❶ 穆舜英、王明哲、王炳华《建国以来新疆考古的主要收获》，新疆社会科学院考古研究所编《新疆考古三十年》，新疆人民出版社，1983年，5页，图版43；彩色图版见新疆维吾尔自治区社会科学院考古研究所编《新疆古代民族文物》，文物出版社，1985年，图版118。

❷ 李遇春《新疆吐鲁番发现古代银币》，《考古通讯》1957年第3期，70页；夏鼐《新疆吐鲁番最近出土的波斯萨珊朝银币》，《考古》1966年第4期，211–214页；又《中国最近发现的波斯萨珊朝银币》，《考古学论文集》，科学出版社，1961年，117–121、124–126、127页。

应当即指祆教最高神阿胡拉·马兹达，此神又是善神、太阳神，代表光明、火，又是智慧之主。祆教是产生于公元前6世纪的古老宗教，其宗教建筑和仪式都比较简单，伊朗、原苏联中亚地区或阿富汗等地发现的祆祠或拜火圣坛，都是相当简单的❶。所以，在吐鲁番没有留下祆祠是容易理解的。况且，在高昌国时期，随着佛教势力的发展壮大，有些祆祠很可能被改造成佛寺❷，以至于今天人们在当地已经很难找到祆祠遗迹了。吐鲁番祆教材料的缺少，或许正可以说明这个宗教的传播是在相对较早的年代里，从这些方面去看高昌国"俗事天神，兼信佛法"的记录就容易理解了。

"俗事天神"的"俗事"，强调的是当地胡人的土俗信仰。这些胡人主要是吐鲁番盆地的原住民车师人和外来的西域人。在5世纪中叶北凉残部进入高昌时，许多车师人随车师王逃离故土，此后吐鲁番的西域人应以粟特人最多，麴氏高昌国时期俗事天神者恐怕主要就是粟特人了。因为信奉祆教的粟特人死后采用天葬的方法处理❸，所以没有留下多少他们俗事天神的证据。而当地汉

---

❶ Cf. D. Stronach, "On the Evolution of the Early Iranian Fire Temple", *Papers in Honour of Professor Mary Boyce*(*Acta Iranica* 25)，Leiden 1985，pp.605-628.

❷ 陈国灿认为《高昌乙酉、丙戌岁某寺系列月用斛斗帐历》所记之寺是佛教化的祆祠，见《魏晋南北朝隋唐史资料》第9、10期，4页。又伊朗地区把祆祠改造成清真寺的例子，见 M. Shokoohy, "Two Fire Temples Converted to Mosques in Central Iran", *Papers in Honour of Professor Mary Boyce*，pp.545-572.

❸ 关于祆教徒天葬的方法，见林悟殊《火祆教的葬俗及其在古代中亚的遗痕》，《西北民族研究》1990年第1期，61-67页。我们统计了本世纪初以来所发现的吐鲁番墓志，除黄文弼所获《唐麟德元年（664）翟那宁昏母康波蜜提墓志》和《唐神龙元年（705）康富多夫人康氏墓志》两方较晚的外，墓主几乎全是汉人，这也可以反证粟特人不土葬。参看黄文弼《高昌砖集（增订本）》，北京，1951年，41-80页，特别是53、79页；白须净真、荻信雄《高昌墓砖考释（一）》，《书论》第13号，1978年，179-190页；侯灿《解放后新出吐鲁番墓志录》，《敦煌吐鲁番文献研究论集》第5集，1990年，563-617页。

族死后采用土葬，因而使汉族所信奉的佛教和道教文献较多地保存下来。高昌地区俗事天神兼信佛法的记载，应当主要是指高昌国时代的粟特人和汉人的宗教信仰情况。

同样"好事祆神，崇佛教"的于阗，史料所记与高昌相仿，也是先祆后佛。今天我们所见到的于阗语文献，不论是和田当地出土的，还是敦煌藏经洞发现的，完全是佛教的内容。即使是这样，伊朗语学家贝利（H. W. Bailey）也指出了于阗语中与吐鲁番粟特语同样的现象，即在佛教文献的词汇中，可以看出一个琐罗亚斯德教或其异端马兹达教（Mazdaism）词汇的背景来。比如于阗文中表示佛教世界最高峰须弥庐（Sumeru）的 haraysa 或其古老形式 ttaira haraysä，源出《阿维斯塔》的 harā, harā bərəz, harā bərəzaitī 或 haraiti-，指琐罗亚斯德教义中的世界最高峰；又表示佛教大天女（mahādevī）的śśandrāmatā-，来源于《阿维斯塔》的 spəntaārmaitiš；又表示太阳的 urmaysdan-，来源于 ahura mazdā（阿胡拉·马兹达），等等❶。最近，艺术史研究者根据粟特本土发现的祆教壁画，重新比定出斯坦因从和田丹丹乌里克发现的木板画上的祆神像❷，年代虽然晚到 8 世纪，但表明祆教的信仰在于阗地区长期保持着影响的情况。由此看来，新旧《唐书》说于阗人喜事祆神不是无稽之谈，它反映了于阗民间原本就有祆教流行。我们曾论证过

---

❶ H. W. Bailey, "Saka Śśandrāmatā", *Festschrift für Wilhelm Eilers, ein Dokument der internationalen Forschung zum 27. September* 1966, ed. G. Wiessner, Wiesbaden 1967, pp.136-143; idem, *The Culture of the Sakas in Ancient Iranian Khotan*, New York 1982, pp.48-51.

❷ M. Mode, "Sogdian Gods in Exile—Some iconographic evidence from Khotan in the light of recently excavated material from Sogdiana", *Silk Road Art and Archaeology*, 2, 1991/92, pp.179-214.

古代于阗国内部粟特人聚落的存在❶，于阗的祆教也应当是粟特人传入的。

尽管迄今为止发现的有关材料十分缺乏，但是我们仍然可以找到西域地区很早就流行祆教的痕迹，高昌、于阗等国的俗事天神，兼信佛法的记载，应当有其根据，至少我们可以肯定天神或胡天是指祆神。

原载《国学研究》第3卷，1995年

---

❶ 荣新江《西域粟特移民考》，马大正等编《西域考察与研究》，新疆人民出版社，1994年，158-161页。

粟特祆教美术东传过程中的转化

——从粟特到中国

一 引 子

汉唐之间中西文化交流的一项重要内容，就是粟特人的东迁问题。粟特人从本土迁徙到中亚（西域）和中国，一方面带来了伊朗系统的宗教文化，另一方面又反过来受中亚、中国佛教文化和汉文化的影响。东迁粟特人的文化，表现得比粟特本地的粟特文化更加丰富多彩，而且东迁粟特人分布广泛，他们和多种民族交往而产生的不同文明间的交融现象，其宗教文化在传播过程中的转化情形，为我们研究多种宗教、文化、艺术形式的演变提供了丰富的认识空间。

粟特人是一个商业民族，他们以队商（caravan）的形式，由队商首领（caravan-leader，即粟特文 s'rtp'w，汉文音译作"萨保"、"萨宝"）率领，一批批地向东方移动，他们在所经行的主要城镇，往往建立自己的殖民聚落，一批人留住下来，一批人继续前进。这样，在从索格底亚那（Sogdiana）到中国的这条粟特人所走过的丝绸之路上，我们可以找到许多粟特人或粟特聚落遗迹。这条道路从西域北道的据史德、龟兹、焉耆、高昌、伊州，或是从南道的于阗、且末、石城镇，进入河西走廊，经敦煌、酒泉、张掖、武威，再东南经原州，入长安、洛阳，或东北向灵州、并州、云州乃至幽州、营州，或者从洛阳，经卫、相、魏、邢、恒、定等州，而达幽州、营州❶。

粟特的人种和文化是属于伊朗系统的，虽然以波斯为基地的摩尼教、基督教聂斯托利派（中国称景教）和源于印度的佛教都传入粟特地区，但粟特的正统宗教信仰，是发源于波斯地区的琐罗亚斯德教（中国称祆教），此即慧超《往五天竺国传》所说的"安国、曹国、史国、石国、米国、康国……总事火祆，不识佛法"。粟特的祆教信仰源远流长，影响所及，包括历法、礼仪、建筑、习俗乃至日常生活的许多方面。

随着粟特人的东迁，粟特人的祆教信仰和受祆教影响的文化也随之东来，其中也包括本文所关注的艺术家、图像形式、图像内容等许多方面。

二　入华的粟特画家

图像作为一种艺术表现形式，是随着人的活动而东西传播的。祆教图像的传布，正是随着粟特人的东迁而进入中国的，一些祆教图像可能是从粟特本土直接带到东方来的，更多的图像则应当是东

---

❶ 关于粟特人的迁徙和聚落，参看荣新江《西域粟特移民考》，马大正等编《西域考察与研究》，新疆人民出版社，1994年，157-172页；又《北朝隋唐粟特人之迁徙及其聚落》，北京大学中国传统文化研究中心编《国学研究》第6卷，北京大学出版社，1999年，27-85页。

迁粟特人群体中的画家或画工制作的。

在汉文史料中,有关粟特画家的记载很少,但我们有幸看到有关北齐曹仲达的一些记载。唐道宣《集神州三宝感通录》卷中记:

> 时有北齐画工曹仲达者,本曹国人,善于丹青,妙尽梵迹,传摩西瑞,京邑所推,故今寺壁正阳皆其真范。❶

唐张彦远《历代名画记》卷八称:

> 曹仲达,本曹国人也。北齐最称工,能画梵像,官至朝散大夫。僧〔彦〕悰云:"曹师于袁,冰寒于水,外国佛像,亡竞于时。"
>
> 《卢思道》、《斛律明月》、《慕容绍宗等像》、《弋猎图》、《齐武临轩对武骑名马图》,传于代。

同书卷二,把曹仲达所创作的佛画称作"曹家样",和此前南梁张僧繇的"张家样"、此后唐朝吴道玄的"吴家样"并列。曹家样的特征,宋郭若虚《图画见闻志》卷一《论曹吴体法》有如下论说:

> 曹、吴二体,学者所宗。按唐张彦远《历代名画记》称,北齐曹仲达者,本曹国人,最推工画佛像,是为"曹"。谓唐吴道子曰"吴"。吴之笔,其势圆转,而衣服飘举;曹之笔,其体稠叠,而衣服紧窄。故后辈称之曰:"吴带当风,曹衣出水。"

---

❶ 《大正新修大藏经》第54卷,421页。

可见，曹仲达所画的佛像特征，是衣纹稠密，而且和肌体相贴，如同刚刚从水中出来一样。这种"曹家样"，一般都认为在近年山东青州龙兴寺出土的北齐佛教造像上得到印证❶。

曹仲达是画史上明确记载的唯一一位粟特出身的画家，汉文史料说他"能画梵像"，"工画佛像"，《历代名画记》卷三也记载长安兴善寺西南舍利塔内，有他所画的壁画。但是，《历代名画记》和《贞观公私画史》所著录的曹仲达的画卷，却没有任何佛教画像，而主要是胡人和动物。

按，曹仲达所自出的中亚曹国，在那密水（今泽拉夫珊河）南数里，与粟特的中心城市——康国的撒马尔干相距百里。《隋书》卷八三《西域传》曹国条记："国中有得悉神，自西海以东诸国并敬之。"这里的"得悉神"，早经恒宁（W. B. Henning）比定为祆教神祇 Tistriya 的粟特文形式 Taxsīč (txs' yč) 的音译❷。因此，照理来说，曹仲达本来应当是受祆教影响的画家，可能是因为他进入北齐以后，受汉地佛教文化影响，或应当地佛教徒的要求，而大量绘制起佛像来。当然，从他留存至唐朝时期的画迹

---

❶ 关于这批造像，见山东青州市博物馆《青州龙兴寺佛教造像窖藏清理简报》，《文物》1998 年第 2 期；青州市博物馆《青州龙兴寺佛教造像艺术》，山东美术出版社，1999 年。关于这批造像与曹家样的关系，参看宿白《青州龙兴寺窖藏所出佛像的几个问题》，《文物》1999 年第 10 期，44-59 页；金维诺《南梁与北齐造像的成就与影响》，中山大学艺术学研究中心编《艺术史研究》第 1 辑，广州，中山大学出版社，1999 年，1-11 页；又《青州龙兴寺造像的艺术成就——兼论青州背屏式造像及北齐"曹家样"》，巫鸿编《汉唐之间的宗教艺术与考古》，文物出版社，2000 年，377-396 页；杨泓《山东青州北朝石佛像综论》，原载《中国佛学》第 2 卷第 2 期，1999 年秋季号，此据作者《汉唐美术考古和佛教艺术》，科学出版社，2000 年，315-327 页；罗世平《青州北齐造像及其样式问题》，《美术研究》2000 年第 3 期，47-52 页。

❷ W. B. Henning, "A Sogdian God", *Bulletin of the School of Oriental and African Studies*, XXVIII.2, 1965, pp.252-253.

看，他主要的画并非佛像，所以画史所说的"梵像"，也未必就是佛像。还有值得指出的一点是，道宣最早提到曹仲达时说他是"画工"。由于他的成就和影响，最终成为"学者所宗"的画家了。

如上所述，学者们近年来从山东青州等地出土的北齐造像上，来探索"曹家样"的形式，是有益的探索。但我们也应当注意到，石刻造像毕竟是雕刻的塑像，而"曹家样"则是绘画。如果我们把目光转向粟特本土的壁画，如片吉肯特和巴拉雷克切佩两地粟特壁画中的宴饮人物形象，其衣纹稠密的特征十分明显❶，所以，曹仲达的绘画所表现的样式，恐怕首先应当具有粟特美术的特征❷，只不过他把粟特人绘画祆教神像的技法，移植到"外国佛像"的绘制上去了。

既然曹仲达摹写西国的瑞像，为"京邑所推"，那么他的艺术活动主要是在北齐的都城——邺城。北齐的邺城，胡风大盛。《隋书》卷七《礼仪志》记"〔北齐〕后主末年，祭非其鬼，至于躬自鼓舞，以事胡天"。胡天即粟特人所信仰的祆神，说明北齐时粟特胡人所信奉的祆神，也成为统治者祭祀的对象。据《北史》卷九二《恩幸传》记载，当时一些"眼鼻深陷"的"胡小儿"颇受皇帝的恩宠，如康阿驮、穆叔儿等富家子弟，因为常在皇帝左右，而被授予开府、仪同。又有曹僧奴及子妙达，以能弹琵琶而被宠遇；何朱弱、史丑多等十数人，则以能歌及善音乐而被开府或封王。《隋书》卷一四《音乐志》也记载了当时以音

---

❶ 参看姜伯勤《安阳北齐石棺床画像石的图像考察与入华粟特人的祆教美术》，《艺术史研究》第1辑，1999年，159页，图10；169页，图18—19。

❷ M. Bussagli, *La peinture de l'Asie Centrale*, Geneve 1963, p.53; 马里奥·布萨格里《中亚绘画》，许建英、何汉民编译《中亚佛教艺术》，新疆人民出版社，1992年，48页。

乐进幸的安未弱、安马驹之徒❶。这里提到的人物，从他们的康、穆、曹、何、史、安等姓和人种特征来看，应当是粟特人无疑，他们用不同的艺术手段，博得北齐皇帝的欢心，掀起了一股与北魏孝文帝汉化政策所对立的胡化风潮。向达先生曾疑曹仲达当与曹妙达为一家❷。无论如何，曹仲达实际上也是这一胡化运动的推动者，他因为工于绘画"梵像"而官至朝散大夫，正说明了这一点。

由北齐邺都胡人如此活跃的情形，我们不难想象当时邺城或北齐境内其他地方，还应当有更多的粟特画家或画工、雕刻家或刻工。早年安阳出土的北齐石棺床上，雕刻着粟特系统的祆教美术形象，其雕刻者应当就是邺城的粟特工匠。正像陈寅恪先生论证北齐粟特胡的音乐影响到隋唐一样❸，北齐粟特画家的样式和画法，也同样会流传下去。

三 祆祠之"素画"形象

现在我们已经无法看到曹仲达的绘画作品，但粟特美术却通过两个载体而留存下来，一是祠庙，一是葬具。这两类图像资料在粟特本土有不少发现，前者有片吉肯特（Panjikent）等地发现

---

❶ 参看陈寅恪《隋唐制度渊源略论稿》，中华书局，1963 年，121-123 页；黄永年《〈北史·恩幸传〉记齐宦者仓头胡人乐工事杂说》，《燕京学报》新 6 期，北京大学出版社，1999 年，45-46 页。

❷ 向达《唐代长安与西域文明》，三联书店，1957 年，19 页。

❸ 陈寅恪《隋唐制度渊源略论稿》，116-123 页。

的庙宇壁画❶，后者有阿夫拉西阿勃（Afrasiyab）等地发现的骨瓮上的图案❷。这两种粟特美术形式也随着粟特人的东迁而传到中亚和中国，我们可以从文献和考古材料中，看到若干类似的遗迹。过去，学者们对这类材料关注不多，有些相关的材料值得综合在一起加以探讨。现在首先讨论祆祠中的祆教形象。

根据我们从典型的粟特聚落所得到的认识，一般来讲，每个粟特聚落都应当有粟特人的信仰中心，即供奉祆神的祆祠。

敦煌文书 P.2005《沙州图经》卷三（大约编成于唐高宗时期）记敦煌县四所杂神之一：

祆神：右在州东一里，立舍，画祆主，总有廿龛。其院周回一百步。❸

S.367《沙州伊州地志》（晚唐抄本，所记为唐前期事）伊州条记：

火祆庙中有素书（画）形像无数。❹

---

❶ 参看 G. Azarpay, *Sogdian Painting. The Pictorial Epic in Oriental Art*, with contributions by A. M. Belenitskii, B. I. Marshak and M. J. Dresden, Berkeley-Los Angeles-London 1981; B. I. Marshak and V. I. Raspopova, "Cultes communautaires et cultes privés en Sogdiane", *Histoire de l'Asie centrale préislamique. Sources écrites et documents archeologiques*, eds. P. Bernard et F. Grenet, Paris 1991, pp.188-195, pls. LXXIII-LXXVIII.

❷ 有关粟特地区发现的骨瓮的较新研究成果，见 L. V. Pavchinskaia, "Sogdian Ossuaries" 和 G. A. Pugachenkova, "The Form and Style of Sogdian Ossuaries" 两文，均载 *Bulletin of the Asia Institute, new series*, 8 (The Archaeology and Art of Central Asia. Studies from the Former Soviet Union), 1996, pp.209-243。

❸ 池田温《沙州图经略考》，《榎博士还历记念东洋史论丛》，东京，山川出版社，1975年，70-71页。

❹ 唐耕耦等编《敦煌社会经济文献真迹释录》一，书目文献出版社，1986年，40页。

根据其他文献和文书的记载,唐代沙州敦煌和伊州的这两个祆祠,都是和当地胡人聚落紧密联系在一起的,特别是沙州的祆舍,正好就建立在胡人聚居的敦煌县从化乡。从其他文献记载可以得知,唐代前期北方丝路沿线的粟特聚落当中,有不少立有祆祠,如鄯善、高昌、张掖、武威、长安、洛阳、恒州获鹿、瀛州乐寿等❶。而敦煌地志中的这两条难得的有关祆祠记录,证明这些祆祠当中,应当有祆主一类的祆神形象。沙州祆祠的祆神是绘制的,一共有二十多龛,数量不算少。伊州祆祠的祆神形象则更是数也数不清,只是学者对这里的"素书"有不同的解释,如果是"素书",则可能是素描的形象;如果是唐代金石文字中常常见到的"素画"的误写,则是彩色塑像了❷。

姜伯勤先生把P.4518(24)敦煌纸本绘画中的一幅女神图(图48),比定为祆教的神像。这幅画上绘有两个女神,左面一位一手执盅,一手执盘,盘中蹲坐一小犬;右面的女神共有四臂,后两臂一手执日,一手执月,前面两臂一手执蛇,一手执蝎。两个神像无疑都具有典型的粟特神像特征,而右面的女神手执日月,和粟特地区主要神祇——娜娜(Nana)女神的特征相同。姜伯勤先生还指出,因为这幅纸本绘画上面已有污损,并且悬挂之带尚存,所以它或与九、十世纪敦煌地区的"赛祆"活动有关,或与敦煌祆祠中的"素书形象"有关❸。此后,张广达先生和格瑞内(F. Grenet)教授在姜伯勤论文的基础上,对这幅画又做了进一步的研究,确定了

---

❶ 荣新江《北朝隋唐粟特人之迁徙及其聚落》,30、31、45、54、57、66、67页。
❷ 神田喜一郎《素画に就いて》,《东洋史研究》第5卷第3号,1940年。
❸ 姜伯勤《敦煌白画中的粟特神祇》,中国敦煌吐鲁番学会编《敦煌吐鲁番研究论文集》,汉语大词典出版社,1990年,296-309页;收入作者《敦煌艺术宗教与礼乐文明》,中国社会科学出版社,1996年,179-195页。

图 48　敦煌白画祆神图

这幅绘画的祆教性质，尽管具体神像的所指还没有统一的意见❶。

从敦煌文书中可以得知，直到公元 10 世纪的曹氏归义军时期，敦煌城东的祆神庙仍然存在，由官府提供物质援助的"赛祆"——祭祀祆神的活动每年都在举行。因为归义军官府用纸支出帐目中，常常见到"赛祆支画纸叁拾张"的记录，所以姜伯勤和张广达先

---

❶ Zhang Guangda, "Trois exemples d'influences mazdéennes dans la Chine des Tang", *Etudes chinoises*, XIII.1-2, 1994, pp.203-219；张广达《祆教对唐代中国之影响三例》,《法国汉学》第 1 辑，清华大学出版社，1996 年，143-154 页；*Sérinde.Terre de Bouddha-Dix siècle d'art sur la Route de la Soie*, Paris: Réunion de Musée Nationaux, 1995, pp.293-294, No.223（F. Grenet 解说）. F. Grenet and Zhang Guangda, "The Last Refuge of the Sogdian Religion: Dunhuang in the Ninth and Tenth Centuries", *Bulletin of the Asia Institute*, new series, 10 (Studies in Honor of Vladimir A. Livshits), 1996, pp.175-186.

粟特祆教美术东传过程中的转化　**277**

生都认为敦煌保存的这幅祆神图,应当是九、十世纪敦煌赛祆活动的遗物,它可能原来是赛祆时悬挂在沙州城东祆祠当中的❶。姜伯勤还进而探讨了敦煌祆祠中所绘可能有哪些图像的问题,他根据粟特地区发现的祆祠中残存的壁画图像,认为敦煌祆祠的二十龛中,应当绘有"大神"(Adbag,即祆教最高神阿胡拉·马兹达,Ahura-Mazdā)、祖尔万(Zrvān)、韦施帕卡(Weshparkar)、密特拉(Mithra)、韦雷特拉格纳(Verethragna)、娜娜女神(Nana)等❷。

现在,敦煌的祆祠早已荡然无存,但原本可能是属于祆祠的这幅纸本祆神图,却由于某种原因而转到佛教寺庙当中,从而封存在敦煌莫高窟藏经洞中,得以保留至今,使我们今天还能依稀看到一点唐朝祆教祠庙中的祆神形象。

除此之外,我们目前在中原地区还几乎没有祆祠遗迹的发现。值得庆幸的是,我们在和田东北丹丹乌里克(Dandan-Uiliq)的古于阗寺庙遗址的出土物中,看到了更多的祆神形象。

20世纪初叶,斯坦因(A. Stein)从丹丹乌里克的几个房屋遗址当中,发掘到一批年代属于8世纪的木板画❸。虽然从斯坦因本人开始,研究者们都注意到了其中一些形象的伊朗艺术特征,但因为于阗是著名的佛教王国,丹丹乌里克出土的艺术形象和写本文献,已经比定的内容都是属于佛教的,因此从来没有人把这些木板画的形象和祆教图像联系起来❹。1992年,莫德(Markus Mode)发表《远

---

❶ 姜伯勤《论高昌胡天与敦煌祆寺》,原载《世界宗教研究》1993年第1期,收入《敦煌艺术宗教与礼乐文明》,495-499页;张广达《唐代祆教图像再考》,《唐研究》第3卷,1997年,4-5页。

❷ 姜伯勤《敦煌艺术宗教与礼乐文明》,489-494页。

❸ A. Stein, *Ancient Khotan*, Oxford 1907, pp.274ff; pls.LIX-LXVII.

❹ Cf. J. Williams, "The Iconography of Khotanese Painting", *East and West, new series*, XXIII.1-2, 1973, pp.109-154.

离故土的粟特神祇——近年粟特地区考古发现所印证的一些和田出土的粟特图像》一文,判断出和田出土的一些木板画上,绘制的不是佛教的形象,而是粟特系统的祆教神谱,特别是编号为D.X.3的木板正面(图49),是三个一组的神像,从左到右依次绘制的是阿胡拉·马兹达(Ohrmazd)、娜娜女神(Nana)和风神(Weshparkar);另外,还有一些木板画上的形象,也可以认定是属于祆教的(图50)[1]。莫德承认这些木板画是属于丹丹乌里克(唐朝时称作"杰谢")的佛教社区,但是谁把这些祆教的木板画安置在佛寺当中呢?莫德给出的解释是:一种可能是,信奉粟特宗教的旅行者把他们的异教神祇镶入佛寺万神殿当中,因为这些祆神和一些佛教神像如因陀罗(Indra)、摩耶或室利(Maya-Śrī)、大天或湿婆(Mahādeva-Śiva)的形象相似;另一种可能是,从很早以来,粟特神祇就已经是丝路南道佛教部派中常见的神像要素[2]。然而,我们并不十分清楚这些绘有祆神的画板原来摆放的位置,就以D.X.3为例,它的正面全是祆神形象,背面则是菩萨像。如果斯坦因给出的正背面是该画板原本在庙宇中的情形,则背面一侧很可能原本是封在墙里面的,只有祆神一面对着供养他们的民众[3]。和田丹丹乌里克出土的于阗文和汉文文书,都证明了唐朝时期杰谢地区有相当数量的粟特人存在[4]。因此,不排除杰谢当地有粟特人供奉的一座祆祠的可能性,因为这样明显的祆教神像组合,很难把他们放到佛教

---

[1] M. Mode, "Sogdian Gods in Exile—Some iconographic evidence from Khotan in the light of recently excavated material from Sogdiana", *Silk Road Art and Archaeology*, 2, 1991/92, pp.179-214.

[2] Mode, *op.cit.*, p.184.

[3] 参看 *Ancient Khotan*, pl.LXIV, 祆神一面较佛像一面清晰, 是否后者是封在墙中而磨损的结果?

[4] 荣新江《西域粟特移民考》, 158-161页。

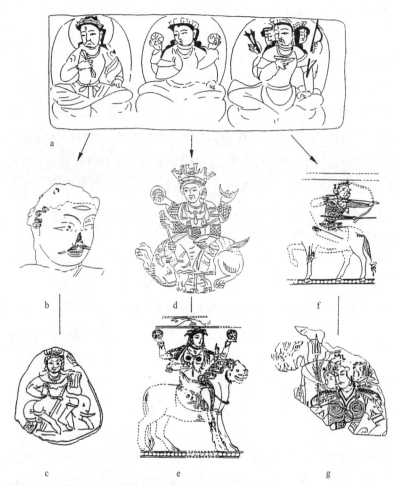

图 49 和田出土 D.X.3 木板画正面图像及相关的粟特神祇
（a）D.X.3；（b）Kuva 出土石雕 Adbag-Indra；（c）片吉肯特出土陶器 Adbag-Indra；（d）花拉子模出土碗上的娜娜；（e）Qala-e Qahqah I 出土壁画娜娜；（f）Qala-e Qahqah I 出土壁画 Weshparkar；（g）片吉肯特出土壁画 Weshparkar。

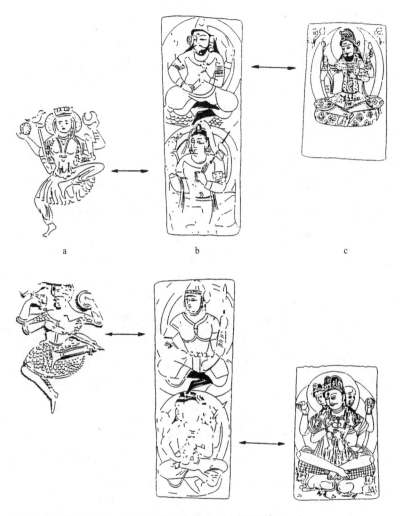

图50 和田出土 Skrine C 和 D.VII.6 木板画及相关粟特神祇
(a) Yakkabag 出土骨瓮上的一对神像;(b) 和田出土编号 Skrine C 画板;
(c) 和田出土 D.VII.6 画板。

的上下文中去解释❶。

　　祆祠的建立是祆教传播的最重要标志，同时，祆祠中的祆教图像也是祆教美术流传的最好途径。寺庙建立在聚落的中心，从唐人文献中所记祆教祭祀活动中，我们可以看出祆祠往往是对民众开放的娱乐场所。所以，除了粟特移民之外，祆教图像也同样被其他民众观瞻、膜拜，甚至图写、流布到其他地方。宋人董逌《广川画跋》卷四《书常彦辅祆神像》记，元祐八年（1093）常彦辅因病祷于祆神祠，明日即愈，于是"图像归事之"，就是祆祠图像流传的一个很好的例证。丹丹乌里克的古代于阗寺庙中保存的祆教画板，可以使我们推测敦煌等地祆祠内部多种祆神画像的形式，有助于我们从残存的文献片段记载中，找到祆教图像流传的痕迹。

四　从祠庙到墓葬❷

　　粟特美术进入中国的另一个载体是葬具。在粟特地区，祆教徒有着与中国传统的土葬全然不同的丧葬方式。根据波斯祆教经典《阿维斯塔经》中的《闻迪达德》（*Vendidad*，即《伏魔法典》）等书的记载和前苏联考古学者在粟特地区的考古发现，粟特祆教徒去世后，尸体由专门负责处理尸首的人运送到高层的葬尸台（dakhma）

---

❶ 当然这只是在莫德（Mode）提出的解释之外，依据画板的功能和当地有粟特人的事实，提出的第三种可能性而已，这一点还需要仔细研究，以便得出较为圆满的结论。
❷ 这里借用了巫鸿先生论著的一个命题，见 Wu Hung, "From Temple to Tomb: Ancient Chinese Art and Religion in Transition", *Early China*, 13, 1988, pp.78–115; Idem., *Monumentality in Early Chinese Art and Architecture,* Stanford: Stanford University Press, 1995, pp.110–121. 虽然巫鸿论证的问题与本文讨论的主题无关，但他关于墓葬作为宗教中心的论述，对本文颇有启发。

上,这种台有的是边缘比较分明的天然高地,有的是人为建筑的高台设施,尸体在台上放置,以便狗或猛禽食掉尸肉,剩下的骨骸被放置在一种被称作"骨瓮"(Ossuary)的罐子当中,埋入地下❶。

根据 L. V. Pavchinskaia 对粟特骨瓮的最新研究成果,这种骨瓮大体分布在三个区域:一是以撒马尔干为中心的中部粟特地区,二是以布哈拉为中心的西部粟特地区,三是以 Kashka Darya 绿洲为中心的南部粟特地区。绝大多数的骨瓮来自中部粟特地区,特别是撒马尔干一带。骨瓮基本上都是陶器,分体烧制,壁厚一般是1.5—2.5厘米,外形主要是长方形和椭圆形瓮状。有的瓮盖与瓮分体烧制,一般高15—35厘米,长43—85厘米,宽22—40厘米;有的拱形骨瓮,盖子是烧好后挖出来的,一般高43—50厘米,长40—85(?)厘米,宽18—25厘米;以前者更为流行。骨瓮上的装饰部分是陶土烧制前加上去的,装饰形式有无纹饰的,有植物和几何图案的,有拟人形的,有动物形的,有混合形的(即神像和其他纹饰混在一起的)。随着时代的演进,图案从简单向复杂发展。使用骨瓮的习俗是公元4世纪晚期到5世纪前半开始在粟特城市周边地区出现,目前所见可以确切定年的骨瓮年代,在五六世纪之交,但直到7世纪前半,撒马尔干地区主要的装饰图案是拟人的。7世纪后半到8世纪前半,各种类型的装饰开始出现,用人体的形象在连拱形装饰中表现神祇的类型,是从7世纪才开始出现的❷。

同时,G. A. Pugachenkova 则对粟特骨瓮的装饰类型和内容做

---

❶ 关于祆教的葬俗,参看 F. Grenet, *Les pratiques funéraires dans l'Asie centrale sédentaire de la conquete grecque à l'islamisation*, Paris: Editions du CNRS, 1984;蔡鸿生《唐代九姓胡与突厥文化》,中华书局,1998年,25-26页;张广达《祆教对唐代中国之影响三例》,143-145页。

❷ L. V. Pavchinskaia, "Sogdian Ossuaries", pp.209-224.

了综合的分析。她指出，这些陶制骨瓮的装饰形态基本上都是模仿同时代的纪念物艺术的，换句话说，骨瓮上的浮雕是对5至7世纪粟特建筑、雕刻和装饰艺术某些因素的借用或者说再塑造。骨瓮浮雕是古代和早期中世纪粟特陶雕的一种实用艺术的独特形式，在粟特艺术中拥有特殊的位置，它的内涵与当地的琐罗亚斯德教教义和仪式有关，骨瓮上的浮雕场景，有点燃圣火、哀悼死者、礼仪中的舞蹈形象、王者娱情乐舞的形象，以及Amesha Spentas（神圣的诸神）、fravashis（死者灵魂）、四臂神像、守护者等形象。

这些形象，有的是希腊甚至罗马艺术的仿制，如描绘与世俗欢乐有关的乐舞场景，可能是对当地古老的类似酒神文化的仿效；而粟特南部Yakkabagh地区发现的一个骨瓮，男性神像头上戴着羊角帽，这是酒神巴克斯（Bacchus）的象征，这种酒神信徒的场面类似于希腊乃至罗马石棺上的节日场面。事实上，乐舞本来不是操伊朗语的民众丧葬仪式的组成部分。位于Yakkabagh地区的Kashka Darya绿洲发现的骨瓮上的浮雕类型，则显然是基于另一个传统，即来自健陀罗佛教艺术或印度的佛教艺术。四臂神形象和舞动的双臂姿态，显然是来自印度❶。

这种粟特式的骨瓮在新疆（古代西域）有所发现，但图案比较简单，或者只是素面，而没有装饰❷。奇怪的是，虽然北朝隋唐有这样多的粟特人迁入中原地区，他们理应把粟特本土的用骨瓮丧葬的方式带入中原，但迄今为止，我们在中原还没有找到确切是骨瓮的材料。

然而，明显带有粟特美术特征甚至袄教色彩的石棺床，却陆续

---

❶ G. A. Pugachenkova, "The Form and Style of Sogdian Ossuaries", pp.227-243.
❷ 林梅村《从考古发现看火袄教在中国的初传》,《西域研究》1996年第4期，56-57页；影山悦子《东トルキスタン出土のオッスアリ（ゾロアスター教徒の纳骨器）について》,《オリエント》第40卷第1号，1997年，73-89页。

有所发现，如早年流散国外的安阳出土北齐浮雕石棺床❶、据传出自中国北方而现收藏在日本 Miho 美术馆的完整浮雕石棺❷、1999 年 7 月山西太原市晋源区王郭村出土的隋开皇十二年（592）虞弘墓石棺床❸、2000 年 7 月陕西西安市北郊出土的北周大象元年（579）的安伽墓石棺床❹。

从具有明确纪年的石棺床墓来看，这种墓葬的年代集中在北朝末年，这时入华粟特人已经在中国本土生活了很长时间，开始采用中原地区的土洞墓室的丧葬形式。但是，这些石棺床墓和同时期中原汉式墓葬又有差别，即墓室中没有见到棺椁，只有石棺床，大多数由床座、床板和屏风组成。其中，安伽墓的墓主人遗骨是放在甬道中的，甬道内经过火焚，而墓室内只有一座石棺床（《简报》称作"围屏石榻"）。这种葬式既不是中国传统的做法，也不是粟特本土的形式，应当是入华粟特人糅合中原土洞墓结构、汉式石棺以及粟特浮雕骨瓮的结果。

这种石棺床要比骨瓮大得多，安伽墓的石棺床由床座、三面屏

---

❶ G. Scaglia, "Central Asians on a Northern Ch'i Gate Shrine", *Artibus Asiae*, XXI, 1958, pp.9–28；姜伯勤《安阳北齐石棺床画像石的图像考察与入华粟特人的祆教美术》，151–186 页。

❷ J. Lerner, "Central Asians in Sixth-Century China: A Zoroastrian Funerary Rite", *Iranica Antiqua*, XXX, 1995, pp.179–190; A. L. Juliano and J. A. Lerner, "Cultural Crossroads: Central Asian and Chinese Entertainers on the Miho Funerary Couch", *Orientations*, Oct. 1997, pp.72–78.

❸ 张庆捷《太原隋代虞弘墓石椁浮雕》，"汉唐之间：文化的互动与交融学术研讨会"论文，北京大学考古系，2000 年 7 月 5–9 日；山西省考古研究所等《太原隋代虞弘墓清理简报》，《文物》2001 年第 1 期，27–52 页。

❹ 尹申平《安伽墓展现的历史画卷》，《中国文物报》2000 年 8 月 30 日第一版；陕西省考古研究所《西安北郊北周安伽墓发掘简报》，《考古与文物》2000 年第 6 期，28–35 页及封面、封二、封三、封底彩色图版；陕西省考古研究所《西安发现的北周安伽墓》，《文物》2001 年第 1 期，4–26 页。

风和七条床腿组成，长2.28米，宽1.03米，通高1.17米，床座的侧面有33个方框，各雕一个兽头；三面屏风共分隔成12幅图案，绘制各种生活场景和人物、动物、器具等。其中，有的浮雕比较明显地刻画了粟特的主题，如安阳石棺床的新年节庆；有的则刻画了祆教的主题，如安阳的门阙上的火坛祭司形象和虞弘墓的神像；同时，许多图像也显然是受到中原文化的影响，而富有中原图像特征。无论如何，石棺床的浮雕图像面积比粟特地区的骨瓮要大得多，可以使艺术家有更广阔的运作空间。

如前所述，祠庙和葬具是粟特美术东渐的两个主要载体，它们随着粟特人的东迁而进入中国。粟特人开始进入中国时，大多数是生活在粟特聚落当中，他们有供奉本民族信仰的神祇的祠庙，应当也保持着本民族的丧葬方式。但到了北朝隋唐时期，中央政府逐渐控制粟特胡人聚落，先是任命萨保等视品官来管理它，以后则陆续把聚落改作乡里。在这个过程中，由于粟特民众的逐渐汉化和皈依佛教，粟特人供奉的祆神祠在许多地方陆续消失。与此同时，粟特的骨瓮丧葬形式很难被中原人士所接受，粟特人也逐渐采用了土葬的方式，但其内部的处理与汉式有所不同，屏风式的石棺床上，多少保留了骨瓮的浮雕图像形式。随着祠庙的大量毁灭，墓葬中的石棺床图像成为表现粟特祆教信仰的主要场所，而较大的空间，不仅可以雕刻骨瓮上的一些固有小型图案，也可以把祆祠中的一些大幅节庆场面表现出来。我们可以对比吐鲁番的情况，高昌郡时期（327—442），地面上已经是佛教盛传，塔寺林立，而墓葬仪式却仍然被中国传统的方术所支配❶。因此，粟特人葬具上的宗教图像，

---

❶ 马雍《吐鲁番出土高昌郡时期文书概述》，原载《文物》1986年第4期，此据马雍《西域史地文物丛考》，文物出版社，1990年，120页；荣新江《唐代西州的道教》，《敦煌吐鲁番研究》第4卷，北京大学出版社，1999年，127-129页。

在表现粟特人祆教信仰方面，要比祠庙延续的时间长得多。

生活在不同环境中的入华粟特人，其汉化的速度和程度也不相同，这也反映在他们的墓葬当中。如出身凉州萨保安氏家族的安元寿，十六岁就进入李世民的秦王府做官，以后在地方和中央任武职军将，永淳二年（683）去世后，陪葬昭陵，其墓室完全是中原式的。其夫人翟氏卒于圣历元年（698），但因为占卜不吉，三十年后的开元十五年（727）才合葬在一起❶，可见其受中原丧葬制度影响的程度。又如随东突厥投降唐朝的六胡州大首领安菩，麟德元年（664）卒于长安；夫人何氏，长安四年（704）卒于洛阳；其子安金藏于景龙三年（709）合葬二人于洛阳。其墓室向北，两棺分别放置东西两边，中间为过道，颇有特色。随葬物品大多数是中原墓葬中所有的陶俑之类的东西，但也有表明其粟特文化特征的随葬金币❷。这类入仕中原王朝的粟特人墓葬，主要的内涵已经是中原式的了，但随葬物品中往往有粟特文化特征❸。

在以粟特人为主体设立的六胡州地区，其葬具上保留了较为明显的粟特美术特征。1985年宁夏盐池县发现的一组墓葬，为我们提供了一个明显的例证。其中一座墓（M3）出土有《何府君墓志》，称其为"大夏月氏人也。（中残）以久视元年（700）九月七日，终于鲁州如鲁县"，可知墓主人是六胡州中鲁州的粟特人。另一座墓（M6）有两扇石门，上面各雕刻一位胡人在翩翩起舞（图51），从舞蹈的形象、胡人的装束等判断，这种舞蹈正是粟特人所擅长的

---

❶ 昭陵博物馆《唐安元寿夫妇墓发掘简报》，《文物》1988年第12期，37—49页；陈志谦《安元寿及夫人翟氏墓志考述》，《文博》1989年第2期，51—56页。

❷ 洛阳市文物工作队《洛阳龙门唐安菩夫妇墓》，《中原文物》1982年第3期，21—26页。

❸ 固原发现的史氏墓葬，也可以作为例证，见罗丰《固原南郊隋唐墓地》，文物出版社，1996年。

胡旋舞❶。值得注意的是，左扇门上的舞者形象，和虞弘墓浮雕宴乐图中间的舞者形象（图52），基本形状是相同的，如身体的弯曲方向、两腿的位置，脸也都面向右侧，脚下也都有胡旋舞特有的小圆毯。六胡州墓葬的这种粟特美术图像，可以和粟特地区发现的骨瓮上的乐舞形象（图53）联系起来，表明粟特美术的深远影响。

五 粟特美术宗教功能的转换
——从粟特到中国

从北朝到隋唐，通过粟特画家、画工、工匠，粟特美术作品以图画和雕刻的形式，借助祠庙、棺床等载体，从粟特地区，经过西域，传到中国中原地区。在这个复杂的传播过程中，粟特美术和不同地方的文化，交互影响、融汇，生发出新的图像特征，产生新的宗教功能。

粟特祆教美术在盛行佛教的西域于阗地区，以木板画的形式表现出来，这些图像的特征，既可以看作是祆教的，也可以看作是佛教的，其中阿胡拉·马兹达（Ohrmazd）和佛教图谱中的帝释天（Indra）相似，风神（Weshparkar）和大天（Mahādeva）或湿婆（Śiva）的特征相对应，四臂的娜娜女神（Nana）也可以找到印

---

❶ 宁夏回族自治区博物馆《宁夏盐池唐墓发掘简报》，《文物》1988年第9期，43–56页。参看罗丰《隋唐间中亚流传中国之胡旋舞——以新获宁夏盐池石门胡舞为中心》，《唐文化研究论文集》，上海人民出版社，1994年，335–354页；韩志刚《宁夏盐池唐墓石刻所反映的胡旋舞》，《文博》1994年第3期。

图51 宁夏盐池M6号墓石门上的胡旋舞

图52 虞弘墓浮雕上的胡旋舞

图 53　粟特骨瓮上的舞蹈形象

度的类似图像❶。在佛教徒眼中，这些祆教形象无异于佛像。在中原地区，也有同样的情形，韦述《两京新记》卷三记长安布政坊胡祆祠："武德四年（621）所立，西域胡天神，佛经所为摩醯首罗也。"这正是以佛教的眼光看祆教图像的结果❷。其实，任何一个宗教图像刚刚到达一个新的地区，总是会被误读的，就像佛教在汉代进入中国后，浮屠的形象是借助黄老的形象而传播的❸。敦煌白画祆教图本发现在佛教石窟当中，似乎也透露出这幅画像后来已被看作是佛教图像。可以说，在粟特祆教美术东渐过程中，一些祆神图像的宗教功能逐渐转换，从祆神变成了佛像，或者说是被看作为佛像了。

---

❶ 关于祆教和佛教图像的对应关系，参看张广达《吐鲁番出土汉语文书所见伊朗语地区宗教的踪迹》，《敦煌吐鲁番研究》第 4 卷，1999 年，10–11 页。关于娜娜女神与印度神像的关联，参看 G. A. Pugachenkova, "The Form and Style of Sogdian Ossuaries", p.234；姜伯勤《敦煌白画中粟特神祇图像的再考察》，《艺术史研究》第 2 辑，2000 年，263–291 页。
❷ 姜伯勤《敦煌艺术宗教与礼乐文明》，190–191 页。
❸ Wu Hung, "Buddhist Elements in Early Chinese Art (2nd and 3rd Centuries A. D.)", *Artibus Asiae*, XLVII. 3/4, 1986, pp.263–352；巫鸿《地域考古与对"五斗米道"美术传统的重构》，《汉唐之间的宗教艺术与考古》，431–460 页。

在粟特美术宗教功能的转换中，内容也必然会随之有所改变。曹仲达绘制的外国梵像，后来一直被看作是佛像。而且原本应当是绘制祆神像的曹国人曹仲达，在进入中原后，转而绘制佛像，因为他有绘制祆教神像的技法，因此他的佛像在人们看来独树一帜，自成一家。敦煌白画祆神图上的日轮和月轮中，分别绘有三足乌和桂树，是吸收中国传统图案的结果。

宗教场所的变化也是粟特美术宗教功能转化的重要方面。早期来华粟特人聚落中设立的祆祠当中，有比较系统的祆神图像。在聚落逐渐消失的过程中，祆神图像更多的是在墓葬中表现的，粟特人把骨瓮的浮雕转移到石棺床的浮雕上，在更为广阔的空间里，石棺床的图像虽然无法和祠庙中系统的图像相比，但比骨瓮要宽广得多，所以在骨瓮上常见的神像、乐舞和哀悼场面之外，有了更丰富的主题，如节日庆典、狩猎、宴饮等。有些场面虽然本意不同，但也可以在中国传统式的墓葬中找到自己的位置。

随着粟特聚落的离散，粟特人的汉化，不论祠庙还是墓葬中的祆教图像，都逐渐为其他宗教或礼仪的因素所取代，但粟特祆教美术的某些图像，仍然可以在中国佛教美术或其他美术作品中找到它们的痕迹，如敦煌卷子 P.4524 彩绘《降魔变文》中狮子咬住水牛的图像❶，构图与虞弘墓浮雕下栏狮子咬住灵牛的那一幕完全一样❷；还有柏林印度艺术博物馆所藏吐鲁番出土白描画卷（MIK III-43）❸，对比粟特、于阗、敦煌等地的粟特祆教绘画，也可以找到一些类似

---

❶ N. Vandier-Nicole, *Śariputra et les Six Matres d'Erreur*, Paris: Imprimerie Nationale, 1954.
❷ 张庆捷《太原隋代虞弘墓石椁浮雕》，17 页。
❸ *Along the Ancient Silk Routes. Central Asian Art from the West Berlin State Museum*, New York: The Metropolitan Museum of Art 1982, pp.214-215, No.152;《西域美术展》，东京国立博物馆，1991 年，150-151 页，No.97。

的主题和相似的画法，如在死者面前称天平的形象，与阿夫拉西阿勃出土骨瓮上的浮雕的主题完全一致❶；又如神像后面伸出头来回望的狗的形象，与敦煌白画袄神像中的狗几无二致❷。到了宋朝，祖籍太原的画家米芾，自称自己是"火正后人"❸，从他的名字和称号，可以确定他是粟特后裔，但他已经是地道的中国画的代表人物了。

提交"汉唐之间：文化的互动与交融学术研讨会"论文，2000年

---

❶ Pugachenkova, "The Form and Style of Sogdian Ossuaries", pp.230-231, fig.12.
❷ 由于这幅画卷涉及问题较为复杂，拟另文专门讨论。
❸ 姜伯勤《萨宝府制度论略》，301-302页。

《释迦降伏外道像》中的
祆神密斯拉和祖尔万

西安碑林博物馆收藏有一件造像碑,碑高72厘米,宽42厘米,厚20厘米,正面刻释迦牟尼佛立像,面部浑圆,五官端庄,头顶为高肉髻,两耳垂肩,背有头光,头光上尖,外有一圈火焰。身穿通体袈裟,袒右肩,右手上举,手掌向上,其上空悬一圆环,位于石碑左上角;左手下垂,手掌向下,其下亦有一圆环,位于石碑右下角。左上角环内有一人像,坐一双头马背托之圆毯上,双手上举,执飞舞飘带;右下角圆环内亦有一人像,坐双鹅背托之圆毯上,双手上举,执飞舞飘带。释迦牟尼两脚赤裸,立于莲花跌座上,莲座下为凸起的石台,台正面右侧有凹刻题记三行,文曰:"释迦牟尼佛降伏外道时"(图54)。有关该碑的出版物都认为,这个造像的年代为唐朝(618—907)[1]。此像出土地点不明[2],估计在唐朝都城长安城的范围内。1955年,该碑由西安市文管会送交陕西

---

[1] 陕西省博物馆编《陕西省博物馆藏石刻选集》,文物出版社,1957年,39页,图37;京都文化博物馆编《大唐长安》,京都,1994年,105页;西安碑林博物馆编《西安碑林博物馆》,陕西人民出版社,2000年,133页。

[2] 李凇《陕西佛教艺术》,台北艺术家出版社,1999年,143页称此像是1955年西安市郊出土,或有所据,但未详述。

图 54 释迦降伏外道像

省博物馆,现藏碑林博物馆。

索珀(Alexander C. Soper)教授在《敦煌的瑞像图》一文中,曾指出这件唐代造像风格的释迦降伏外道像,与英国博物馆收藏的敦煌藏经洞出土绢画残片上所绘手托日轮的立佛像如出一辙,不论身体的姿态、袈裟的下垂形式,还是火焰头光的形状,甚至右腋下面垂着的打结成环状的衣饰,都完全相同,只有一个明显的不同,即敦煌的画家用传统中国的金乌来表示太阳(残掉的月亮可能也是用玉兔或蟾蜍来表示的),但此处的雕刻家则在一个小画面上描绘了一个完全的人体形象。他指出,这两个光轮中的神像,手举着波浪状的披巾在头顶上,这是很早时期借自希腊罗马艺术的样式。上面光轮中的神像,可能是太阳(梵文 Surya),骑在拉着双轮马拉战车(biga)的暴烈成性的双马上;下面的光轮中,用两个像天鹅的鸟来表示的神像是月亮(梵文 Chandra);这是和敦煌画家具有同样思想来源但表现得更加丰富的结果。最后,索珀根据敦煌石窟和写本资料,认为绢画所绘应当是敦煌写本《瑞像记》和莫高窟壁画所题的"指日月瑞像",此像是表现释迦牟尼在打败魔军后获得超自然力时的情景。因此,他认为,如果他的这一解释是正确的,则西安石刻上的铭文就是错误的。他以为该铭文字体较大,也不像唐代造像碑那样书写工整,因而认为是后来补写的,补写的人对于"指日月瑞像"的原本含义已经不清楚了。但是,为什么这样稀见的主题在敦煌如此流行,而且还以实质上完全相同的形式见于唐朝的都城,他承认无法予以解释❶。

---

❶ A. C. Soper, "Representations of Famous Images at Tun-huang", *Aritbus Asiae*, XXVII.4, 1964-1965, pp.351, 362-363;参看张广达、荣新江《敦煌"瑞像记"、瑞像图及其反映的于阗》,原载《敦煌吐鲁番文献研究》第3辑,1986年;此据同作者《于阗史丛考》,上海书店出版社,1993年,238页。

敦煌的"指日月瑞像",见载于 P.3352(4)、S.2113A 写本❶,都只有简单的一句"指日月瑞像记",而没有具体内容。此像见于莫高窟第 231、236、237、72 等窟,都是吐蕃统治敦煌时期(中唐)及其后的洞窟,指日月瑞像位于佛龛四披的边角处(图 55)。据孙修身先生在《莫高窟佛教史迹画内容考释》(七)中的介绍,"第 231 窟佛龛南披的斜角处,此瑞像所占的栏框较其他瑞像图为矮小。瑞像头顶有高高隆起的肉髻,脑后有头光,头光的周边绘有云状花纹。佛像身着赭红色袈裟,自右腋撩搭于左肩上,袈裟内套着僧祇支。跣足,端立于莲花座上。右臂高举向上,五指伸张,持一球状物,内绘金乌一个。此球状物即我国古代所说的太阳。左臂下垂,五指直伸向下,手掌下面,也有一个球状物,内画鲜花、野草诸物,当是表现我国古代所说的月亮。瑞像侧旁无榜题,而临近的栏框内,则有'指日月像'的榜书。参照其他洞窟里所见的此种画面,考其内容,我们断定此瑞像为'指日月像'。"❷他还考证此像是"释迦牟尼佛的嫡子罗云的画像",因为罗睺罗(即罗云)一名的意思,是指手执太阳和月亮,为众生摒除黑暗❸。孙先生的比定无疑是正确的,但他考证此图是罗睺罗的画像,恐怕难以成立,因为此像是释迦牟尼本人可无疑义。

敦煌壁画中的指日月瑞像被置于瑞像图的边角,说明到吐蕃统治敦煌时期,它的地位已经下降。英国博物馆藏绢画上的指日月瑞像(编号 Ch.xxii 0023,图 56),不仅和其他瑞像同样大小,而且位于上排,色彩鲜艳,绘制精美。可惜图像有些残破,释迦左手下面的月环已经残断,但右手上举的日环十分清楚,中间有金乌,与

---

❶ 张广达、荣新江《于阗史丛考》,217、219 页。
❷ 《敦煌研究》1987 年第 1 期,35 页。
❸ 又见孙修身《佛教东传故事画卷》,香港商务印书馆,1999 年,66 页,图 53。

图 55a　莫高窟第 237 窟指日月瑞像　　图 55b　莫高窟第 72 窟指日月瑞像

壁画相同,表示太阳,由此推测左手下面的月环中,也应当如索珀所说,有表示月亮的图案,如玉兔或蟾蜍❶。根据这幅图像的佛教造像和艺术风格两方面的特征,韦陀(R. Whitfield)教授在《西域美术——英国博物馆藏斯坦因收集品》中认为,它可能是 7 世纪的作品,至少不晚于 8 世纪❷。这一看法正好和吐蕃时期指日月瑞像位置下降相符,可以确立。

瑞像具有护持佛法的作用,因此,每个瑞像都有固定的来历、特征,表现该像显示灵瑞的那一刻的状态。因此,各个地方的同一

---

❶ R. Whitfield, *The Art of Central Asia. The Stein Collection in the British Museum*, 2, Tokyo: Kodansha, 1983, pl. 11.
❷ 见本书第 2 卷,11 页。

图 56　英国图书馆藏绢画上的指日月瑞像

瑞像大体上是一致的。这就是我们所见敦煌绢画和壁画瑞像图几乎相同的原因❶。西安出土的《释迦降伏外道像》和敦煌的瑞像图，就释迦牟尼佛像本身来看，几乎是完全相同的，唯一不同的是，在敦煌瑞像图中表示日月的金乌和花草，在《释迦降伏外道像》上不见了，换上了两个人物形象，而且也不题为"指日月瑞像"，却称之为"释迦牟尼佛降伏外道时"。根据这个榜题，圆环中的这两个人

---

❶ 张广达、荣新江《于阗史丛考》，239–242 页。

物,不是日月中的仙人,而是题记中所说的"外道"。李域铮先生在《陕西古代石刻艺术》一书中,曾正确地指出:佛像"右臂伸扬仰掌,上浮雕法轮,内为外道坐两头奔马上,双手上举衣带飘扬。左臂向下手伸状,下刻圆轮,内亦有外道坐双马背,仍是双手持带上扬"。他也认为阶前的铭文似为后来补刻❶。限于该书的体例,他没有再做深入的说明。然而,李域铮先生一面利用铭文判断圆轮中的两个人物是外道,又说铭文是后来补刻的,这显然陷入自相矛盾当中。笔者觉得铭文的字体俊秀有力,不失唐风;而这件造像碑和其他常见的唐朝造像碑题材不同,不应以普通造像碑的铭文形式来衡量它;更为重要的是,造像碑的铭文和图像内容密切相关,不可分割,忽视了这种联系,则无法确切解释图像的内容。因此,我以为两个圆环中的人物形象,即铭文所说的外道无疑。

根据造像的形式和模仿指日月瑞像的情形,可以推测这方造像碑是唐朝前期或中期的产物,至少应当和敦煌绢画与壁画的年代接近。那么,这个时段里佛教造像者所要降伏的外道是什么样的外道呢?

在释迦牟尼创建佛教的过程中,他要和业已存在的许多印度的宗教派别作斗争,这些不依佛法行事或宣教者,在释迦牟尼和佛教徒看来,都是外道。佛典中有各种外道的记载,外道的数量也随着佛典的不断扩充而逐渐增多。记载释迦牟尼事迹的佛典,如《杂阿含经》卷四三和《中阿含经》卷五七,只记释迦牟尼时代的中印度有六种外道,称作"外道六师",即珊阇耶毗罗胝子、阿耆多翅舍

---

❶ 李域铮《陕西古代石刻艺术》,西安,三秦出版社,1995年,94-95页,No.116。此处认为下面人物的坐骑也是马,全不相类,似有未谛。

钦婆罗、末伽梨拘舍梨、富兰那迦叶、迦罗鸠驮迦旃延、尼乾陀若提子❶。《大日经》中就有"三十种外道"❷，《涅槃经》有"九十五种外道"❸，而《华严经》有"九十六种外道"❹。这些佛典中的外道，主要是以印度的婆罗门为原型的。

　　在佛教图像中，我们所见到的外道形象与《释迦降伏外道像》上的外道不同，如克孜尔石窟的外道形象，常常是用男性裸体人像来表现的❺。敦煌壁画《劳度叉斗圣变》中，也有六师外道的形象❻，也和《释迦降伏外道像》上的图像无法对应。佛教美术史大家索珀教授为了把这两个人物和指日月瑞像上的日月联系起来，认为他们是佛教的 Surya（日、日宫天子）和 Chandra（月、月宫天子），但也没有提供给我们和这个造像碑上的两个人物相同的图像，因此，其说值得商榷。

　　从图像学的特征来看，笔者认为《释迦降伏外道像》所刻画的外道（图57），实际是七八世纪流行于唐朝的祆教（即波斯、粟特的琐罗亚斯德教）神像。以下从几个方面加以比较。

　　第一，《释迦降伏外道像》的外道的基本姿态，是人物坐在一个圆形毡垫上，双腿下垂，左上角的人物右腿略微弯曲，左腿弯曲幅度更大，两腿没有交叉；右下角人物两腿弯曲下垂，双脚交叉。其中左上角的人物显然刻画较右下角的人物仔细，更具有代表性。

---

❶ 《大正藏》卷二，317页中；《大正藏》卷一，782页上。具体译名略有不同。
❷ 同上书卷十八，317页中。此处条列了三十种外道的名字。
❸ 同上书卷十二，426页下、668页上。
❹ 同上书卷十，140页中、142页下。
❺ 参看韩翔、朱英荣《龟兹石窟》，新疆大学出版社，1990年，249–253页，图版113–117。
❻ 参看李永宁、蔡伟堂《〈降魔变文〉与敦煌壁画中的"劳度叉斗圣变"》，《1983年全国敦煌学术讨论会文集·石窟艺术编》上，甘肃人民出版社，1985年，165–233页及书前图版（未编号）。

图 57a 《释迦降伏外道像》上部的外道细部　　图 57b 《释迦降伏外道像》下部的外道细部

而他的这种双腿下垂而不交叉的姿态，我们可以在祆教美术图像中经常看到。如粟特（Sogdiana）南部 Yakkabagh 地区出土的一个祆教徒的骨瓮（Ossuary），上面浮雕着两个祆神像（图 58）。左面女像是娜娜女神，四臂，上举的两手托着日月，下面的两手握着一只鸟和一根小棍棒或是杵。右面男像是战神 Vahram，一身戎装，也是四臂，分别握着一支箭、一个圆形盾、一个花圈、一只鸟❶。两个神像的双腿的下垂形式一样，一曲一弯，和《释迦降伏外道像》的外道一模一样。另外，撒马尔干粟特壁画上，也常常见到这样的坐姿❷。

---

❶ F. Grenet, "The Second of Three Encounters between Zoroastrianism and Hinduism: Plastic Influences in Bactria and Sogdiana (2nd-8th c. A.D.)", *Journal of the Asiatic Society of Bombay. James Darmesteter*(1849-1894) *Commemoration Volume*, ed. by V. M. Kulkarni and Devangana Desai, Bombay 1994, p.45, fig.10; A.Pugachenkova, "The Form and Style of Sogdian Ossuaries", *Bulletin of the Asia Institute,new series*, 8 (The Archaeology and Art of Central Asia. Studies from the Former Soviet Union), 1996, p.233, fig.5.

❷ 见 B. I. Marshak and V. I. Raspopova, "Cultes communautaires et cultes prives en Sogdiane", *Histoire de l'Asie centrale preislamique. Sources ecrites et documents archeologiques*, eds. P. Bernard et F. Grenet, Paris 1991, pp.189, 194-195, figs.3-6, 娜娜女神像左侧的神像。

图58 粟特南部Yakkabagh地区出土骨瓮上的两个祆神像

第二,《释迦降伏外道像》的两个外道都坐在两个连体动物的身上,上面有圆垫,遮盖住连体的部分,动物的头部向外。左上角的动物是双马,右下角的动物是双鹅。这种坐在连体双头动物身上的姿势,也是祆神形象中常常见到的。比如,格瑞内（F. Grenet）教授在考证阿富汗Dokhtar-I Noshirwan遗址发现的神像（图59）时,根据神像两边底部残存的马腿,推知是坐在双头马上的密斯拉（Mithra）神像。他还举出粟特地区发现的其他密斯拉神像,如苏对沙那（Ustrushana,唐朝史籍中的东曹国）地区的Shahristan宫殿遗址发现的壁画上的密斯拉神像（图60）,即端坐在双头马上；片吉肯特（Panjikent）遗址编号为VII/11的房屋出土一块木板画（图61）,所绘密斯拉神也是坐在两匹分体的马上；这两件作品都是公元8世纪制作的。格瑞内指出,这些粟特祆教系统中的密斯拉神像,其原型是希腊化的太阳神

图 59 阿富汗 Dokhtar-I Noshirwan 遗址发现的密斯拉神像

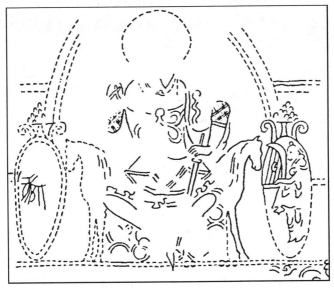

图 60 粟特苏对沙那地区 Shahristan 宫殿遗址发现的壁画密斯拉神像

的车乘，和这些粟特图像最接近的一幅早期作品，是阿富汗巴米扬石窟38米高大佛洞后壁的密斯拉神像❶。此外，坐在这种双头动物身上的祆神像，还有片吉肯特发现的6世纪制作的陶雕祆教"大神"（Adhvagh）像，他的坐骑是双头象（图62）❷；粟特南部Kashka-darya发现的骨瓮左侧中间的神像，则坐在两只羊的上面，而且，神像所坐的毡垫，和我们所讨论的外道坐下的毡垫边缘十分相似❸。

第三，《释迦降伏外道像》的两个外道都是双手上举，握着一条飘带。这种飘带也是粟特祆教美术中常见的装饰，如山西太原发现的虞弘墓石椁座前壁下前排正中火坛两旁的半人半鸟形的祆教祭司，头后有红白二色的飘带向后翻飞❹。在粟特祆教图像中的乐舞人物身上，这种样式的表现更为明显，如粟特骨瓮上的舞蹈者，就带有这样的飘带❺；宁夏盐池县发现的六胡州粟特人何府君墓（M6）石门上雕刻胡旋舞，舞者身后飘扬着长带，其折叠和弯曲的方式都和我们所说的外道图像相同❻；虞弘墓石椁后壁正面浮雕的宴乐图中间，舞者的飘带也是作圆形上举的飞舞形式❼。

我们把这两个人物判定为祆教神祇，除了图像造型特征之外，更重要的还在于图像所表现的内容。

我们知道，在粟特祆教美术中，祆教神祇是以人的形象出现

---

❶ F. Grenet 上引文，45页，插图11-13。巴米扬的图像，又见荣新江《北朝隋唐粟特聚落的内部形态》，图33。

❷ F. Grenet 上引文，44页，插图9。

❸ F. Grenet 上引文，插图17。又见荣新江《北朝隋唐粟特聚落的内部形态》，图31。

❹ 山西省考古研究所《太原隋代虞弘墓清理简报》，《文物》2001年第1期，43页，图三一、三六。

❺ G. A. Pugachenkova, "The Form and Style of Sogdian Ossuaries", fig.4b.

❻ 宁夏回族自治区博物馆《宁夏盐池唐墓发掘简报》，《文物》1988年第9期，43-56页。

❼ 《太原隋代虞弘墓清理简报》，37页，图一九。

图61 片吉肯特Ⅶ/11号房屋遗址出土密斯拉神像木板画

图62 片吉肯特发现的陶雕祆教"大神"（Adhvagh）像

的，他们的动物特征是用他们的动物坐骑来暗示的，而不是把神像体现为动物的形象❶。有系统地把动物特征与天神的形象结合起来并一一对应，是祆教的传统，而印度图像中却没有这样系统的对应关系❷。格瑞内教授在考证 Dokhtar-I Noshirwan 遗址发现神像上的动物时，列举了这些祆神和特定动物之间的联系❸，我们把他的解说绘成表格如下：

动　物	祆　神	对应的天神
马	密斯拉（Mithra）	太阳
公牛	Mah	月亮
狮子	娜娜（Nana-Anahita）	金星
象	阿胡拉·马兹达（Ahura Mazdā）	木星
驴	Tistrya	水星
野山羊	Vahram	火星
鹅	祖尔万（Zurvan）	土星

根据这种对应关系，我们来看《释迦降伏外道像》中的两个外道，上面的人物骑双马，可以确定为密斯拉神，而密斯拉在祆教中表示太阳，这正好也和指日月瑞像的太阳位置对应。下面的人物的坐骑最像鹅，索珀认为是天鹅一样的鸟，如果真是鹅的话，则对应于祆教的祖尔万神，他表示土星，不能和指日月瑞像中的月亮对应。不过造像碑的作者在此不是要造作指日月瑞像，而是要表现释迦降伏外道的情形，因此，他选取了密斯拉和祖尔万这两个祆教世界的大

---

❶ A. M. Belenitskii and B. I. Marshak, "The Paintings of Sogdiana", *Sogdian Painting*, by G. Azarpay, Berkeley 1981, p.70.
❷ F. Grenet 上引文，49 页。
❸ 同上。

神，来作为祆神的代表，已经足矣。

由此不难看出，唐朝都城长安发现的这方造像碑意义不同寻常，它是利用了指日月瑞像的基本形制，把日月替换成两个祆教神祇，使表现释迦牟尼在打败魔军后获得超自然力时的情景，变换成释迦降伏外道祆神的图像。换句话说，这里表现的是释迦牟尼佛用瑞像所具有的威力，正在降伏不守佛法的外道。

北朝以来，由于信仰祆教的粟特人大量移居中国，祆教在唐朝社会中有着广泛的影响。虽然由于祆教流行时间很长，进入唐朝的祆教徒，没有特别严密的组织，对于佛教的威胁显然没有道教那么明显，所以我们在文献中看到的都是佛道论衡的记录。但是，在粟特人集中的地区，如高昌、敦煌、凉州、长安、洛阳等地，都立有祆祠，为胡人奉祀的中心❶。而且，安禄山曾经利用祆教作为他起兵的号召❷，可见祆教在河北地区的势力之强。因此，佛教虽然在唐朝各种宗教当中势力最强，但在某些特定的区域内和特定的时间里，或许会有某些佛教寺院或佛教教团受到祆教的威胁或打击，引起佛教徒造作此碑，用释迦牟尼佛的威力，来降伏外道祆教徒。即使在两种宗教在长安同时并行的情况下，也可能会有佛教僧人把释迦降伏外道的图像，改造成降伏祆神的图像。我们不清楚这块造像碑是否出自长安西市附近粟特祆教徒和祆祠较为集中的地区，不过它的产生不会是无源之水。正像四川的禅宗僧人要在自己的灯史《历代法宝记》中，把他们的祖师所降伏的外道从婆罗门变成摩尼和耶稣，自然是安史之乱以后摩尼教和景教盛行的历史环境造成的结果

---

❶ 荣新江《北朝隋唐粟特人的迁徙及其聚落》，《国学研究》第6卷，北京大学出版社，1999年。

❷ 荣新江《安禄山的种族与宗教信仰》，《第三届唐代学术研讨会论文集》，台北，1997年。

一样❶，长安的佛教僧人把指日月瑞像上的日月光轮，改造成外道祆教神祇，恐怕也是在某一时段里祆教在长安盛行的反映，而这样的情形，只能出现在胡人安禄山叛乱之前的长安。由此，也可以把造像碑的年代放在安史之乱以前的年代当中。

---

❶ 荣新江《〈历代法宝记〉中的末曼尼和弥师诃》，王尧编《藏学研究丛刊——贤者新宴》，北京出版社，1999年。

《历代法宝记》中的末曼尼和弥师诃
——兼谈吐蕃文献中的摩尼教和景教因素的来历

一 前人关于吐蕃摩尼教和景教的论争

吐蕃赤松德赞（Khri Srong lde btsan，755—797年在位）时期的西藏，正是国力昌盛，领土扩张的时代。由于安史之乱，唐朝军队撤出西域与河西，吐蕃乘机陆续攻占河西走廊和塔里木盆地南沿地区，并向帕米尔高原扩张，与从西面来的阿拉伯势力抗争于中亚。同时佛教也在这一时期在西藏得到弘传，寺塔纷纷建立，经本大量译出，乃至达到国教的地位。然而，吐蕃并非一个封闭的王朝，在赤松德赞时期，吐蕃不仅接受了印度的佛教、中原的禅法，而且还与源出波斯的摩尼教和景教有过接触。

过去人们比较关注摩尼教和景教传入中国内地的历程，而较少留意有关吐蕃与摩尼教和景教的联系问题。由于资料很少，学者们经过近一个世纪的探索，陆续找到了一些片断的文献记载和零星的考古资料。1983年，匈牙利学者乌瑞（G. Uray）教授发表《公元八至十世纪吐蕃与景教和摩尼教的联系》一文，系统整理了这些散见的资料，并提出了他和前人不同的看法。这些资料包括：（1）景教迦勒底

（Chaldean）教会首领提摩太一世（Timothy I, 780—823年在位）的两封叙利亚文信札（编号XLI和XLVII），其中第XLVII号信札是致友人塞吉厄斯（Sergius）的，提到他"已经为突厥人的地区委任了一位大主教，还准备为吐蕃地区也指派一位"，时在大约794/795—798年间。（2）吉尔吉特和拉达克地区发现的十字架岩刻和其旁所写的各种文字，其中吉尔吉特发现的两个十字架图案，一个有图版刊布，而其旁的文字尚未解读；一则还根本没有发表。拉达克的沙约克（Shayok）河谷的章孜（Drangtse）地方发现过三个十字架图案，其旁的藏文题字有"于猪年"字样，粟特文题记的年代可以换算在公元825年4月24日至826年4月12日，它们的解读虽尚不够确定，但表明从粟特地区经帕米尔高原往西藏中部的道路的畅通。（3）保存在藏文大藏经《丹珠尔》中的赤松德赞赞普所撰《真正言（正语）量略集》（bKa' yang dag pa' i tshad ma las mdo btus pa），大约写于公元775—797年，其中有站在佛教立场上的反摩尼教誓言。（4）敦煌藏文写本P.t.351《占卜书》中，有一段属于景教思想的文字。（5）敦煌藏文写本P.t.1182习字旁，绘有一个萨珊式的十字架。（6）敦煌藏文写本P.t.1676《大般若经》的上方叶边，绘有希腊式十字架。据乌瑞的看法，这三件敦煌写本的年代范围当在781或787年吐蕃占领敦煌到11世纪初敦煌藏经洞封闭之间，而后两者从所写文字内容看，似可放在吐蕃占领敦煌期间，即781或787年至848年间[1]。

---

[1] G. Uray, "Tibet's Connections with Nestorianism and Manicheism in the 8th-10th Centuries", *Contributions on Tibetan Language, History and Culture*, Wien 1983, pp.399-429 + pls.XVII-XVIII. 杨苓曾将此文正文部分译成汉文，题《八——十世纪西藏与聂斯托里派和摩尼教的联系》，载《国外藏学动态》第2期，1987年，89-98页。又，Uray 也曾把此文的正文部分译成德文发表，"Zu de Spuren des Nestorianismus und des Manichäismus im alten Tibet (8-10. Jahrhundert)", 载 *Synkretismus in den Religionen Zentralasiens*, ed. W. Heissig and H.-J. Klimkeit, Wiesbaden 1987, pp.197-206。

从乌瑞论文发表以来，尚未见有更直接的关于吐蕃摩尼教和景教的资料被发现，但相关的研究成果确有助于我们进一步认识吐蕃的摩尼教和景教问题。

在上述资料中，《真正言量略集》中提到了摩尼教的教祖名Mar Ma ne，现将有关文字翻译如下❶：

> 波斯的大谎言家、贪婪无厌的异端末摩尼，为了编造一种偏离所有宗教体系的新说，而从所有体系中攫取了〔某些东西〕。同时，他依据自己所攫取的东西，来组织那些〔借用来的〕已经完全偏离〔本〕意的〔因子〕。他所介绍的其他体系所持观点已〔同时被加以〕改造，因此没有任何权威可言……

乌瑞列举了摩尼教中古波斯文、摩尼教帕提亚文、粟特文字所写粟特语、回鹘文字所写突厥语、汉语中的"摩尼"名称，提出与法国藏学家石泰安（R. A. Stein）教授的 Mar Ma ne 源自汉文"末摩尼"的说法不同的看法，认为从译音看不应来自汉文，而应来自某种中古伊朗语或古突厥语。乌瑞还对比了《真正言量略集》和唐玄宗开元二十年（732）禁止摩尼教诏书的内容❷，认为二者不相符合。他在结论中指出8世纪末吐蕃王朝控制了许多商路，因此可能与商路

（接上页）王尧先生对其中的吐蕃《占卜书》续有论证，见所著《敦煌 P.T.351 吐蕃文书及景教文献叙录》，《第二届敦煌学国际研讨会论文集》，台北汉学研究中心，1991年，539–543页；收入同作者《西藏文史考信集》，北京中国藏学出版社，1994年，208–215页。

❶ 原文载北京版《藏文大藏经丹珠尔》卷一四四，No.5839，64–103页。

❷ 杜佑《通典》卷四十《职官典》二十二注载："开元二十年七月敕：末摩尼法，本是邪见，妄称佛教，诳惑黎元，宜严加禁断。"中华书局标点本1103页"末"作"未"，失校。参见陈垣《摩尼教入中国考》，《陈垣学术论文集》，中华书局，1980年，334–335页。

上的粟特摩尼教或景教徒发生接触❶。森安孝夫先生基本同意乌瑞的看法，并提到罗布泊地区拥有摩尼教较高神职人员的粟特聚落也可能是吐蕃摩尼教的来源❷。乌瑞又用同样的审音方法考察了敦煌藏文《占卜书》中耶稣的名字 I shi Myi shi ha，在对比了各种语言中的耶稣名称后，他表示同意石泰安的看法，认为此名与传敦煌出土景教经典《序听迷诗所经》所记的"移鼠迷师诃"的译音最为符合❸。

乌瑞在讨论藏汉译音问题时，所据为匈牙利学者陈国（B. Csongor）60 年代的研究成果❹。从那时到现在，有关吐蕃时期汉藏对音问题的研究有了长足的进步，而且日渐精密。从方法上来说，陈国的对音资料来自敦煌藏文音译汉文文献，这对于敦煌藏文写本如《占卜书》的对音是适用的，但对于产生于西藏本土的《真正言量略集》，则似乎不这么简单。同时，译名的对音不能成为论证的唯一根据，还应考虑其他的因素。这里从另一方面来考察这一问题，乌瑞所举出的中古伊朗语"摩尼"名称形式，多来自吐鲁番残卷，年代一般在 840 年以后的西州回鹘时期。此前唯一的资料是回鹘文《九姓回鹘可汗碑》，系 808—821 年在位之保义可汗所建，但相对于《真正言量略集》来说也较晚。况且，《真正言量略集》中的 Mar Ma ne 一名和吐蕃《占卜书》中的 I shi Myi shi ha 一名，虽然都是译音词，但也可能是早于该

---

❶ G. Uray, "Tibet's Connections with Nestorianism and Manicheism in the 8th–10th Centuries", pp.408–410. 石泰安的说法见 R. A. Stein, "Une mention du manicheisme dans le choix du bouddhisme comme religion d'etat par le roi tibetain Khri–sron lde–bcan", *Indianisme et bouddhisme: Mélanges offerts à Mgr Etienne Lamotte*, Louvain–la–Neuve 1980, pp.330–334。

❷ 森安孝夫《中央アジア史の中のチベット》，长野泰彦与立川武藏编《チベットの言语と文化》，东京冬树社，1987 年，60–61 页；钟美珠与俊谋汉译文，载《西藏研究》1987 年第 4 期，117 页。

❸ Stein 上引文, p.337; Uray 上引文, pp.413–416。

❹ B. Csongor, "Some Chinese Texts in Tibetan Script from Tun–huang", *Acta Orientalia Hungaricae*, 10, 1960, pp.97–140。

文献写成年代就已进入吐蕃地区而被传抄下来。换句话说，即使《真正言量略集》中的 Mar Ma ne 来自中古伊朗语，也不能就此认为该书内容也来自伊朗文化区。反之，即使《占卜书》的 I shi Myi shi ha 来自汉文，也不能说其内容不是直接来自西方的景教教区，提摩太一世的书信与拉达克和吉尔吉特地区的十字架，都可以增强这种可能性。

事实上，乌瑞虽然没有明确说吐蕃摩尼教来自伊朗文化区，但他举出的拉达克十字架等考古发现，似可为这种联系提供佐证。但是，近年来这方面的研究也有长足的进步。最近，辛姆斯—威廉姆斯（N. Sims-Williams）重新释读和检讨了乌瑞所说的拉达克十字架旁的两条粟特文题记，指出写在十字架旁的粟特文应读作 βz-'w，是一个人名，而不是乌瑞所据缪勒（F. W. K. Müller）释读的 yš'w（耶稣）。至于较长的粟特文题记，辛姆斯—威廉姆斯新释读出佛教梵文化的人名 Caitra 和另一人名前译自梵文 śramaṇa 的 šmny（沙门），确定其为佛教徒所书，和十字架没有什么直接的联系。他还据吐鲁番、敦煌发现的粟特语文书纪年，认为题记的年代在 841/842 年，而不是粟特本地所用穆斯林纪年换算的 825/826 年，并推测使者很可能是回鹘可汗派出的❶。

当然，新释并不能否定粟特地区与西藏本土的联系，从拉达克、吉尔吉特的一系列考古发现表明，这条商道在中古时期曾被广泛地使用❷。但从现在所存的吉尔吉特粟特文、中古波斯文等中古伊

---

❶ N. Sims-Williams, "The Sogdian Inscriptions of Ladakh", *Antiquities of Northern Pakistan. Reports and Studies* II, Mainz 1993, pp.151-158. 参看 R. Voha, "Sogdian Inscriptions from Tangtse in Ladakh", *Tibetan Studies. Proceedings of the 6th Seminar of the International Association for Tibetan Studies Fagernes 1992*, vol.2, ed. by P. Kvaerne, Oslo 1994, pp.921-922。

❷ 参看王小甫《唐吐蕃大食政治关系史》，北京大学出版社，1992年，119-129页；同作者《七、八世纪之交吐蕃入西域之路》，《庆祝邓广铭教授九十华诞论文集》，河北教育出版社，1997年，74-85页。

朗语题记来看，大多是属于5至6世纪的产物，其宗教内容基本上是属于粟特的正统宗教——琐罗亚斯德教的东西❶。拉达克的粟特文题记，则要晚得多，如上述841/842年的题记❷。因此，虽然有一些十字架刻画图案在这一带商路旁的岩石上保留下来，但还没有确切的论据可以说明它们是吐蕃景教的根源，也找不到在伊朗文化区内大多数时期是属于邪说的摩尼教与西藏地区的联系。至于乌瑞和森安孝夫两位都暗示的塔里木盆地粟特聚落的可能性，当然不能排除，但森安所暗指的罗布泊的摩尼教法师拂多诞，则已被证明是一个误解❸。因此，其假设也不足取。

二 《历代法宝记》和吐蕃的摩尼教与景教记载

赤松德赞时期是吐蕃王国版图最大的时期，在东面攻占了唐朝的大片土地，河西、陇右尽在其中，而且一度进入唐朝首都长安。在西北面，占领了原属唐朝的西域南道，鄯善、于阗、勃律（吉尔吉特）等地都归入吐蕃势力范围。吐蕃东袭唐朝，北抗回鹘，西争大食（阿拉伯），势力最强。同时，这位赞普在位年间，也是吐蕃在文化上积极吸收外来文明的时期。从总体上审视吐蕃四周各种文化对其所产生的影响，唐朝在制度文化诸方面的贡献无疑是最为丰

---

❶ N. Sims-Williams, "The Sogdian Inscriptions of the Upper Indus: a preliminary report", *Antiquities of Northern Pakistan. Reports and Studies*, I: Rock Inscriptions in the Indus Valley, ed. K. Jettmar, Mainz 1989, pp.131–137.

❷ N. Sims-Williams, "The Sogdian Inscriptions of Ladakh", pp.151–158.

❸ 参看吉田丰《ソグド语杂录（II）》,《オリエント》第31卷第2号，1989年，172–173页；荣新江《西域粟特移民聚落考》，马大正等编《西域考察与研究》，新疆人民出版社，1994年，162页。

富的。这在唐朝史籍上有系统的记载，敦煌新发现的藏、汉文写本，又极大地补充印证了这方面的内容。笔者通过对唐吐蕃文化交流史的探讨分析，试从历史学的角度，而不是对音的角度，为《真正言量略集》和敦煌《占卜书》中的 Mar Ma ne 和 I shi Myi shi ha 的来历提出一个新的说法，即它们是随着吐蕃遣唐使臣从益州带回去的《历代法宝记》系统的禅宗说教而传入吐蕃的。

学者们就藏文典籍和敦煌藏、汉语文书对唐朝禅宗传入吐蕃问题，已经做了大量细致的工作，取得了相当多的成果。大体说来，据藏汉文史料记载，在赤松德赞还是太子时，即大约 765 年唐蕃会盟之后，老赞普曾派吐蕃使者一行往汉地求取佛法，当他们回途经过益州时，曾经学习过成都净众寺的禅僧无相（又称金和尚，648—762）、保唐寺无住（714—774）所传禅法，这就是敦煌藏文写本 P.t.116、P.t.121、P.t.813 中所抄录的这两位禅师语录的来历。这些禅语录是在 786 年吐蕃占领敦煌后、摩诃衍入藏之前就传入吐蕃的禅法，因为没有摩诃衍与莲华戒的顿渐之争那样引人注目而长期为人们所忽略❶。事实上，这不仅是汉藏文化交流的记录，也为讨论其他问题提供了背景知识。

---

❶ 山口瑞凤《チベット佛教と新罗の金和尚》,《新罗佛教研究》, 东京, 1973 年, 3–36 页；同作者《吐蕃王国佛教史年代考》,《成田山佛教研究所纪要》第 3 号, 1978 年, 2–6 页；上山大峻《敦煌出土チベット文禅资料の研究——P. tib.116 とその问题点》,《佛教文化研究所纪要》第 13 集, 1974 年, 10–11 页；小畠宏允《チベットの禅宗と〈历代法宝记〉》,《禅文化研究所纪要》第 6 号, 1974 年, 139–176 页；同作者《Pelliot. tib. No. 116 文献に见える诸禅师の研究》,《禅文化研究所纪要》第 8 号, 1976 年, 157–159 页；同作者《〈历代法宝记〉と古代チベットの佛教》,《禅の语录》III《初期の禅史》II, 东京筑摩书房, 1976 年, 325–337 页；木村隆德《敦煌チベット语禅文献目录初稿》,《东京大学文学部文化交流研究施设研究纪要》第 4 号, 1980 年, 100、102、107、111 页；张广达《唐代禅宗的传入吐蕃及有关的敦煌文书》,《学林漫录》三集, 中华书局, 1981 年, 36–58 页；收入《西域史地研究丛稿初编》, 上海古籍出版社, 1995 年, 189–216 页。

记载无相、无住禅法的汉文原著，是净众保唐派禅僧所撰灯史著作《历代法宝记》。此书大约编成于大历九年（774）六月三日保唐寺僧无住寂没以后不久。最晚似不迟于大历十四年（779）。在南宗盛行后，此书和其他唐朝禅宗各派的灯史著作一样，早已湮灭无闻，所幸敦煌文书中还存有此书抄本多件，迄今为止，已知有十一件之多❶，可见流传广远。

在禅宗各派的著作中，《历代法宝记》所述禅史的特点之一，是它独创的二十九祖说的西天祖统新说，这是在北魏译《付法藏因缘传》（472年）的二十四祖的基础上，大胆地窜改了师子比丘以降的记载，下接东晋译《达摩多罗禅经》（411年）的八祖，即舍那婆斯—优婆掘—须婆蜜多—僧伽罗叉—菩提达摩多罗，去掉前面重复的迦叶—阿难—末田地三祖，造成新的二十九祖的祖统说❷。就在《历代法宝记》编造的有关师子比丘复兴佛法的一段里，有此前有关祖师说所未见的两个人物登场。现将有关文字引出（图63），再加讨论❸：

师子比丘付嘱舍那婆斯已，故从中天竺国入（来）向罽

---

❶《大正新修大藏经》第51卷（1928年）刊出以P.2125为底本的全文。其后最重要的贡献是柳田圣山《初期の禅史》II，即《历代法宝记》的校录和译注。拙稿《敦煌本禅宗灯史残卷拾遗》在前人钩稽的基础上，又补充了新刊布的俄藏敦煌写本一件和英藏写本残题一条，文载《周绍良先生欣开九秩庆寿文集》（中华书局，1997年3月）235-242页。其后，《天津艺术博物馆藏敦煌文献》第一册（上海古籍出版社，1996年）所收彩版中，又刊布了一件朱笔书《历代法宝记》写本（津艺103号），所存文字，始于菩提达摩多罗章"葬于洛州熊耳山"，终惠可章"可大师佯狂"。

❷ 关口真大《达摩の研究》，东京岩波书店，1967年，72页；柳田圣山《初期禅宗史书の研究》，京都法藏馆，1967年，140-141、306页；田中良昭《敦煌禅宗文献の研究》，东京大东出版社，1983年，61-76页。

❸《大正藏》第51卷，180页中栏；柳田圣山《初期の禅史》II，59页；荣新江《敦煌本禅宗灯史残卷拾遗》，238-239页。

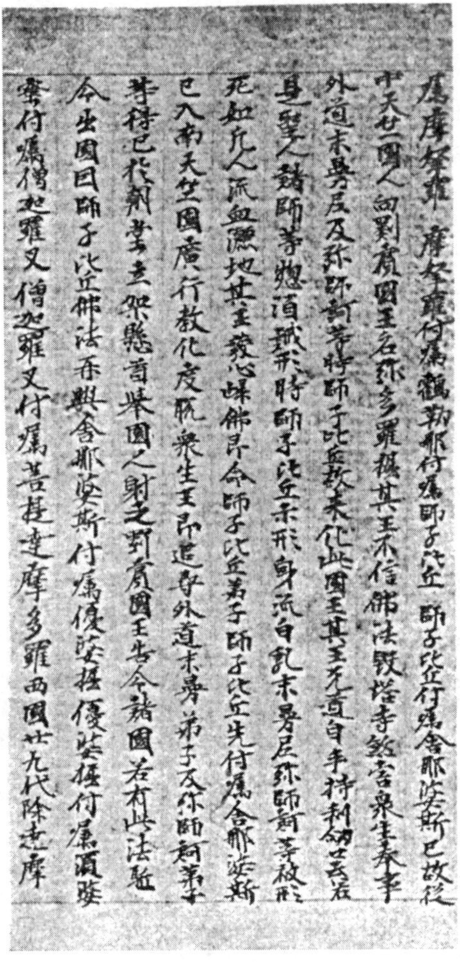

图 63　敦煌写本《历代法宝记》(部分)

宾。国王名弥多罗掘,其王不信佛法,毁塔寺,煞害众生,奉事外道末曼尼及弥师诃等。时师子比丘故来化此国王,其王无道,自手持利剑,口云:若是圣人,诸师等总须诫形。时师子比丘示形,身流白乳。末曼尼、弥师诃等被形,死如凡人,流血洒地。其王发心归佛,即命师子比丘弟子。师子比丘先付嘱舍那婆斯已,入南天竺国,广行教化,度脱众生。王即追寻外道末曼弟子及弥师诃弟子等,得已,于朝堂立架悬首,举国人射之。罽宾国王告令诸国,若有此法,驱令出国。因师子比丘,佛法再兴。

饶有兴味的是,保唐派禅僧把他们的西天祖师打败的两名外道叫作"末曼尼"和"弥师诃",即摩尼教教祖和景教的耶稣基督❶。这样的两个外道,既不见于前此的有关祖统说的著作,也不见于801年撰成的《宝林传》以下正统的祖师传说中,如《圣胄集》(899)、《泉州千佛新著诸祖师颂》、《祖堂集》(952)、《宗镜录》(961)、《景德传灯录》(1004)、《传法正宗记》(1061)等书中❷。可以说,这两个富有特色的外道,正是由《历代法宝记》的编者随同师子比丘复兴佛法的新说而创造出来的。就笔者管见所及,与《历代法宝记》这一段相同的祖统说,还见于敦煌写本P.2776、P.2680、P.3727

---

❶ 乌瑞教授在上引文中列举各种语言的摩尼和耶稣名字时,已经据《大正藏》本《历代法宝记》检出这两个名称,但未加审论。另外,最早发现《历代法宝记》的矢吹庆辉,实际已经注意到这其中的摩尼,见其遗著《マニ教と东洋の诸宗教》(东京佼成出版社,1988年)52、95页,但也没有深论。

❷《宝林传》卷五,《中华大藏经》第73卷,中华书局,1996年,649页;《祖堂集》卷二,北京,全国图书馆文献缩微复制中心,1993年,30-31页;《景德传灯录》卷二,《大正藏》第51卷,214-215页,其所记两外道名摩目多和都落遮;《传法正宗记》卷四,《大正藏》第51卷,734-735页,两外道名魔目和都落遮。其他如《圣胄集》、《泉州千佛新著诸祖师颂》,或因文字残失,或因内容过于简略,没有相关记录。

三件属于同一系统的文献。现录 P.2776 的有关文字于下❶：

> 舍那婆斯受此法已，深生顶礼，却归竺国。其罽宾国王，名弥多罗掘，不信佛法，毁塔怀（坏）寺，煞害众僧，奉事外道末曼尼乃（及）弥沙诃等。其师子比丘故来化此国王，其王无道，自手持剑，立于师子比丘之前，口云：若是圣人，诸师等总须诫形。师子比丘称言：但煞贫僧一人，验取凡圣。何要诸师诫形？其王别无收剑之计，即砍师子比丘，节节总流白乳。更煞外道末曼尼及弥沙师诃等，流血遍地。其王心生悲悔，再崇佛教，即于中天竺国，命此师子比丘弟子舍那婆斯，于南天竺国，广行佛教。其外道宗主数十余人，于朝堂立架悬首，遣举国人射之。其王出敕告令天下，有人行此外道教法，罪同此例。因兹师子比丘教法，舍那婆斯再以兴建，广度众生。

这段文字与《历代法宝记》的相关部分基本相同，但更为通顺，且有少许增补，都是后起文本的特征。P.2776 另一面为《入破历》；P.2680 另一面有《丙申年（936）慕容使君请当寺开讲经历》及社司转帖等；P.3727 另一面有《广顺五年（955）归义军都知兵马使吕富延等牒》，同卷所写此文献和其他僧传、因缘记之类文字，年代较晚。据田中良昭先生的钩稽，同类文献共有十五件，其内容主要是《付法藏因缘传》的摘抄。通观各残卷内容，其祖统说与《历代法宝记》基本相同，但把《法宝记》的第二十六祖优波掘和第

---

❶ 见田中良昭《敦煌禅宗文献の研究》78–79 页录文，此处用本书图版一所刊照片略作订正。其"弥师诃"一词，先写作"弥师沙诃"，大概拟涂掉"沙"字，但却把"师"字涂去；后又写成"弥沙师诃"，则未及涂掉"沙"字。

二十七祖须婆蜜多合为优波掘须婆蜜，而成为一种独特的二十八祖说，田中先生认为是《历代法宝记》和《宝林传》间的一种过渡形态❶。从写本种种年代迹象来看，可以说 P.2776 等同组文献是从《历代法宝记》演化而来的。

除了师子比丘复兴佛法之外，《历代法宝记》的又一特色，是把《达摩多罗禅经》的达摩多罗改成菩提达摩多罗，列为西天二十九祖，同时又作为东土第一祖，即加上"菩提"二字，使之和旧传东土初祖菩提达摩吻合。《法宝记》记西天祖师传承最后称："僧迦罗又付嘱菩提达摩多罗。西国廿九代，除达摩多罗，即廿八代也。"❷在藏文文献《登迦目录》（Blon po bka'i than yig）和敦煌藏文写本 P.t.116、P.t.121、P.t.699、P.t.813 中，有关于摩诃迦叶和菩提达摩多罗的传记，据学者们的研究，和前述藏文写本中的无相、无住禅师语录一样，都是抄译自《历代法宝记》的相关部分❸。到目前为止，在藏文文献中尚未发现《历代法宝记》的译本，但其所传有关二十九祖的说法已为藏人所知。我们知道，《历代法宝记》是一部编纂的著作，其所记祖师传说和禅师们的说法，在成书以前肯定就已经口头相传，或许形成了一些单篇的文字。既然《历代法宝记》的书没有译成藏文，而它所记的禅史和学说却已经进入西藏。由此我们有理由推测，上述传记、禅师语录不

---

❶ 田中良昭《敦煌禅宗文献の研究》，80–98 页。
❷ 柳田圣山《初期の禅史》II，59 页；荣新江《敦煌本禅宗灯史残卷拾遗》，239 页。
❸ 小畠宏允《チベットの禅宗と〈历代法宝记〉》，139–176 页；同作者《チベット传ボダィダルマタラ禅师考》，《印度学佛教学研究》第 24 卷第 1 号，1975 年，229–232 页；同作者《〈历代法宝记〉と古代チベットの佛教》，《初期の禅史》II，325–337 页；木村隆德《敦煌チベット语禅文献目录初稿》，100、106、108、111 页；P. Demiéville, "sur 'Damoduolo' (Damaratra[ta])", *Peintures monochromes de Dunhuang*（敦煌白画），I, Paris 1978, pp.43–49；耿昇汉译文《达摩多罗考》，载王尧编《国外藏学研究译文集》第 7 集，西藏人民出版社，1990 年，121–139 页。

一定是抄译自《历代法宝记》，而可能是在《历代法宝记》成书以前就通过口述或其他文本形式传入西藏。有关师子比丘复兴佛法的故事，也可能是以同样的方式为吐蕃人所知，"末曼尼"和"弥师诃"的名字，很可能是随着《历代法宝记》系的禅史在《历代法宝记》成书以前就传入吐蕃了。

前面提到过，765年唐蕃会盟之后，出使唐朝的吐蕃使者一行回途经过益州时，曾接受成都净众寺无相、保唐寺无住所传的禅法。从年代上来看，《历代法宝记》一系的禅宗传说是大约765年传入吐蕃的，而吐蕃文献中首次出现"末曼尼"一名，正是不久后（约775—797年间）的赤松德赞赞普拥护佛教的文书中。从内容上来讲，末曼尼和弥师诃在成都禅僧的说教中是作为外道而出现的，而在《真正言量略集》中，末曼尼也是被当作批判对象的，由此似可看出两者间的某种联系。但《真正言量略集》中没有出现弥师诃，这可以作两种解释，一是简单地只举末曼尼为例，一是吐蕃对景教的态度要比摩尼教好，因为目前所知两教资料中几乎都是景教的资料，而且是正面表现的资料，与唯一作为批判对象的摩尼教完全不同。

总之，后来被编入《历代法宝记》的保唐宗的祖师说，很可能是吐蕃王朝最初了解摩尼教和景教的桥梁，但却是把两教作为歪门邪道而介绍过去的，这一点在赤松德赞赞普所著书中充分地表现出来。汉地禅僧不仅以汉地特有的禅法影响了吐蕃人的思想，而且还把自己对汉地流行的摩尼教和景教的偏见传播给吐蕃人。乌瑞教授认为，在8世纪后半，吐蕃社会已经发展到一个新阶段，因此有必要选取一种国家宗教，即后来的佛教，但在这中间，景教和摩尼教也曾力图取得相应的位置。如果我们接受摩尼教和景教是通过四川禅僧而为吐蕃人所知，则可以认为，吐蕃人从一开始就是佛教信徒，而且把摩尼教和景教作为其国家宗教的对立面，持有批判态度。拉达克、吉尔吉特、敦煌三地发现的十字架图案,只能论证景教与吐蕃有联系,而未必出自吐蕃人之手。唯一一件可以肯定为吐蕃景教的材料,是年代可能较晚的敦煌《占卜书》。

三 安史之乱后各种宗教对朔方军的争夺和《历代法宝记》的外道摩尼与耶稣

讨论完吐蕃文献中的摩尼教和景教因素的来历问题,附带就《历代法宝记》一系的禅僧为何把末曼尼和弥师诃当作外道而写入他们的灯史作一些推论。

四川一地,僻处西南,然在唐朝,与外界的联系颇广,《历代法宝记》西北传至敦煌,并西入吐蕃,便是最好的证明❶。迄今所知,尚不见有关于摩尼教曾流行于益州的直接记载。舒元舆于长庆年间(821—824)所撰《鄂州永兴县重岩寺碑铭并序》,记鄂州(今湖北武汉)诸宗教情况时说:"故十族之乡,百家之间,必有浮图为其粉黛,国朝沿近古而有加焉。亦容杂夷而来者,有摩尼焉,大秦焉,祆神焉,合天下三夷寺,不足当吾释寺一小邑之数也。"❷鄂州与益州为长江上彼此相近的两地,宗教情势当与舒元舆所言相同。《佛祖统纪》卷四一记:"大历六年(771),回纥请于荆、扬、洪、越等州置大云光明寺。"荆州邻接益州,因回鹘压力而立摩尼寺,其时正

---

❶ 关于四川盆地与西北的交通情况,参看陈祚龙《中世敦煌与成都之间的交通路线》,《敦煌学》第1辑,1974年,79—86页;唐长孺《南北朝期间西域与南朝的陆道交通》,《魏晋南北朝史论拾遗》,1983年,168—195页;严耕望《唐代交通图考》第4卷山剑滇黔区,台北,1986年,925—997页。

❷《全唐文》卷七二七;又见《唐文粹》卷六五。

在《历代法宝记》成书之前,不知对其有无影响。

至于景教,在巴蜀地区的传播问题,没有明确的史料记载。宋人吴曾《能改斋漫录》卷七"杜石笋行"条有如下记载❶:

> 杜〔甫〕《石笋行》:"雨多往往得瑟瑟。"按《华阳记》:"开明氏造七宝楼,以真珠结成帘。汉武帝时,蜀郡遭火,烧数千家,楼亦以烬,今人往往于砂土上获真珠。"又赵清献《蜀郡故事》:"石笋在衙西门外,二株双蹲,云真珠楼基也。昔有胡人,于此立寺,为大秦寺,其门楼十间,皆以真珠翠碧,贯之为帘。后摧毁坠地,至今基脚在,每有大雨,其前后人多拾得真珠、瑟瑟、金翠异物。"今谓石笋非为楼设,而楼之建适当石笋附近耳。盖大秦国多璆琳、琅玕、明珠、夜光璧,水道通益州永昌郡,多出异物,则此寺大秦国人所建也。杜田尝引《酉阳杂俎》,谓"蜀少城饰以金璧珠翠,桓温怒其太侈,焚之"之事为证,非也。

自沙畹(E. Chavannes)与伯希和(P. Pelliot)以来,大多数研究景教的学者,包括穆尔(A. C. Moule)、林仰山(F. S. Drake)、佐伯好郎等,都据此认为唐朝时成都建有大秦寺,为大秦国胡人所建,有珠宝装饰,颇为壮观❷。谢海平教授对此曾加考订说:"按杜甫

---

❶ 《守山阁丛书》本。

❷ E. Chavannes et P. Pelliot, "Un traité manichéen retrouvé en Chine, II", *Journal Asiatique*, 1913, 1, p.308, n.5; P. Pelliot, "Chretiens d'Asie centrale et d'Extrême-Oreint", *T'oung Pao*, XV, 1914, p.626; A. C. Moule, *Christians in China before the year 1550*, London 1930, pp.71–72; F. S. Drake, "Nestorian Monasteries of the T'ang Dynasty and the site of the Discovery of the Nestorian Tablet", *Monumenta Serica*, II.2, 1936–37, pp.328–330; Y. Saeki, *Nestorian Documents and Relics in China*, Tokyo 1937, pp.473–474, 476–477.

《石笋行》，见《全唐诗》卷二一九，今注采赵清献说，此诗当为少陵于乾元二年（759）底寄寓成都以后作，若赵说果然，则大秦寺是时已遭摧毁，而其装饰之华丽，视佛寺绝无逊色也。"❶但榎一雄仔细爬梳了唐宋史籍中关于成都石笋的有关记载，指出最早记载大秦寺的赵抃（字阅道，谥清献），北宋元丰七年（1084）卒，年七十七岁，所以俗传石笋附近有大秦寺故址的说法，最早出现当在庆历（1041—1048）至熙宁（1068—1077）之间，而不能据以认为唐朝成都就有大秦寺了❷。尽管唐宋文献中记载成都石笋时多不提大秦寺，但这并不能否定大秦寺存在与否，因为石笋远较大秦寺要有名得多。而从唐宋成都历史来看，胡人在此建立大秦寺，最好的时间是唐武宗禁断景教以前。因此，不排除唐朝时成都西门外石笋附近建有大秦寺。不过，成都即使有三夷教寺院，其情形也应当和鄂州相同，不可能对禅宗僧人构成威胁。

那么，成都保唐宗的僧人是从哪里得到反摩尼教和景教的情绪呢？

唐代前期的宗教情形，因李姓皇室尊奉道教，则天武后极力崇佛，所以佛道两教地位至尊，太宗、武后虽然对外来宗教如景教、摩尼教采取宽容政策，允许其传教，但这些宗教的影响还很有限。武后时，景教一度受到压制。玄宗开元二十年（732），诏禁唐人信奉摩尼教。相对来讲，不论是两京还是地方，佛教的势力最大。在佛教内部，又有宗派大小的不同。从武后至玄宗时期，禅宗的北宗诸师位望最隆。弘忍弟子神秀被武后从荆州召入东都供养，"时时

---

❶ 谢海平《唐代留华外国人生活考述》，台湾商务印书馆，1978年，373页。
❷ 榎一雄《成都の石笋と大秦寺》，《东洋学报》第31卷第3号，1947年；此据《榎一雄著作集》第7卷《中国史》，汲古书院，1994年，367–383页。

问道"。中宗即位后,"尤加宠重"❶,被尊为"两京法主,三帝(武后、中宗、睿宗)国师"❷。神秀于神龙二年(706)示寂后,其弟子普寂被中宗诏命继统法众。开元十三年(725),玄宗恩诏请入长安,住敬爱寺,后移兴唐寺;而神秀另一弟子义福则随玄宗东巡,入住洛阳福先寺❸。北宗神秀弟子不仅居两京僧首地位,其他弟子也分布整个北方,势力达到顶峰。开元二十二年(734)正月十五日,南宗慧能弟子神会在滑台大云寺无遮大会上,对普寂为代表的北宗加以辩难,但普寂等北宗领袖置之不理。天宝四载(745),神会应兵部侍郎宋鼎之邀,入居洛阳荷泽寺,在东都传扬南宗教法,"于是曹溪(慧能)了义大播于洛阳,荷泽(神会)顿门派流天下"❹。神会在北宗的根据地之一洛阳的成功,直接威胁了北宗的利益。天宝十二载,御史中丞卢奕阿比普寂,诬奏神会聚徒谋乱,于是"敕黜弋阳郡(今河南潢川),又移武当郡(湖北均县)。至十三载,恩命量移襄州(湖北襄樊),至七月,又敕移荆州(湖北江陵)开元寺。皆北宗门下之所〔毁〕也"❺。

天宝十四载(755)安史之乱爆发以后,唐朝的原有统治秩序被打乱,一些长期受到压抑的宗教派别乘机而起。肃宗即位后,组织收复长安、洛阳,因军需用度不足,在全国范围内以卖官爵和纳钱度僧尼道士的办法,筹集资金。《宋高僧传》卷九《神会传》记:

  副元帅郭子仪率兵平殄,然于飞挽索然。用右仆射裴冕

---

❶ 《宋高僧传》卷八,中华书局,1987年,177页。
❷ 张说《荆州玉泉寺大通禅师碑铭》,《全唐文》卷二三一。
❸ 《宋高僧传》卷九,197–199页。
❹ 宗密《圆觉经大疏钞》卷三之下。
❺ 同上。参看《宋高僧传》卷八,179–180页。

权计,大府各置戒坛度僧,僧税缗谓之香水钱,聚是以助军须。初,洛都先陷,会越在草莽,时卢奕为贼所戮,群议乃请会主其坛度。于时寺宇宫观,鞠为灰烬,乃权创一院,悉资苫盖,而中筑方坛,所获财帛,顿支军费。代宗、郭子仪收复两京,会之济用颇有力焉。肃宗皇帝诏入内供养,敕将作大匠并功齐力,为造禅宇于荷泽寺中是也。会之敷演,显发能祖之宗风,使秀之门寂寞矣。❶

赞宁这段记载,不见于《神会身塔铭》、《圆觉经大疏钞》、《祖堂集》等神会传记资料,颇有不明之处,因此近年来有的学者怀疑其是否可信❷。按照常理,《宋高僧传》当是依据某篇已佚的神会碑铭而成,不免有浮夸不实处。近年在洛阳龙门出土的《大唐东都荷泽寺殁故第七祖国师大德于龙门宝应寺龙首腹建身塔铭并序》,立于神会乾元元年(758)卒后七年的永泰元年(765)十一月,所记极为简略,当有省略。但其中值得注意的是提到了以下数人:

> 有庙堂李公嗣虢王,再迎尊颜于龙门。别有梴(檀)主功臣高辅成、赵令珍,奏寺度僧,果乎先愿。❸

据考,李公嗣虢王即李巨,安禄山叛乱后,玄宗命统岭南节度使何履光、黔中节度使赵国珍、南阳节度使鲁炅,解南阳之围。至德二

---

❶《宋高僧传》卷八,180页。
❷ 葛兆光《中国禅思想史——从6世纪到9世纪》,北京大学出版社,1995年,239-242页。
❸ 洛阳市文物工作队《洛阳唐神会和尚身塔塔基清理简报》,《文物》1992年第3期,67页,66页图七。

年（757）收西京，为留守。三年四月，加太子少师，兼河南尹，充东京留守，判尚书省事，充东畿采访等使。乾元二年二月，因赃贬为遂州刺史❶。李巨一直在南方活动，应是神会的老相识，所以任东都留守时，请神会入京。但神会以乾元元年（即至德三年）五月，即李巨任东都留守后一个月即坐化于荆州开元寺，因此当未及生前应邀入洛。赵令珍一说即赵国珍，为李巨所率黔中节度使❷。高辅成其人最值得注意，他是仆固怀恩麾下的北庭朔方兵马使，后因助平河朔之功，被授予太子少傅，兼御史中丞，充河北副元帅、都知兵马使❸，可知他是郭子仪系统的朔方军的主帅之一。从高辅成为神会檀主来看，《宋高僧传》所记神会与郭子仪的关系似非虚言。

无论有无神会以香水钱供军问题，朔方军中有神会南宗信徒是绝无可疑的。而且北宗的基业多在北方，经安史之乱，根基大受摧残，"寺宇宫观，鞠为灰烬"。南宗乘机而起，得到朝廷内外权臣支持，"将作大匠并功齐力，为造禅宇"，从此走向兴盛。

佛教之外的其他宗教，也乘安史之乱的契机，积极活动。

摩尼教自开元二十年被禁后，未见诸记载。安史乱起，乘机传教。据漠北所立《九姓回鹘可汗碑》记载：

〔回鹘〕可汗乃顿军东都，因观风俗，败民弗师。将睿息等四僧入国，阐扬二祀，洞彻三际。况法师等妙达名门，精通七部，才高海岳，辩若悬河，故能开正教于回鹘，以茹荤湩酪

---

❶《旧唐书》卷一一二《李巨传》；同书卷一〇《肃宗纪》。
❷ 叶万松、商志䩄《洛阳龙门出土神会塔铭考辨》，《文物》1994年第11期，81-83页。
❸《旧唐书》卷一二一《仆固怀恩传》。参看吴其昱《荷泽神会传研究》，《史语所集刊》第59本第4分，1988年，904页；小川隆《荷泽神会の人と思想》，《禅学研究》第69号，1992年，40页。

为法，立大功绩，乃曰汝偍悉德。

这位回鹘可汗就是由仆固怀恩请来助唐平叛的登里可汗，于宝应元年（762）十月与唐军一起收复东都洛阳，纵兵大肆掠夺。次年闰二月，回鹘可汗还国。其皈依摩尼教僧睿息等，当在此期间。摩尼教进入漠北回鹘汗国后，被立为国教❶。

唐朝之请回鹘入援，是不得已而为之。在回鹘可汗驻军陕州时，唐军元帅、雍王李适（以后的德宗）曾往回鹘牙帐见可汗，受到污辱，也只好忍气吞声❷。摩尼教恐怕在唐人中仍属被禁之列，所以乘回鹘可汗到来之际，开教回鹘。这一着果然凑效，安史乱后，回鹘因功而受唐朝优待，摩尼教也借回鹘之力在唐朝两京及荆、扬、洪、越等州建寺传教。但唐朝君臣对摩尼教并无好感。

景教与摩尼教不同，据《大秦景教流行中国碑》记载，玄宗即位后，即"令宁国等五王亲临福宇，建立道场。天宝初，令大将军高力士送五圣写真，寺内安置"。安史乱后，"肃宗文明皇帝于灵武等五郡重立景寺"，景教得以从京城发展到灵武等地。其原因，大概与景教僧伊斯在郭子仪军中的作用有关。《景教碑》记：

> 大施主、金紫光禄大夫、同朔方节度副使、试殿中监、赐紫袈裟僧伊斯，和而好惠，闻道勤行。远自王舍之城，聿来中夏。术高三代，艺博十全。始效节于丹庭，乃策名于王帐。中书令、汾阳郡王郭公子仪，初总戎于朔方也，肃宗俾之从迈。

---

❶ Chavannes et Pelliot, *op. cit*., pp.190–199；陈垣《摩尼教入中国考》，335–344 页；林悟殊《回鹘奉摩尼教的社会历史根源》，《摩尼教及其东渐》，台北，淑馨出版社，1997年，83–95 页。

❷《资治通鉴》卷二二二肃宗宝应元年十月条。

虽见亲于卧内，不自异于行间。为公爪牙，作军耳目。能散禄赐，不积于家。献临恩之颇黎，布辞憩之金罽。或仍其旧寺，或重广法堂，崇饰廊宇，如翚斯飞。更效景门，依仁施利。每岁集四寺僧徒，虔事精供，备诸五旬。

这位名为伊斯（Yazdbozid）的景教大施主，来自吐火罗斯坦的小王舍城（Balkh），先已入唐，在唐廷效节，安史乱后，又在郭子仪军中为爪牙，做耳目亲信。由此被赐以高官，并得以修缮旧寺，重广法堂，崇饰廊宇，成为肃宗、代宗、德宗三朝景教僧侣的大施主❶。

郭子仪所帅朔方军为唐朝平定安史之乱的主力军，这是人所共知的史实。以上不惜笔墨地征引史文，是想揭示前人不太属意的一点，即安史之乱爆发后，各种宗教势力都乘机而起，以求得发展，其中禅宗南宗荷泽神会和景教僧伊斯与郭子仪的关系至堪注意。朔方军在平定安史乱中树立丰功伟绩，受到朝廷大力表彰，南宗和景教在代宗、德宗朝得以广泛传扬，不能说不与朔方军将领们的支持有关。至于摩尼教，从其在洛阳开教于回鹘可汗，可以推知他们未尝没有做过向朔方军首领传教的努力，但或许由于先有禁令，也可能是有其他宗教作梗，摩尼教只得转而开教回鹘，并取得成功。

以上之所以花费笔墨来揭示朔方军与各宗教派别的关系，另外一个动因，在我看来，朔方军中的宗教形势，正是《历代法宝记》所述外道故事的前奏曲。

《历代法宝记》成书于成都保唐寺和尚无住大历九年（774）寂灭后不久。《法宝记》关于无住事迹有如下记载：

---

❶ 有关《景教碑》此节较新的研究成果有：朱谦之《中国景教》，东方出版社，1993年，224–225页录文，156–157页研究；P. Pelliot, *L'inscription Nestorienne de Si-ngan-fou*, ed. with supplements by A. Forte, Kyoto & Paris 1996, p.500录文，pp.273–293注释。

和上，凤翔郿县人也。俗姓李，法号无住，年登五十。开元年代，父朔方展效。时年二十，膂力过人，武艺绝伦。当此之时，信安王（李祎）充河朔两道节度大使，见和上有勇有列（烈）。信安王留充衙前游弈先锋官。和上每日自叹：在世荣华，谁人不乐。大丈夫儿，未逢善知识，一生不可虚弃。遂乃舍官宦，寻师访道。……天宝十载，从西京却至北灵州，居贺兰山二年。忽有商人曹环，礼拜问和上：到剑南识金和上否？答云：不识。……遂乃出贺兰山，至灵州出行文，往剑南礼金和上。遂被留后姚嗣王不放。大德史和上、辩才律师、惠庄律师等诸大德，并不放来。至德二载十月，从北灵出，向定远城及丰宁，军使杨舍璋处出行文。……乾元二年正月，到成都净众寺。

副元帅、黄门侍郎杜相公（鸿渐），初到成都府日，闻金和上不可思议。和上既化，合有承后弟子。……永泰二年九月二十三日，慕容鼎专使、县官、僧道等，就白崖山请和上，传相公、仆射、监军请，礼顶愿和上不舍慈悲，为三蜀苍生，作大桥梁，殷勤苦请。和上知相公深娴佛法，爱慕大乘；知仆射仁慈宽厚；知监军敬佛法僧；审知是同缘同会，不逆所请。❶

据此，无住原是关内道凤翔郿（今陕西郿县）人，开元时随父在朔方军中效力。后舍俗入道，四处访学。天宝十载（751）入灵州贺兰山。后因商胡曹环之言，于至德二载（757）经灵州往剑南访金和上无相。乾元二年（759）到成都净众寺，后隐于白崖山。永泰二年（766）被杜鸿渐请到成都保唐寺，继无相为禅僧首领。可见，

---

❶ 柳田圣山《初期の禅史》II，168—169、189—191、198—201页。

这位无住大师本人年轻时就曾在朔方军中任职，以后又经灵州南下，与灵州官吏及僧中大德颇有交往。

恭请无住的杜鸿渐，"第进士，解褐延王府参军，安思顺表为朔方判官"❶，时当在天宝九至十四载安思顺为朔方节度使的前期❷。因为"天宝末，累迁大理司直、朔方留后、支度副使"❸。安禄山叛乱，肃宗北奔平凉，未知所适。杜鸿渐等迎至灵武，即位为帝，因功封兵部郎中，知中书舍人事。至德二载，兼御史大夫、河西节度使、凉州都督。两京平，迁荆州大都府长史、荆南节度使。永泰元年十月，剑南西川兵马使崔旰据成都反叛。次年，唐廷命杜鸿渐以宰相兼充山、剑副元帅、剑南西川节度使，以平蜀乱。杜鸿渐招降崔旰，以之为西川兵马留后，即《历代法宝记》中的仆射❹。

杜鸿渐原本是朔方僚佐，而且当时已是佛教的积极支持者。《历代法宝记》所记无住经过灵州时劝他留住的辩才律师，就曾由杜鸿渐奏住龙兴寺，因奉诏加朔方管内教授大德❺。劝留无住的留后"姚嗣王"，史籍未见，不知是原书有误，还是传抄之讹，因为无住至德二载之前经行灵州时，驻扎当地的朔方留后很可能就是杜鸿渐。这样看来，这位杜相公一到成都，就急于要找到无住，绝非偶然。

无住来自朔方，杜鸿渐也来自朔方，朔方军中杜鸿渐等人的宗教思想倾向不可能不影响到《历代法宝记》编者保唐寺的僧人。《法宝记》中的许多思想和说法与南宗神会相同，绝非偶然。而

---

❶《新唐书》卷一二六《杜鸿渐传》。
❷ 参看吴廷燮《唐方镇年表》卷一。
❸《旧唐书》卷一〇八《杜鸿渐传》。
❹ 参看元载《故相国杜鸿渐神道碑》，载《全唐文》卷三六九。
❺《宋高僧传》卷一六，387页。

《法宝记》的编者把罽宾国的两个外道，唤作末曼尼和弥师诃，恐怕也是朔方部分信仰佛教的将官的好恶所然，因为摩尼教和景教在朔方军中都很活跃，虽然景教曾为所用，但一定会受到信佛者的排斥。当朔方佛教派系流入剑南后，其反摩尼教和景教的观点也随之入蜀。无住是永泰二年被杜鸿渐请到成都保唐寺的，而吐蕃使者就是在同时或不久以后经过益州，把《历代法宝记》系的禅说传入吐蕃。

《历代法宝记》中的末曼尼和弥师诃，本是看似不起眼的两个天竺外道的名字，其中却隐含着一部内容丰富的文化传播史。若以上拙论成立，则唐朝灵州一带流传之摩尼教和景教，由于列为禅宗的反对面，而被带到剑南，写入灯史，并且进而北传敦煌，西入吐蕃，留下汉藏文化交流史上一段前所未知的佳话。

原载《藏学研究丛刊——贤者新宴》，1999年

摩尼教在高昌的初传

以高昌城为中心的西州回鹘王国（又称高昌回鹘、天山回鹘、西回鹘王国），在公元10世纪时曾一度盛行摩尼教，这已为19世纪末以来当地出土的文书所证实。近年来，森安孝夫氏在《回鹘摩尼教史之研究》一书中，对摩尼教在西州回鹘的兴衰过程做了详细的论证，使大批零散的文献和考古材料，落实到确切的年代范围当中[1]。吉田丰氏转写翻译的吐鲁番新出粟特文摩尼教信札[2]，不仅加深了我们认识西州回鹘内部摩尼教教团的宗教活动情况，还使我们了解到这个教团与中亚其他地区摩尼教团的联系。这些粟特文信札的公布，已经引起了学术界的关注[3]。

一般观点认为，摩尼教是随着回鹘西迁，在840年以后进入高昌地区的。然而，在此之前吐鲁番盆地是否流行过摩尼教，仍是值得探讨的一个课题。本文根据笔者近年对吐鲁番地区石窟寺的实地考察和相关文献的研究结果，希图把前人的研究成果加以分析辨

---

[1] 森安孝夫《ウィグル=マニ教史の研究》，《大阪大学文学部纪要》第31·32合并号，1991年。参看荣新江书评，载《西域研究》1994年第1期，99–103页。
[2] 柳洪亮编《吐鲁番新出摩尼教文献研究》，文物出版社，2000年，3–199页。
[3] 林悟殊书评，载《敦煌吐鲁番研究》第5卷，北京大学出版社，2001年，361–366页。

333

别,去伪存真,以找出摩尼教在高昌初传的痕迹。

一 考古学的反证

自本世纪初格伦威德尔(A. Grünwedel)在柏孜克里克千佛洞第 25 窟(新编 38 窟)发现摩尼教生命之树壁画后,人们已知道这所佛教石窟中曾经有摩尼教窟的存在。其年代,森安孝夫氏《回鹘摩尼教史之研究》认为在 9 世纪末到 10 世纪前半❶。另外,森安氏还新发现了几个摩尼教窟,因为有回鹘文题记为证,其年代也大体相同。

1993 年,另一位关注吐鲁番摩尼教洞窟的学者晁华山先生,发表了他的初步考察报告《寻觅湮没千年的东方摩尼寺》,宣称在吐鲁番吐峪沟、柏孜克里克、胜金口三所石窟中,找出数十个摩尼教洞窟。他根据洞窟形制、壁画题材等特征,把他认为的吐峪沟摩尼寺、柏孜克里克北区寺划在第一期,即 650—850 年间;而柏孜克里克中、南区寺和胜金口南、北寺,属于第二期,即 850—1000 年❷。克林凯特(H.-J. Klimkeit)教授基本上接受了晁氏对摩尼教窟的判定❸。

---

❶ 按,此画面上的十二行回鹘文题记为后来所书,时间当晚于绘画本身。1996 年 5 月,耶鲁大学韩森(Valerie Hansen)教授领导参加"重聚高昌宝藏"(鲁斯基金研究项目)的中美学者考察吐鲁番时,中古伊朗语专家 O. P. Skjaervo 教授看出这个画面下方红框中,有一行婆罗谜文(Brahmi),是丝路北道的字体,很像 Tumshuqese(所谓"图木舒克语"),但有一两个新的字母。此点似为前人忽略,值得深入探讨,因为其年代当与画面同时。

❷ 晁华山《寻觅湮没千年的东方摩尼寺》,《中国文化》第 8 期,1993 年,1-20 页;英文本 "New Evidence of Manichaeism in Asia: a description of some recently discovered Manichaean temples in Turfan", *Monumenta Serica*, 44, 1996, pp.267-315。

❸ H.-J. Klimkeit, *Manichäische Kunst an der Seidenstrasse: Alte und neue Funde*, Opladen 1996。

经过晁华山氏多年的勘察，吐鲁番石窟寺中存在着较今天所知更多的摩尼教窟的观点，我们认为是可以接受的。但是，要把这样多的摩尼教洞窟的年代定在650—850年之间，也就是唐朝灭掉麹氏高昌国后第十年到西州回鹘汗国建立前夜，除了作者提到的论据外，似乎还应对相关的佛教洞窟和文献记载加以考辨，因为这一说法与前人把这些洞窟作为佛教遗迹加以研究而得出的结论有不少抵触之处。

按照常理，如果一个石窟在某个时段里有摩尼教窟存在的话，它同时应当留下来一些住在那里的摩尼教徒所使用的宗教文献，而且也应当为近代以来的吐鲁番的考古发现所印证，正如我们相信柏孜克里克石窟在高昌回鹘时期有摩尼教窟，而吉田丰氏发表的柏孜克里克出土摩尼教信札，完全印证了考古学的结论。

以吐峪沟为例，德国吐鲁番探险队确实在这里获得过一些摩尼教文献，然而据系统考察过这批收集品的出土地情况的宗德曼（W. Sundermann）教授指出，吐峪沟出土的摩尼教文献都是840年后回鹘占领高昌以后的产物，与高昌城中α寺出土摩尼教文献相比，从其利用汉文佛典背面书写的情形看，吐峪沟文献甚至晚到1000年以后❶。因此，吐峪沟的出土文献对摩尼教洞窟在这里的早期存在提出了质疑。

关于晁氏指称为摩尼教壁画或洞窟的那些吐峪沟石窟，贾应逸、宫治昭、山部能宜诸氏结合佛教文献和克孜尔石窟壁画等，给予了它们的佛教来源的明晰解说，其举证的佛教文献，要比相关的

---

❶ W. Sundermann, "Completion and Correction of Archaeological Work by Philological Means: the case of the Turfan Texts", *Histoire et cultes de l'Asie centrale préislamique*, ed. P. Bernard et F. Grenet, Paris 1991, pp.286–288.

摩尼教文献更接近画面和石窟的内容❶。对比之下,我们不能不倾向于回鹘西迁以前的吐峪沟是佛教石窟的看法。这里就我们考察所见和文书资料略加补充。

吐峪沟第42窟即晁氏所说的N2号摩尼教窟,他断代在700年左右。窟中有禅室四,其中左手第一耳室绘有晁氏所谓阴阳人图,被认为是反映摩尼教明暗二元论的形象❷。据笔者考察时所见,此图两旁有坐禅式的僧人像,其一下部有朱笔题记:"开觉寺僧智会(?)"。

按开觉寺数见于吐鲁番出土文书:(1)阿斯塔那363号墓出土《唐景龙四年(710)卜天寿抄十二月新三台词及诸五言诗》末,题记中有"开觉寺学"❸,表明此寺为卜天寿所属的寺院学校。唐朝时期佛寺兼有教育职能,但未闻以胡人为主体的摩尼教寺有教授汉文化的事情。(2)阿斯塔那509号墓出土有神龙之后至开元之前(707—713)的《唐西州高昌县出草帐》,其中有"开觉寺叁拾伍束"❹,其他出草者均为佛寺或道观,证明开觉寺是位于西州高昌县范围的佛寺。(3)大谷文书1001号,亦有开觉寺名,从上下文看,应属唐西

---

❶ 贾应逸《トユク石窟考》,《佛教艺术》第186号,1989年,62–81页;同作者《新疆吐峪沟石窟佛教壁画泛论》,《佛学研究》,1995年,240–249页;宫治昭《トウルフアン・トヨク石窟の禅观窟壁画について》(1–3),《佛教艺术》第221号,1995年,15–41页;第223号,1995年,15–36页;第226号,1996年,38–83页;Nobuyoshi Yamabe(山部能宜),"The Implications of the 'Manichean' Caves at Toyok, Turfan, for the Origin of the *Guan wuliangshou jing*",德永大信编《莲如上人の总合的研究》,京都永田文昌堂,1998年,250–280页;同作者,"An Examination of the Mural Paintings of Toyok Cave 20 in Conjunction with the Origin of the *Amitayus Visualization Sutra*", *Orientations*, April 1999, pp.38–44。
❷ 晁华山《寻觅湮没千年的东方摩尼寺》,1–2、10–11页;Klimkeit, *Manichische Kunst an der Seidenstrasse: Alte und neue Funde*, 13–14页,图7。
❸ 《吐鲁番出土文书》第7册,文物出版社,1986年,550页。
❹ 《吐鲁番出土文书》第8册,文物出版社,1990年,23页。

州佛寺❶。由此可见，吐峪沟的画像题记应是高昌县开觉寺佛僧的题记，其旁的阴阳人图，也很难说是摩尼教的图像❷。

上举所谓摩尼教洞窟并不是孤立存在的洞窟，而是开凿于一所石窟寺石窟群中，如果这个洞窟是摩尼窟，则其旁边的其他洞窟也应有关联，换句话说，即应当反映摩尼教寺院和教团的存在。

吐峪沟石窟，从麴氏高昌国到唐朝西州时期，都称作丁谷寺或丁谷窟。日本中村书道博物馆藏吐鲁番文书中，有《唐西州丁谷僧惠静状为诉僧义玄打骂诬陷事》❸，其属佛寺，似无疑义❹。更重要的是，敦煌文书P.2009《西州图经》山窟二院条记："丁谷窟：有寺一所，并有禅院一所。右在柳中县界，至北山廿五里丁谷中，西去州廿里。寺其（基）依山构，揆巇疏阶，鹰塔飞空，虹梁饮汉，岩蛮（峦）纷纠，丛薄阡眠，既切烟云，亦亏星月。上则危峰迢递，下〔则〕轻溜潺湲。实仙居之胜地，谅栖灵之秘域。见有名额，僧徒居焉。"❺据罗振玉考证，《图经》是对乾元以后至贞元陷蕃以前（760—791）西州的记录❻。《西州图经》是官府修的志书，所记最为准确。由此知8世纪下半，丁谷寺是附有禅院的僧寺无疑。事实上，吐峪沟出土的大量属于唐朝时的汉文佛典，也反证摩尼寺在唐朝西州时期很难在此立足。

柏孜克里克千佛洞的情形相似，这里在唐朝时被称作宁戎寺，

---

❶ 小田义久编《大谷文书集成》第1卷，京都，法藏馆，1984年，1页。

❷ 参看柳洪亮《图版说明》八，《中国壁画全集·新疆》6《吐鲁番》，辽宁美术出版社，1990年，5页。

❸ 金祖同《流沙遗珍》图十五，叶十五b面。

❹ 参看小笠原宣秀《唐代西域の僧尼众团》，《印度学佛教学研究》第4卷第2号，1966年，536页。

❺ 罗振玉《敦煌石室遗书》，1909年，叶三a面。

❻ 同上书，叶六a面。

上举《西州图经》山窟二院又记:"宁戎窟寺一所:右在前庭县(即高昌县)界山北廿二里宁戎谷中,峭巘三成,临危而结极;曾(层)峦(峦)四绝,架回而开轩。既庇之以崇岩,亦偎之以清濑。云蒸霞郁,草木蒙茏。见有僧祇,久著名额。"❶既有僧祇,摩尼窟似亦不会开在佛教窟寺当中。

另外,柏孜克里克新出两块贞元年间立的造窟碑记,也提供了当时宁戎窟寺的情况。一块是1984年发现于柏孜克里克千佛洞崖前废墟中(位于第80号窟西侧),据内容可题为《节度使杨公重修宁戎寺窟功德记碑》,据柳洪亮氏的考证,功德主"节度使御史大夫"杨公即贞元二年至七年(786—791)任伊西庭节度使御史大夫的杨袭古,因此碑立于其任职期间❷。碑文中有对住持僧之颂词,云"戒珠月满,法镜冰开";"或方道安,或喻支遁";其为佛寺无疑❸。另一块是1989年发现于柏孜克里克千佛洞崖前废墟中,可题为《魏氏修功德记》,周曜撰,立于"贞元敦牂"岁,即贞元六年(790),是高昌王族后裔魏氏某上人在宁戎窟寺等处修佛事功德记❹。碑中讲到魏上人"开一窟,以为法华精舍","凿悬崖,创营龛窟;持莲华,复立精舍","于诸窟堂殿彩画尊像及创造什物,具标此石"❺,更能说明贞元时宁戎窟寺佛教繁盛的景象。

此外,我们统计并检索了所能见到的吐鲁番汉文文书,这是记载唐朝西州时期当地情况最详细和具体的史料,加之传世史籍的记录,都看不到任何摩尼教在高昌地区传布的痕迹。照常理讲,延载

---

❶ 罗振玉《敦煌石室遗书》,叶三 a 面。
❷ 柳洪亮《伯孜柯里克新发现的〈杨公重修寺院碑〉》,《敦煌研究》1987年第1期,62-63页;又《高昌碑刻述略》,《新疆文物》1990年第4期,59-60页。
❸ 此据笔者就原碑录文。
❹ 柳洪亮《高昌碑刻述略》,60-61页,碑之名称及性质为笔者所定。
❺ 此据笔者就原碑录文。

元年（694）波斯人拂多诞持《二宗经》来华，开元七年（719）吐火罗国献解天文人大慕阇，都可能经过高昌之地而传教。尽管我们不能就此否定摩尼教可能的存在，但从现存材料里，看不出属于唐朝西州时期的摩尼教流行的痕迹，更难说摩尼教教团的存在了。

二 文献学的证据

自本世纪初以来，吐鲁番盆地各遗址出土了大量写本残片，包括帕提亚文（Parthian）、中古波斯文（Middle Persian）、粟特文（Sogdian）、回鹘文、龟兹文（Kuchean）、汉文的摩尼教文献，其中的回鹘文写本和部分突厥化的粟特文写本，明显是属于高昌回鹘时期的产物，而其他中古伊朗语材料，却很难判定年代。恒宁（W. B. Henning）认为粟特语摩尼教文献的年代不早于8世纪，不晚于12世纪，而以九、十世纪的可能性最大❶。这一观点为大多数中古伊朗语研究者所接受，但以之来做历史研究，尚嫌过于宽泛。

迄今为止，学者们提到过的较早的中古伊朗语摩尼教文献，有如下几件：

（1）M1（MIK Ⅲ 203） 最早由缪勒（F. W. K. Müller）发表，是用不规则的中古波斯文所写的摩尼教赞美诗集的一叶，其中说到这部诗集始抄于761/762年，但未抄完，一直保存在焉耆（Ark）的摩尼寺中，到 ai tängridä qut bulmïš alp bilgä uyghur qaghan 在位时，才最终抄成❷。这位回鹘可汗，缪勒指为824—832年在位的

---

❶ W. B. Henning, *Sogdica*, London 1940, p.2.
❷ F. W. K. Müller, *Ein Doppelblatt aus einem manichäischen Hymnenbuch (Mahrnamag)* (APAW 1912), Berlin 1913, pp.3–40.

漠北回鹘的昭礼可汗❶，但更可能的是与昭礼称号相同的保义可汗（808—821年在位）❷。题记列举了一批北庭、高昌、龟兹、伽师（疏勒？）、拨换、焉耆、于术（一作温宿）等天山地区诸城镇的各级官吏名，其中既有不少是带有突厥回鹘系官名或称号的回鹘人，如北庭主人 Beg Kunki、高昌主人 Tapiglig 将军；也有一些是带有唐朝官称的汉人，如北庭的大将军节度使、龟兹节度使、拨换的曹侍郎、焉耆的唐副使❸。这一方面证明了此时漠北回鹘汗国控制这些地区的史实，同时也表明这些地方统治者对摩尼教的支持，甚至有的学者认为诗集题记所提到的这些地方，很可能透露了摩尼教团在那里的存在❹。这是我们目前可以基本确定年代在808—821年间的一件摩尼教文献。

（2）IB 6371（T. Ⅱ. D.135） 缪勒所刊摩尼教赞美诗题记的另一叶，其中发愿请求天使庇护 Uluɣ iliq tängridä qut bulmïš ärdämin il

---

❶ F. W. K. Müller, *Ein Doppelblatt aus einem manichäischen Hymnenbuch (Mahrnamag)* (APAW 1912), p.29; M. Boyce, *A Reader in Manichaean Middle Persian and Parthian*, Leiden 1975, p.52; W. Sundermann, "Iranian Manichaean Turfan Texts concerning the Turfan Region", *Turfan and Tun-huang the texts*, ed., A. Cadonna, Firenze 1992, p.71 从之。

❷ W. B. Henning, "Argi and the 'Tokharians'", *Bulletin of the School of Oriental Studies*, 9, 1938, p.566, n.2; J. R. Hamilton, *Les Ouighours a l'epoque des Cinq Dynasties*, Paris 1955, p.111; 森安孝夫《增补：ウイグルと吐蕃の北庭争夺战及びその后の西域情势について》，流沙海西奖学会编《亚洲文化史论丛》第3卷，东京，1979年，211页；吉田丰《ソグド文字で表记された汉字音》，《东方学报》（京都）第66册，1994年，371页。

❸ 地名的比定见 Henning, "Argi and the 'Tokharians'", pp.565-571；于术的比定据吉田丰的书评，载 *Indo-Iranian Journal* 36, 1993, 366-367页；回鹘人的比定，见森安孝夫《增补：ウイグルと吐蕃の北庭争夺战及びその后の西域情势について》，212-215页；汉名的比定，见吉田丰《ソグド文字で表记された汉字音》，371-372页。

❹ Henning, "Argi and the 'Tokharians'", p.567, n.15；森安孝夫《增补：ウイグルと吐蕃の北庭争夺战及びその后の西域情势について》，214-215页；Sundermann, "Iranian Manichaean Turfan Texts concerning the Turfan Region", pp.71-72。

tutmïš alp qutluγ küluq bilgä uyghur qaghan 及其部从❶。缪勒比定这位回鹘可汗就是762/763年第一次把摩尼教立为国教的牟羽可汗（759—779年在位）❷。宗德曼和克林凯特都接受了这种看法，并认为这是目前所见最早的一件吐鲁番出土中古伊朗语摩尼教文献❸。从祈愿的语气看，此件并不见得就写为牟羽可汗时期，因此不能肯定它就是最早的吐鲁番伊朗语摩尼教文献，但从其内容和形制来看，把它列入最早的一批摩尼教文献中，应当没有问题。

（3）M112与M119 两封粟特文信札，其中提到从美索不达米亚（Mesopotamia）来的两个对立教派——Mihrīya和Miqlāsīya徒众到高昌后，与当地教团发生的联系。由于其在摩尼教传播史上的重要性，恒宁早在1936年就对其做了考释，并据教派分裂的时间710—740年和其终止期880年，认为写本年代在763年回鹘信奉摩尼教至840年西迁之间❹。宗德曼翻译并深入探讨了两封信的内容，并把年代定在8世纪初叶两派开始分裂到9世纪末叶吐鲁番突厥化完成的中间❺，较恒宁更为宽泛。而克林凯特则采用了恒宁的观

---

❶ F. W. K. Müller, "Der Hofstaat eines Uiguren-Konigs", *Festschrift für Vilhelm Thomsen*, Leipzig 1912, pp.207-213.

❷ Müller, *Ein Doppelblatt aus einem manichaischen Hymnenbuch (Ma h rnamag)*, pp.4-5. Cf. P. Zieme, "Manichäische Kolophone und Könige", *Studia Manichaica*, eds., G. Wiessner and H.-J. Klimkeit, Wiesbaden 1992, p.326.

❸ Sundermann, "Iranian Manichaean Turfan Texts concerning the Turfan Region", pp.72-73; H.-J. Klimkeit, *Gnosis on the Silk Road. Gnostic Texts from Central Asia*, New York 1993, p.271.

❹ W. B. Henning, "Neue Materialien zur Geschichte des Manichäismus", *Zeitschrift der Deutschen Morgenlandischen Gesellschaft*, 90, 1936, pp.16-18.

❺ W. Sundermann, "Probleme der Interpretation manichäisch-soghdischer Briefe", *From Hecataeus to al-Huwārizimī*, ed., J. Harmatta, Budapest 1984, pp.289-316; W. Sundermann, "Completion and Correction of Archaeological Work by Philological Means: the case of the Turfan Texts", pp.285-286.

点❶。既然该教派结束于880年，则其教徒到达吐鲁番的年代，既可在此前，也可能在此后，但不会太晚，否则他们可能已融入当地摩尼教团中了。因此，880年以前的可能性更大些。

（4）Mannerheim Fragment E　用粟特字母写的中古波斯语文书，其中提到"Ay Tängridä Qut-bulmïš Alp…Uyghur Xan 已登上本国宝位……全力支持……整个宗教"❷。宗德曼氏认为回鹘可汗称号的缺字可补"bilga"，因而可以比定为M1中的回鹘可汗，即缪勒所说的昭礼可汗（824—832）❸。而茨默（P. Zieme）氏则补以"qutluγ"，以为是高昌回鹘时代的可汗❹。此件用中古波斯语书写，且称号较西州回鹘时代的可汗称号简单❺，宗德曼氏的看法较为可取，但如同M1的可汗一样，他也可能是指保义可汗（808—821年在位）。

（5）T Ⅱ K Bundel Nr. D.173　这件文书用回鹘文书写，虽然不属于伊朗语文书，但它记载了摩尼教在高昌的早期情形，故附于此。文书记 Tängrikän uighur bughuγ xan 于羊年到高昌，与摩尼教大法师慕阇讨论摩尼教团的问题。早年，勒柯克（A. von Le Coq）、邦格（W. Bang）、葛玛丽（A. von Gabain）、田板兴道诸氏认为这位可汗是牟羽可汗（759—779），羊年指767年丁未。后来，安部

---

❶ Klimkeit, *Gnosis on the Silk Road*, pp.261-262.
❷ N. Sims-Williams & H. Halen, "The Middle Iranian Fragments in Sogdian Script from the Mannerheim Collection", *Studia Orientalia* 51:13, ed. by the Finnish Oriental Society, Helsinki 1980, pp.9-10.
❸ Ibid., p.10; Sundermann, "Iranian Manichaean Turfan Texts concerning the Turfan Region", p.70.
❹ N. Sims-Williams & H. Halen, "The Middle Iranian Fragments in Sogdian Script from the Mannerheim Collection", p.10.
❺ 参看森安孝夫《ウィグル＝マニ教史の研究》，183-185页；P. Zieme, "Manichäische Kolophone und Könige", pp.323-327; Sundermann, "Iranian Manichaean Turfan Texts concerning the Turfan Region", pp.66-70 所列各位高昌回鹘可汗称号。

健夫、森安孝夫等氏考定为怀信可汗，羊年是803年癸未❶。其说可从，因为767年当大历二年，吐鲁番仍是唐西州辖地，不在回鹘汗国控制之下。这件文书或许是晚出回鹘文材料，但它却提供了摩尼教在高昌地区出现的最早年份。

以上五条材料是目前所能见到的关于高昌摩尼教情形的最早记录，年代集中在803—880年之间，揭示了摩尼教在高昌流行的早期情况，即摩尼教主要是来自西方，在丝路北道一些据点已经立足，在高昌也渐有势力，以致漠北回鹘可汗也来问教。

三　历史学研究

如果我们把上述材料放在吐鲁番历史发展的框架中，就不难看出为什么它们都集中在803—880年之间，这并不是偶然的。

从唐太宗贞观十四年（640）到德宗贞元初（785—792），西州一直在唐朝的直接控制下，上引贞元碑及其他吐鲁番出土建中、贞元时期的文书表明，直到贞元六年前后，西州社会仍较安宁❷。关于此后西州政权的转移情况，史籍记载不太明了，森安孝夫、陈国灿两氏均有考证，澄清了不少混乱的史实，但也有些问题仍有不同看法。西州政权从唐朝转为吐蕃还是回鹘所有，于本论题关系至为密切，以下略做补考。

---

❶ 此件由 A. von Le Coq, "Ein manichäisches Buch-Fragment aus Chotscho" (*Fistschrift für Vilhelm Thomsen*) 刊布，各家说法详参森安孝夫《增补：ウィグルと吐蕃の北庭争夺战及びその后の西域情势について》，215页。

❷ 陈国灿《安史乱后的二庭四镇》，荣新江编《唐研究》第2卷，北京大学出版社，1996年，427–428页。

关于西州陷于吐蕃的年代,《元和郡县图志》卷四十记为"贞元七年"。然而,敦煌写本 P.3918《金刚坛广大清净陀罗尼经》题记有如下文字❶:

> 此《金刚坛广大清净陀罗尼经》,近刘和尚法讳昙倩,于安西翻译。至今大唐贞元九年,约卅年矣……其经去年西州顷陷,人心苍忙,收拾不着,不得本来。乃有同行僧广林,先日受持,昨于沙州,略有讽诵。僧俗忽闻,欣欢顶戴,咸请留本,相传受持。今次居甘州,未有闻者,遂请广林阇梨,附口抄题,将传未晓。未闻之者,普愿弘持,广令流布。癸酉岁七月十五日,西州没落官甘州寺户唐伊西庭节度留后使判官朝散大夫试大仆卿赵彦宾写,与广林阇梨审勘校,并无差谬。普愿宣通,作大利益。其广林,俗姓田氏也。乙亥年秋,得向西元本勘,头边阙三纸,来不得,余校竟。

这篇题记包含了许多可贵的信息,值得再讨论。题记写于贞元九年(793),其所说的"去年西州顷陷",按汉文原意并参照作者被吐蕃掳为甘州寺户一点,可以认定是西州于贞元八年曾陷于吐蕃之手❷。作者赵彦宾原为唐伊西庭节度留后使(杨袭古?)手下判官,为吐

---

❶ 池田温《中国古代写本识语集录》,东京大学东洋文化研究所,1990 年,315–316 页,No.924,图 132。
❷ 参看陈国灿《八、九世纪间唐朝西州统治权的转移》,《魏晋南北朝隋唐史资料》第 8 辑,1986 年,16 页。这条材料最早由上山大峻氏检出,见所撰《昙倩译〈金刚坛广大清净陀罗尼经〉》,《龙谷大学论集》第 399 号,1972 年,81–82 页。而最早用来讨论陷蕃年代者,是森安孝夫《増補:ウィグルと吐蕃の北庭争奪戦及びその後の西域情勢について》,227–231 页。但森安氏的解说与陈国灿氏不同,今用陈氏说法并作补充。然而,上山大峻《敦煌佛教の研究》(京都法藏馆,1990 年)在论及此卷时,仍用森安孝夫的观点。

344

蕃活捉后，被迁往甘州为寺户，其间曾逗留沙州（敦煌）。他在贞元九年癸酉岁，与同是西州来的僧广林阇梨共同勘校此经抄文，到乙亥年（795，贞元十一年）秋，又得到机会回到西州对勘原本。题记的最后一句，应当是后来补写的，我们虽然不清楚赵彦宾等如何离甘州向西勘本，但这件文书留在了敦煌，说明确实是做到了的事。

森安孝夫氏论证了 791 年吐蕃与回鹘北庭之战后，虽然北庭争夺战中回鹘失败，但其后不久，回鹘即控制了天山东部地区，从北庭、高昌，一直到焉耆、龟兹❶，均入漠北回鹘汗国势力范围。其说甚是。具体到西州，赵彦宾题记似乎透露出，贞元八年陷蕃后，很快又得恢复，因而才使得贞元十一年的向西校勘原本成为可能。无独有偶，笔者曾在静嘉堂文库所藏梁玉书（素文）旧藏吐鲁番文书中，找到一件残文书，存字一行❷：

    贞元十一年正月　　日　　录事（下残）

录事为唐地方官府之下级官员，且文书形式严整，与此前唐朝官文书无异。据此，颇疑贞元八年西州陷蕃后，唐朝的统治秩序很快得以恢复。《旧唐书》卷一九六《吐蕃传》记北庭之战后，接着说："自是安西阻绝，莫知存否。唯西州之人犹为固守焉。"说的或许就是这种情形。无论如何，敦煌吐鲁番两地出土文书都记有贞元十一年时西州唐朝官吏的行迹，是应予充分重视的❸。

---

❶ 森安孝夫《増補：ウィグルと吐蕃の北庭争奪戦及びその後の西域情勢について》，201–226 页。

❷ 荣新江《静嘉堂文库藏吐鲁番资料简介》，《敦煌吐鲁番学研究论集》，北京，1996 年，182–183 页。

❸ 陈国灿《安史乱后的二庭四镇》，430–431 页疑此文书出自库车，反映的是安西史事。今不取。

更值得注意者，还有敦煌写本 P.2132《金刚般若经宣演》卷下几条不同时间写的题记❶：

> 建中四年（783）正月廿日，僧义琳写勘记。
> 贞元十九年（803），听得一遍。
> 又至癸未年（803）十二月一日，听得第二遍讫。
> 庚寅年（810）十一月廿八日，听第三遍了。
> 义琳听。
> 常大德法师说。

据 P.2041《四分律删繁补阙行事钞》卷下题记："广德贰年（764）七月四日僧义琳于西州南平城城西裴家塔写讫故记。"❷知义琳是西州和尚。沙州自贞元三年（787）陷蕃后，不再使用唐朝年号纪年，而此处之贞元十九年文书，虽然发现于敦煌藏经洞，但应当是在西州写成，后来携至沙州。这条贞元十九年／癸未年交替使用的题记，暗示着唐朝势力最终被取代的时间，这次的替代者不是吐蕃，而是回鹘，因为上举 T Ⅱ K Bundel Nr. D.173 回鹘文文书，恰好记载了回鹘可汗于 803 年到高昌。把前后两件事情联系起来，不难认为 803 年漠北回鹘可汗的高昌之行，除了其宗教使命外，还有某种政治意义。

一个地方宗教的变化，并不因政治的突然变化而马上转变。贞元年间的西州显然佛教仍占据统治地位，但从 803 年回鹘可汗来高昌访问摩尼教时的情况看，摩尼教在此前已经有所发展。然而，西

---

❶ 池田温《中国古代写本识语集录》，311 页，No.914。
❷ 同上书，308 页，No.898。

州政治的变化情况与众不同，它先被吐蕃短暂占领，后经唐人的一度重据，最后为回鹘所有。我们知道，吐蕃每攻占一地，往往把当地的官僚和高僧等具有社会号召力的人士迁往别处，吐蕃占领西州虽短，但显然做了这种迁徙工作。上举敦煌文书所记唐伊西庭节度留后使判官朝散大夫试大仆卿赵彦宾、僧广林阇梨、僧义琳等，P.2732《绝观论》题记中的"西州落蕃僧怀生"❶，均属此类❷。世家大族、官吏、高僧是汉文化以及汉化佛教的传承者，他们的离去，使得西州汉文化的根基被抽空。相对于西州而言，敦煌之所以可以保存更多的汉文化，原因之一就是在降蕃以前，与吐蕃订立了"勿徙他境"的盟誓❸。西州佛教教团中领袖人物的迁徙他境，必定削弱了西州佛教的势力，而此后的事实表明，摩尼教的势力借机而起，这就是我们看到最早一批伊朗语文书为何集中在803年以后出现的原因之一。

　　从另一方面来讲，摩尼教虽然早在694年就传到中原，但因为唐朝政府很快意识到该教教义易为反叛者所用，于是在723年下令禁止该教传布。安史乱后，摩尼教在漠北回鹘汗国被立为国教，于是在回鹘的庇护下重新在唐朝境内公开传教。胡三省《通鉴注》引《唐书会要》卷十九记大历三年（768），唐朝"敕赐回鹘摩尼，为之置寺，赐额为'大云光明'。六年正月，敕赐荆、洪、越等州，各置大云光明寺一所"。回鹘之摩尼教徒得以立足唐朝两京和南方商业发达地区，但未闻在西北有何发展。元和元年（806）以后，回鹘摩尼教徒频繁往来，有的一年再转，摩尼教必借此广泛流

---

❶ 上山大峻《敦煌佛教の研究》，405页。
❷ 陈国灿《八、九世纪间唐朝西州统治权的转移》17页注意到这一情况。
❸ 参看荣新江《归义军史研究》，上海古籍出版社，1996年，267页。

传❶。这一摩尼教流行的极盛期,也正好是出土文献所见高昌摩尼教初传的年代。

四 结 语

吉田丰氏刊布的柏孜克里克千佛洞新出摩尼教信札,为我们研究高昌回鹘摩尼教团及其与外界的联系,都提供了十分重要的史料。但现存的材料中,能够证明高昌回鹘王国以前摩尼教存在的史料并不多,笔者在此对考古文献两类材料略加考辨,以期判别出最早的一批高昌摩尼教文献,并把它们镶嵌到合理的历史画面当中。

通过以上讨论,笔者认为,唐朝统治西州时期,佛教兴盛,摩尼教很难在丁谷、宁戎两寺窟建立自己的窟龛。摩尼教在高昌的出现,与792年吐蕃占领西州后迁走高昌官吏及高僧有关,佛教的衰落为摩尼教的兴起提供了时机。803年漠北回鹘汗国直接控制高昌后,摩尼教团立稳脚跟,并渐渐广泛传播。到840年回鹘西迁高昌后,更立为国教,摩尼教最终迎来10世纪上半叶的辉煌时代。

原载《中国学术》第1辑,2000年

---

❶ 参看 E. Chavannes et P. Pelliot, "Un traité manichéen retrouvé en Chine", *Journal Asiatique*, 1913, pp.99-392;陈垣《摩尼教入中国考》,原载《国学季刊》第1卷第2号,1923年,此据《陈垣学术论文集》,北京,1980年,332-342页所刊校订本;林悟殊《摩尼教及其东渐》,北京,1987年,87-99页。

第4编 汉唐中西关系史论著评介

赫德逊《欧洲与中国》

欧洲与中国是现在东西方两大文明的中心,它们都有着悠久的文化传统,而且迄今仍然富有生命活力。但是,应当承认的是,虽然今天先进的交通工具已经大大缩短了东西方之间的距离,但两种文明背景下生存的人们,并没有因为交往的更加频繁而失去本色。在相当多的问题上,东西方的价值观念完全不同,由此往往引起两种势力的对抗。不同国家和地域间的和平共处应当建立在相互沟通、交往和理解上,但这不是一朝一夕所能达到的。面对现实,人们一定想要了解在遥远的古代,东西方之间的交往已经达到什么样的程度,特别是想知道欧洲和中国的关系如何。赫德逊(C. F. Hudson)《欧洲与中国》(*Europe and China*)一书的副题是"从古代到1800年的双方关系概述"(*A Survey of Their Relations from the Earliest Times to 1800*),正好回答了我们的问题。此书早在1931年就由伦敦的爱德华·阿诺德公司出版,六十年后由中华书局组织专家翻译,于1995年4月出版。今日重读,觉得书中一些观点仍然有它的学术价值,值得我们参考。

本书篇幅不大,共由前言和十章组成。前言是对中国和欧洲关系史的概说,他比较了两种文化的特性,特别指出前者对后者的影响，批评西方史学家对亚洲历史的忽视，他还分析了欧洲霸权建立的原因。以下第一章《朔风之外》，利用希腊文献亚里斯特亚士所著《阿里马斯比亚》，把欧洲获得关于中国的知识的年代，从此前人们认为的公元前不久，提早到前6或前7世纪。第二章《张骞》，叙述丝绸之路的开通。第三章《丝路贸易》，详细阐释公元1至2世纪中国与罗马间的间接贸易。第四章《偷运来的蚕》，研究3至8世纪间丝路上各种中间势力的作用和变化。第五章《鞑靼人统治下的和平》，讲蒙元时期的中欧交往。第六章《绕过非洲的道路》、第七章《取道墨西哥》、第八章《被包围的中国》，论述了从欧洲发现新航路，到西方列强从海上侵入中国的历程，其中包括东西方商业贸易的发展。第九章《罗珂珂风格》，研究18世纪由于贸易而转销到欧洲的丝绸、瓷器、漆器对欧洲艺术的影响。第十章《耶稣会士在北京》，重点探讨了通过耶稣会士传播到欧洲的中国文化。

本书系统地概述了古代欧洲与中国的交往史，有些地方还有作者本人的考证和见解。现在看来有些好像是常识性的东西，但从学术史的角度来讲，赫德逊的这部著作是有贡献的。即使今天读起来，仍有很大的参考价值。古代有关欧洲和中国历史的记录十分有限，而且大多数是片言只语，作者在观察历史上的一些片段记载后，不仅条理出清楚的发展脉络，而且有些地方做了理论分析。其中特别值得提到的是，作者在《丝路贸易》一章中，运用一些商业的基本原则来加以分析。如他归纳出古代商业成本的三个组成部分，即（1）运输费,（2）交通及过境费,（3）征发、抢劫和海盗所造成的损失，由此看出公元前后罗马帝国及世界大部分地区经济巨大增长的原因，以及为什么在此时发现了由红海到印度的航线，因为海上贸易要较陆上贸易的成本少。也正是由于中介商的利益丰厚,所以罗马和中国之间的丝绸贸易一直是间接进行的。他还用这一方法分析了罗马和中国贸易中的交换物品,指出罗马上流社会需求的是东方的奢侈品,如香料、珠宝、丝织品,而东方君主则主要是想获得黄金和白银,这种贸易给予罗马世界的货币化经济体系以沉重打击。另外,作者眼界开阔,往往从对比中看出问题。对于蒙古的西征,他认为不像一些欧洲史家所描写的那样对欧洲有那么大的威胁,通过对比后他指出,蒙古征服的主要对象始终是中国的中原王朝,而且这也是蒙古人最难征服的地区。在许多方面,作者又运用了政治学的方法来分析问题。

赫德逊撰写本书时是英国牛津大学万灵学院的研究员,除了本书之外,他还著有《远东在世界政治生活中的地位——当代史研究》(The Far East in World Politics: A study in recent history),1937年伦敦牛津大学出版社出版。又与拉杰施曼(Marthe Rajchman)合著《远东政治图鉴》(An Atlas of Far Eastern Politics),1938年伦敦菲伯尔兄弟公司出版。他还曾给洛文泰尔(Richard Lowenthal)和麦克法夸尔(Roderick MacFarquhar)合著的《中苏论战——文献与分析》(The Sino-Soviet Dispute: Documented and Analysed)一书作过序,此书1961年由《中国季刊》杂志社出版。由此可以看出他的学术背景,也就容易理解他书中所用的方法和理论。

中译本文字通顺,大体表述出作者的原意。但仍有些专有名词译错,其中最明显的是96—100页间的Turks(突厥人),都被译成"土耳其人",不过这是目前许多出版物中都有的误解。

欧洲与中国距离遥远,有关耶稣会士到来之前双方交往的史料不多,在中外关系史的领域里属于较弱的一个方面。近年出版了丘进著《中国与罗马——汉代中西关系研究》(广东人民出版社，1990年）和他翻译的梯加特（Frederick J. Teggart）著《罗马与中国——历史事件的关系研究》（*Rome and China: A study of correlations in historical events*，University of California Press 1939; 北京人民交通出版社，1994年）；有关明清时期的中欧关系研究也有不少新著新译发表，希望今后这一领域有更多的成果问世。

原载《书品》1996年第2期

D. D. Leslie 和 K. H. J. Gardiner
《汉文史料中的罗马帝国》

由于近代以来中国与欧洲的关系处在十分重要的位置，所以东西方学者对于古代中国与欧洲的关系问题也就予以特别的关注。汉唐之间中国史料中的"大秦"和西方古典文献中的"Seres"（丝国），在很长时间里一直是学者们努力探讨的对象。早在1885年，夏德（F. Hirth）就把中国史籍中有关大秦和拂菻（隋唐以后指称东罗马帝国的名字）的记载辑录并翻译成英文，书名《中国与罗马东部地区》（*China and the Roman Orient*），在上海出版，结论是大秦或拂菻主要是指罗马帝国的东部地区，即叙利亚。此书由朱杰勤译成汉文，题《大秦国全录》（1964年商务印书馆出版）。另外，戈岱司（G. Coedès）《希腊拉丁作家远东古文献辑录》（*Textes d'auteurs grecs et latins relatifs à l'Extrême Orient*, Paris 1910；耿昇汉译本，中华书局1987年版）、玉尔（H. Yule）与考狄（H. Cordier）《古代中国闻见录》（*Cathay and the Way Thither*, 4 vols., London 1913–1916）两书，汇集并翻译了西方古典文献中有关中国的史料。张星烺《中西交通史料汇编》（辅仁大学1930年版；中华书局1977年版）第一册，也汇集增补了中西文有关大秦的史料并逐条加以考辨。以后，沙畹（E. Chavannes）、伯希和（P. Pelliot）、赫尔曼（A.

Herrmann)、白鸟库吉、马伯乐（H. Maspero）等人，都对大秦国问题的讨论提出过富有影响力的一些看法，或者补充了一些前人遗漏的新史料。但是，不论大秦与中国之间，还是丝国与希腊罗马之间，都距离遥远，有关的史料充满了传奇色彩，而地名的对音往往因为汉文古音的构拟和西文原文的不明确而无法得出圆满的结论。

在西方史学界对大秦国的问题相对来讲沉寂了很长一段时间后，我们评论的这部书的两位作者 D. D. Leslie 和 K. H. J. Gardiner，1982 年合作发表了《汉代中国对西亚的认识》(Chinese Knowledge of Western Asia during the Han, *T'oung Pao*, 68, 254-308）一文，开始了他们对大秦问题的合作研究。经过十多年的探讨，1995 年他们发表《"条条大路通罗马"——中国对罗马帝国的认识》("All Roads Lead to Rome": Chinese Knowledge of the Roman Empire, *Journal of Asian History*, 29, 61-81）一文，实际就是即将出版的这部专著主要观点的概述。1996 年，他们的名为《汉文史料中的罗马帝国》(*The Roman Empire in Chinese Sources*）一书，作为《罗马大学东方研究丛刊》第 15 卷，在罗马出版。全书共 XXVI + 422 页，由前言、正文、附录、年表、地图、参考文献目录和索引组成，体制颇为完善。

本书的正文由两部分共二十一章组成。第一部分共十章，首先介绍正史、类书以及其他汉文史料，考古和钱币材料，以及希腊罗马文献，并讨论它们的可信程度、年代、消息传递和古音等问题。接着按年代翻译史料，并对照前人的翻译和解说，加以详细的注释。所译的有关大秦的史料，包括《史记》、《汉书》、《后汉书》、《后汉纪》、《魏略·西戎传》、《晋书》、康泰《外国传》、各种《异物志》、《南方草木状》、《玄中记》、《广志》等晋代史料、《梁书》、《魏书》、《宋书》、《隋书》、《洛阳伽蓝记》、《后魏书》、《通典》、《括地志》、《洽闻记》、《大秦景教流行中国碑》、《太清金液神丹经》、《北户录》、《史记正义》、《太平御览》、《太平广记》等等，作者不收有关拂菻的史料，其所收集的有关大秦的史料可谓富矣。第一部分的最后一章是关于西方古典文献的介绍，只有十种，没有什么特别之处。第二部分是《历史、地理和语言学的对证》，所讨论的问题有：（1）中西文史料的历史背景，以便为下面的考证提供依据。（2）最早的消息和联系，指出西汉史料没有提到过大秦，只是到东汉时，中国才首次得到大秦的消息。作者讨论了甘英出使大秦问题，公元100年的蒙奇兜勒两国使者问题，166年明确的罗马皇帝安敦的使者来华问题，226年大秦商人秦论到东吴的问题等。（3）陆上和海上通道。（4）大秦国的城市，包括三所都城和安谷、迟散、乌丹、安都。（5）大秦的属国。（6）大秦的宝石和其他异物，包括动物与动物制品、植物、香料与调味品、矿物与化学制品、宝石、玻璃与水晶、织物等。（7）一些特殊的问题，如大鸟卵、眩人或幻人、宝国、钱币、罗马的丝和蚕、珊瑚与珊瑚岛、中国的西亚移民、"大秦"其名、大秦的统治。（8）有关大秦国的种种传说。（9）西亚的重要国家和地区，包括安息（the Parthian Empire）、犁靬/梨建/犁轩/条支（the Seleucid Empire）、乌弋山离（Arachosia）、罽宾（Gandhara）、天竺（India）、奄蔡（the Aorsi）等等。（10）其他地理比定。（11）传说的地区和极西地区。通过对历史事件、大秦国名物、国家和地区等地理单元的比定，作者最后的结论是，中国史料中的大秦，不是夏德所比定的罗马东部地区（叙利亚），也不是伯希和认为的埃及亚历山大城，而是指以罗马为都城的整个罗马帝国。

由于大秦问题是学术界长期关注的问题，有关的研究成果散发在东西方的学术刊物当中，收集十分不易。作为西方学者，本书作者在收集西方学者的研究成果方面做得较为彻底，但也有遗漏，如 T. H. Barrett 书评（*BSOAS*, 61.1, 1998）指出的伯希和 *Recherches sur les Chretiens d'Asie Centrale et d'Extrême-Orient II*。又如 E. G. Pulleyblank 书评（*JAOS*, 119.1, 1999）提到的吴其昱（Wu Chi-yu）的 "A propos du nom geographique Tiao-tche sous les Han"（*Actes du XXIXe Congrés des orientalistes: Chine ancienne*, Paris 1977, 347—352）。相对来说，作者对中国学者的相关研究成果似乎关注更为不够，如果是相同的结论，可以为他们的说法提供佐证，并节省篇幅；不同的结果，也可能会影响到他们的某些考证结果。如孙毓棠《条支——读〈汉书·西域传〉札记之二》（《文史》第6辑，中华书局1979年版），对条支为 Characene（Ctesiphon/Seleucia）说从地理上给予支持，并解释了把它与 Antiochia 勘同的语音问题。如果作者能够利用孙氏的研究成果，则对自己的结论会有很大的帮助。又如，由于资料零散，作者对有关大秦的宝石和其他舶来品的资料收集和分类考释，颇多贡献。但他们没有特别关注中国的考古资料，所以在讨论物质文化的传播时，未能利用考古资料的帮助来解说许多文献所无法交代明白的地方。关于罗马的玻璃器，安家瑶《中国的早期玻璃器皿》（《考古学报》1984年第4期）收集了已经出土的资料，并做了详细的研究。此文已译成英文，题 "Early Chinese Glassware"，作为 *The Oriental Ceramic Society Translations*, No.12 出版（1987年）。齐东方《汉代及汉代以前的中国出土西方文物》（日文，*ALFAFIDAN*, XV, Tokyo 1994, 130—135页）有一个很方便的考古简报的目录，通过它可以了解中国相关考古资料的所在。

有关中国与罗马关系的一些史料或考古资料，目前还不能得出肯定的结论。作者在讨论公元100年遣使内附的"蒙奇兜勒二国"是否指马其顿（Macedonia），这批使者与托勒密转述的 Maes Titianos 派遣的商团是否是一回事的问题时，似乎有些举棋不定，有时表示疑问（14、148—150页），有时又表示肯定的态度（*JAH*,29）。这两者的联系是赫尔曼早在1922年就提出来的，近年来在中国学者之间又展开讨论，林梅村《公元100年罗马商团的中国之行》（《中国社会科学》1991年第4期，71—84页）对此提出十分肯定的解说，但有关的对音和论证较为粗糙，引起了针对他的文章的两篇批评文章。一是杨共乐《"丝绸之路"研究中的几个问题——与〈公元100年罗马商团的中国之行〉一文作者商榷》（《北京师范大学学报》1997年第1期，108—111页），但他仍把"蒙奇兜勒"读作马其顿，并肯定100年罗马通使中国的真实性。另一文是邢义田《汉代中国与罗马帝国关系的再检讨》（《汉学研究》第15卷第1期，1997年，1—31页），认为不论从文献还是从考古资料，还不能确切证明汉帝国和罗马帝国之间存在着直接的联系。此外，余太山《两汉魏晋南北朝与西域关系史研究》（中国社会科学出版社，1995年），则把"蒙奇"指为Margiana，"兜勒"指为Tukhara（218页），也是应当注意的观点。在我看来，只凭这条材料本身还无法得出确切的结论，倒是两位作者收集的其他史料有助于我们考虑这种可能性。

另一件作者没有留意的考古资料，即甘肃靖远出土的鎏金银盘，近年也有不少争论。《文物》1990年第5期发表初师宾的简报时，把它看作是东罗马制品。M. Pirazzoli-t'Serstevens 在 "Cultural Contributions of the Outside World to China: Interaction and Assimilation"（《迎接21世纪的中国考古学国际学术讨论会论文集》，科学出版社，1998年），认为是真正的罗马制品。但其上的铭文已被读作巴克特里亚文（N. Sims-Williams, "A Bactrian Inscription on a Silver Vessel from China", *Bulletin of Asian Institute*, 11, 1999），我们不能肯定这是制作时打上去的，还是东西从罗马传到中亚大夏时才打制上去的。

汉代和罗马的关系问题虽然没有20世纪初叶那样成为热门话题，但随着考古资料的不断发现，又时常引发一些新的看法或旧话重提。把汉文史料中的材料集中起来，总结前人相关的论说，是十分必要的工作。从这个意义上来说，本书是极具参考价值的。相对来说，我们也应当有一本重新辑录和考释西方古典文献中的中国史料的合集。

原载《北大史学》7，2000年

吴玉贵《突厥汗国与隋唐关系史研究》

相对于突厥汗国的重要性来说，我们今天所拥有的关于突厥的研究成果还是远远不够的。前辈学者对有关东西突厥汗国的汉文史料的收集和相关史事的考释，为这一领域的研究开拓了道路。我们今天在这一领域里每前进一步，都要立足于沙畹（E. Chavannes）《西突厥史料》（1903年）、岑仲勉《突厥集史》、《西突厥史料补阙及考证》（均为1958年）、刘茂材（Liu Mau-tsai）《东突厥汉文史料集》（1958年）等经典论著的基础上。与此同时，欧美、日本学者在突厥碑铭的解读和相关的非汉文史料的利用上，也多有贡献。比较而言，经过"文革"的沉寂以后，虽然我们已经拥有两部以《突厥史》为名的专著（林幹著，内蒙古人民出版社，1988年；薛宗正著，中国社会科学出版社，1992年），但是在各种史料的运用和史事的分析上，都还与书名所要求的内涵不相符合。

作为"唐研究基金会丛书"一种的这部《突厥汗国与隋唐关系史研究》（北京，中国社会科学出版社，1998年12月，4 + 463页，36.70元），是吴玉贵先生多年潜心研究的结果，其中部分章节是他细心改订的已刊专题论文。作者扬长避短，把自己的研究课题局限在突厥第一汗国（552—630年）和西突厥汗国（611—658年）与隋、唐两朝的政治关系史上，因为有关这一时段双方关系史的主要资料都分散在汉文典籍当中。作者的目的"只是要通过卷帙浩繁、真伪混杂的汉文史籍的考辨，澄清或揭示突厥汗国与隋、唐交往的一些重要史实"，"重点放在了学界前辈或时贤未及措意，或重视不够的问题"上（见本书序说）。

作者虽然自谦说只是做汉文史籍的考辨，实际上本书并非札记式的史料考证汇编，而是一部完整的关系史。作者把细致入微的考证文字，全都镶嵌到宏大的关系史的各个章节里面，以小见大，从断续的史料记载的微妙变化中，揭示出许多重大历史事件的因果关系。书中的不少考辨文字，不仅是前辈学者或时贤所未及措意者，有的甚至是从司马光的时代就弄错了的问题。

本书分五个部分、十二章，每章三至六节不等，大多数是四节，体制设计得很完善。论述大体上按时代顺序，把东、西突厥与隋唐关系史，放在突厥汗国的兴起及其对西域的统治、"远交近攻"方略与隋朝对突厥及西域的关系、东突厥汗国的兴衰与唐朝统一北方、西突厥汗国的内乱与唐朝进兵西域、西突厥汗国的覆亡与唐朝在西域统治秩序的确立五个部分中叙述。在各个章节中，则有所侧重，重点讨论问题，并非面面俱到。在分析每个具体问题时，往往是从中原王朝和突厥汗国双方的立场来考虑问题，这样就较前人往往只从某一方面考虑问题要周到一些。

通读本书，笔者感觉到作者在细微考证的基础上对一些重要问题的新解说，这些才是本书最重要的贡献。以下略举其中较为突出的几点：

1. 作者指出室点密由于对西域的征服而在西方史料中十分有名，但在周、隋载籍中却未见其名，从而否定了沙畹关于土门和室点密时代北（即东）突厥与西突厥已经分立的说法。又细心地看出,《隋书·西突厥传》所记,实际只是当时统治西域的三股势力之一东突厥分离出来的阿波可汗一支的史事,并不包括室点密和铁勒两股势力。西突厥汗国的真正建立,作者认为是在室点密系的射匮可汗把阿波系突厥赶出西域并征服了铁勒以后,至于具体的年份,在"序说"中标作"611年",而本章没有具体说明。这个新的看法对于传统的583年东、西突厥分立的说法提出挑战,而且很有说服力。

2. 武德元年(618)初,唐军刚刚进入关中,立足未稳,就受到西秦三十万大军的进攻,而唐朝却以十三万军队一举击败西秦大军。这是唐朝得以立足关中的关键一战,也是史书上盛赞李世民的军事才能的原因之一。作者细心推敲《新唐书·突厥传》和《册府元龟》卷九九〇的有关记载,看出西秦军队是和突厥连兵而进的,唐高祖听从太子李建成的建议,把五原、榆中之地割让给突厥,使得突厥转而支持唐朝,与李世民连兵,共破西秦大军。这一事件,使唐转危为安,其意义不在唐高祖称臣于突厥之下。因此,作者对唐灭西秦史事的钩沉发微,也是极具创见的研究成果。

3. 关于唐朝与东突厥汗国的关系,作者通过雁门、马邑由突厥而转归唐朝的过程,以及唐朝对关内道军事力量的加强,特别是分析了突厥各部间的矛盾,指出在唐朝贞观四年(630)出兵之前,突厥汗国内部已经分崩离析,颉利可汗偏处漠南一隅,形同灭亡。东突厥亡于内乱,这也一改过去人们过多地考虑唐朝出兵作用的看法。

4. 西突厥汗国与唐朝的关系问题,本书也有不少的新意。如《旧唐书·突厥传》所记贞观十三年西突厥乙毗咄陆可汗居地与唐朝扶植的泥孰系居地以伊列河(伊犁河)为界东西互换,自《资治通鉴考异》以来就有不少人表示疑惑,作者指出这是乙毗咄陆向东发展的结果，而不是史书的讹误（内藤みどり《西突厥史の研究》已指出这点），并进而指出乙毗咄陆征服天山东部的处月、处密等部，联合高昌国，攻打属于泥孰系咥利失可汗势力范围的焉耆国，并且图谋袭击唐朝控制的伊州，从而导致了唐朝出兵高昌，灭高昌国。从唐朝与西突厥的关系着眼来看唐灭高昌的原因，并给予透彻的解说，这对于更多地考虑高昌与唐朝关系的种种说法也有补益。

5. 贞观、永徽之际西域形势的遽变原因，过去人们只注意到阿史那贺鲁的叛乱，而作者却指出唐高宗放弃太宗建立"四镇"的设想，起用被俘到唐朝的西域原统治者，包括以旧高昌王弟麴智湛为西州刺史兼安西都护，成为唐朝在西域的最高军政首脑，从而揭示了唐高宗即位后唐朝西域政策的改变。这里涉及到"四镇"初设的时间问题，从这一新的看法出发，吴玉贵先生改变了过去认为的贞观二十二年（648）昆丘道行军后初设四镇的看法（余太山编《西域通史》，中州古籍出版社，1996年，156页），提出太宗时拟设包括碎叶的四镇，但被高宗放弃了的新说。这一说法虽然还有待史料确证，但作者的新见解更可以自圆其说。

突厥史毕竟是个十分复杂的研究课题，本书的贡献虽然不止上面列举的这些，但可以商讨的问题也不少。从另一方面来说，东西方学者多年来对突厥史也有相当多的贡献，本书作者虽然在参考文献中列举了一些有代表性的论著，但限于体例，书中主要是考辨中文史料，对于前辈学者的有关解说，往往只局限在沙畹、岑仲勉的著作和同时代的一些中国学者的论著当中。以下也略举数例，以见一斑。

1) 第二章讨论突厥统治西域的方式时，分析归纳了西域诸国接受突厥官号的问题，但对于一些突厥官名的本来意义分析不够，除了作者提到的护雅夫《古代突厥民族史研究》I 所收论文外，至少还应参考 A. Bombaci《古突厥官名颉利发考》(On the Ancient Turkic Title Eltabar, *Proceedings of the IXth Meeting of the Permanent Altaistic Conference*, Naples 1970)。注［34］引王国维关于龟兹王诃黎布失毕一名后三字也是"颉利发"音变的说法，其实早已为烈维（S. Levi）所考诃黎布失毕系 Haripuspa 译音的结论所取代（见冯承钧译《吐火罗语考》，15 页）。

2）第四章第三节中，作者根据唐永淳元年（682）、开元二十四年（736）、天宝五载（746）三方墓志的记载，认为隋朝在西域设立过安西都护。由于没有隋朝史料的任何佐证，墓志中的"安西都护"的确切含义目前还是不能肯定的。

3）第五章第三节讨论突厥对待反隋武装态度的改变导致了突厥支持唐朝而与刘武周决裂，原因是隋嫁突厥的义成公主起了作用。总体来说，这个看法是有见地的，但具体到武德三年唐朝收复太原一役，似乎还有他解，因为唐朝也是反隋的势力之一。

4）第七章关于东突厥降众的安置和突厥羁縻府州的设置问题，一直是没有圆满解决的问题，作者提出的解释与同时出版的刘统《唐代羁縻府州研究》（西安西北大学出版社，1998 年）、石见清裕《唐の北方问题と国际秩序》（东京汲古书院，1998 年）的解说各不相同，由于史料的缺乏，还值得仔细研究。

5）作者虽然在参考文献中列出内藤みどり《西突厥史の研究》（东京，早稻田大学出版部，1988 年）一书，但在有关西突厥的一些相关章节中似乎没有充分加以参考。内藤氏在这部书的第三章《乙毗咄陆可汗及其叶护们》中，对贞观十三年乙毗咄陆与泥孰系位置的互换，贞观十四年唐灭高昌时来降的西突厥叶护是阿史那步真等问题，已有明晰的解说，可与本书的论证相互参证；在第二章《十姓论》第四节《啜与俟斤》中，认为贞观十八年唐军讨伐焉耆后控制其地的西突厥处般啜，是指焉耆北方裕勒都斯河谷的鼠尼施处半啜，颇有道理。对于内藤氏的研究成果，作者似乎没有细读。作者怀疑这个处般啜是泥孰系乙毗射匮可汗的将领，如果真的属于原本亲唐的泥孰系，唐朝似乎不应当不知道他是何许人也。

本书立足于汉文史料，所以在汉文史料的利用上颇为用心，古籍有校勘本者，都用最新的校勘本（《唐会要》未用上海古籍出版社标点本）；无者，也选用较好的本子。同时，尽可能地利用了石刻史料和敦煌吐鲁番文书。最使人遗憾的是作者不知何故没有利用中华书局1989年影印出版的《宋本册府元龟》，此书虽是残本，但有关突厥、西域史的外臣部、奉使部却大都保存下来，其文字远胜于人们常常使用的明本《册府元龟》（中华书局，1960年影印），试举二例。158页作者谈到唐朝割让五原、榆中给突厥时，引用了明本《册府元龟》的一条珍贵资料。此条宋本也存，其中"子"字本作"于"，"平"字本作"中"，均不烦校改，但"割并"二字，宋本相同。171页作者所引明本《册府》一段文字，宋本亦存，其中"季"作"李"不误；"邑"作"已"；"回可汗"作"面可汗"；"令处"作"今据"，都较明本为优；而且，宋本使作者疑"回"为"面"的注解落实。石刻史料的利用也还可以更加完善，如160页等处据《隋唐五代墓志汇编·陕西卷》引用了郁射设孙阿史那哲的墓志，未及其子阿史那施的墓志（载毛汉光编《唐代墓志铭汇编附考》第17册，史语所，1994年）。又张沛编著的《昭陵碑录》（三秦出版社，1993年）录有许多相关人物的碑志，也不在本书的参考范围之内，实属遗憾。

最后应当指出，本书文字错误极少，在现在的出版物中十分难得。现谨列随手录出的误书、误排的错误，以便再版时修订：29 页 11 行"点密"前漏"室"，66 页中部"安诺盘陀"当作"槃陀"，125 页"开元二十四年（734）"当作（736），同页"天宝五载（745）"当作（746），164 页倒 6 行"太宗"应作"李世民"，352 页倒 5 行"阿史那那贺鲁"衍一"那"，392 页 10 行"昆丘道"当作"弓月道"，453 页以下研究文献中有的人名后缺括注的年份。相对于包含许多各种专有名词的一部 460 页的大著来说，这点错误是微不足道的。

突厥汗国与北周、北齐、隋、唐的关系史，不仅仅是突厥史和中国史研究的重要课题，也是六七世纪东亚历史的重要篇章。近年来，刘健明（《史薮》2，1996 年；《唐代的历史与社会》，1997 年）、韩昇（《隋文帝》，1998 年）、王小甫（《国学研究》5，1998 年）等从东亚政治格局变化的角度对相关问题的研究，可以有助于我们深入理解突厥与隋唐的政治关系史，希望这一课题能够继续深化。

原载《唐研究》第 5 卷，1999 年

王小甫《唐吐蕃大食政治关系史》

1992年12月,北京大学出版社出版的王小甫博士著《唐吐蕃大食政治关系史》一书,是我国近年来唐代西域史研究的重要成果。

古代西域地区,是多种语系的民族居住和经行之地,又是东西方几大文明的汇聚中心。由于气候恶劣,战争频仍,当地几乎没有保存下来各民族本身的系统史书,历来的研究者不得不取材于周边较大民族对西域史事的记录,就本书所论述的七八世纪而言,主要是据汉文和阿拉伯文史料立论,如沙畹(E. Chavannes)《西突厥史料》(*Documents sur les Tou-kiue (Turcs) occidentaux*, St. Petersburg 1903)、吉布(H. A. R. Gibb)《阿拉伯征服中亚史》(*The Arab Conquests in Central Asia*, New York 1923)、伊瀬仙太郎《中国西域经营史研究》(东京,1968年)、松田寿南《古代天山历史地理学的研究》(东京,1970年)等著作,无不尽然。进入80年代,森安孝夫发表长文《吐蕃的中亚进出》(《金泽大学文学部论集史学科篇》第4号,1984年);白桂思(C. Beckwith)出版《吐蕃帝国在中亚》(*The Tibetan Empire in Central Asia*, Princeton University Press, 1987)一书,都比较系统地引入了有关中亚的藏文史料。此外,本世纪初叶以来敦煌、吐鲁番等地陆续出土了丰富的文书,既有唐朝或吐蕃统治西域时的汉、藏文官文书,也有许多当地民族用自己的语言文字所写的各种文献,虽然大多支离破碎,但却提供了过去中亚史研究所缺乏的地方史料。因此,今天的西域史研究,诚如季羡林教授和张广达教授在序言中所说的那样,应当兼通胡、汉双语文献,王小甫博士的新著可以说做到了这一点。试检本书的注释和参考文献,不难看出作者利用了汉、藏、阿文以及出土文书、突厥碑铭等各种原始材料,也注意汲取今人的研究成果。如第199页引用的P.4698号敦煌文书,据我所知,就是作者所发现的重要文书。在敦煌文书的研究已经达到相当水平的今天,也就是说在经过将近九十年的研究搜索之后,作者还能够从数万号杂乱无章的敦煌文书中检出这件只有三行的有用文书,可见作者对基本史料下过一番坐冷板凳的工夫。

由于前人对唐代西域史某些方面的研究已经达到相当高的水平,本书的写作方法不是平铺直叙,而是抓住问题,重点论说。全书由五章组成。第一章《唐朝统治西域与吐蕃的介入》共分四节。第一节简要记述了唐朝初年对西域的征服,重点说明唐朝在西域的统治形式。作者分析了安西四镇初设时的镇级组织属"上镇二十"之列,只有防人五百,因而解释了初唐四镇经常易手的内因,颇有创见。以下三节,作者不惜笔墨,详细讨论了吐蕃的兴起,进入西域的道路及其在西域的早期活动,其中最为突出的贡献,是对吐蕃最先进入西域的道路的细心考察。过去,人们都认为吐蕃最初是经勃律进入西域的(如拙稿《新出吐鲁番文书所见西域史事二题》,《敦煌吐鲁番文献研究论集》第5辑,1990年,345页),作者把648年唐征龟兹,659年都曼之乱,662年㕙海道行军,665年西域道行军等事件联系起来,并参照后世对新—藏交通的记载,考证出吐蕃最初进入塔里木盆地，走的是夹在昆仑山和喀喇昆仑山之间的"食盐之路"，再通过"五俟斤路"与突厥诸部连兵。这一说法是完全可以成立的，可以补充的是，确定这条道路的关键地名女国／大羊同的位置，作者的结论与杜齐（G. Tucci）《两次尼泊尔科学考察的初步报告》(*Preliminary Report on Two Scientific Expeditions in Nepal*, Rome 1956, p.105）和佐藤长《羊同国の所在について》(《鹰陵史学》第7号，1981年，45—70页）的考证结果不谋而合；另外，熟悉和田古迹交通的李吟屏先生近撰《和田历代交通路线研究》（提交"20世纪西域考察与研究国际学术讨论会"论文，乌鲁木齐，1992年10月3—7日），提供了这条道路的详细走向和残存的古代遗迹情况。

作者在本章中还特别强调了青藏高原与葱岭以西的文化交流问题，并举本教祖师的诞生地Stag gzig所指及本教二元论受波斯宗教影响两点加以说明。这是一个困扰藏学界多年的问题，早在1949年，杜齐就在名著《西藏画卷》(*Tibetan Painted Scrolls*, Rome 1949）中专辟一章，提出"人类起源与伊朗的某些影响"的论题。以后，霍夫曼（H. H. R. Hoffmann）、石泰安（R. A. Stein）、布隆多（A. M. Blondeau）、噶尔美（S. G. Karmay）等均有论说。近年，本教研究专家克瓦尔耐（P. Kvaerne）发表《吐蕃天地起源神话中的二元论和伊朗影响问题》（"Dualism in Tibetan Cosmogonic Myths and the Question of Iranian Influence", *Silver on Lapis: Tibetan Literary Culture and History*, Bloomington, 1987, pp.163-174）一文，专论这一问题，但藏学权威伯戴克（L. Petech）批评此文未能解决这种影响发生的时间（When）、地点（Where）、如何发生（How），以及伊朗原型（What type）等一系列问题（"Review of *Silver on Lapis: Tibetan Literary Culture and History*", *Central Asiatic Journal*, 35, 1-2,

1991, p.139）。本书属于政治史著作，但作者注意到了与之密切相关的这一文化史问题，限于主旨不同，未展开讨论，我们希望在作者正准备撰写的《吐蕃对外关系史》中找到这一问题的解答。

第二章集中讨论《唐初安西四镇的弃置》。在过去的唐代西域史研究中，安西四镇的建置和废弃，特别是焉耆与碎叶的交替问题，重复了许多人的劳动，作者只用一节的篇幅说明自己的观点，而将有关争论问题放在附录三《崔融〈拔四镇议〉考实》中加以详细论证。作者重点分析咸亨、长寿间历次四镇易手之间的关联，而不是孤立地判断某一事件，对于有关的汉、藏文史料以及新出吐鲁番文书，都做了仔细分析。第二节研究大食之介入西域，充分利用了阿文史料，故此在说明唐朝对葱岭以西诸国的态度上，执论比较公允。对于中国学者来说，庞大的阿文材料一直是西域研究中的难点之一，作者除了亲自检索阿文史籍外，还利用了前人注意不多的沙班（M. A. Shaban）、丹诺布（D. M. Dunlop）等人的研究成果，自然较只使用希提《阿拉伯通史》中译本者要全面得多。

第三章《葱岭地区的政治角逐》，讨论长寿元年（692）唐复四镇后在帕米尔地区与吐蕃的争夺战。第一节分析了武威道行军的成果，从军中有新立于阗王，推测出攻击重点在吐蕃统治西域的中心于阗，结果使于阗王复位，并进而北上灭吐蕃所立西突厥十姓可汗仆罗。此后，唐朝发重兵防守四镇，吐蕃才不得不转道葱岭进入西域。第二节，作者一一考证了吐蕃经行的大勃律—揭师—护密、揭师—淫薄健—箇失密—乾陀罗—谢䫻等条道路，揭出连接吐蕃与西突厥十姓可汗故地（千泉及碎叶川）间的南北交通线。第三、第四节叙述了进入该地区的各种势力的消长，如西突厥可汗的败亡，突骑施的发展，大食的征服，吐蕃的借道小勃律并为唐朝所败等一系列政治事件。

第四章《唐、蕃西域较量的新发展》，这一发展主要是吐蕃与突骑施的新联盟及其与唐朝的对抗，但唐朝在葱岭地区对吐蕃的胜利，标志着开元、天宝时期的唐朝进入全盛期。至于同时期大食与突骑施的争夺中亚问题，作者批评了所谓唐朝支持突骑施抗击大食的观点，并强调了著名的怛逻斯战役只不过是唐朝和大食间的一次遭遇战，真正使唐朝在西域的势力由盛转衰的关键事件是安史之乱。

第五章《东争唐地、西抗大食的吐蕃帝国》，首先探讨安史乱后唐军的坚守，这是前人着眼不多的问题。作者在戴密微（P. Demiéville）、唐长孺等先生研究的基础上，阐明河西节度与伊西庭节度的分合，由此条理出吐蕃由东向西攻占河西与西域唐朝领地的历程，并分析了安西四镇的陷蕃年代。关于西州的陷蕃年份，作者正确地指出有些学者对 P.3918 题记的误解，考订在 792 年。然而，笔者在 1990 年走访日本静嘉堂文库时，找到一件吐鲁番出土的贞元十一年（795）正月的唐朝官文书，而且克孜尔石窟有贞元七年、贞元十年的题记，所以，安西与西州陷蕃的年代，目前尚无法肯定某种说法（参看拙稿《静嘉堂文库藏吐鲁番资料简介》，1992 年敦煌吐鲁番学术讨论会论文）。

王小甫博士的这部著作，选取了西域史上内容十分丰富的一个阶段作为研究对象，用简练的语言和图表相配合，正文和附录相补充的方式，以较短的篇幅，提出自己对七八世纪中亚史的总体认识，并做了许多精细的考证，值得西域史学界的重视。在本书中，作者将着眼点更多地放在唐、吐蕃、大食三方对西域的争夺问题上，使我们在通读了只有二百多页的正文后，就可以对七八世纪葱岭东西、天山南北的政治形势得到十分清晰的认识，这是我们过去读那些从唐朝经营西域史的角度所写的著作中所得不到的印象。

自清末以来，西北史地就成为中外学者长期关心的课题，特别是陆续出土的文书，更加推动了西域史研究的进步，极大地丰富了古代西域的历史画面。也正是由于新史料层出不穷，西域史研究与传统的中国断代史研究不同。今天东西方学术刊物中发表的文章，仍然不断地刊出新出土的汉文文书或早已出土但最近才得以解读的于阗文、突厥文、回鹘文、粟特文、吐火罗文、古藏文等西域胡语文书资料，因此，研究者需要不断翻检新旧书刊。今天的西域史研究的进步，正是建立在这样的史料基础上的。据我所知，作者在现有的条件下，对各种史料做过检索。但由于许多原始材料是国外学者陆续发表出来的，像这样一部范围广阔的书中有所遗漏是不可避免的。如作者力图说明的青藏高原早期与波斯为中心的伊朗文化区域的联系，或许可以从近年巴基斯坦北部印度河流域发现的粟特语铭文中找到进一步的线索，这些材料已由辛姆斯—威廉姆斯（N. Sims-Williams）发表在《印度河上游流域发现的粟特语铭文的初步研究》("The Sogdian Inscriptions of the Upper Indus: a preliminary report", *Antiquities of Northern Pakistan: reports and studies*, vol. I, ed. by K. Jettmar, Mainz 1989）和《印度河上游流域的粟特语和其它伊朗语铭文集》(*Sogdian and Other Iranian Inscriptions of the Upper Indus*, I, London 1989）中。

原载《北京大学学报》1994年第1期

蔡鸿生《唐代九姓胡与突厥文化》

与当今利用先进微机所写的动辄洋洋数十万或上百万言的著作相比，蔡鸿生先生的这本（我相信是）用手所写的著作，篇幅虽然不大，但含金量却很高。它没有微机中自动蹦出的大量通俗词句，读起来使人感到语言凝练，内容扎实。

《唐代九姓胡与突厥文化》（北京中华书局，1998年12月，4+3+1+269页，17元）由上编《唐代九姓胡》、中编《突厥文化》、下编《西域物种与文化交流》组成，每编又分成若干章节。本书各章节是以发表过的专题论文为基础，在出版之前做了必要的补充。这些文章从60年代到90年代陆续发表，这次所补的内容大多数是在注释中增加了一些参考文献，表明作者对所掌握的基本论据和由此得出的看法充满自信。这些文章经过细致的重新安排，以专题论文的方式，组成一个大致协调的整体。这个整体的中心议题，就是在一个广阔的种族文化背景下，研究中亚绿洲城邦文明与漠北草原穹庐文明的接触和交融（参看引言），在某些章节中，也研究了文化传播过程中物质和精神两种体系的转换，以及外来文化与本土文化的融合问题（195页）。

本书代表了目前粟特、突厥学界较高的研究水平，以下依次简介各章内容，并从学术史的角度略加评述和展望。

上编讨论的唐代九姓胡，即中亚昭武九姓粟特人，这是目前学术界十分关注的一个问题。在粟特研究领域里，大多数学者着眼于九姓胡在中国的聚落和他们的汉化问题，而本书作者陆续发表了《〈隋书〉康国传探微》(《文史》26，1986年)、《唐代九姓胡贡品分析》(《文史》31，1988年)、《唐代九姓胡礼俗丛考》(《文史》35，1992年)，表明作者的研究理路是先弄清粟特本土的问题，然后再一步步探讨九姓胡的东方发展和与唐朝的关系，这大概就是本书前三章（即《昭武九姓的城邦制度和东方聚落》、《九姓胡礼俗丛考》、《九姓胡的贡表和贡品》）的基础。由于作者相当熟悉前苏联学者关于粟特地区的考古、历史、钱币、美术史等方面的研究成果，又掌握汉文史料和各国学者有关粟特的研究论著，在分析九姓胡的都、城、堡的三级城邦社会和突厥监摄、唐朝羁縻、粟特统辖三个统治系统方面，都可以由琐碎的史料归纳出一些概括性的看法；对九姓胡东方聚落的移植、归化（即汉化）和突厥化等三种文化类型的总结，是多年来学者们对个别或一组粟特聚落研究的一个升华。作者从家庭、婚姻、丧葬、居室、服饰、饮食、岁时、节庆、兴贩、胡名等十个方面对九姓胡礼俗的系统研究，使人们更清楚地认识了九姓胡在文化层面上表现出的本性，其中对于胡人结队行商和胡人汉名的对证，文字不多，却颇多胜义。作者分析了在朝贡名义下进行的九姓胡与唐朝的商品交易形式和主要贡品，揭示了九姓胡在当时中国、印度、波斯、拜占庭四大文明物质文化交往中所起的重要作用。上编最后一章《毕国史钩沉》，字数不多，但也涉及九姓胡与唐朝在精神和物质两方面的交流情况，可以看作作者的个案研究的一个典范。

由于条件的限制，本书引用的苏联考古研究论著主要是80年代以前的成果，80年代以来，特别是苏联解体后，粟特考古又取得了长足的进步，同时相关研究成果也日益丰富，引起各国学者的重视。比如日本新刊的《丝绸之路考古与艺术》(*Silk Road Art and Archaeology*)杂志，几乎每卷都有粟特的考古研究论文；美国复刊的《亚洲研究所集刊》(*Bulletin of the Asia Institute*)第8卷，也刊出《前苏联学者研究专号》(*Studies from the Former Soviet Union*)，其中相当多的篇幅是关于粟特的研究成果，并附有详细的研究论著目录。另一方面，由于中巴友谊公路沿线巴基斯坦一方古丝路粟特文摩崖石刻的发现和考释的出版（N. Sims-Williams, *Sogdian and Other Iranian Inscriptions of the Upper Indus*, 2 vols., London 1992）和其他一些粟特文资料的公布，现在可以判定出更多的汉译九姓胡名的粟特文原语，从而了解其本来的意义，即人名所反映的九姓胡人祆教、佛教信仰的情况〔其中以吉田丰的贡献最多，参看他最近在《西南アジア研究》48（1998年）发表的论文和所附参考文献目录，以及他对上述 *Upper Indus* 所写的书评〕。关于九姓胡的葬俗和历法，也有继续研究的余地（参看上引 *Bulletin of the Asia Institute*, 8 和 *Iran*, 30 所刊相关论文）。

中编讨论突厥文化，是本书篇幅较多的部分，共由六章组成：一、《突厥法与突厥社会》（原载《历史研究》1965年第5期），二、《突厥汗国的军事组织和军事技术》（《学术研究》1963年第5期），三、《突厥事火和拜天》（前两节原载《中亚学刊》1, 1983年），四、《突厥奉佛史事辨析》（《中山大学史学集刊》2, 1994年；第三节原载《文史》11, 1981年），五、《突厥年代学中的十二生肖》，六、《突厥方物志》（《文史》46, 1998年）。60年代发表的文章固然在选题和行文上都可以看出一些时代的特色，但今天看来仍然闪烁着光芒。80年代以来作者对突厥精神文化和物质文化两方面的研究，在取材和论述上都更加厚实。从突厥法律的角度，来分析"地分"和"蓄印"、"奴"与"臣"、家庭与婚姻、继位法、刑法，从而比较透彻地说明了6至8世纪突厥的社会形态和社会性质。由于突厥汗国与它的军事征服紧密相关，所以研究突厥的兵制、装备和战术，可以使人们更进一步理解突厥的社会史和文化史。大概正是建立在对突厥社会比较原始的形态的认识基础上，作者对突厥宗教和其他精神生活的程度估计不高。他认为，突厥事火和拜天起源于自然崇拜，天神和人世间由巫来沟通。突厥人的事火并非祆教信仰的表现，中亚突厥人信奉祆教是西突厥汗国破灭以后才有的事。同样，建立在对突厥游牧社会特性的认识基础上，作者分析了北周京师突厥寺、他钵奉佛与北齐传经、一场围绕"起佛老庙"的汗庭之争等史实，并辨析突厥祭拜的"拂云祠"非佛寺，从而认为与其说是突厥人"不识佛法"，毋宁说是经过"随逐水草"的突厥人的选择，他们决定"不要佛法"，而西突厥人由于统治了佛教势力强大的阿姆河以南地区，才在8世纪初走上"极敬三宝"之路。这种从突厥社会内部理路来看其精神文化层面的方法，也贯穿在作者对十二生肖非突厥起源说的论证中。

  本书并非全面论述突厥文化的著作，但作者选取了比较能够说明突厥社会文化特征的一些问题加以研究，其结果可以使我们较为深刻地理解突厥汗国历史和突厥人的文化本质，这比我们从面面俱到的《突厥史》中有关文化的章节所得到的要多得多。

  从60年代以来，作者讨论过的一些问题研究也在不断深化，如护雅夫结合汉文史籍和突厥碑铭，对突厥社会结构、萨满教信仰、即位仪礼的详细研究（《古代トルコ民族史研究》I-II，东京山川出版社，1967—1992年）；片山章雄也据碑文史料对即位问题有所探讨（《东洋史研究》第51卷第3号，1992年）；吴景山《突厥社会性质研究》(中央民族大学出版社,1994年),涉及到本书讨论过的许多问题,并对前人看法有所评说。新的材料和新的研究成果,也可以补证作者的一些看法,如118页关于突厥骑兵的装备,可以用杨泓据敦煌壁画的研究(《(1990年)敦煌学国际研讨会文集·石窟考古编》,沈阳,1995年)加以补充。148页用《布古特碑》旧译"建一巨大且全新伽蓝",说明与《隋书》记他钵建伽蓝相符,但却又指出《布古特碑》作者决非佛教徒。吉田丰最近对该碑的考察,认为此句应译作"树立教法之石时"(森安孝夫等编《モンゴル国现存遗迹·碑文调查研究报告》,大阪中央ユーラシア学研究会,1999年,122—123页),这一新的释读结果正好与作者的后一认识相吻合。

这里也有一个值得商榷的问题,即以7世纪初突厥与萨珊兵戎相见,仇怨极深,来说明突厥"决无皈依波斯国教火祆教的可能",突厥事火也不可能是通过昭武九姓向伊朗学来的(131—134页)。对此,王小甫《唐吐蕃大食政治关系史》(北京大学出版社,1992年,224—256页)、吴玉贵《西域文化史》第四章《隋唐时期》(余太山编,中国友谊出版公司,1996年,213—215页)都发表了不同意见,并认为祆教可能是由粟特商胡传入突厥的。考虑到6世纪后半《布古特碑》的祆教色彩(149页),突厥巫阿史德氏所生安禄山斗宝时的祆教仪式(对比36—37页所引《朝野佥载》和《安禄山事迹》的相似记载,参看笔者在《安禄山的种族与宗教信仰》一文中的讨论,文载《第三届中国唐代文化学术研讨会论文集》,台北,1997年),不排除早期突厥人从九姓胡那里学习到粟特化的祆教,而不必只考虑是否来自波斯信奉的琐罗亚斯德教。

下编讨论西域物种的东传和文化交流问题,共四章,分别阐述狮子、哈巴狗、名禽阿滥堆、汗血马"叱拨"在中国的形迹,大者如西国狮子，小者如拂菻狗，都原原本本道出它们在中国的遭遇和华化的过程。关于狮子的原文《狮在华夏》原有副题"一个跨文化现象的历史考察"，发表在即以此文命名的《狮在华夏——文化双向认识的策略问题》（中山大学出版社，1993年）一书中，这是以中山大学学者为主的中国学者与国际TRANSCULTURA组织1991年举办的学术讨论会的文集，这个背景可以帮助我们理解作者这篇文章所要说明的物质文化在流播中转变成精神文化的一种表象。

本书附录一篇，为作者翻译的波塔波夫《古突厥于都斤山新证》。后有书目举要和索引，索引的编制在中文书籍中十分难得，值得表彰。

原载《唐研究》第5卷，1999年

《中国与伊朗：从亚历山大到唐朝研究论集》

继 1990 年举办"吐鲁番敦煌文献研究"国际学术讨论会之后，意大利威尼斯东方学研究所于 1994 年又举办了"从亚历山大到唐朝的中国和伊朗关系研究"国际学术讨论会。现在，摆在我们面前的这本《中国与伊朗：从亚历山大到唐朝研究论集》(*China e Iran, Da Alessandro Magno alla Dinastia Tang*, ed. by Alfredo Cadonna & Lionello Lanciotti, Firenze: Leo S. Olschki Editore, 1996)，也是继上次会议的论文集《吐鲁番敦煌文献——丝绸之路的文明汇聚研究论集》(*Turfan and Tun-huang: the Texts Encounter of Civilizations on the Silk Route*, ed. by A. Cadonna, Firenze 1992. 拙撰书评载《汉学研究》第 11 卷第 4 期，1992 年，307—309 页) 之后，对唐代及唐以前中西文化交流史研究的又一贡献。本论文集由卡多那 (Alfredo Cadonna) 和蓝其奥狄 (Lionello Lanciotti) 主编，1996 年在佛罗伦萨出版，共收文章六篇，篇幅不长，但内容可观。

在主编的短序和诺里 (Gherardo Gnoli) 教授的致辞后，先是两篇关于古代新疆人种问题的研究，所论人种的年代在公元以前，对于唐研究的读者来说是早了些，故此置而不论。以下按论文发表顺序，略做评介。

辛姆斯—威廉姆斯（Nicholas Sims-Williams）《中国和印度的粟特商人》（The Sogdian Merchants in China and India, 45—67页）一文，希图利用传统的汉文文献之外的粟特文资料，来揭示汉文材料所不能明了的一些问题。他首先讨论了斯坦因在敦煌西北长城烽燧下发现的粟特文古信札，认为这批写于公元4世纪初叶的书信，是有关粟特商人在中国最早的也是最重要的粟特文史料，因为书信提到了姑臧（凉州）和敦煌的粟特聚落，因而知道这些书信就是从河西寄到粟特人的本土撒马尔干以及敦煌和撒马尔干之间的某地的。他进一步反驳了哈玛塔（J. Harmatta）关于古信札写于公元196年前后的说法，而坚持恒宁（W. B. Henning）的观点。信札表明这批粟特商人的人数颇为可观，其行踪除河西外，还到了洛阳。他们经营的商品有金、麝香、胡椒、樟脑、大麻或亚麻织的布匹和小麦等，他们至少在敦煌的聚落里立有琐罗亚斯德教的神庙，而且从一些粟特官称上看，他们拥有某些自治权。恒宁已经注意到古信札提到了印度人和粟特人在洛阳饿死的情形，并指出这些印度人可能是指操所谓尼雅俗语的鄯善王国居民。辛姆斯—威廉姆斯根据一件书信上提到粟特人到楼兰去做买卖的事，而进一步坚实了恒宁的看法。他还通过语文学的分析，指出尼雅俗语和粟特语都曾受到贵霜王国所用的大夏语（Bactrian）的影响，而语言上的影响痕迹反映了粟特人不仅是中亚（古代新疆）与中国贸易的中间人，而且也是印度与中国之间贸易的中间人。对于后一点，辛姆斯—威廉姆斯主要利用了他本人解读1967—1978年在中巴友谊公路（Karakorum Highway）巴基斯坦一侧发现的粟特文铭刻材料。从字体上判断，这些铭刻主要是公元4至6世纪的产物，总数有六百多条，但每条文字不多，往往是题名而已。一些"石国人"、"米国人"、

"片吉肯特人"题名和带有"波斯"、"叙利亚"地名的题记,表明这些前往印度的粟特人与西方的贸易联系;而题记中的"龟兹"、"汉盘陀"地名和"汉女"等,则表明这些粟特商人在印度与中国的贸易中所扮演的角色。他的结论是,在粟特、中国、印度的三角贸易中,粟特人是主要的贸易承担者。辛姆斯—威廉姆斯又简要叙述了较晚的敦煌吐鲁番粟特文文书所反映的情况,即主要是汉化和佛教化的情况。最后,他总结了粟特对中国的贡献和中国对粟特的贡献。

作为粟特语言的专家,辛姆斯—威廉姆斯利用他所熟悉的粟特文材料,描绘出一幅粟特商人奔波在粟特、中国、印度之间的广阔画面。但在谈到粟特商人在中国的活动时,中国新出土的汉文和粟特文材料以及一些中国学者用汉语撰写的文章,都是不能忽视的。日本学者吉田丰(Yoshida Yutaka)《中国和印度的粟特商人补记》(*Additional Notes on Sims-Williams' Article on the Sogdian Merchants in China and India*, 69—78页),利用中、日学者的最新研究成果,对辛姆斯—威廉姆斯所讨论的问题作了以下几点补充。一、粟特商人与楼兰王国:提到大谷文书6117号粟特文残片是与李柏文书(写于328年)同出的材料,并引证笔者《古代塔里木盆地周边的粟特移民》(《西域研究》1993年第2期)所揭示的建兴十八年(330)汉文文书,其上提到了粟特胡人,是粟特文古信札年代及所记粟特商人与鄯善王国关系的最好证明。二、汉式铜钱流行于粟特地区的最早年代:前苏联学者斯米尔诺娃(O. I. Smirnova)等考订这种钱币上的šyšpyr指7世纪后叶的石国王,因以断代。日本学者冈田孝《粟特王统考》(《东洋学报》第65卷3—4号,1984年)指出此王应比定为7世纪初的康国王"世失毕"(《隋书》讳改为"代失毕",《北史》和《魏书》误作"世夫毕"),因此年代可以提前。三、粟特本土和中国的钱币流行:据姜伯勤《敦煌吐鲁番文书与丝绸之路》(文物出版社,1994年)的研究,指出在汉式铜钱在粟特地区流行之前,粟特商人把萨珊银币带进中国西北地区。但在粟特文pny与汉文"文"字的对证上,作者不同意姜伯勤的说法。四、粟特人是否也活跃在海路上?在此作者提到日本法隆寺收藏的761年输入日本的一块香木上,有表示价格或重量的粟特铭刻。又在姜伯勤《广州与海上丝绸之路的伊兰人》(《广州与海上丝绸之路》,广东省社会科学院,1991年)的基础上,释读出遂溪发现的粟特银碗上的粟特文铭文:"〔此碗属于〕石国的……sp(人名词尾)。〔重〕42个币。"结合姜伯勤所提到的康僧会事迹、柳宗元《柳河东集》所记南海胡人及桂林石室的唐代安野那(y'n'kk)题名,讨论了10世纪以前粟特人在海上的商业活动问题。

粟特人是中古时期活跃在丝绸之路上的国际商贩,其种族是东伊朗人,其语言属于东伊朗语支,文化属于伊朗系统。辛姆斯—威廉姆斯利用粟特语文书,指出了粟特商人在中、印、粟特三方贸易交往中起中间人的作用,这一结论与姜伯勤《敦煌吐鲁番文书与丝绸之路》一书的中心议题是完全吻合的,因此,姜伯勤书中引证的汉文文书材料,可以更加广泛地支持辛姆斯—威廉姆斯的观点。吉田丰的补证主要是写给西文读者看的,但他提出的一些问题,是东西方学者都应引起注意的。辛姆斯—威廉姆斯文中提到粟特文古信札中所记敦煌的琐罗亚斯德教神庙,为汉文史料所不及(48页)。对此,笔者《祆教初传中国年代考》(北京大学《国学研究》第3卷,1995年)据同一史料,并参考汉文文献和吐鲁番文书,做了详细的论证,可以参考。近年来,随着粟特本土和中国一些地方有关粟特人遗址遗迹的考古新发现,如固原隋唐史姓粟特人墓地的部分清理(参看罗丰《固原南郊隋唐墓地》,文物出版社,1996年;拙撰书评载《唐研究》第2卷,1996年,555—559页),粟特研究已引起不少学者的兴趣。

熊本裕(Kumamoto Hiroshi)《敦煌的于阗人》(The Khotanese in Dunhuang, 79—101页)一文,着眼于敦煌发现的于阗语文书是在何种情况下写成的,以期更好地理解这批文书的内容和它们与其他地方所发现的文书的不同。在讨论敦煌的于阗人之前,作者首先据池田温《8世纪中叶敦煌的粟特人聚落》一文,概述了与于阗人种族和语言同属东伊朗的粟特人在敦煌的情况。依笔者的看法,唐朝前期敦煌的粟特人和九、十世纪敦煌的于阗人没有太多的可比较性,在此不必加以讨论。在《有关于阗的汉文史料》一节中,熊本裕主要依据前人的论著加以概述,间有订正补充,如指出 M. T. b.ii.0065 于阗语文书所记 Viśa' Kīrtti 王的纪年是第十六年,而不是贝利(H. W. Bailey)所译的"六年",值得研究吐蕃占领时期的于阗史者留意。但他说李圣天第三女下嫁归义军节度使曹元忠,则似乎是不能接受的(参看《敦煌研究》1994年第2期所载拙文)。作者在第四节《敦煌的于阗语文献》中,把这批写本按外观做了分类,即表列了正面写有汉文和写于阗文的写本编号、贝叶形和册子装写本编号,可以比较肯定地说是敦煌当地所写的习字和字母表写本编号及一些韵体书信草稿的编号,并且指出在这些应当是属于9世纪末叶和10世纪的于阗语文书中,依当时的形势推断,一面写有汉字的文书、习字、字母表和韵体信稿都应是写于敦煌的,因此,当时的敦煌应当居住着相当多的于阗人。文章第五节《于阗婆罗谜字母所写汉语文献》,正确地指出敦煌发现的四件汉文和婆罗谜文双语文书的功用,就是教给于阗人使用一些最常用的汉文短语。最后,作者得出结论说,在10

世纪的敦煌，应当有一个拥有相当一批僧侣和带有家口的于阗人所组成的社团，他们在归义军节度使的控制范围内生存。这一结论可以得到敦煌汉文文书中有关于阗太子、使臣、僧侣和一般民众的记载的印证，特别是新刊 Dx.1400+Dx.2148+Dx.6069 于阗天寿二年文书（见李正宇《俄藏中国西北文献经眼录》，《敦煌研究》1996 年第 3 期），对于理解在敦煌的于阗人情形很有帮助。在公元 10 世纪，有相当多的于阗人生活在敦煌已是不争的事实，但是，为什么有这么多的于阗语文献封存在莫高窟藏经洞，却仍然是一个谜。

宗德曼（Werner Sundermann）《伊朗语摩尼教文献的汉文改编：翻译和改造》(Iranian Manichaean Texts in Chinese Remake: Translation and Transformation，103—119 页）一文，讨论了汉文摩尼教文献与伊朗语（帕提亚语和粟特语）摩尼教文本的对应关系。文章头一部分是对比柏林藏吐鲁番汉文文献中 Ch.258《摩尼教下部赞》和帕提亚语写本 M.8287 及粟特语写本 So.10200/1（5）、So.20154（又编作 So.14411=T II/D II 169）摩尼教赞文两种文本中的语句，特别是想用伊朗语文本来解读梯娄（Thomas Thilo）所释读的汉文本末行不明了的"遍（？）识（？）诸身（？）主（？）"一句，根据摩尼教《灵魂赞歌》(Sermon on the Soul)，可以把"身主"看作汉文指称"灵魂"的用法。事实上，据笔者 1996 年 6—8 月间在柏林国家图书馆所见 Ch.258 原件，此句当读作"遍识诸身性"，所有疑问号均可去除，唯应说明的是"性"字在梯娄所刊照片中失掉忄（*Agypten-Vorderasien-Turfan, Probleme der Edition und Bearbeitung altorientalischer Handschriften*，ed. by H. Klengel & W. Sundermann，Berlin 1991，Tafel XXIII），但是"生"字只占上面一字的右半边，其为"性"字无疑。"身性"当然可以作"灵魂"解，则此句本可以不必绕弯子。宗德曼进一步分析了"大威圣"及伊朗语中的对应词,最后认为此赞文可能是摩尼教的《太阳神赞》。文章的第二部分是对比敦煌发现的汉文摩尼教《下部赞》第235—260行的两叠《叹五明文》和柏林未刊帕提亚文《灵魂赞歌》的相关语句,借以阐明汉文词语的原义。关于两者的关系,作者认为虽然内容相同,但赞文主旨和精神隐喻不相符合,汉文本很可能是据《灵魂赞歌》的主要内容而编纂的。最后,宗德曼指出大多数汉文摩尼教文献都来自一个伊朗语原本,或者是译自某个帕提亚语文本,他还列举了迄今为止已经比定出伊朗语本的汉文赞文,这对今后的比定工作不无参考价值。

汉文摩尼教文献不多,但由于敦煌写本的完整性,使得汉文写本成为研究摩尼教的最基本文献之一。但汉文本《下部赞》多用意译,又采用赞文体裁,所以很难还原为伊朗语,也就很难理解某些语词的本义。宗德曼的论文使我们更进一步理解汉文《下部赞》与伊朗语文本的关系,从历史学的角度来看,这项研究成果有助于我们理解汉地摩尼教徒与他们的伊朗教师们之间的关系。考虑到敦煌汉文本《下部赞》应当是因背面僧智严所抄《大唐西域记》而从鄜州(今陕西县)带到敦煌的(参看拙稿《敦煌文献所见晚唐五代宋初中印文化交往》,《季羡林教授八十华诞纪念论文集》,江西人民出版社,1991年,956—957页;林悟殊《敦煌摩尼教写经〈下部赞〉原件之考察》,载克林凯特著,林悟殊翻译增订《古代摩尼教艺术》,台北淑馨出版社,1995年,101—105页),其与吐鲁番所出汉文、帕提亚文、粟特文本之间有如此密切的关系,就更具有研究的旨趣了。最近,吉田丰又在柏林吐鲁番汉文残片中发现了与敦煌本所谓《摩尼教残经》(Sermon of Light-Nous)文字相同的断片,并与伊朗语文本做了对比,认为两者可能有共同的来源,但不是一方译自另一方,见所撰《新发现的汉文摩尼教残片》(On the Recently Discovered Manichaean Chinese Fragments, *Studies on the Inner Asian Languages*, XII, 1997, 35—39 页)。吉田丰的结论也有助于我们理解宗德曼所论两种文本的关系问题。

原载《唐研究》第 3 卷,1997 年

富安敦《质子安世高及其后裔》

在中国早期佛教译经史上,安世高无疑扮演着最重要的角色。从隋末唐初到安史之乱,安兴贵、安修仁、安元寿、安忠敬、安禄山、安重璋(李抱玉)这些安姓人物,都在政治史上写下了重要的篇章。人们一般都认为,东汉末自安息来华译经的安世高是个僧人,他与安兴贵一家没有血缘上的联系,与安禄山更是风马牛不相及。最近,意大利学者富安敦(Antonino Forte)教授刊出《质子安世高及其后裔:一个伊朗家族在中国》一书❶,力图证明安世高不仅仅是一个僧人,而且是安息国的质子,他的直系后裔即北魏的安同,唐朝的安兴贵、安修仁一家,甚至安禄山也和这个家族有亲属关系。作者在收集、译释史料上下了工夫,对武威安姓成员在唐朝政治生活中的重要作用有详细的论说,对安禄山的出身提出了自己的看法。所以,不论是从中西交通史还是从唐史研究的角度来讲,这部新著都值得我们重视。然而,对于其基本观点,我读后实在感到难以苟同。现简要

---

❶ A. Forte, *The Hostage An Shigao and his Offspring. An Iranian Family in China* (Italian School of East Asian Studies Occasional Papers 6), Kyoto: Italian School of East Asian Studies , 1995, X+152pp.

介绍一下该书的内容,并引出有关的史料,然后阐述我对这一问题的看法。

作者在序言中提出要讨论的三个基本问题是:(1)关于安世高的比定问题,即佛教史上的安世高和非佛教史上的质子安世高是否一个人的问题;(2)宣称安世高为其祖先的家族(即凉州武威安氏)在中国社会和历史上所扮演的角色;(3)叛贼安禄山与这个家族的联系。

在前言中,作者介绍了这项研究所利用的文献和碑志材料的基本内容,并评述了前人相关的研究成果,特别批评了日本学者桑原骘藏氏把所有唐代安姓人物都看作是来自布哈拉的粟特人的观点❶,认为这种观点影响了人们对安世高后裔的认识。作者承认属于昭武九姓的安姓粟特人在唐代的大量存在,但他特别强调指出武威的安氏与粟特人有别。对于这一家族成员在北朝世代任萨宝的记载,作者根据藤田丰八氏的考证结果,以为"萨宝"一词来自梵文sārthavāha,意为"队商首领"❷,表明此职与宗教事务无关而主要负责商业事务。

在第一章《文献证据》中,富安敦教授首先引《魏书》卷二九和《北史》卷二〇《安同传》的记载:

> 安同,辽东胡人也。其先祖曰世高,汉时以安息王侍子入洛。历魏至晋,避乱辽东,遂家焉。

---

❶ 桑原骘藏《隋唐时代に支那に来往した西域人に就いて》,《内藤博士还历祝贺支那学论丛》,京都,1926年,611–612页;收入《桑原骘藏全集》第二卷,东京,1968年,314–315页。

❷ 藤田丰八《西域研究(第二回):(四)萨宝につきて》,《史学杂志》第36卷第3号,1925年,195–215页;收入《东西交涉史の研究·西域篇》,东京,1933年,279–307页。

虽然他注意到安同之父安屈的生存年代大约在320年左右，与安世高的活动年代（约148—172年）相差百年以上，但他完全相信《魏书》和《北史》的记载，把安同认作安世高的后人。

接着他又引用了《元和姓纂》辑本的"安姓"条：

> 安。
> 风俗通，汉有安成。庐山记，安高，安息王子，入侍。姑臧凉州。出自安〔息〕国，汉代遗（遣）子朝，因居凉土。后魏安难陀至孙盘婆罗，代居凉州，为萨宝。生兴贵……生恒安，生成。成生忠敬……忠敬生抱玉，赐姓李氏……修仁……

这里的标点、补字一从富氏，他在"安国"二字间补一"息"字，似有些武断。但他据《水经注》引《庐山记》"下有神庙，以宫亭为号，其神安侯也"，指出入侍之王子安世高即佛教史上之安侯世高，却是可以认同的。

作者又引用了《新唐书》卷七十五下《宰相世系表》的记载：

> 武威李氏，本安氏，出自姬姓。黄帝生昌意，昌意次子安，居于西方，自号安息国。后汉末，遣子世高入朝，因居洛阳。晋魏间，家于安定，后徙辽左以避乱。又徙武威。后魏有难陀。孙婆罗，周、隋间，居凉州武威为萨宝。生兴贵、修仁。至抱玉，赐姓李。

由此，作者更加坚信武威安氏是安世高的后裔的看法。此外，他还引用了邓名世《古今姓氏书辨证》、郑樵《通志·氏族略》、胡三省《通鉴注》引《姓谱》、王应麟《姓氏急就篇》以及《唐韵》、《广韵》中关于安姓的条目，各书内容并未超出《姓纂》和《新表》。

第二章《铭文材料》，主要是利用三方唐朝墓志或碑，来说明碑志主在唐史上的事迹以及碑志中所记的安姓来历。第一方《大唐故右威卫将军上柱国安府君墓志铭并序》，即安元寿（607—683）的墓志❶。他得以陪葬昭陵，表明他在唐初政治生活中的重要性。作者列出志文所记安元寿曾祖以下的名字：安弭→罗→兴贵→元寿，认为"罗"是"盘婆罗"或"〔盘〕婆罗"的缩写，至于"弭"，则未加任何解说。第二方《河西节度副大使安公碑铭并序》，即安忠敬（661—726）墓碑，出自开元宰相张说的手笔❷。作者还注意到，安忠敬还出现在景云二年（711）所立《凉州大云寺碑》中。《安忠敬碑》称：

> 公讳忠敬，字某，武威人也。轩辕帝孙，降居弱水。安息王子，以国为姓。世高之违汉季，自河南而适辽东；高阳之受魏封，由阴山而宅凉土。高阳王同生尚书左仆射河间公原晤真。河间生建节将军西平公缅从正。西平生龙骧将军黄门侍郎广宗侯薛晤微。累叶勋华，载于魏史。高祖何藏器，广宗之子也。曾祖罗方大……祖兴贵……考文生。

这里把从安同以来的世系连续不断地写了下来，即：安同→原晤真→缅从正→薛晤微→何藏器→罗方大→兴贵→文生→忠敬。富安敦教授认为，安文生即《新表》的"安文成"、《姓纂》的"安生成"，其正确的写法应是"安文成"，改作"文生"，大概是避唐高祖子

---

❶ 见昭陵博物馆《唐安元寿夫妇墓发掘简报》，《文物》1988年第12期，37-49页；墓志图版见《隋唐五代墓志汇编·陕西卷》三，天津古籍出版社，1991年，98页。

❷ 见《张说之文集》卷十六，《四部丛刊》本；又《文苑英华》卷九一七；《全唐文》卷二三〇。

建成的讳。至于罗方大以上各位三个字的名字,他认为头一个字是名,第二三个字是字。这样"原晤真"即安原,字晤真。至于"薛晤微"与"难陀"、"盘婆罗"与"罗方大"之勘同,他认为"薛"是其汉语名,"难陀"是其胡语名;而"罗"则可能是"盘婆罗"或"〔盘〕婆罗"的简称。这似乎不能圆满地解决问题。而且,他还回避了"何藏器"在《安元寿墓志》中为什么叫"弼"的问题。第三方《大唐故公士安君墓志铭并序》,即安令节(645—704)墓志❶。关于安令节的来历,志文称:"先武威姑臧人。出自安息国王子,入侍于汉,因而家焉。历后魏、周、隋,仕于京洛,故今为蓟州宜禄人也。"其祖名赡,父名生,有三子:如岳、国臣、武臣。根据"出自安息国王子,入侍于汉"的记载,作者也把安令节列入安世高的后人行列。此外,作者还对这些分别生活或死于洛阳、辽东、凉州、长安、宜禄等地的安姓人之迁徙与联系,做了一番考释论说,力图把他们之间记载的空白连缀起来。

第三章题《论关于安世高的早期佛教史料》。首先,富安敦教授据道宣《续高僧传》卷十一,指出三论宗的创立者吉藏(549—623)是出自安息的安姓人。又据日僧安澄《中论疏记》卷一,指出吉藏"是安息国太子世高苗裔"。接着,作者考察了《阴持入经注序》和《安般守意经注序》中有关安世高的最早记载,如前者的"捐王位之荣,安贫乐道",后者的"有菩萨者,安清字世高,安息王嫡后之子,让国与叔。驰避本土,翔而后进,遂处京师"等等,认为人们普遍承认的两个观点,即(1)安世高属于小乘教派,(2)他是个僧人,都是值得怀疑的。

---

❶ 见端方《匋斋藏石记》卷二一,1909年,叶一至三;周绍良《唐代墓志汇编》上,上海,1992年,1045-1046页;毛汉光《唐代墓志铭汇编附考》第14册,台北,1993年,441-447页。

关于第一点，作者指出安世高的称号"菩萨"，实指大乘教派的高僧。其弟子严佛调与安玄所译之《法镜经》(*Ugradatta-pariprcchā*) 实为一部大乘经典。所以，安世高实为大乘教徒，其所译小乘经典是为了作为宣扬大乘佛教的基础。关于第二点，作者认为"舍家"并不全指出家为僧，而且他也可能在出家之前已经有了孩子。作者还解释了《法句经序》中"安侯世高"的确切含义，以及与安世高同时代的另一安姓人物安玄又叫作"安侯骑都尉"。最后，作者分析了佛教史料与世俗史料对安世高记载不同的缘故，并将佛教史上的安世高与质子安世高比定为一。至于6世纪初以来佛教史料所讲的灵帝末，关中与洛阳动乱，安世高逃向江南，经庐山到会稽的传说，作者认为没有历史根据，而相信6世纪中叶以来世俗史料所说的安世高逃向北方，即《安令节墓志》所说的姑臧附近的乌城。

本书有两个附录。附录一讨论开元十年（722）唐朝遣返质子的诏令及其背景。附录二是关于安禄山的安姓来源问题。因为与安禄山一起从漠北逃到唐朝的安孝节及其弟安贞节的名字里，和武威安令节的名字中都有一"节"字，所以富安敦教授认为，即使不能将他们比定为兄弟并认为孝节、贞节之父安道买即安令节之父安生（可能"道买"为字，"生"为名），也可以认为安道买一族与安世高后裔安令节一族有亲属关系。安史之乱后，出身凉州安氏的安重璋，把安贞节收养的安禄山视为"同姓"或"同宗"，因而请求唐朝准其改姓李，名抱玉，这说明了安禄山不论原来是否姓安，但他所在的安家与武威安氏有亲戚关系，尽管这种关系可能是远亲。

以上是富安敦教授关于安世高及其后裔的主要观点。他对于所引用的材料，做了详尽的论说，但他没有留意唐代史料中所记载的其他例证，或者说他没有深入考察南北朝隋唐以来的姓氏郡望问题的全貌，因而过分地相信史料中对安姓诸氏早期的追记。

关于安世高本人是否安息王子及其出自木鹿（小安息）的可能性问题，李铁匠《安世高身世辨析》有评述❶；而安世高译经的种类和他所传的佛法，毓之《安世高所译经的研究》❷、王邦维《安息僧与早期中国佛教》❸，均有讨论，读者可以参看。这里着重讨论安世高与魏晋以后安姓的关系问题。

从北朝到隋唐，冒称名人后裔是司空见惯的事情，史书碑志中的例子不胜枚举，特别是人们都把自己一姓的来历追溯到黄帝❹，华夏族的共同心理，就是大家都是黄帝的子孙。受汉文化影响的辽东安氏和武威安氏，也不例外。关于安同，唐长孺《魏晋杂胡考》已辨其不应是安世高之后❺。唯所说安世高无后系和未到辽东两点，富安敦教授都有论说，因此还需讨论。《魏书》和《北史》记安同之先祖为安世高，但安世高不论是僧是俗，他与安同之父安屈之间，年代相差百年以上，而且一在洛阳（后到南方），一在辽东，没有任何史料可以填补其间的空白，这使我们很难相信安同是安世高的直系后裔。但安世高是此前在华安姓人物中最著名者，而且有安息国王子的身份，即王族之血统，这是最让人羡慕的一点。安同一族大概因此声称是安世高的后人，并写入史书。从安屈与商人公孙眘为友人等情形看❻，安屈一家更像是来自以经商闻名的粟特地区，而不是质子安世高。

---

❶ 见《江西大学学报》1989 年第 1 期。
❷ 《现代佛学》1959 年第 2 期。
❸ 《伊朗学在中国论文集》，北京大学出版社，1993 年。
❹ 关于北朝隋唐人之冒称郡望或冒认祖先，详参陈寅恪《唐代政治史述论稿》，上海，1982 年，13–16 页；邓文宽《归义军张氏家族的封爵与郡望》，载《敦煌吐鲁番学研究论文集》，上海，1991 年，600–614 页。
❺ 唐长孺《魏晋南北朝史论丛》，三联书店，1978 年，426 页。
❻ 见 A. Forte, *The Hostage an Shigao and his Offspring*, 15–16 页。

凡是一种传说，都会随时间的延长而不断添加。《安同传》的简单记载到了张说的《安忠敬碑》时，已经相当复杂。安姓不仅仅是安世高的后裔，而且还远自轩辕帝孙，从安同到罗方大，不仅名字齐全，而且非公即侯。对于轩辕之后，人们可以立刻指出其伪。其实碑文所记安原晤真以下的官职，都无法在其他史料中落实，不能不让我们对其所说的世系也表示怀疑。我们知道，不论埋在墓中的墓志，还是立在坟上的墓碑，都是墓主的后人拿着家牒一类的材料，请一些文人来撰写的。这种出自其家族本身所讲的光荣历史，往往是有不可信的成分，特别是那些得不到相同时代的材料证明的说法。《安忠敬碑》所记的世系明显地受到后人的修饰，因为它所记的人名比四十多年前写成的《安元寿志》还详尽，而且从安兴贵以上，两者的名字不同，特别是安弼与何藏器，是无法对应的。如果这一点没有合理的解说，我们就很难相信《安忠敬碑》的记载了。

　　《元和姓纂》显然有家传、家牒之外的史源，其中之一应是唐朝官修的姓氏录一类材料❶。而且，《姓纂》编写规范，虽非完本，其形式有值得分析的地方。在"安"姓条目下，《姓纂》列汉有安成及安〔世〕高，文字或有佚失。值得注意的是，以下"姑臧凉州"是分节标志，表明此下专讲姑臧凉州安姓，也就是说，《姓纂》并没有直接说凉州安姓是安世高的后人。此后，《姓纂》明说"出自安国"，在唐人笔下，安国明确指昭武九姓的安国（布哈拉）。富安敦教授在"安"后补一"息"字，是因为其上有安世高，并有《新唐书》与《安忠敬碑》作证。上面已经指出安世高与后文姑臧凉州安姓未必是一回事，而《新表》及《安忠敬碑》不足据以改《姓纂》原文。

---

❶ 敦煌写本中保存了一些唐朝前期的姓氏录或氏族志，几乎全部材料的录文，见唐耕耦等《敦煌社会经济文献真迹释录》第一辑，北京，1986年。

《姓纂》下文"汉代遣子朝，因居凉土"，也容易让人把武威安姓与安世高联系起来，实则东汉时，西域质子往往住在敦煌❶，即在凉土范围之内。如果这句玄虚的话可以落实，也未必指安世高。《姓纂》告诉我们凉州安姓的确切祖先，是后魏的安难陀。此后，从其孙盘婆罗始，代代清楚。

《新唐书·宰相世系表》的史源，主要应是《魏书》和《姓纂》，但它把《姓纂》所记"武威安姓"的位置提前到"安姓"之始，于是从黄帝孙子安，经安世高、安同（虽未直接提名），到难陀、婆罗、兴贵、修仁，成为一线单传，而用迁徙之说来弥合中间的空缺。其实，正如富安敦教授已经注意到的，汉之安成以及山东新发现石刻所记诸安姓人士，不属于凉州安姓一系❷。所以，《姓纂》把安成、安世高排除在凉州安姓之外是有其理据的。《新表》将二者混为一谈，是没有明白《姓纂》的体例，因此也是不足为据的。

以上从史源学的角度，对有关的史料做了分析。可以说，安世高之为辽东安同或凉州安氏先祖的说法，只是一种传说，而不能认作信史。《安忠敬碑》所记安同与凉州安姓的关系也是值得怀疑的。

《姓纂》记凉州安姓的第一位留下名字的祖先，是北魏的安难陀，并说"后魏安难陀至孙盘婆罗，代居凉州，为萨宝"。这里有两点值得注意，一是名字，二是萨宝。

从安难陀的名字来看，说他是凉州安姓的第一位祖先是比较合适的。因为如果安难陀是安同、安原的后人的话，从安同一家的汉化程度，可以推定，到难陀时，不应再取胡语的名字，到盘婆罗时，已经数代，更不应再取胡名。富安敦教授认为难陀汉名为薛，字晤

---

❶ 《后汉书》卷八八《西域传》。
❷ A. Forte, *The Hostage an Shigao and his Offspring*，19页注［24］。

微，若果真如此，为何还取胡名。依我看，武威安氏从难陀任萨宝开始，才著称于世，表明他们开始从胡族社会进入到汉族社会。如果我们把难陀看作是安世高的后裔，这是无法理解的。但是，如果我们把难陀看作是凉州粟特人的领袖人物，一切问题就迎刃而解了。

凉州之粟特商胡由来已久，但确切地记载凉州有粟特人聚落的材料，是写于西晋永嘉五年（311）或其后几年间的粟特文古信札，这些发现于敦煌长城烽燧下的粟特文书信，是从凉州寄往家乡的，其所记经商之规模，表明凉州粟特人聚落已经相当之大❶。粟特人在开始定居中国时，一般都生活在自己的聚落里，仍用胡名，而没有汉姓，粟特人开始定居凉州时，应当也是一样。北魏时，粟特聚落首领萨宝开始被纳入中国职官体系，出任萨宝的人也开始见于汉文史料的记载，如《唐安万通墓志》记其祖但任"大魏……摩诃萨宝"❷。又《唐史诃耽墓志》："曾祖民，魏摩诃大萨宝。"❸安但、安民、安难陀之同时以萨宝身份出现在中国历史上，绝不是偶然的现象，它是粟特胡人聚落开始大量与汉人社会接触的开始。安难陀之所以是武威安姓第一位见诸史籍的人物，原因就在于此。事实上，从粟特地区的布哈拉迁到武威定居的这个家族的历史，应

---

❶ 有关古信札的主要研究成果，有 W. B. Henning, "The Date of the Sogdian Ancient Letters", *Bulletin of the School of Oriental and African Studies*, XII, 1948, pp.601-615; J. Harmatta, "Sogdian Sources for the History of Pre-Islamic Central Asia", *Prolegomena to the Sources on the History of Pre-Islamic Central Asia,* Budapest 1979, pp.153-165; F. Grenet and N. Sims-Williams, "The Historical Context of the Sogdian Ancient Letters", *Transition Periods in Iranian History*（*Studia Iranica*, Cahier 5）,Leuven 1987, pp.101-122；刘波《敦煌所出粟特语古信札与两晋之际敦煌姑臧的粟特人》,《敦煌研究》1995 年第 3 期，147-154 页。参看荣新江《祆教初传中国年代考》,《国学研究》第 3 卷，北京大学出版社，1996 年，339-342 页。

❷ 贺梓城《唐王朝与边疆民族和邻国的友好关系》,《文博》创刊号，1984 年。

❸ 罗丰《固原南郊隋唐中亚史氏墓志考释》（下），《大陆杂志》第 90 卷 6 期，1995 年，29 页。

早于难陀的时代。如果从粟特人东来凉土,以及其他粟特人的例证来看,把武威安氏看作是史籍原本所记的安国人,是没有任何问题的。

从难陀至孙盘婆罗,安氏世代为凉州萨宝的记载,是武威安氏出于粟特人的另一重要标志。富安敦教授没有考虑有关萨宝词源的多种可能,也没有认真检索关于此词的最新研究成果,而是接受了藤田丰八氏早年的说法,指萨宝为梵文 Sārthavāha 的对译,并且认为与宗教无关。其实,遍检北魏至唐朝出任萨宝一职者的姓名,几乎无一例外是昭武九姓人❶。这就是我对吉田丰氏最近指粟特文古信札中的 s'rtp'w 为"萨宝"原语一说表示赞同的原因❷。姜伯勤先生通过对有关萨宝的种种记载的深入研究,认为其深层含义为"伊兰系胡户聚居点上的一种政教兼理的蕃客大首领"❸。对照粟特文古信札中出现的 rnpt-"祆祝"一名,姜说不误❹。由此我们可以认为,安难陀到安盘婆罗,安氏一家实为凉州粟特人聚落中的政教首领,由于这个聚落规模较大,才使得安兴贵可以联合胡人,轻而易举地推翻李轨割据政权。

由以上论证,我们坚信凉州之安姓是出自布哈拉的粟特人后裔,而非安世高的后人。

至于安禄山的族属,或者说他所冒安姓的安道买一家的族属,其实也是很清楚的。蒲立本(E. G. Pulleyblank)教授已详细论证了他们是出自六胡州的九姓胡❺,六胡州粟特人聚落的存在因洛阳出土

---

❶ 参看罗丰《固原南郊隋唐中亚史氏墓志考释》(上),同上刊第90卷5期,15-16页所列材料。
❷ 吉田丰《ソグド语杂录(Ⅱ)》,《オリエント》第31卷2号,1989年,168-171页。参看荣新江《祆教初传中国年代考》,341页。
❸ 姜伯勤《论高昌胡天与敦煌祆寺》,《世界宗教研究》1993年第1期,4页。
❹ 荣新江《祆教初传中国年代考》,341页。
❺ E. G. Pulleyblank, "A Sogdian Colony in Inner Mongolia", *T'oung Pao*, 41, 1952, pp. 317–356.

《安菩墓志》而更为确定❶。富安敦教授只据《旧唐书》说安重璋以为安禄山为"同姓"而改姓一点,认为两个安姓原为亲戚,似乎根据不足。汉人常说"同姓不同宗",意即同一姓的人不见得同一个祖宗,《旧传》作"同姓"是有意义的,《新传》不明其意,改作"同宗",实为不当。富氏并未深究其中内涵,径指"同姓"为同宗,是更说不通的。安重璋之请求改姓,是当时人们憎恨安禄山的共同心理表现,平定安史之乱后,唐朝曾诏改长安所有带有"安"字的宫省门的名字❷,就是这种心理的反映,这对安姓来讲必有影响,其改姓一事并不表现为他们是安禄山的亲属,如果真是这样的话,他们的命运恐怕会和安禄山的真正亲属安思顺兄弟一样,在安禄山一起兵时就被赐死了❸。从安禄山的来历、姓名、习惯、技能、宗教信仰等诸方面综合来看,其为地道的粟特人是无疑的❹,他与武威安氏没有关联,更与安世高风马牛不相及。

武威安氏是入华粟特人中最有代表性的一姓,澄清对其来源的误解,有助于我们对粟特人的深入研究。不过以上所论,只是笔者的看法,不妥之处,望富安敦教授及其他方家指正。

附记:关于安世高的研究情况,承蒙徐文堪先生指教,谨此致谢。1996 年 8 月 3 日完稿于柏林。

原载《东西交流论谭》,1998 年

---

❶ 张广达《唐代六胡州等地的昭武九姓》,《北京大学学报》1986 年第 2 期,收入《西域史地丛稿初编》,上海,1995 年,249–279 页。

❷ 《旧唐书》卷一〇《肃宗纪》。

❸ 《安禄山事迹》卷上。

❹ 详见拙稿《安禄山的种族与宗教信仰》,提交第三届唐代学术研讨会论文,台北,1996 年 11 月 23–25 日。

罗丰《固原南郊隋唐墓地》

这是1982—1987年固原南郊八座隋唐墓葬的考古报告，1996年8月由北京文物出版社出版，计17+263页+39黑白图版+8彩色图版，由宁夏回族自治区固原博物馆罗丰先生编著。这八座墓葬中有六座出有墓志铭，除一座为梁元珍墓外，其余均为昭武九姓中的史姓一族墓。另外两座没有墓志的墓，按其所处的位置，也应当属于这片史姓家族墓地。所有墓葬虽被盗扰，但还是出土了一些随葬品，其中尤以罗马金币、萨珊银币、金覆面、蓝宝石印章等来自西方的文物引人注目，而六方史姓及其夫人的墓志也提供了中亚粟特人入华的许多新信息，罗丰先生的著作即着意探讨了这些材料。因此，本书不仅是近年来隋唐考古的重要收获，也是隋唐中西交通史研究的重要成果。

本书共分十五章，长短不一。第一章绪论，介绍墓地概况及发掘经过，以及固原的历史沿革。第二至七章，分别是隋代史射勿墓、唐代史索岩夫妇、史诃耽夫妇、史铁棒、史道德、梁元珍以及无墓志的87M1和82M2号墓的考古报告，包括墓葬形制、出土遗物的描述，墓志录文以及对壁画、石刻等某些特别问题的探讨。第八至十五章分别讨论墓志有关问题以及外国金银币、墓志中的异体字、墓志内容、初唐"开元通宝"钱、小玻璃器、宝石印章、金属器物的鉴定等问题。

固原这批史姓墓葬资料,过去发表过史道德墓的清理简报,见《文物》1985年第11期,随即引起学术界对史道德族属的热烈讨论,有突厥说,有奚族说,有粟特说。笔者所见的文章有:赵超《对史道德墓志及其族属的一点看法》(《文物》1986年第12期)、罗丰《也谈史道德族属及相关问题》(《文物》1988年第8期)、马驰《史道德的族属、籍贯及其后人》(《文物》1991年第5期)、李鸿宾《史道德族属及中国境内的昭武九姓》(《中央民族学院学报》1992年第3期)、又《史道德族属问题再考察》(《庆祝王锺翰先生八十寿辰学术论文集》,辽宁大学出版社,1993年)。1995年,罗丰发表《固原南郊隋唐史氏墓志考释》(《大陆杂志》第90卷第5、6期),刊布了史道德一族的五方墓志,其为昭武九姓的史国人后裔,已经没有疑义。同时,罗丰还发表了《宁夏固原出土的外国金银币考述》(《故宫学术季刊》第12卷第4期),使人们更多地了解到这些粟特人墓葬的情况,但还不是全部。

相对来讲,1987年结束田野考古工作,1996年就出版了正式考古报告,要算是非常快的了。从中西交通史的角度来看,本书不仅介绍了许多新材料,还对一些相关的问题做了深入探讨,这也是值得称道的。

史道德墓出土的一套覆面,各个零散的部位都是用金片打压而成的,共存十一件,包括护额、眉、眼、鼻、唇、颌、鬓的金饰片,其上多有穿孔,大概原来是用丝织品连缀在一起的,现已散乱。作者按各部位的功能和出土时的大致位置做了复原,载在彩色图版二〇。虽然中国和西方古代都有使用覆面的习俗,但作者联系到新疆地区普遍出土覆面的情况,认为这种习俗是从中亚传入的,而覆面额饰的半月形托—圆球的形状，当与西亚、中亚火祆教徒崇拜日月有关。罗丰先生这里虽然没有把话说得那么肯定，但他的看法是有见地的。所谓半月形托圆球的形象，实即巴赫拉姆五世（Varhram V, 420—438）以后萨珊波斯王银币所示王冠的顶部图案——一弯新月托着圆球状太阳（见本书148—149页）。另外，金覆面的习俗也可以在中亚、西亚找到更多的同类出土物，参看 Mihaly Benko, "Burial Masks of Eurasian Mounted Nomad Peoples in the Migration Period（1st Millenium A.D.）"（*Acta Orientalia Hungarica*., XLV I. 2-3，1992/93，pp.113-131）一文所刊资料，这一习俗的传播与波斯帕提亚帝国关系密切，所以有祆教的色彩是不难理解的。

本书第九章专论外国金银币时，把1981年固原东郊北魏漆棺墓出土的一枚萨珊卑路斯（Peroz, 459—484）银币也放在一起讨论。更重要的是作者在前人研究的基础上，进一步收集中国各地发表的萨珊银币和东罗马金币的材料，制成新的统计表，大大地丰富了我们对这些钱币流行范围的认识。而且，在分析各种钱币类型时，作者根据东罗马金币仿制品多由粟特人传入中国的史实，推测其仿造地点可能就在粟特地区。又据阿拉伯占领波斯的历史背景，来解说史铁棒墓所出萨珊阿尔达希尔三世（Ardashir Ⅲ，628—630）的金币仿制品，认为其产生的年代在公元7世纪30年代中至40年代末，由占领萨珊波斯的阿拉伯人制作。

关于死者口含或手握金银币习俗的来源问题，作者不同意斯坦因在发掘吐鲁番这一葬俗后得出的希腊来源说，也不同意夏鼐先生提出的纯中国传统习俗的看法，而是通过吐鲁番、固原、洛阳、西安等地这一葬俗多见于中亚人墓的事实，认为来自中亚，而且可能与祆教有关。

本书作者在讨论覆面的使用、金银币的葬俗，以及宝石印章上三干树的形象时,都指出它们可能具有的祆教背景,但却没有做出肯定的结论。固原这批粟特人墓地,最早的史射勿埋葬于大业六年(610),这大概也是目前所见最早按汉地方式土葬的粟特人。史射勿及其以后的诸位史姓人,都是入仕隋、唐王朝的武将、译语人或监牧官,但其先人世代为萨宝。据姜伯勤先生的深入研究,"萨宝"的确切含义是"伊兰系胡户聚居点上的一种政教兼理的蕃客大首领"(见《论高昌胡天与敦煌祆寺》,《世界宗教研究》1993年第1期,4页)。"萨宝"的原语,也由吉田丰先生从写于公元4世纪初的粟特文古信札中对证出来,作 s'rtp'w(《ソグト语杂录》II,《オリエント》第31卷第2号,1989年,168—171页),可惜本书作者在编写这部报告时尚未及参考姜、吉田二氏的成果,因而在第十一章讨论萨宝时,没能看出《通典》的错简,把萨宝当作"不是单纯的拜火教首领,萨宝府除了管理祆教徒外,也管理大秦教(景教)与摩尼教"(187—191页)。如果了解萨宝的真正含义,就不难理解固原史姓墓地中多有祆教因素的缘故。还有一点应当指出的是,固原粟特人虽然较早地按汉族方式土葬,但其汉化的速度却不如凉州、长安、洛阳的粟特人,因此其墓葬中有更为浓厚的中亚文化色彩。

　　本书作者对墓志文字做了精心的校录,并指出大多数俗别字的正字,但仍有一些识读和录文值得商榷。因为文字史料对以后的历史学研究更为重要,笔者不揣繁琐拙陋,略加订补如下,不当之处,敬请指正(按每页中录文部分行次为序)。

　　《史索岩志》:45页7行"三土(士)",原作"上土",改"土"为"士"是。《周礼》有"上士八人"。北周仿《周礼》之制,亦有"上士"。9行"琳"后漏排"瑯"字。46页6行"兰山"前衍"贺"字。47页4行"珍"原作"轸",不误。"轸",隐痛之意。《安娘志》:48页2行"迻(?)"当录作"筵"。3行"芬"原作"分",

是。6行"子"前当补"嗣"。7行"高叟"当作"高旻",72页4行同。《史诃耽志》:69页4行"京左师"衍"左"字。5行"珠朱韬"衍"朱"字。10行"剖斫"原作"剖斳",当作"剖斲",戮尸也。71页1行"誉之"应据原文乙倒。4行"伍(?)",原作"伍","低"之俗字。6行"湘图"原作"缃图",是指书卷图籍,与"青史"对称。72页6行"浦海"原作"蒲海",即蒲昌海,今罗布泊。7行"无厌火德","无"原作"天"字不误。"天厌火德"与《史索岩志》"炎运道销,隋纲告圮"意同。《史铁棒志》:82页2行"平高县",衍"县"字。9行"授"前漏录"勅"字。《史道德志》:93页1行"唐"后漏"故"字。95页3行"驰驰"应录作"驱驰",即"驱驰"。96页7行"文瑰"原作"文璜"。9行"肸"原作"肸",即"肸",同"肸"(xī)。"肸蠁"即"肸蠁",指灵感通微。10行"风"原作"凤"是。《梁元珍志》:125页11行"匡"应作"月",原为武周新字。12行"宿衡"原作"宿衞",误排"衡"。因为志文大多清晰可辨,以上所列误、衍、漏、倒之字,大概不是作者之误,而是手民误植。

本书排印全用繁体字,虽然还有个别字不规范,但与简体字本相比,更近古逼真。除墓志未印黑白图版为遗憾外,图版及线图都十分清楚,极便读者。唯全书英文不多,却错误不少,列之于下,供再版参考。封面书名 Graveyard of Sui & Tang Dynasties in the South Suburbs of Guyuan Graveyard of Sui & Tang Dynasties in Guyuan,第二个 Graveyard 以下自属赘文,当删。卷首英文摘要标题作"A Cemetery of the Middle Asian Descendants",与书名异。摘要第一页第三段"死于大业六年(应作五年)"的是 Shi Shewu,不是 Shi Kedan。此外,54页注23:Sino/Iranier 应作 Sino-Iranica;110页注⑦(实应与⑧倒置):Lnnenmost 应作 Innermost;154页表

404

二：A Aterin Lnnermo 应作 A. Stein, Innermost Asia；167 页注 11：LnnenNmost 应作 Innermost；注 21：Lranian Ciuilization 应作 Iranian Civilization；246 页注 11：Bulletln of the Aslalnstnute 应作 Bulletin of the Asia Institute。

原载《唐研究》第 2 卷，1996 年

E. Knauer《骆驼的生死驮载:汉唐陶俑的图像和观念及其与丝路贸易的关系》

唐代诗人杜甫有诗说"东来橐驼满旧都",概括地描述了骆驼驮载着西方的物品来到唐朝首都长安的情形。但这一唐人习见的现象,并没有史书系统地记载下来,而考古发现的骆驼俑和壁画中的骆驼形象,日积月累,不断丰富,展现了骆驼及其驮载物的多彩画面,可以供人们欣赏和研究。E. Knauer女士的《骆驼的生死驮载:汉唐陶俑的图像和观念及其与丝路贸易的关系》(*The Camel's Load in Life and Death, Iconography and Ideology of Chinese Pottery Figurines from Han to Tang and Their Relevance to Trade along the Silk Routes*, by Elfriede Regina Knauer, Zürich: AKANTHVS. Verlag für Archäologie, 1998, 159pp.)一书,就是在收集大量的图像资料以后,对骆驼的负载物进行系统研究的一部佳作,并获得法兰西金石铭文学院1999年度"儒莲奖"(Prix Stanislas Julien 1999)。

陶制或三彩骆驼俑几乎是每个大一点的博物馆中都有的陈列品,大概因为司空见惯,所以很少有人对它们做仔细的观察。作者认为,尽管马、驴、骡、牛在商队贸易中都具有重要的地位,但只有骆驼才是超乎一般的杰出驮兽。塞外的骆驼抓住了中国艺术家的想象力,它们作为商品的驮载者而被选用为表现墓葬艺术的主要形象。骆驼俑从汉代开始用于墓葬后，持续千载，其形象不断变化。但本书作者关注的不是骆驼俑的风格变化，而是它们驮载的物品种类，并且通过对图像变化的探讨，进而阐明中国宗教和哲学观念的丰富多彩，也就是从对物质文化的考察，升华到对精神文明的体认。

作者首先回顾了作为明器的骆驼俑的发现和收藏情况，指出据那些非考古发掘品，是不能够确知其风格的发展和文化与宗教背景的。自50年代以来伴随中国考古发掘的进步，出土了大量陶俑，并可以确定它们在墓中的位置、目的和寓意，因而使得这项研究成为可能。但有关骆驼的先行研究，不论是薛爱华（E. H. Schafer）对中国古代骆驼的分析，还是K. Schauenburg对古典世界骆驼的研究，都因为写于50年代前期，所以没能参考更多的中国考古资料，因此这一主题是值得重新探讨的。

正如书名所表示的那样，本书的主题是研究汉唐间骆驼驮载物及其意义的。全书结构基本按时代顺序，并归纳为若干主题来论说。作者指出，正是因为汉武帝时张骞的出使西域，建立了汉与西方的直接联络，促成了丝路贸易的开始，使得早已在中国艺术中出现的骆驼形象，由此而大量涌现。对骆驼的早期塑造主要是在中国西北边疆地区进行的，因为这一地区位于欧亚大陆草原弧形地带的东端，受其间游牧民族东西迁徙浪潮的影响较多，因此这里的工匠所生产的产品往往是"混血"的，即中国工匠们把中亚乃至西亚的主题镶嵌到小刀、带扣、奢侈品以及游牧文化的象征物上，然后出售给游牧的顾客。这种与游牧民的交流，也强烈地冲击着独立生成的中国文化本身。远离北方的四川早期制作的骆驼形象十分笨拙，但进步很快。从北朝到隋唐，骆驼俑的形象步步逼真，唐朝尤为准确。

作者指出，北魏是表现骆驼形象的第一个高潮阶段，但缺少完整的形象材料。从现存的陶俑来看，鞍子和驮载物是明显区分开来的，其中表现出的主要驮载物是驼囊、丝捆、兔皮、长颈瓶、钱袋、织物、毛毯，有时还有死鸟和活的杂种狗、猴子。到了唐朝，一束丝成为典型的特征。除旅行水瓶外，驼囊的另一边还有琵琶，甚至到后来有驼背上的胡人乐队出现。驮载物在唐朝的一个较大的变化，是出现了作为驼囊的所谓"魔鬼面具"。作者经过仔细对比，认为面具的形象特征是虎，而白虎是中国四兽中代表西方的兽，西方正是死者的目的地。从7世纪后半发明三彩陶器以后，在这种虎形驼囊两边，往往刻画有水瓶和肉排，上面是丝捆，只有一件特别的三彩在肉排处刻画了一件树叶状的银盘，不论是银盘还是水瓶，都具有浓厚的中亚或西亚风格。驮载物除丝织品外，还有毛织物和棉织物，以及西方输入的玻璃器，尽管后者目前还没有见于驮载的物品当中。

作者进而讨论了驮载物，即器皿和食物所提供的精神食粮问题。骆驼驮载的物品并非丝路贸易中真实物品的写照，而只是有限的一些概念。除了表示富有外，这些可以见到的物品主要是提供给墓主灵魂的牺牲品，中国早期随葬品有人牲，后来随着丝路贸易的开通，骆驼十分重要，也成为精神供品的驮载者，而且据吐鲁番文书记载，驮载的丝可能是为了攀天而用的。作者特别反驳了把驮载物当作现实物品的看法，而特别强调了它们的精神作用。对于面具在观念方面的重要性，她对比玄奘对沙漠中鬼魅的描述，并根据骆驼在墓室随葬品排序中的位置，指出这种面具可以看作是地神的化身。

在全书结论中，作者强调了中国绘画和雕塑艺术中缺少非宗教主题的特性，指出明器也并非反映现实生活。骆驼开始时所驮载的物品，如织物、乐器、贵重物品，多是幻觉般的舶来品。随着时间的推移，随葬品更多的是要符合死者的精神需要，所以有些继续存在，有些彻底改变，出现了丝束、棉布、死动物和面具等，这些都不是舶来品。确定它们的观念意义十分重要，因为可以进一步了解中国宗教和文化。历史上的中国在政治上极力拒绝西北邻族的"野蛮"文化，但却需求并不断获取他们的产品，并最终把它们纳入到自己的艺术创作——随葬品当中。

这本书的正文篇幅不长，但配有大量的图版，对于相关问题的注释十分详细。书中涉及的问题十分广泛，特别是有关骆驼驮载物的观念意义方面，论述略为薄弱，但我们不拟在此详细讨论。应当指出的是，作者虽然利用了中国考古报告的图版，但却没有仔细参考有关的说明文字（图41说明中的"Xianyu"应作"Xianyu Lian"，即鲜于廉；"Dinghui"似是误读墓主"字庭诲"的结果），也没有细心收集中文论著中的一些相关研究成果（如夏鼐关于图41胡人乐队骆驼俑的介绍，载《考古学论文集》，北京科学出版社，1961年）。比如对汉和唐之间的骆驼形象，叙述太过简略，其实这一时段中有不少考古资料可以参考。又如图42所示驼背上的乐队俑群，作者认为是"Central Asian orchestra"（中亚乐队），但其面相绝非胡人，而是穿着胡服的唐人形象。此件杨泓先生有详细讨论，指出不仅其上的人物不是胡人，乐器也与鲜于廉墓的胡乐系统不同，见所撰《骆驼艺术》，载孙机、杨泓《文物丛谈》（北京文物出版社，1991年，316页）。作者从胡服判断人种的另一失误，是把图46中骑骆驼的母子也看成胡人（foreigner），从图46b的细部图看，是汉人无疑。

骆驼及其驮载物是个涉猎颇广的主题，不断出土的考古资料，为我们继续探讨这个主题提供了素材，如吐鲁番交河沟北墓地出土的骆驼形金牌饰,特别是唐墓壁画中的明驼形象,因为是与陶俑相关的图像资料,尤其应当注意。随葬骆驼俑与特定的墓主人是否有关,也值得注意,如粟特后裔安元寿墓,随葬有19件骆驼俑,较其他墓葬独多(范淑英《唐墓壁画中的仪仗出行图及相关问题研究》,北京大学考古系硕士论文,1999年5月,表四《西安地区唐墓最早陶仪仗俑统计表》);敦煌人张仲晖,墓中所绘皆为骆驼(《考古与文物》1992年第1期),都值得加以深入研究。

原载《唐研究》第5卷,1999年

龚方震、晏可佳《祆教史》

1999年7月，山西考古工作者在太原市晋源区王郭村，发掘出完整的隋开皇十二年（592）虞弘墓石棺，墓主生前为检校并州等地萨保府的官员，石棺上的雕像具有明显的粟特祆教美术特征。在2000年7月北京大学考古系举办的"汉唐之间：文化的互动与交融学术研讨会"上，山西考古所的张庆捷先生发表《太原隋代虞弘墓石椁浮雕》一文，介绍这组珍贵的资料；姜伯勤先生提交《隋检校萨宝虞弘墓石椁画像石图像程序试探》一文，澄清了虞弘墓石棺雕像的部分内容，指出其祆教图像特征。同时，2000年5—7月，陕西省考古所在西安市北郊发掘了北周大象元年（579）的安伽墓，墓主人是来自中亚粟特地区的安国人，任同州萨保，其围屏石榻上的图像明显展示了粟特祆教美术的宏大画面（尹申平《安伽墓展现的历史画卷》，《中国文物报》2000年8月30日第一版）。这两个考古上的重大发现，向考古、历史、宗教、美术学界提出了一系列问题，各种各样的猜测和推想随之而来。笔者以为，在对这些新的图像资料发表看法之前，应当首先阅读一遍龚方震、晏可佳先生的新著《祆教史》（上海社会科学院出版社，1998年），以便从历史和文献的角度，对祆教的教义和流传的历史有所了解。

《祆教史》是中国第一部系统的祆教历史著作，包括对祆教的教义、神学体系、宗教仪式和历史脉络的阐述。全书共十七章。第一章导论介绍了祆教原本的各种称呼和本书用中国化的名称"祆教"的理由、祆教大神的基本概念、经典的传存史、创立者、道德规范、起源地和基本特征。第二、第三章，叙述祆教在伊朗—亚利安人的背景下，由苏鲁支创立的过程和早期传播。第四至六章，分别叙述祆教在米底王朝、阿黑门（即阿契美尼德）王朝、塞琉古王朝、安息王朝的发展历程以及和其他宗教的关系。第七、第八章，分别论述大夏和贵霜、粟特和花剌子模地区祆教的流行。第九、第十章，介绍希腊语苏鲁支伪经和罗马的密特拉教。第十一至十三章，叙述萨珊王朝、阿拉伯统治波斯时期和10至17世纪波斯地区的祆教由盛转衰的情况。第十四章是对中国祆教的论述。第十五、第十六章，讲波斯祆教徒东迁印度和帕尔西人的宗教改革情况。最后一章介绍20世纪祆教徒的现状。

　　祆教的历史源远流长，系统地叙述全部祆教史并非易事。目前学术界最权威的祆教史，是玛丽·博伊丝（Mary Boyce）教授所著《琐罗亚斯德教史》(History of Zoroastrianism)。该书1975年出版第一卷《早期时代》(The Early Period)，1989年增订重印；1982年出版第二卷《阿契美尼德王朝时期》(Under the Achaemenians)；1991年出版第三卷《马其顿和罗马统治时期》(Under Macedonian and Roman Rule)，是和格瑞内（F. Grenet）合著的；以下各卷，还未见出版。《祆教史》的作者充分利用了博伊丝教授的这部大著，也参考了前人许多优秀著作，包括M. Boyce的《琐罗亚斯德教研究的原始文献》(Textual Sources for the Study of Zoroastrianism, University of Chicago Press 1984)、R. Gershevitch的《阿维斯塔中的密斯拉赞歌》(The Avestan Hymn to Mithra, Text with English Translation and Notes，Cambridge 1959）、《剑桥伊朗史》(Cambridge History of Iran) 等等。因为琐罗亚斯德教在基本文献方面没有什么新的发现，《祆教史》一书在基本文献和前人的权威研究著作的基础上，对祆教教义及其在波斯地区的发展以及向东方传播的过程所做的描述，给汉语读者带来了比较系统和正确的知识。

从世界范围内来看，祆教研究的进步主要取决于对波斯古文献的文字解释和考古发现，而考古发现尤其以东伊朗地区，特别是中亚地区，最有收获。《祆教史》的作者意识到这一点，力图吸收前苏联学者 20 世纪在中亚考古发现的成果，来弥补文献记载的不足，并勾勒出祆教在中亚地区的传播走向和分布区域。第七章《大夏和贵霜》、第八章《粟特和花剌子模》，就是以考古资料为主写成的。作者根据建筑遗址发现的神庙（火祠）、著名的索克柯特尔（Surkh Kotal）贵霜大夏语碑铭、钱币铭文和图像，提示了大夏和贵霜王朝祆教信仰的存在。又利用楚河流域、片吉肯特（Panjikent）、慕格山等地发现的祆教徒骨瓮、粟特神殿、文书资料等，丰富了我们对粟特地区祆教流行的认识，并据碎叶城（阿克—贝西姆）的考古发掘，阐述了粟特地区其他宗教信仰的流行情况。花剌子模部分也同样以考古资料为主，以比鲁尼的文献记载为辅。

不过，本书所用的考古材料多是 60 年代以前出土的，事实上，直到最近，中亚地区仍然不断有新的考古资料出土，甚至连战事连绵的阿富汗，也有十分惊人的发现。比如，N. Sims-Williams 和 J. Cribb 的《新出迦腻色伽大王的大夏语碑铭》(A New Bactrian Inscription of Kanishka the Great) 一文，发表了阿富汗新发现的迦王元年的长篇铭文，可以和上述索克柯特尔（Surkh Kotal）发现的贵霜大夏语碑铭相媲美，尤其重要的是，新碑铭不仅澄清了贵霜前四代国王的世系次序，还证明迦王所尊崇的万神殿里，供奉的都是祆教神祇，包括娜娜女神（Nana）、日神（Miiro）、乌妈女神（Umma）、阿胡拉·马兹达（Ahuramazdā）、Mazdooano、Sroshard 和 Narasa 等神祇，其中娜娜女神占据主要位置（文载 *Silk Road Art and Archaeology*, 4, 1995/96）。这一发现大大丰富了我们对贵霜王朝祆教信仰和祆神谱系的认识。

作者作为中国学者，不仅有必要，而且也有条件系统地阐述祆教传入中国的历史。在这方面，《祆教史》的作者不仅做到了，而且还进而探讨了祆教对中国文化的影响问题。

第七章《中国的祆教》共五节，分别论述祆教在中国各民族中的传播、来华的粟特和波斯祆教徒及其对中国音乐舞蹈等方面的影响、萨宝的疑问、阿拉伯文献所记的中国祆教、唐以后的祆教遗迹等问题，其中不乏新意。如作者利用布古特发现的粟特文突厥碑铭中的祆教用语，判断突厥陀钵可汗以前曾信奉祆教（230页）。吉田丰根据最近对原碑文的考察释读，把过去人们读作"建立新的僧伽蓝"（nwh snk' 'wst）一句，重新读作"树立教法之石时"（nwm snk' 'wst），使该碑文与佛寺建立相联系的观点受到强有力的挑战（森安孝夫、オチル编《モンゴル国现存遗迹·碑文调查研究报告》，中央ユーラシア学研究会，1999年，122—123页），对本书的看法是有力的支持。又如作者认为敦煌文献和宋代史籍中的"儿郎伟"一词，是波斯文 nairangi 或 nirangi 的译音，祆教中有 nirang-i den（信仰的礼拜仪式），与敦煌"儿郎伟"的驱傩之法有关（243—248页）。这是一种关于"儿郎伟"的全新解说，值得研究敦煌文学的学者加以重视。在来华祆教徒及其对中国文化的影响方面，作者着墨最多，却也是本书最值得注意的地方。

但对有些材料的使用以及由此得出的结论还可以商榷。如谈到现藏英国图书馆的斯坦因敦煌所获 Ch.00289 号粟特文卷子时，径称之为"一种属于祆教的粟特文卷子"(234页)、"祆教卷子"或"有关祆教者"(240页)。此前,林梅村《从考古发现看火祆教在中国的初传》(《西域研究》1996年第4期),也说到这个卷子:"敦煌藏经洞发现的一部粟特语祆教残经(Or.8212/84)证明,早在公元前5世纪阿契美尼德王朝统治中亚时,粟特人已经信奉祆教。据英国伊朗学家基舍维茨(即R. Gershevitch,本书称之为盖许维奇。——引者)考证,这部祆经残卷用阿契美尼德王朝时期的粟特语写成。其年代甚至早于敦煌汉长城遗址发现的粟特文古书信(约3—4世纪),是现存最早的粟特语文献。"又说:"这个材料(指粟特文古信札。——引者)并非中国境内发现的最早的祆教史料。前文介绍,敦煌藏经洞发现的一部粟特语祆教残经(Or.8212/84)用阿契美尼德王朝时期的粟特语写成,其年代早于敦煌汉长城遗址发现的粟特文古书信。当然这部古老的粟特文祆教经卷可能是较晚时期才带到敦煌的。"林文是针对笔者《祆教初传中国年代考》(《国学研究》第3卷,北京大学出版社,1995年)一文据古信札提出的祆教早在4世纪初叶就传入中国的看法而说的,《祆教史》的作者也没有看到笔者的这篇文章(他们举430年的吐鲁番写经题记作为最早的证据),因此不得不加以澄清。林文这里似乎是要强调敦煌藏经洞的这部祆教残经,是比4世纪初叶的粟特文古信札年代还早的中国境内发现的祆教史料,但后面又说这部祆教经卷可能是较晚的时期才带到敦煌的。这样,即使我们承认其为祆教经卷,那么它也可能是写于粟特本土,在较古信札要晚的时期才被带到敦煌(敦煌藏经洞最早的具有年份的卷子是406年的佛经写本),本身并不能作为祆教初期传入敦煌(中国)的证据,或者说不能成为比古信札更早的"中国境内发现的祆教史料"。事实上,这件敦煌藏经洞出土的残片并不能这么简单地被看作是祆教的史料。该残卷共写十行粟特文，原编号为 Ch.00289，英国图书馆的馆藏号为 Or.8212/84。它最初由赖肖尔特（H. Reichelt）转写刊布（*Die soghdischen Handschriftenreste des Britischen Museums*，Heidelberg 1931，I，p.68），编为 Fragment 4。关于残卷作者的宗教归属，Schaeder 认为是摩尼教徒（Reichelt 书，II, vii），但 Rosenberg 认为此卷和另外两个残片（Fragments 5、6）都具有较强的马兹达教色彩（stark mazdeistisch）（*OLZ*, 1929, No.3, p.200）。而邦旺尼斯特（Benveniste）则坚持赖肖尔特最初的假设，即三个残卷都源自某种佛教文献（*JRAS*, 1933, pp.53-55），但后来他认为这个问题有待于进一步研究（*BSOS*, IX.3, 1938, p.498）。1976 年，当辛姆斯—威廉姆斯（N. Sims-Williams）重新转写翻译这批残卷时，他指出前人把残卷看作是祆教的，原因是把残卷 4、5、6 当作了同一写卷，事实上它们并非出自一人的手笔。而前人指出的"Ohrmizd"一词，也是一个误读。至于佛教说，他认为也是难以成立的，因为文中用 'δδβγ（最高神，即佛教的 Mahādeva）对应于"众神之王"，即 Zurwān。但在粟特语佛教文献中，Mahādeva 和 Zurwān 是完全不同的。当然，辛姆斯—威廉姆斯也承认 Ch.00289 中有不少真正的琐罗亚斯德教风格的字词，其中有些见于已知的摩尼教或佛教文献，也有些从未见过。而且，基舍维茨发现它的头两行文字实是祆教祈祷文 Ašəm vohū 的抄本，所用字体与《阿维斯塔经》不同，但远较粟特文古信札要古老。但是，辛姆斯—威廉姆斯认为残卷中丰富的琐罗亚斯德教的知识，并不能排除作者很可能是一位摩尼教徒，因为同是源于伊朗的摩尼教徒具有丰富的琐罗亚斯德教的知识，这在敦煌吐鲁番发现的摩尼教文献中可以找到许多例证。另外，从已知的粟特文来看，粟特文中不存在一部琐罗亚斯德教文献，所以把这件残卷看作是摩尼教经典的抄本更为合适。这一判断的更具说服力的证据是基舍维茨为辛姆斯—威廉姆斯提供的,即如果作者是琐罗亚斯德教徒,那么他就会明白教主琐罗亚斯德所定义的"最高神"是阿胡拉·马兹达(Ahura Mazdā),而作为一个摩尼教徒,他明知此名应写作 Primus Homo,所以他不得不略去这个神名。最后,这个残卷大概和赖肖尔特刊布的 Fragment 13 属于同一个书手所写,而后者中出现了只有摩尼教或景教粟特文才用的某些特殊文字(见 "The Sogdian Fragments of the British Library", *Indo-Iranian Journal*, 18, 1976, pp.46-48)。因此,无论是 Ch.00289 残卷的刊布者辛姆斯—威廉姆斯,还是发现其中重要琐罗亚斯德教内容的基舍维茨,都认为这个残卷是摩尼教残经,而从未说是一部祆教经典。从伊朗学的角度来看,这个残卷头两行文字虽然是摩尼教徒的引文,但对于琐罗亚斯德教文献学的研究来讲,至关重要。因为据传古老的《阿维斯塔经》在亚历山大东征时被毁,公元3—4世纪萨珊波斯时又重新整理抄写,但传世的只有四分之一,且大多数并非阿维斯塔文本。如果今天我们能够找到任何公元4世纪以前的琐罗亚斯德教文献写本,不论多少,都会对伊朗古代宗教、语言的研究提供极大的帮助。因此,基舍维茨专门为这两行文字写了一篇不短的跋文,附在辛姆斯—威廉姆斯的文章后面(同上文75—82页)。因此,我们不能把这件粟特语残卷,当作祆教文献来利用,它应当是摩尼教文献中的祆教引文。

关于"萨宝",作者罗列了各种说法,而没有提出自己的见解,认为没有新材料的发现,这个疑窦是无法圆满解决的。这是一种科学的治学态度,在无法解决问题的时候,并不强作解人。近年来,"萨宝"的性质问题成为学界争论的一个焦点。姜伯勤《萨宝府制度论略》(《华学》第 3 辑,1998 年)、罗丰《萨宝:一个唐朝唯一外来官职的再考察》(《唐研究》第 4 卷,1998 年)、A. Forte "The Sabao

萨宝 Question"（*The Silk Roads Nara International Symposium '97, Record No.4*, 1999）、A. Forte "Iranians in China-Buddhism, Zoroastrianism, and Bureaus of Commerce-"（*Cahiers d' Extrême-Asie*, 11, 1999–2000）、芮传明《"萨宝"的再认识》(《史林》2000年第3期) 这几篇陆续发表的文章，观点并不相同。这一问题还有待从语言学、历史学的角度深入探讨，笔者亦拟发表有关萨宝的讨论文章，此不赘述。

原载《欧亚学刊》第3辑，2001年

森安孝夫《回鹘摩尼教史之研究》

1991年8月出版的《大阪大学文学部纪要》第31·32合并号，发表了森安孝夫氏的新著《回鹘摩尼教史之研究》，其副标题为"一些摩尼教资料及其历史背景之研究"❶。本书主体由三章组成，其所涉及的回鹘史和摩尼教问题，是国内西域史学界长期关心的问题，以下简要介绍这部新著的主要内容，间附笔者的某些看法。

在序言中，作者除了概述摩尼教的一般教义及其在回鹘汗国的传播情况外，特别指出了本书研究的旨趣：自沙畹、伯希和以来的中亚摩尼教史研究，主要是建立在汉文史料基础上的，因此大多以9世纪中叶以前的唐代为研究对象，9世纪中叶以降的专题研究则几近于无。然而，由于西州回鹘与漠北的回鹘汗国一样，曾经以摩尼教为国教，所以这一时期相对于此前更富研究旨趣，当地残存的遗迹与出土的文书为这项研究提供了可行性。

第一章题为《柏孜克里克千佛洞中的摩尼教寺院》，由九节组成：一、小序，二、佛教摩尼教二重窟的发现与调查，三、格

---

❶ 本书英文题目是 *A Study on the History of Uighur Manichaeism—Research on Some Manichaean Materials and their Historical Background*。按本文提到的文献，凡森安氏书中已经提到并有出处者，注释一律从略，以省篇幅。

伦威德尔编号第25窟的构造，四、格伦威德尔编号第25窟即摩尼教窟说的验证，五、关于正面壁画主题的旧说，六、据回鹘语题记所作的检讨，七、生命之树，八、其他摩尼教窟，九、历史的考察（对壁画年代的看法）。

早在本世纪初，普鲁士吐鲁番考察队的格伦威德尔（A. Grünwedel）就详细记录了柏孜克里克千佛洞第25窟（新编第38窟）的摩尼教洞窟壁画，但是真正把此窟判定为摩尼教窟的功绩，应当归之于1914年俄国学者奥登堡（S. F. Oldenburg）发表的《1909—1910年俄国的新疆考察》一书。以后，从30年代的阿甘（J. Hackin），到近年的克林凯特（H.-J. Klimkeit），又做了进一步的论证。但是，这些学者没有机会亲身考察这所石窟，因此对于画面上的一些形象有所误解。森安氏在当地考古工作者的帮助下，亲自调查了柏孜克里克石窟，对第38窟由佛教窟改造为摩尼教窟，再改造为佛教窟的构造，做了详细考察；对于该窟正面壁画的三干树和摩尼宝珠，参照吐鲁番出土的龟兹文（吐火罗文B）与古突厥文（回鹘文）对照书写的摩尼教文献《献给教父摩尼之赞歌》、帕提亚语摩尼教《般涅槃赞歌》等，对三干树所表现的生命之树的含义，做了更为明确的解说。作者还发现并解读了格伦威德尔所绘同一壁面上的图画中漏掉的回鹘语铭文，又参考高昌故城出土的摩尼教细密画，将前人指为听众、僧尼的有翼天使，正确地考订为摩尼教义中的守护灵，并得知此摩尼教窟是名为Qutluɣ Tapmïš Qy-a的高昌回鹘贵人施舍营建的。由此，参照摩尼教教义，确定该窟正面壁画的主题，是对象征摩尼教光明王国、象征摩尼教光辉的夷数（Jesus）、象征回归光明王国的摩尼本人的生命之树的礼拜与赞美景象。作者通过在柏孜克里克千佛洞的亲身考察，指出与此同类的摩尼教洞窟，还有新编第27窟（格伦威德尔编第17窟）。此外，森安氏强调，由于时间的限制，他们不能够对摩尼教洞窟做全面考察，只是对某些可能的摩尼教窟提出推测的理由，如第 35 窟（格伦威德尔编第 22 窟）内室，壁面涂以白色，用灰绿、朱、墨色写题记，与上述摩尼教窟的做法完全相同。又如新编第 2 窟，由于 1981 年在此窟中发现八件摩尼教文书，其中三件为粟特文，五件为用接近粟特文的古回鹘文字体所写的回鹘文，内容均为摩尼教徒的书简，说明此窟原本也是摩尼教洞窟。至于柏孜克里克石窟摩尼教壁画的年代，作者提出 8 世纪末到 840 年和 9 世纪末到 10 世纪前半两个可能性，并倾向于后者。

虽然柏孜克里克千佛洞的个别摩尼教洞窟的存在很早就被学者所指出，但经过森安氏的这一番考察论证，可以说是确凿无疑了；与此同时，他又发现了一些新的摩尼教洞窟，这一发现的意义，除了森安氏这部学术论著的详细阐述外，日本《朝日新闻》1988 年 6 月 30 日的文化版，还做过专题报道。但作者毕竟不是石窟考古专家，而且也不可能长期在当地从事调查，因此本章对于摩尼教洞窟的研究还是比较粗线条的。近年来，中国考古学者也一直在吐鲁番地区寻找摩尼教洞窟，据已经发表的初步报道称，在吐峪沟、胜金口、柏孜克里克三大石窟群中，总共确定出三十多个摩尼教洞窟，这些洞窟分组连在一起，构成一所所摩尼教寺院，据称其形制与《摩尼光佛教法仪略》中所记的寺宇仪完全相同❶。如果这些洞窟的材料正式发表的话，将可以极大地支持并补充森安氏此书的有关论述。

---

❶ 参看晁华山《火焰山下无名的摩尼古寺》，《文物天地》1992 年第 5 期，26–29 页；又《初寻高昌摩尼寺的踪迹》，《考古与文物》1993 年第 1 期，84–93 页；又《寻觅湮没千年的东方摩尼寺》，《中国文化》第 8 期，1993 年 6 月，1–20 页。此外，晁氏还有《初寻吐鲁番摩尼教寺院踪迹》，《辅仁神学论集》第 94 期，台湾，1992 年 11 月；又 Chao Huashan, *Die Hohlentempel von Buddhismus, Manichäismus und Nestoriansmus in Turfan*（《吐鲁番的佛教、摩尼教和景教石窟寺》, Bonn 1992），均未得寓目。

第二章题《吐鲁番出土摩尼教寺院经营令规文书》，共三节。这件文书是黄文弼先生得自吐鲁番的一件重要的回鹘语文书，1978年由耿世民先生在《回鹘文摩尼教寺院文书初释》一文中，做了全文转写和翻译❶。森安氏有机会在中国历史博物馆亲见文书原件，并获得清晰的图版，因此，重新做了转写、翻译，并附刊全部图版。作者指出，西州回鹘摩尼教寺院经济与当地传统的佛教寺院经济有关联，因此可以利用日中学者关于敦煌吐鲁番寺院经济文书的研究成果来理解这件文书。本着这一理解，作者在详尽的注释中，就一些词汇的含义提出与《初释》不同的解释，如译 ït（a）rïy quanpu 为"柴草、地子、官布"，即举敦煌文书 P.3214 为证。在某些关键词的释读上，森安氏与《初释》的翻译也有所不同，如第 19 行的（……）γučï，耿先生作 qočo "高昌"。笔者不通回鹘语，不敢妄加按断，不过森安氏对文书上印文的释读，无疑改正了《初释》的一个衍文。此外词语注释中还引用了一些相关的回鹘语文书，如 TM 103b（U5302）和《吐鲁番考古记》图 80 所刊文书。在相应的回鹘文名词下，对敦煌汉文写本《摩尼光佛教法仪略》和《下部赞》的有关部分，也有所考释。本章末附词汇索引及释义，极便读者参考。

第三章题为《摩尼教在西回鹘王国的繁荣与衰退》，共分五节对西州回鹘摩尼教的兴衰过程做了细致的历史学角度的考察，同时判明摩尼教寺院经营令规文书的年代。

第一节《摩尼教寺院经营令规文书的性质》，首先根据对此文书上所钤"大福大回鹘国中书门下颉于迦思诸宰相之宝印"的重新

---

❶ 《考古学报》1978 年第 4 期，497-519 页；修订收入《新疆考古三十年》，乌鲁木齐，1983 年，529-548 页。与森安氏书出版的同时，耿先生又发表了此文书的英译并附有图版，见 "Notes on an Ancient Official Decree Issued to a Manichaean Monastery", *Central Asiatic Journal*, XXXV.3-4, 1991, pp.209-230。

释读,判定此文书是由回鹘王国的政权中枢发布的;进而考察了高昌故城中编号为 K 和 α 的摩尼教寺院遗址,力图找到文书发送的目的地;最后通过对比敦煌文书 P.2187《敦煌佛教寺院常住安堵状》❶、回鹘语 T III M 205c(U5319)和 T III M 205(U5317)等相类的佛教文书❷,说明了回鹘官府发布这件文书的目的,在于保护摩尼教寺院已有的各种特权。

第二节《令规文书的上限:唆里迷问题》,指出 9 世纪后半回鹘人的大量移住天山东部地区与西回鹘王国的成立,导致许多小村镇发展为大都市,而一些旧都市也赋予了新的突厥语的名称,见于这件文书中的 Solmi(Sulmi,唆里迷)一名,取代 Ark(Argi,焉耆),就是这一历史进程的结果❸。因此,本文书的上限可以定在 9 世纪末叶。

作者指出,由于前人在讨论西州回鹘摩尼教的兴盛期时,主要是利用汉文和伊斯兰史料,因此有 10 世纪就遽衰而为佛教取代的短期说,和一直延续到蒙古时代的长期说。第三节《吐鲁番、敦煌文书所反映的西回鹘的摩尼教》,则利用吐鲁番出土的粟特语和回鹘语的摩尼教徒所用的历日,根据恒宁(W. B. Henning)、巴赞(L. Bazin)、哈密顿(J. Hamilton)、吉田丰等人的考订结果,确定这种历日都是 10 世纪后半到 11 世纪初做成的。至于敦煌出土的回鹘文

---

❶ 根据邓文宽氏的最新研究,这件文书应当是河西都僧统榜,而不是像森安氏所据日本学者过去所认为的那样是归义军节度使发布的命令,详参邓氏《敦煌文献〈河西都僧统悟真处分常住榜〉管窥》,《周一良先生八十生日纪念论文集》,中国社会科学出版社,1993 年,217-232 页。

❷ 后一文书,可参看杨富学《一件珍贵的回鹘文寺院经济文书》,《西北民族研究》1992 年第 1 期,59-65 页。

❸ 笔者非常赞同森安氏的这一看法,因为在 1987 年投交《中亚学刊》第 4 辑的拙文《龙家考》中,笔者就提出同样的看法,虽然当时所根据的材料没有本书丰富。

和粟特文与回鹘文混合书写的文书，考虑两地在10世纪交往的频繁和一些文书的内容❶，作者认为其中绝大多数文书是西回鹘人带到敦煌的。从内容上讲，敦煌发现的这批回鹘文文献中，摩尼教的内容几乎与佛教文献数量相当，反映了10世纪西州回鹘王国摩尼教盛行的情况。

在第四节《令规文书的下限：摩尼教的衰退与佛教的抬头》中，作者重新转写、翻译和考释了1985年耿世民与克林凯特两位先生合刊的M112背面文书。这件重要的文书记载，癸未年（983），Tarkan特勤（王子）奉阿斯兰毗伽天可汗之命，于旧城内毁掉摩尼寺，建造佛寺。联系到高昌故城α遗址出土的汉文木柱文书（森安称之为第二棒杭文书），其所记正是983年回鹘可汗王子为施主而建造佛寺之事。而另外两件回鹘文木柱文书（第一、第三棒杭文书）的年代分别是1008年和1019年，所记也都是建造佛寺之事。把这些文书所记载的事情联系起来，不难理解高昌故城α遗址由摩尼寺转变为佛寺的历史真相，同时也清楚地说明了佛教之取代摩尼教在高昌再度得势，应当是始于10世纪末叶。在本节中，作者还分析了汉文史籍中西州回鹘摩尼教徒或佛教僧侣入贡的记载，用以补充其所论证的摩尼教盛行时间。此处最有新意者，是把《册府元龟》卷九七六所记"回鹘入朝摩尼八人"，考证为西州回鹘所派使者，而不是前人所说的甘州回鹘使臣。最后，作者提到原本打算以一节的篇幅讨论的敦煌汉文文书S.6551《讲经文》，由于张广达先生和笔者发表了《有关西州回鹘的一篇敦煌汉文文献》❷而作罢，但认为我们把此讲经文考订在930年前

---

❶ 作者在补注中提到的拙文《公元10世纪沙州归义军与西州回鹘的文化交往》，已发表在《第二届敦煌学国际研讨会论文集》中，台湾汉学研究中心1991年6月印行。

❷ 《北京大学学报》1989年第2期，24–36页。

后有些过早，或许是10世纪后期的产物，但作者没有举出更多的理由说明他的断代根据。

第五节《伊斯兰史料所传西回鹘的摩尼教》，举出马思乌底《黄金草原》、纳迪穆《百科津逮》、加尔迪齐《记述的装饰》、伊斯哈克《Ākām al-Marjān》等书中所记托古兹古思信仰摩尼教的材料，考订为西州回鹘初期的历史事实，以加强上述论说。

在这一章中，作者几乎涉及了9世纪末到11世纪初的所有有关西州回鹘的重要文献材料。对于证成作者关于西州回鹘摩尼教盛行年代至关重要的几件中古波斯语文书，最近也由宗德曼（W. Sundermann）在《有关吐鲁番地区的吐鲁番出土伊朗语摩尼教文献》中发表，此文利用当地出土的中古波斯语资料，支持了森安氏的观点❶。笔者基本同意森安氏关于摩尼教在西州回鹘王国中流行年代的论说。但是，由于粟特人早就在天山以南各个绿洲王国及吐鲁番盆地聚居下来❷，而当地又出土了一些早于回鹘时期的中古伊朗语摩尼教文献❸，因此，在9世纪中叶回鹘西迁以前，甚至在8世纪末北庭之战后漠北回鹘汗国影响东部天山地区以前，摩尼教在这里已然流行。作者似乎过分强调了从佛教到摩尼教再到佛教的演变模式，而忽视了高昌本地从摩尼教到摩尼教

---

❶ W. Sundermann, "Iranian Manichaean Turfan Texts concerning the Turfan Region", *Turfan and Tun-huang the Texts, encounter of civilizations on the Silk Route*, ed. by A. Cadonna, Firenze 1992, pp. 63–84.

❷ 参看姜伯勤《敦煌吐鲁番与丝绸之路上的粟特人》,《季刊东西交涉》第5卷第1、2、3号，1986年；荣新江《古代塔里木盆地周边的粟特移民》,《西域研究》1993年第2期。

❸ 如缪勒刊布的M1号《摩尼教赞美诗》题记说明，该写卷始作于761/762年，未完而存于焉耆的摩尼教寺院，直到825-832年间才完成，见Sundermann上引文71页。有关吐鲁番出土中古伊朗语摩尼教文献的一般情形，参看Mary Boyce, "The Manichaean Literature in Middle Iranian", *Handbuch der Orientalistik. Erste Abt.; der Nahe und der Mittlere Osten，Vierter Bd.: Iranistik. Zweiter Abs chnitt*; Literatur, life. 1., Leiden 1968, pp. 67–76.

再到佛教的演变过程。然而，作者的主题并不在此，笔者这里只是提出问题，因为尚未有人就此过程做过系统的研究。

总之，本书通过对吐鲁番保存的摩尼教洞窟遗迹和出土的摩尼教文书的艺术、语言、历史等方面的详细研究，比较完整地揭示了摩尼教在西州回鹘时期的兴盛与衰亡的过程。本书不仅是对回鹘摩尼教史研究的新贡献，而且也是西州回鹘史研究的新收获，这一点也可以从附录一：西回鹘王国国王世系表的考订，附录二、三刊布的京都大学文学部藏吐鲁番出土摩尼教徒祈愿文和北京图书馆藏敦煌出土摩尼教僧书信残简等成果中看出。

原载《西域研究》1994年第1期

后　记

　　我上大学时写的第一篇史学习作，是有关唐代中外关系史的。文章很不成熟，却让我有幸得以拜见张广达先生。张先生不嫌我年轻幼稚，耐心地讲起中外关系史的许多话题，示我以治学门径。以后我跟随张先生做于阗史和敦煌学方面的研究，成为他的第一个研究生。他手把手地教我阅读史料、熟悉研究成果、提高专业外语能力，细心地修改我的每一篇文章初稿。张先生的学术研究范围极广，他以不同的形式，给我打开一扇扇学术的门扉，从北大教室的讲坛，到塔里木盆地的考察路上；从季羡林先生的"西域研究读书班"，到巴黎国立图书馆前的小花园；话题从唐朝、敦煌、于阗，一直到遥远的西方，时时接触到中西关系史的话题，引发了我这方面的极大兴趣。

　　1984年以来，我有机会多次走访欧美、日本等各国学术中心，收集敦煌、吐鲁番、和田等地出土文献材料中的中外关系史料和国外学者的相关研究成果，同时拜访学者专家，或求学问道，或交流心得。我先后比较充分地使用过荷兰莱顿大学、英国伦敦大学亚非学院、法国高等汉学研究所、德国柏林科学院吐鲁番研究中心、日本龙谷大学、京都大学人文科学研究所、美国耶鲁大学、香港中文大学的图书馆，收集了大量研究资料。在与国外从事汉学、中亚学、伊朗学研究的学者交往中，扩大了眼界，熟悉了他们所研究的语言、考古、艺术史以及历史方面的课题。特别是与研究粟特、于阗、祆教、摩尼教方面的伊朗学专家的接触，逐渐把我引向中国与古代伊朗文明关系的研究。

在把于阗史和敦煌归义军史的研究暂时告一段落以后，我开始转向中西关系史研究。第一步是想深入探讨粟特、波斯等伊朗文明对中古中国的影响，发掘前人忽视的材料，填补旧有知识的不足。本书就是这十年来耕耘的初步成果，可以分成四个部分，前三部分是三组论文，每一篇大体上归入一类，实际上相互之间多有关联，最后一部分是书评，可以看作是前三部分的补充。

除了《北朝隋唐粟特聚落的内部形态》一篇之外，其他论文和书评都曾发表过，这次集中起来，便于读者整体了解我的思路，也借机调整一些文章的内容和改正一些错字。

我给本书命名为"中古中国与外来文明"，一是书中讨论的时段主要是汉唐时期，而内容主要是进入中国的伊朗系统的文明及其影响；二是想用一个较为宽阔的题目，开启一项新的研究。在这个范围里，有许多历史值得重写，有不少理论问题也值得深入讨论。

在本书即将出版之际，首先我要感谢恩师张广达先生多年来的关怀和指导。张先生虽然近年逗留欧美，却一直关心弟子的学业。除了书信往来，每次见面，无论是在巴黎，还是在柏林、纽黑文，都给我很多启迪。拙著编成后，他欣然命笔作序，不仅清楚地指出我的学术理路，而且根据国际学术发展的趋势，高瞻远瞩，为我进一步的研究指明了方向。

在中外关系史的研究过程中，我得到过季羡林、周一良、饶宗颐、吴其昱、蔡鸿生、王尧、池田温、陈国灿、朱雷、陈高华、姜伯勤、周伟洲、叶奕良、V. H. Mair、徐文堪、余太山、林悟殊、N. Sims-Williams、P. Zieme、森安孝夫、高田时雄、武内绍人、吉田丰、荒川正晴、张庆捷、郑阿财、王邦维、吴玉贵、王小甫、葛承雍、段晴、齐东方、罗丰等先生的鼓励和帮助，在此深致谢意。

我要感谢"三联·哈佛燕京学术丛书"编委会和三联书店，同意把拙著列入该丛书出版。还应当感谢朱玉麒、陈怀宇、王静三位在把论文编成书稿时提供的帮助。

本书系教育部跨世纪人才项目"汉唐中西交通史料新编并研究"的研究成果，这项研究也是教育部人文社科重点基地北京大学中国古代史研究中心"古代中外关系：新史料的调查、整理与研究"项目成果之一。

2001 年 11 月 16 日

再版后记

拙著《中古中国与外来文明》经过丛书学术委员会的评审后，列入"三联·哈佛燕京学术丛书"，2001年12月由北京三联书店出版。这本书是我对中外关系史研究的第一本专著，选用"中古中国与外来文明"这样一个大题目，也是希望自己在这一领域继续探索。

这部书出版后，国内外都有一些书评发表，李鸿宾书评载《中国边疆史地研究》2002年第4期；陈明书评载《西域研究》2002年第2期；葛承雍书评载《中国学术》2002年第3辑；许全胜书评载《唐研究》第8卷（2002年）；王素书评载《故宫博物院院刊》2003年第1期；韩森（V. Hansen）书评载《通报》（*T'oung Pao*）LXXXIX/1-3（2003）；Tim H. Barrett 书评载《伦敦大学亚非学院院刊》(*Bulletin of the School of Oriental and African Studies*)66.1(2003)；高田时雄书评载《东洋史研究》第63卷第1号（2004年），汉译本载《敦煌吐鲁番研究》第10卷（2007年）。这些书评有表扬和鼓励，也有商榷和批评，其中许全胜先生的批评指出一些疏漏，他曾出示于我，后来发表在我主编的《唐研究》上。在本书修订再版之际，我借此机会感谢这些书评的作者。

作为"三联·哈佛燕京学术丛书"二十年纪念意义的再版，这次重刊，除个别错字外，文字、内容基本不动。对于一些书评指出的错误，择善略作改订，但涉及观点的地方，则原样不动，以保存原著学术史的意义。其中《安禄山的种族与宗教信仰》一文后来曾增补重写，并收入近刊拙著《中古中国与粟特文明》（《中古中国与外来文明》二集），因此这里就不再重录了。

本书出版一年后，据责任编辑孙晓林女史说，库房里已经存书不多了，当然书店里还有。大概那几年正赶上粟特研究热，而本书的许多篇章都和粟特人有关。好在国内网络发达，盗版复制的电子本随便可以下载，可以满足读者的需求。而希望保存纸本的读者，则要花几百元去网上淘宝。最近几年想要掏到一册，也是非常不易了。感谢三联书店在纪念"三联·哈佛燕京学术丛书"出版二十年之际再版拙著，使得本书得以重新面世。

最后，我要感谢李丹婕同学，在我最为忙碌的时候，帮我校读一过并整理索引。

荣新江
2014年9月6日于京都

索引

A

阿夫拉西阿勃（Afrasiyab）275, 292
阿胡拉·马兹达（Ahura Mazdā）253,
　265, 266, 267, 278, 306, 414, 417
阿揽 048, 049, 150, 187
阿罗本 266, 267
阿罗憾 203, 204, 205, 210, 219
阿摩（Adbag）253, 265
阿史德氏（安禄山母）378
（安）比失 066, 127
安边 094
安波注 102
（安）朝前 062
《安城袄咏》054
安丑子 241
（安）但 111, 397
安道买 102, 393
安得悦（Endere）019
安都滔 098
安度 082
安芬 023
安拂勤 030
安附国 073, 090
安国 012, 017, 023, 067, 073, 108, 127, 161,
　254, 258, 261, 263, 270, 390, 395, 398,
　411
安怀 061, 082, 126, 235
安怀恩 235
安伽（大伽）108, 113-116, 118-123, 127-
　129, 131, 133-138, 142-145, 152-154,
　158, 169, 285, 411
安伽石棺 116, 118-122, 129, 134-135, 137,
　142-143
安金藏 077, 287

安进通 239
安景旻 234
安静 082
安久光 056
安珂敦 239
安乐里（武威）067
安乐里（西州）045, 104, 108, 161
安㫤（李国珍）069, 078
安令节 066, 069, 077, 392, 393
安禄山 307, 308, 326, 331, 378, 388, 389,
　393, 398, 399
《安禄山事迹》102, 151, 378, 399
（安）罗 097
安马驹 274
安门物 069
安慕容 091
安那宁畔 261
安难陀 067, 069, 111, 254, 390, 396, 397,
　398
安诺槃陀 059
（安）盘婆罗 067, 068, 111, 390, 391, 392,
　396, 398
安菩 073, 077, 090, 113, 126, 127, 140, 287,
　399
安屈 390, 394
安僧达 085
安神庆 091
安神威 100
安神俨 066, 069, 082, 126
安师 082, 092, 097, 126, 165, 167
安氏（曹谅夫人）126
安氏（何德大夫人）060
安氏（何弘敬夫人）080, 237
安氏（何君政夫人）094, 237

432

安氏（何君政长子夫人）237
安氏（石敬瑭夫人）237
安世高 067, 199, 388-390, 392-399
安守忠 100
安思恭 090
安思顺 056, 331, 399
安思义 100
安太清 100
安同 388-391, 394-396
安吐根 059
安万通 077, 111, 397
安未弱 274
安文贞 102
（安）乌唤 073
安武臣 100
安孝臣 083, 093, 165, 167
安孝节 102, 393
安兴贵 067, 068, 388, 395, 398
安雄俊 100
安修仁 067, 068, 081, 388
安玄 198, 393
安玄朗 069
安延 066, 069, 083, 126-127
安延达 239
安延子 241
安阳 006, 096-097, 106, 109, 129-131, 144, 157
安阳石棺 097, 109, 130-133, 144, 157, 274, 286
安野那 383
安元俊 030
安元寿 068, 082, 092, 097, 164, 238, 240, 287, 388, 391, 392, 394, 410
安再宁 235
安再晟 235
（安）真健 066, 127
安贞节 102, 393

安忠敬 068, 069, 388, 391, 395, 396
安忠实 098
安忠顺 100
安重海 094
安重遇 094
安重璋 069, 388, 393, 399

B

巴米扬石窟 153-154, 304
巴泽雷克（Pazyryk）大墓 006
白龙堆 003-004
柏孜克里克 335, 420-421
《宝雨经》200-203, 208
卑路斯 210, 216, 402
卑失、俾失 223
卑失氏 211, 213-214, 223-226, 229
北市（洛阳）083, 085-086
北庭 027, 045-047, 074, 327, 340, 345, 425
北新道 004
豳州 066, 392
并州 091-092, 095, 099, 103-104, 270, 411
拨换 027, 029, 106, 340
波斯 004, 006-009, 011-013, 017-018, 022, 027, 031, 033, 079, 093, 121, 162, 175, 179, 182, 185, 203, 205, 210-228, 243, 263, 265, 309, 311, 382, 402
波斯锦、钵斯锦 182
波斯占星术 221
玻璃器 009, 011, 358, 401, 408
播仙镇 024, 035, 037, 055
勃律 314, 369, 371
布政坊 290

C

仓慈 008, 051, 065, 081
曹安定 239
曹毕娑（曹二）075
曹德德 030
曹饭陀 091

索引 **433**

曹光进 235
曹光嗣 235
曹国 017, 053, 184, 233, 258, 263, 270-272, 291
曹果毅 075
曹弘立 069
曹环 330
曹惠琳 053, 077, 078
曹家样 271-273
曹谅 126
曹禄山 075
曹美俊 030
曹妙达 274
曹敏之 098
曹明照 077
曹莫门陀 043, 049, 124, 185-187, 261
曹那宁潘 187, 261
曹匹智拔 053, 233
曹全 233
曹戎 062
曹闰国 091, 100
曹乌地拔 053, 233
曹贤顺 230
曹兴定 241
曹延恭 230, 238
曹延禄 230, 238
曹炎延 075
曹议金 230-233, 235-237, 240
曹元德 230, 232, 238
曹元深 230
曹元忠 230, 238, 384
曹愿盈 241
曹僧奴 273
曹僧政 233
曹致失鼻 062
曹仲达 271-274, 291
曹子盈 235
曹宗寿 230
长安 003, 009, 012, 018, 071-080, 106, 127, 136, 151-152, 215, 216-217, 219, 224, 225-228, 241, 259, 290, 293, 307-308, 325
长州 089
常乐 055-057, 106, 235
承兽铜盘 264
城主 024, 037, 113
称价钱 043-044, 085, 182-184
崇化里、崇化坊 077-079, 151, 253
崇化乡 044-045, 104, 106, 108, 124, 161, 208
崇仁里 078
崇贤坊 079
祠主 052, 110, 149, 258
从化乡 054-055, 104, 106, 108, 124, 161, 234, 254, 276
葱岭、葱山 003, 063, 081, 097, 195, 207

D

大秦 003, 007, 081, 323, 324
《大秦景教流行中国碑》218, 226-228
大秦寺 226, 323, 324
大食 104, 161, 313-314, 368, 370, 372, 378
大首领 024, 038, 039, 062, 073, 090, 092, 104, 107, 110, 112-113, 123, 127, 143, 161, 164, 170, 205, 207, 219, 238, 253, 254, 259, 287, 398, 403
《大唐博陵郡北岳恒山封安天王之铭》055
大天（Mahadeva）267, 279, 288
大夏 003, 090, 255, 287, 359, 381, 412-413
大夏语、巴克特里亚语（Bactrian）018, 255, 359, 381, 413
大宛 003, 006
大云光明寺 322, 347
《大云经》201
代州 092-095, 102
丹丹乌里克（Dandan-Uiliq）021, 278
道政坊 078
得悉神 258, 272

翟呼典畔陀 184
翟六娘 077, 092, 126, 164, 238
翟那你潘 261
翟那宁昏 092, 266
翟槃陀 048
翟氏（康公夫人）083, 164
（翟）娑 092, 164, 238
翟突娑 092, 112, 162-164, 167
地舍拨 039, 206, 207
帝释天（Indra）288
典合城 024, 038, 040, 112
丁谷窟、丁谷寺 337, 348
丁谷天 044, 190, 251, 265
定州 095, 099, 100, 107, 112
东胡袄 047
东市（长安）077
《都利聿斯经》220-223
敦厚里 082-083
敦煌 003-004, 006, 012-014, 051-055, 057-058, 149, 229-244, 255-259, 275-278, 295-296

F

法镜 233-234, 303, 338
范阳 055-056, 100, 103
飞桥 063, 071
风神 279, 288
拂多诞 026, 314, 319
拂菻 185, 355, 357
拂菻狗 185, 379
福善坊 083
覆面 400-402

G

甘英 007, 357
甘州 061-063, 344-345
甘州回鹘 230, 236-237, 240, 242
高昌 004, 011-012, 043-045, 124, 152, 173-193, 196, 251-254, 258, 261-268, 270, 276, 278, 286, 307, 333-348, 364-365, 398, 403, 420, 421-424
《高昌曹莫门陀等名籍》049, 124, 185-186, 261
高昌回鹘 333, 335, 339, 342, 348, 420
《高昌内藏奏得称价钱帐》043, 182-183, 261
高平 070
哥多弥施 045
弓月城 075
姑墨 003, 174
姑臧 052, 064-067, 108, 111, 256, 259, 381, 390, 392, 393, 395, 397
骨瓮（Ossuary）145, 168, 283, 301
瓜州 053, 055, 057-058, 087, 089, 233
光德里 078
广州 004, 211, 216-219, 226, 272, 383
归义军 229-244
妫水 068
贵霜 007, 017, 381, 412-414

H

海上丝绸之路 004, 009, 217, 383
含州 091
汉武帝 004, 006, 071, 323, 407
汗血马 006, 378
何德 060, 078
何伏帝延 024, 037, 113
何府君 090, 298, 304
何国 017, 074, 088, 090, 167, 177-178, 180
何黑奴 091
何弘敬 088, 237
何进滔 088, 237
何君政 094, 237
何禄 079
何摩诃 066, 082
何难迪 085
何潘仁 072
（何）丕 088

何千年 100
何山泉 098
何盛 082
何氏（安菩夫人）083, 126, 287
何氏（曹君夫人）082, 093, 287
何氏（石敬瑭母）237
何氏（龙润夫人）166-167
何思德 100
何妥 088
何文哲 057, 074, 078, 088, 125
（何）细胡 088
何永康 099
何游仙 088
何朱弱 273
河南道 004
河南里 082
恒州 092, 098-099, 279
弘敬里 066, 082
胡神祠 098-099, 151
胡腾舞 118, 134-135
胡天 041, 043, 044, 110, 150, 169, 190, 268, 273, 290
胡天神 248, 250, 290
胡旋舞 013, 133, 288, 304, 389
互市牙郎 102
滑国 247, 263
怀远里 077
回鹘路 045
惠和坊 081, 083
火祠 250, 253, 413
火神 247, 260, 262-263
火坛 147, 152-157, 265, 286, 304
火祆 098, 150-151, 164, 247-252, 258, 263, 266, 270, 275, 284, 378, 402, 415
火祆庙 048-049, 150, 164, 275
获鹿 098-099, 151, 276

I

IB 6371（T.Ⅱ.D.135）340

J

鸡田府 094, 237
吉尔吉特 310, 313-314, 322
汲郡 095
及烈 218-219, 227
罽宾 004, 316-319, 332, 357
祭司 010, 119, 147-148, 152, 154, 156-157
伽那贪旱 124, 187
嘉善里 082-083, 092, 163
建康 063, 071, 087, 088
杰谢（Gayseta）022, 279
金城 003, 066, 259
金城坊 077
金光里 078
金满县 046-047
精绝 003
京师摩诃萨宝 060-061
京师萨宝 060-061
景寺 226, 328
靖恭里、靖恭坊 079, 151, 215
酒泉 003, 005-006, 013, 058-061, 104, 259
酒神巴克斯（Bacchus）284
九姓胡 002-003, 125, 185, 190, 208, 261, 374-376, 378-379, 398
《九姓回鹘可汗碑》312, 327
《九执历》223
九州摩诃大萨宝 096, 112
居德里 077
据史德 018, 028-029
据史德语 002, 028, 033

K

开化里 078
开觉寺 336-337
康阿达 067-069, 111
（康）阿孩 063
康阿驮 273
康阿义、康阿义屈达干 077, 078, 100

（康）拔达 067, 111
康波蜜提 092, 266
康伯达 235
康丑胡 091
康达 082, 092-093, 165, 167
康待宾 057, 087, 089, 091
（康）德 066
康拂耽延 025-026, 039
康国 017, 024, 026, 038-039, 057, 065-067, 099, 258, 263, 270, 272, 375, 382
康国猾子 185
（康）和（康婆父）099, 113
康横 072
康宦 072
康惠登 085
（康）积善 096
康杰 100
康敬本 061, 082
康静智 085
康居 006, 017, 061, 064-065, 072, 083, 096, 193, 194, 197, 201, 203, 207-209, 221
康居士 083, 193-194, 197, 201, 203, 207-209
（康）君政 096
（康）逵 094
康郎 097
（康）老 062
康老和 062
（康）乐 096
康令恽 095, 100
康留买 066
（康）罗 099
康磨伽 066
康莫鼻 076
（康）莫量 066
康莫至 184
（康）默 061
（康）穆 073
康那你延 261

康那宁材 261
康奴子 240
康婆 081, 099, 112, 187
康洽 060
康谦 100
康秋儿 184
康染颠 039
（康）仁 061, 093
康日琮 098
康日知 057, 087, 098
康如珍 098
康僧会 383
康沙子 235
康山海 235
康使君 233-234
康氏（安久光夫人）057, 087
康氏（安师夫人）098, 126
康氏（何进滔夫人）088, 237
康氏（何君政次子夫人）237
康氏（何君政三子夫人）237
康氏（何文哲夫人）057, 078, 088
康氏（康府君夫人）057, 078
康氏（罗甗生夫人）082, 126
康氏（史道洛夫人）126
康氏（史诃耽夫人）063, 078, 126-127
康叔达 235
康寺 041, 188, 208
康苏密 086
康遂诚 056
康铁头 091
康庭兰 083
康通信 233-234
（康）陀 099
康威 095
康维摩 072
康义罗施 075, 124, 261
康文景 100
康文胜 235
康武通 060, 082, 092-093, 165, 167

康希铣 058
（康）暹 066
康幸全 240
康续 065-066，069
康绚（长明）072
康炎颠 184
康艳典 024-025，038-040，050，112，123，143，150，207
康义通 235
（康）因 072
康元敬 082，096，113
康员进 240
康员奴 240
康再荣 234
康哲 053，096
康植（唐朝）086
康植（三国）065
康志达 057，077，078，087
康志睦 057，087
康智 083，126
康智诠 234
康遵 221，243
匡州 089

L

拉达克 310，313-314，333
兰池都督府 089，091
蓝田 072
老达玛沟（Old Domoko）021
犁靬、黎轩 004
李抱玉 078，388
李国珍 069，078
李怀仙 101
李景度 225
李景伏（李景复）224
李景弘（李景直）225
李景亮 224
李景文 225
李弥乾 220，222-223

李密翳 222
李绍谨 075
李苏沙 222
李素 211，215-219，222-228
（李）益（李素祖）223，226
李元谅 078，210
（李）志（李素父）223，226
醴泉坊、醴泉里 057，074，077-078，151
《历代法宝记》307，309，314-323，329，331-332
立德坊 083，103，151
利仁坊 082
丽州 089
凉州 008-009，012，041，051，059，062-070，073，085，111，151，181，229，236，244，251，254，259，262，287，307，331，381，389，390-393，395-398，403
《凉州大云寺碑》391
灵武 063，085，087-089，328，331
灵州 057-058，085-092，095，098，104，243，270，330-332
柳城 055-056，100-102，104-105，108，161
六城质逻州 021-022
六胡州、陆胡州 057，087，089-091，104，108-109，112，126-127，133，161，287-288，305，399
龙涧 004
（龙）康基 166
龙门石窟 081，083，085-086
（龙）盆生 165
（龙）求真 165
龙润（恒伽）125，165-169
楼兰 003，012，018，024-026，035，038-039，107
鲁州 089-091，287
履信坊 082
罗布泊 003-004，018，024，123，143，207，312，314，404
罗含 219

罗马 003-004, 007, 009-011, 184-185, 284, 295, 352, 360, 400, 402, 412
罗宁宁芬 261
（罗）日光 067
罗甗生 069, 126
洛阳 003, 008, 009, 012, 013, 081-084, 151, 205, 325

M

M1（MIK Ⅲ 203）339
M112 341, 424
M119 341
麻札塔格（Mazar Tagh）021
马兹达教（Mazdaism）267
毛婆罗 204-205
蒙奇兜勒 357-359
Miho 石棺 109, 118, 121, 127, 142
弥师诃 308, 309, 318-319, 321, 323, 333
米苐 292
米国 017, 046, 073, 254, 258, 263, 271, 381
米和儿 235
米继芬 074-075, 078
米进晟 235
米亮 079
米萨宝 078-079, 254
米氏（石敬瑭祖母）237
（米）突骑施 074
米巡职 045-046
密斯拉（密特拉，Mithra）153, 278, 293-308
蜜多道人 248
Mihrīya 341
Miqlāsīyā 341
摩诃大萨宝 062, 096, 112, 397
摩诃萨宝 060-061, 111-112, 397
《摩尼光佛教法仪略》421-422
《摩尼教下部赞》385
《摩尼教赞美诗集》（Mahrnāmag）029, 033

摩尼寺 322, 334, 336, 337, 339, 421, 424
摩醯首罗 290
末曼尼 308, 309, 318, 319, 321, 322, 332
末摩尼 311
慕阇 338, 342
穆护 041, 079, 190, 249, 258-259
穆叔儿 273

N

Nanai-Vandak 257, 260
纳职 048-050
娜娜（Nana）159, 276
南市（洛阳）083, 157
泥涅师师 210
宁戎窟寺 338
弩支城（弩之城）040

O

Or. 8212/84 415
欧亚大陆（Eurasia）005

P

P.2132 346
P.2776 318-319
P.3918 344, 372
P.4518 242, 276
P.t. 351 310
P.t. 1182 310
P.t. 1676 310
潘那蜜 219, 227
裴矩 009
皮山 003
片吉肯特（Panjikent）147, 274, 302, 413
平高 061, 063, 070, 404
平凉 061, 070-071, 311
婆罗门 206, 222, 249-250, 253, 300, 306
葡萄 011, 040, 129-131, 143-144, 251
蒲昌海、蒲海 039, 124, 195, 206, 404
蒲桃城 024, 038, 040, 143

普宁坊 077

Q

七帝寺 099
契州 089, 091
且末 003, 018, 024, 037, 104, 106, 270
亲仁坊 077-078
青海道 004
麹文泰 180-182, 185, 191-192
璩公 220, 223
渠犁 003
泉献诚 204-205
群贤里 078

R

柔然 108, 114, 162, 174-176, 180
柔远 048, 050
茹茹 162
蠕蠕 059, 178
瑞像 273, 295-300, 306-308
睿息 327-328

S

撒马尔干（Samarkand）008, 017, 255
萨宝（萨保、萨甫）043, 053, 060-063, 067, 093, 104, 108, 113, 161, 169, 188, 259, 261, 269
萨保府 108, 112, 114, 124, 149, 158-159, 160-162, 164-165, 167, 169, 411
萨宝府长史 166
萨薄（簿）043, 113, 188
萨毗城 024, 038, 040
赛里斯（Seres）011
赛袄 242, 276-278
塞州 089
三川府 061, 093, 098
沙州 051-055, 229-243
《沙州图经》025-026, 038-039, 050, 054, 150, 206, 275

《沙州伊州地志》024, 037-038, 040, 048, 112, 123-124, 143, 150, 275
莎车 003
山阴 056-058
鄯伏陀 048, 050
鄯善 003-004, 020, 024, 026, 037-040, 048, 050, 112, 123, 207, 276, 314, 381-382
胜金口 334, 421
胜利之神 153
胜业坊 077-078
师子比丘 316, 319-321
湿婆（Siva）279
十字架 310, 313-314, 323
石城镇 024-026, 037-041
石崇俊 062, 078
石帝廷 100
石国 012, 017, 039, 049, 124, 184
（石）何罗烛 094
石敬瑭 012, 105, 237
石勒 248
石蜜 182
（石）宁芬 062
石神福 094, 099-100
石神奴 091
石氏（曹弘立夫人）069
（石）思景 062
石万年 048-049, 113, 124, 150
石忠政 077-078
（史）波波匿 062
史丑多 273
史道德 063, 087, 400-401, 404
（史）道德（史孝章曾祖）088
史道洛 126
史定方 100
（史）多思 061
史公夫人契苾氏 078
史国 017, 023, 070, 258, 263, 270, 401
（史）诃 097
史诃耽 060, 062-063, 070, 112, 126-127

史环仆 023
（史）妙尼 071
（史）尼 062
史宁 063
史婆陀 076, 136
（史）仁 097
（史）认愁 071
史善法 098
史善应 086
史射勿 060-062, 070-071, 112, 168, 400, 403
史氏 082, 096
史氏（安怀夫人）082, 126
史氏（康君夫人）082, 126
史氏（薛莫夫人）077
（史）思 062
史思礼 077
史思明 100-102, 105
史寺 041, 188
史索岩 063, 070, 126, 400, 404
史铁棒 060, 112, 400, 402, 404
史万宝 072
史宪诚 063, 087-088
史孝章（得仁）078, 088
史玄策 085
史祐孝 063
史招福 098
（史）周洛 088
市舶使 218-219
寿乐县 200
疏勒 003, 018-020, 026-028, 035, 107, 175, 263, 340
硕尔楚克（Sorchuq）033
朔方军 322, 327, 329, 330-332
斯略（Sidaka）024
思顺里、思顺坊 082-083
司天监 213, 215, 218, 220
《四门经》221-222, 226
Sog-dag 026

苏谅妻马氏 210
粟特画家 270-271, 274, 298
粟特语（Sogdian）018
粟特语古信札（粟特文古信札）027, 051, 053, 058, 065, 090, 111, 150, 185, 251, 254-262, 264-265, 382-383, 397, 415
Sūlī, sūlya 020, 021
Suliga 021
碎叶（Sūyāb）004, 047, 364, 371
琐罗亚斯德教（Zoroastrianism）247

T

T Ⅱ K Bundel Nr. D. 173 342, 346
太原 091-093, 160-170
太原旧俗 093, 168
唐（康）氏（康武通夫人）060, 126
陶化里 082
Tetrabiblos 222
天山回鹘 333
天山县 057, 087
天神 100, 151, 168, 190, 247, 250-254, 262-263, 265-268, 291, 306
天枢 203-206
天水 013, 109, 116-118, 128, 138, 142, 144
天水石棺 116, 142
条支 003, 007, 357-358
庭州 045-047
通化里 078
同州 072, 097, 108, 113, 158, 169, 411
吐浑（吐谷浑）050, 108, 165, 177-178
吐峪沟 044, 190, 209, 264, 334-337, 421
吐谷浑道 004
吐谷浑都城 004
屯城 038, 040
托勒密 221-223, 358
拓厥关 030

W

外道 293-308, 316-332
维州 073
韦雷特拉格纳（Berethragna）278
韦施帕卡（Weshparkar）278
卫州 095, 106
蔚州 092, 094-095, 102, 107
魏州 097, 107
温柔里 083
温宿 027, 029, 106, 340
文贞 211, 227-228
乌弋山离 003, 357
无住 315-316, 320-321, 329-332
武威 003, 006, 008, 012-013, 066-070, 150
武威安氏 012, 056, 058, 067-069, 088, 111, 389-390, 393-394, 397-399
《武周康居士写经功德记》193, 195, 197, 209

X

西回鹘王国 242, 333, 422-423, 426
西市（长安）077
西州 014, 040-046, 202, 208-209, 335-339, 342-348
西州回鹘 013, 229, 240, 312, 334-342, 419-426
祆祠（祆舍、祆神祠、祆神庙、祆寺）041, 048, 052, 078, 079, 083, 099, 105, 108, 111, 149-151, 161, 190, 242, 252-254, 259-260, 262, 265, 275, 281-282, 286, 291, 307-308
祆教女神像 342
祆庙 048-049, 103, 150-151, 164
祆神 002, 007, 048-049, 054, 064, 070, 079, 100, 103, 140, 150-151, 158, 248, 251-254, 258-259, 262-263, 267-268, 273, 275-279, 282, 286, 290-293, 301-302, 304, 306, 307, 322, 414

祆正 114, 149, 258
祆主 048-049, 054, 064, 070, 124, 149, 150, 164, 275, 276
祆祝 114, 149, 258-261, 398
相州 096-097, 106
新城 024, 038-040
《新修苇斯四门经》220
兴谷城 040
兴胡 040, 046-047, 050, 075
兴胡泊 050
兴宁里 077
兴唐 094, 325
邢州 094, 097-098, 107
修德坊 077-078
修善坊 083, 151
悬度 003

Y

焉耆（乌耆）004, 032-033, 168-169, 179-180, 191, 263, 339-340
延寿里 057, 077-078
雁门 093-094, 107, 223, 363
阳关 003
邺城 053, 096, 142, 259, 273-274
伊斯（Yazdbozid）329
伊吾 004, 037, 045, 048-050, 124, 177-178, 180-181
伊吾路 049
伊州 037-038, 150
义宁里、义宁坊 078, 226
译语人 403
益都石棺 006, 138, 139
益州 004, 315, 321-323, 332
因陀罗（Indra）279
玉门关 003, 050
郁金根 182
郁头 028
尉头 028-029
原州 063, 070-071, 085, 104, 270

月氏、月支 065, 108, 126

Z

杂种胡 017, 095, 101
凿空 006-007, 166
张骞 004, 006-007, 010-011, 071
张仁楚 090
张掖 003, 006, 009, 012, 061-064, 150
章善里 082
昭武九姓 002-003, 012, 017, 019, 035, 037, 063, 074, 087, 090, 094, 101, 167, 203, 237, 257-258, 263, 375, 378, 389, 395, 398-401
支富 064-065
支庆 206-207
指日月瑞像 295-300, 306-308
祖尔万（Zrvan）278, 293, 307-308
祖尔万教（Zurwanism）255

三联·哈佛燕京学术丛书

[一至十六辑书目]

第一辑

01 中国小说源流论 / 石昌渝著
02 工业组织与经济增长
　　的理论研究 / 杨宏儒著
03 罗素与中国 / 冯崇义著
　　——西方思想在中国的一次经历
04 《因明正理门论》研究 / 巫寿康著
05 论可能生活 / 赵汀阳著
06 法律的文化解释 / 梁治平编
07 台湾的忧郁 / 黎湘萍著
08 再登巴比伦塔 / 董小英著
　　——巴赫金与对话理论

第二辑

09 现象学及其效应 / 倪梁康著
　　——胡塞尔与当代德国哲学
10 海德格尔哲学概论 / 陈嘉映著
11 清末新知识界的社团与活动 / 桑兵著
12 天朝的崩溃 / 茅海建著
　　——鸦片战争再研究
13 境生象外 / 韩林德著
　　——华夏审美与艺术特征考察
14 代价论 / 郑也夫著
　　——一个社会学的新视角

15 走出男权传统的樊篱 / 刘慧英著
　　——文学中男权意识的批判
16 金元全真道内丹心性学 / 张广保著

第三辑

17 古代宗教与伦理 / 陈　来著
　　——儒家思想的根源
18 世袭社会及其解体 / 何怀宏著
　　——中国历史上的春秋时代
19 语言与哲学　徐友渔　周国平
　　　　　　　陈嘉映　尚　杰　著
　　——当代英美与德法传统比较研究
20 爱默生和中国 / 钱满素著
　　——对个人主义的反思
21 门阀士族与永明文学 / 刘跃进著
22 明清徽商与淮扬社会变迁 / 王振忠著
23 海德格尔思想与中国天道 / 张祥龙著
　　——终极视域的开启与交融

第四辑

24 人文困惑与反思 / 盛　宁著
　　——西方后现代主义思潮批判
25 社会人类学与中国研究 / 王铭铭著
26 儒学地域化的近代形态 / 杨念群著
　　——三大知识群体互动的比较研究

27 中国史前考古学史研究 / 陈星灿著
   (1895—1949)

28 心学之思 / 杨国荣著
   ——王阳明哲学的阐释

29 绵延之维 / 丁　宁著
   ——走向艺术史哲学

30 历史哲学的重建 / 张西平著
   ——卢卡奇与当代西方社会思潮

第五辑

31 京剧·跷和中国的性别关系 / 黄育馥著
   (1902—1937)

32 奎因哲学研究 / 陈　波著
   ——从逻辑和语言的观点看

33 选举社会及其终结 / 何怀宏著
   ——秦汉至晚清历史的一种社会学阐释

34 稷下学研究 / 白　奚著
   ——中国古代的思想自由与百家争鸣

35 传统与变迁 / 周晓虹著
   ——江浙农民的社会心理及其近代以来的嬗变

36 神秘主义诗学 / 毛　峰著

第六辑

37 人类的四分之一：马尔萨斯的神话与中国的现实 / 李中清　王　丰著
   (1700—2000)

38 古道西风 / 林梅村著
   ——考古新发现所见中西文化交流

39 汉帝国的建立与刘邦集团 / 李开元著
   ——军功受益阶层研究

40 走进分析哲学 / 王　路著

41 选择·接受与疏离 / 王攸欣著
   ——王国维接受叔本华　朱光潜接受克罗齐　美学比较研究

42 为了忘却的集体记忆 / 许子东著
   ——解读50篇文革小说

43 中国文论与西方诗学 / 余　虹著

第七辑

44 正义的两面 / 慈继伟著

45 无调式的辩证想象 / 张一兵著
   ——阿多诺《否定的辩证法》的文本学解读

46 20世纪上半期中国文学的现代意识 / 张新颖著

47 中古中国与外来文明 / 荣新江著

48 中国清真女寺史 / 水镜君　玛利亚·雅绍克著

49 法国戏剧百年 / 宫宝荣著
   (1880—1980)

50 大河移民上访的故事 / 应　星著

第八辑

51 多视角看江南经济史 / 李伯重著
   (1250—1850)

52 推敲"自我"：小说在18世纪的英国 / 黄梅著

53 小说香港 / 赵稀方著

54 政治儒学 / 蒋　庆著
   ——当代儒学的转向、特质与发展

55 在上帝与恺撒之间 / 丛日云著
   ——基督教二元政治观与近代自由主义

56 从自由主义到后自由主义 / 应奇著

第九辑

57 君子儒与诗教 / 俞志慧著
　　——先秦儒家文学思想考论

58 良知学的展开 / 彭国翔著
　　——王龙溪与中晚明的阳明学

59 国家与学术的地方互动 / 王东杰著
　　——四川大学国立化进程（1925—1939）

60 都市里的村庄 / 蓝宇蕴著
　　——一个"新村社共同体"的实地研究

61 "诺斯"与拯救 / 张新樟著
　　——古代诺斯替主义的神话、哲学与精神修炼

第十辑

62 祖宗之法 / 邓小南著
　　——北宋前期政治述略

63 草原与田园 / 韩茂莉著
　　——辽金时期西辽河流域农牧业与环境

64 社会变革与婚姻家庭变动 / 王跃生著
　　——20世纪30—90年代的冀南农村

65 禅史钩沉 / 龚隽著
　　——以问题为中心的思想史论述

66 "国民作家"的立场 / 董炳月著
　　——中日现代文学关系研究

67 中产阶级的孩子们 / 程巍著
　　——60年代与文化领导权

68 心智、知识与道德 / 马永翔著
　　——哈耶克的道德哲学及其基础研究

第十一辑

69 批判与实践 / 童世骏著
　　——论哈贝马斯的批判理论

70 身体·语言·他者 / 杨大春著
　　——当代法国哲学的三大主题

71 日本后现代与知识左翼 / 赵京华著

72 中庸的思想 / 陈赟著

73 绝域与绝学 / 郭丽萍著
　　——清代中叶西北史地研究

第十二辑

74 现代政治的正当性基础 / 周濂著

75 罗念庵的生命历程与思想世界 / 张卫红著

76 郊庙之外 / 雷闻著
　　——隋唐国家祭祀与宗教

77 德礼之间 / 郑开著
　　——前诸子时期的思想史

78 从"人文主义"到"保守主义" / 张源著
　　——《学衡》中的白璧德

79 传统社会末期华北的生态与社会 / 王建革著

第十三辑

80 自由人的平等政治 / 周保松著

81 救赎与自救 / 杨天宏著
　　——中华基督教会边疆服务研究

82 中国晚明与欧洲文学 / 李奭学著
　　——明末耶稣会古典型证道故事考诠

83 茶叶与鸦片：19世纪经济全球化中的中国 / 仲伟民著

84 现代国家与民族建构 / 昝涛著
　　——20世纪前期土耳其民族主义研究

第十四辑

85 自由与教育 / 渠敬东　王　楠著
　　——洛克与卢梭的教育哲学
86 列维纳斯与"书"的问题 / 刘文瑾著
　　——他人的面容与"歌中之歌"
87 治政与事君 / 解　扬著
　　——吕坤《实政录》及其经世思想研究
88 清代世家与文学传承 / 徐雁平著
89 隐秘的颠覆 / 唐文明著
　　——牟宗三、康德与原始儒家

第十五辑

90 中国"诗史"传统 / 张　晖著
91 民国北京城：历史与怀旧 / 董　玥著
92 柏拉图的本原学说 / 先　刚著
　　——基于未成文学说和对话录的研究
93 心理学与社会学之间的
　　诠释学进路 / 徐　冰著
94 公私辨：历史衍化与
　　现代诠释 / 陈乔见著
95 秦汉国家祭祀史稿 / 田　天著

第十六辑

96 辩护的政治 / 陈肖生著
　　——罗尔斯的公共辩护思想研究
97 刘蕺山哲学思想研究 / 高海波著
98 汉藏之间的康定土司 / 郑少雄著
99 中国近代外交官群体的
　　形成（1861—1911）/ 李文杰著
100 中国国家治理的制度逻辑 / 周雪光著
　　——一个组织学研究